上海金融法院文库

上海金融法院
涉外 涉港澳台
金融案件审判指南

Shanghai Financial Court Judicial
Guidance on Foreign-related Financial Cases and,
Hong Kong, Macao and Taiwan-related Financial Cases

肖凯 主编

法律出版社
LAW PRESS · CHINA
北京

图书在版编目(CIP)数据

上海金融法院涉外、涉港澳台金融案件审判指南 / 肖凯主编. -- 北京 : 法律出版社, 2021
ISBN 978-7-5197-5808-0

Ⅰ. ①上… Ⅱ. ①肖… Ⅲ. ①金融犯罪-审判-案例-中国 Ⅳ. ①D924.335

中国版本图书馆 CIP 数据核字(2021)第153341号

上海金融法院涉外、涉港澳台金融案件审判指南
SHANGHAI JINRONG FAYUAN SHEWAI、SHEGANG'AOTAI JINRONG ANJIAN SHENPAN ZHINAN

肖 凯 主编

策划编辑 沈小英
责任编辑 刘晓萌
装帧设计 李 瞻

出版发行 法律出版社
编辑统筹 法治与经济出版分社
责任校对 杨锦华 王沁陶
责任印制 吕亚莉
经 销 新华书店

开本 710毫米×1000毫米 1/16
印张 28.25 字数 478千
版本 2021年10月第1版
印次 2021年10月第1次印刷
印刷 中煤(北京)印务有限公司

地址:北京市丰台区莲花池西里7号(100073)
网址:www.lawpress.com.cn
投稿邮箱:info@lawpress.com.cn
举报盗版邮箱:jbwq@lawpress.com.cn

销售电话:010-83938349
客服电话:010-83938350
咨询电话:010-63939796

书号:ISBN 978-7-5197-5808-0
定价:118.00元

凡购买本社图书,如有印装错误,我社负责退换。电话:010-83938349

《上海金融法院文库》
编辑委员会

撰 稿 人

肖　凯　法学博士，上海金融法院党组成员、副院长。

单素华　法律硕士，上海金融法院综合审判一庭庭长。

孙　倩　法学硕士，上海金融法院综合审判一庭审判员。

练彬彬　法学硕士，上海金融法院综合审判一庭法官助理。

祝　彧　法学硕士，上海金融法院综合审判一庭法官助理。

崔　婕　法学博士，上海金融法院综合审判二庭副庭长。

何欣奕　法学硕士，上海金融法院综合审判二庭法官助理。

朱婧婧　法学硕士，上海金融法院综合审判二庭法官助理。

苏　煜　法学硕士，上海金融法院综合审判二庭法官助理。

刘　蒙　法学硕士，上海金融法院综合审判二庭法官助理。

周　荃　法学博士，上海金融法院综合审判三庭审判员。

葛少帅　法学硕士，上海金融法院综合审判三庭法官助理。

周　欣　法学硕士，上海金融法院立案庭审判员。

吴峻雪　法学硕士，上海金融法院申诉审查及审判监督庭副庭长。

沈竹莺　法学硕士，上海金融法院申诉审查及审判监督庭副庭长。

杨　晖　法学博士，上海金融法院申诉审查及审判监督庭法官助理。

单天羽　法学硕士，上海金融法院申诉审查及审判监督庭法官助理。

徐佳云　法学硕士，上海金融法院申诉审查及审判监督庭法官助理。

胡文丰　法学硕士，上海金融法院申诉审查及审判监督庭法官助理。

蒋方园　法学硕士，上海金融法院申诉审查及审判监督庭法官助理。

郑　岗　法学硕士，上海金融法院执行局法官助理。

徐　俊　法学硕士，上海金融法院执行局法官助理。

陈思远　法律硕士，上海金融法院执行局法官助理。

刘　翔　法律硕士，上海金融法院执行局法官助理。

强化涉外司法审判工作
促进涉外法治体系建设
（代序）

在2020年召开的中央全面依法治国工作会议上，习近平总书记发表重要讲话，系统阐释了习近平法治思想核心要义的“十一个坚持”。其中，有一个坚持就是“要坚持统筹推进国内法治和涉外法治”。我体会其有三层意思：一是要加快涉外法治工作战略布局，协调推进国内治理和国际治理，实际上就是要协调推进国内法治和国际法治，以使更好维护国家主权、安全、发展利益。二是要强化法治思维，运用法治方式，有效应对挑战、防范风险，综合利用立法、执法、司法等手段开展对外法律斗争，坚决维护国家主权、尊严和核心利益。三是要推动全球治理体系变革和建设，推动构建人类命运共同体。

国内法治和涉外法治是全面依法治国的两个方面、两个维度，涉外法治是从我国自身角度而言的，是指我国立法、执法、司法机关和法律服务机构、相关自然人、法人依我国法律法规，特别是涉外法律法规以及我国缔结或者参加的国际条约，处理涉外事务的法治活动。严格来讲，涉外法治是我国国内法治的一部分，是国内法治的对外延伸，是沟通国内法治和国际法治的桥梁。也就是说，涉外法治在国内法治和国际法治之间发挥着桥梁和纽带的作用，也发挥着互动和融通的作用。需要强调的是，涉外法治不等同于国际法治。可以这样说，国内法治和国际法治是全球治理的两个方面、两个维度，全球治理需要各国依本国法律对本国实行有效治理，即需要国内法治，也需要依国际法进行跨国治理和国际治理，即需要国际法治。涉外法治是国内法治和国际法治的结合部分、交叉部分、重叠部分。打个比方说，国内法治是个圆，国际法治是另一个圆，这两个圆有一小部分重叠在一起,这个重叠部分、交叉部分、结合部分就是涉外法治。对我国而言,涉外法治是国内法治的对外延伸,仍是国内法治的一部分;而对国际社会而言,可以把两个圆重叠、交叉、结合的部分,即涉外法治部分,视为国际法治的一部分。当然,国际法治涉及面更广大,仅就一国而言的涉外法治与其不可相提并论。

"加快涉外法治工作战略布局"是习近平总书记在中央全面依法治国委员会第二次会议上明确提出来的。习近平总书记要求,面对新一轮对外开放,涉外法治工作必须加强战略布局,占据战略制高点,掌握主动权。一是工作应对机制要跟上;二是法治措施储备要跟上,特别是要加快推进我国法域外适用的法律体系建设,为我国涉外执法、司法活动提供法律依据;三是企业合规管理要跟上;四是涉外法治专业人才培养要跟上。党的十九届四中全会决定再强调,加强涉外法治工作,建立涉外工作法务制度,加强国际法研究和运用,提高涉外工作法治化水平。中央关于"十四五"规划和2035年远景目标建议中又明确提出了要"加强涉外法治体系建设"。显然,涉外法治体系是包含立法、执法、司法、守法和用法五个方面的体系,涉外司法审判工作是涉外法治体系不可或缺的重要组成部分,推进涉外司法审判工作就是强化涉外法治体系建设。

当前,涉外司法审判工作已从传统的涉外民商事审判领域拓展到涉外刑事审判和涉外行政审判领域。但是,涉外民商事审判仍是重中之重,不仅量大,而且纷繁复杂;不仅涉及管辖权、法律适用、外国法查明,而且涉及送达、取证、外国法院判决和外国仲裁裁决的承认与执行、外国基于调解产生的和解协议的救济等。同时,进一步深化改革开放,建设自由贸易试验区和海南自由贸易港,共建"一带一路",加强区域经贸合作,参与全球治理体系变革和建设,应对新冠肺炎疫情和中美两国战略博弈等,给我国涉外司法审判工作带来了新的风险和新的挑战。在这种大背景下,我国涉外司法审判工作唯有迎难而上,不断提高涉外司法审判能力和水平,努力让当事人在每一个涉外司法案件中感受到公平正义。

为此,第一,要努力强化涉外司法审判研究,夯实基础,为涉外司法审判工作提供智力支持和理论支撑。第二,要努力加强国际法研究和运用。公认的国际法原则、规则、制度是世界各国的行为规范,是国际社会的话语体系,国际法基本原则更是人类的价值共识。不懂国际法,一定做不好涉外司法审判工作。当前尤其要厘清中国缔结或参加的国际条约与我国国内法的关系,积极推动国家缔结或参加相关司法协助条约。第三,要努力推进涉外司法审判体制机制进行符合审判规律的改革和创新。比如,加快对民事诉讼法、仲裁法、海事诉讼特别程序法的修订与完善,加强国际商事法庭体系化建设,充分发挥国际商事专家委员会的作用等。第四,要努力促进国际司法交流和合作。没有改革开放就没有涉外司法审判,即使有,也是封闭的、保守的、孤立的。要改革开放,就得兼容并蓄,对不合理的“长臂管辖”要阻断、反制,对必要的司法合作协助则要推动、促成。第五,要努力强化涉外法治人才培养。涉外法治人才是开展涉外法治工作的重要支撑。要拿出有效措施,培养更多的涉外法治人才。

上海金融法院作为全国首家金融专门法院,紧紧围绕国家关于上海国际金融中心建设的战略部署,积极回应金融市场改革开放对司法的新要求,大力实施金融审判精品战略,不断完善涉外金融审判机制,积极开展金融司法国际交流,精心培养涉外金融司法人才,努力构建公正、高效、便捷、可预期的涉外金融司法保障体系,有效地吸引越来越多的中外当事人将上海作为解决国际金融纠纷的优选地,为上海高水平开放和高质量发展提供了优良的法治营商环境。

为进一步规范涉外金融案件审理程序,统一涉外金融案件法律适用标准,上海金融法院专门成立了涉外金融审判研究小组,系统梳理涉外金融案件法律适用问题,总结涉外金融审判理论研究成果和实务经验,广泛征求意见,数易其稿,最终形成《上海金融法院涉外、涉港澳台金融案件审判指南》(以下简称《指南》)。

《指南》共四部分十九章,三十三万余字,全面涵盖了涉外金融案件审判中的各种常见程序性与实体性问题。通览全书,我认为《指南》一书具有以下三个显著特点:

一是内容全面。囊括涉外金融案件的程序、实体、执行三大板块,既包括涉外金融司法全流程,也涉及所有涉外金融审判的常见案由。除附录部分外,各章节内容均包括正文、审查要点、典型案例、相关规定和学术观点五级栏目。其中,“审查要点”重点提示审理重点与关键节点;“典型案例”收录近年来最高人民法院、上海市高级人民法院等法院审理、发布的典型案例;“相关规定”详细列明涉外金融审判相关的法律、行政法规、司法解释等规范性文件内容;“学术观点”则摘录核心期刊、学术著作等具有代表性的学术文献观点。

二是易于操作。坚持以问题为导向,针对涉外金融审判工作的实际需求,全面梳理审判要点,直指审理难点,确立靶向问题,给出明确指引,配以翔实法律条文,结合丰富典型案例,辅以相关学术观点,能够帮助法官快速掌握涉外、涉港澳台金融审理思路和裁判标准,对适法疑难问题进行延展思考和深度学习,提高涉外、涉港澳台金融案件审判的能力和水平。

三是聚焦前沿。《指南》对于平行诉讼与我国管辖权行使、外币准据法、金融衍生品交易的终止净额结算问题、外国人隐名代持上市公司股权、香港仲裁机构临时措施的司法保障等一系列金融审判新问题进行了梳理与总结,既确保了《指南》具有较高的时效性和参考价值,也为我国国际私法学界在跨境金融交易领域的理论研究提供了鲜活的中国司法案例和实践素材。

《指南》作为上海金融法院涉外金融审判经验的系统集成,可以为金融法官妥善审理涉外案件提供指引,是指导涉外金融案件审判的“工具书”和“一本通”,也必将为我国金融领域制度型开放营造更加稳定、透明、高效的金融司法环境。

书成馨香乐为序,欣然向读者推荐!

 *

2021 年 8 月

---

* 黄进,中国国际法学会会长,中国政法大学全面依法治国研究院教授。

简　称　表

全称	简称
《中华人民共和国民法典》	《民法典》
《中华人民共和国民法通则》	《民法通则》
《中华人民共和国民法总则》	《民法总则》
《中华人民共和国合同法》	《合同法》
《中华人民共和国公司法》	《公司法》
《中华人民共和国保险法》	《保险法》
《中华人民共和国证券法》	《证券法》
《中华人民共和国担保法》	《担保法》
《中华人民共和国票据法》	《票据法》
《中华人民共和国海商法》	《海商法》
《中华人民共和国仲裁法》	《仲裁法》
《中华人民共和国侵权责任法》	《侵权责任法》
《中华人民共和国民用航空法》	《民用航空法》
《中华人民共和国商业银行法》	《商业银行法》
《中华人民共和国中国人民银行法》	《中国人民银行法》
《中华人民共和国企业破产法》	《企业破产法》
《中华人民共和国出境入境管理法》	《出境入境管理法》
《中华人民共和国涉外经济合同法》	《涉外经济合同法》
《中华人民共和国城市房地产管理法》	《城市房地产管理法》
《中华人民共和国民事诉讼法》	《民事诉讼法》

续表

全称	简称
《中华人民共和国行政诉讼法》	《行政诉讼法》
《中华人民共和国海事诉讼特别程序法》	《海事诉讼特别程序法》
《中华人民共和国涉外民事关系法律适用法》	《涉外民事关系法律适用法》
《中华人民共和国外汇管理条例》	《外汇管理条例》
《中华人民共和国外资银行管理条例》	《外资银行管理条例》
《中华人民共和国企业法人登记管理条例》	《企业法人登记管理条例》
《中华人民共和国外资企业法实施细则》	《外资企业法实施细则》
《中华人民共和国缔结条约程序法》	《缔结条约程序法》
《最高人民法院关于贯彻执行〈中华人民共和国民法通则〉若干问题的意见》	《民法通则意见》
《最高人民法院关于适用〈中华人民共和国担保法〉若干问题的解释》	《担保法解释》
《最高人民法院关于适用〈中华人民共和国合同法〉若干问题的解释(一)》	《合同法司法解释一》
《最高人民法院关于适用〈中华人民共和国合同法〉若干问题的解释(二)》	《合同法司法解释二》
《最高人民法院关于审理融资租赁合同纠纷案件适用法律问题的解释》	《融资租赁合同解释》
《最高人民法院关于适用〈中华人民共和国民事诉讼法〉的解释》	《民事诉讼法解释》
《最高人民法院关于适用〈中华人民共和国仲裁法〉若干问题的解释》	《仲裁法解释》
《最高人民法院关于适用〈中华人民共和国涉外民事关系法律适用法〉若干问题的解释(一)》	《涉外法律适用法解释》
《最高人民法院关于涉外民商事案件诉讼管辖若干问题的规定》	《涉外民商事案件诉讼管辖规定》
《最高人民法院关于民事诉讼证据的若干规定》	《民事诉讼证据规定》
《最高人民法院关于审理独立保函纠纷案件若干问题的规定》	《独立保函若干问题的规定》
《最高人民法院关于审理信用证纠纷案件若干问题的规定》	《信用证若干问题的规定》

目　录

第一部分　涉外、涉港澳台金融案件的程序性问题

一、主　　管

涉外、涉港澳台金融案件依法由有管辖权的人民法院审理。但当事人之间达成有效仲裁协议的,人民法院不予受理。

(一)涉外金融案件的范围

1. 涉外金融民商事案件

有以下情形之一的,应当认定为涉外金融民商事案件的情形:

(1)当事人一方或者双方是外国人、无国籍人、外国企业或者组织的;

(2)当事人一方或者双方的经常居住地在中华人民共和国领域外的;

(3)标的物在中华人民共和国领域外的;

(4)产生、变更或者消灭民事关系的法律事实发生在中华人民共和国领域外的;

(5)其他与外国有实质性联系,可以认定为涉外案件的情形。

以下案件应当认定为涉外金融民商事案件:

(1)一方当事人为外商独资企业的金融民商事案件;

(2)信用证、保函纠纷案件,包括申请止付保全案件;

(3)涉及外国判决、仲裁的承认和执行的案件;

(4)符合上海金融法院管辖范围的跨境破产案件以及跨境破产协助案件。

2. 涉外金融行政案件

外国人、无国籍人、外国组织在中华人民共和国进行金融行政诉讼应当认定为涉外金融行政案件。

审查要点

涉外因素

涉外因素，是指当事人一方或双方是外国公民、外国法人或者其他组织、无国籍人，或者当事人一方或双方的经常居所地在中华人民共和国领域外，或者标的物在中华人民共和国领域外，或者产生、变更、消灭民事关系的法律事实发生在中华人民共和国领域外，以及可以认定为涉外民事关系的其他情形。

涉外因素的审查，除主体外，还应注意对法律关系其他两个要素即客体和法律事实的审查，如合同是否在国外签订或履行、侵权行为是否发生在国外、标的物是否在国外等。对可以认定为涉外民事关系的其他情形，可以参考最高人民法院2016年发布的《关于为自由贸易试验区建设提供司法保障的意见》等相关文件精神。

相关规定

1.《涉外民商事案件诉讼管辖规定》

第三条 本规定适用于下列案件：

（一）涉外合同和侵权纠纷案件；

（二）信用证纠纷案件；

（三）申请撤销、承认与强制执行国际仲裁裁决的案件；

（四）审查有关涉外民商事仲裁条款效力的案件；

（五）申请承认和强制执行外国法院民商事判决、裁定的案件。

2.《涉外法律适用法解释》

第一条 民事关系具有下列情形之一的，人民法院可以认定为涉外民事关系：

（一）当事人一方或双方是外国公民、外国法人或者其他组织、无国籍人；

（二）当事人一方或双方的经常居所地在中华人民共和国领域外；

（三）标的物在中华人民共和国领域外；

（四）产生、变更或者消灭民事关系的法律事实发生在中华人民共和国领域外；

(五)可以认定为涉外民事关系的其他情形。

3.《民事诉讼法解释》

第五百二十二条　有下列情形之一，人民法院可以认定为涉外民事案件：

(一)当事人一方或者双方是外国人、无国籍人、外国企业或者组织的；

(二)当事人一方或者双方的经常居所地在中华人民共和国领域外的；

(三)标的物在中华人民共和国领域外的；

(四)产生、变更或者消灭民事关系的法律事实发生在中华人民共和国领域外的；

(五)可以认定为涉外民事案件的其他情形。

4.《最高人民法院关于明确第一审涉外民商事案件级别管辖标准以及归口办理有关问题的通知》

二、下列案件由涉外审判庭或专门合议庭审理：

(一)当事人一方或者双方是外国人、无国籍人、外国企业或者组织，或者当事人一方或者双方的经常居所地在中华人民共和国领域外的民商事案件；

(二)产生、变更或者消灭民事关系的法律事实发生在中华人民共和国领域外，或者标的物在中华人民共和国领域外的民商事案件；

(三)外商投资企业设立、出资、确认股东资格、分配利润、合并、分立、解散等与该企业有关的民商事案件；

(四)一方当事人为外商独资企业的民商事案件；

(五)信用证、保函纠纷案件，包括申请止付保全案件；

(六)对第一项至第五项案件的管辖权异议裁定提起上诉的案件；

(七)对第一项至第五项案件的生效裁判申请再审的案件，但当事人依法向原审人民法院申请再审的除外；

(八)跨境破产协助案件；

(九)民商事司法协助案件；

(十)最高人民法院《关于仲裁司法审查案件归口办理有关问题的通知》确定的仲裁司法审查案件。

前款规定的民商事案件不包括婚姻家庭纠纷、继承纠纷、劳动争议、人事争议、环境污染侵权纠纷及环境公益诉讼。

5. 最高人民法院《第二次全国涉外商事海事审判工作会议纪要》

2. 涉及外资金融机构（包括外国独资银行、独资财务公司、合资银行、合资财务公司、外国银行分行）的商事纠纷案件，其诉讼管辖按照《涉外民商事案件诉讼管辖规定》办理。

典型案例

1. 西门子国际贸易（上海）有限公司与上海黄金置地有限公司申请承认和执行外国仲裁裁决案

(1) 案号

上海市第一中级人民法院(2013)沪一中民认（外仲）字第2号

(2) 案情

西门子公司与黄金置地公司于2005年9月通过招标方式签订了“中国上海市浦东新区陆家嘴贸易区B2－5地块黄金置地大厦高（低）压配电系统供应工程”合同文件。在合同履行过程中，双方产生争议，黄金置地公司在新加坡国际仲裁中心提起仲裁，要求解除合同、停止支付货款；西门子公司在该仲裁程序中提出了反请求，要求黄金置地公司支付全部货款、利息并赔偿其他损失。2011年11月28日，新加坡国际仲裁中心登记作出了上述仲裁案的最终裁决，驳回了黄金置地公司的全部仲裁请求，并支持了西门子公司的各项仲裁反请求。根据该裁决，黄金置地公司应当向西门子公司支付9,415,120.49元人民币及172,292.63新加坡元。后黄金置地公司支付了部分款项，但至今还未支付未付货款4,340,460元人民币以及截至裁决登记日2011年11月28日的利息793,412.30元人民币，合计5,133,872.30元人民币。西门子公司的诉请之一，即请求法院承认与执行新加坡国际仲裁中心的最终裁决。

被申请人黄金置地公司就该诉请辩称，本案双方当事人均为中国法人，合同履行地也在国内，故本案民事法律关系并不具有涉外因素，双方约定将争议提交外国仲裁机构进行仲裁的仲裁协议应为无效，承认与执行该仲裁裁决也将有违我国公共政策。

(3) 裁判理由及意义

法院认为，本案其中一个争议焦点，即系争合同中的仲裁条款是否有效。其判断关键在于系争合同关系是否具有涉外因素，如果本案纠纷系涉外合同纠纷，则当事人协商将合同争议提交外国仲裁机构的约定应为有效，反之则应认定仲裁条款无效。

根据《涉外法律适用法解释》第一条的规定："民事关系具有下列情形之一的，人民法院可以认定为涉外民事关系：（一）当事人一方或双方是外国公民、外国法人或者其他组织、无国籍人；（二）当事人一方或双方的经常居所地在中华人民共和国领域外；（三）标的物在中华人民共和国领域外；（四）产生、变更或者消灭民事关系的法律事实发生在中华人民共和国领域外；（五）可以认定为涉外民事关系的其他情形。"

本案中，申请人西门子公司与被申请人黄金置地公司均为在中国注册的公司法人，合同约定的交货地、作为合同标的物的设备目前所在地均在我国境内，该合同表面上看并不具有典型的涉外因素。然而，综观本案合同所涉的主体、履行特征等方面的实际情况，该合同与普通国内合同有明显差异，可以认定为具有涉外因素，主要理由有：第一，本案合同的主体均具有一定涉外因素。西门子公司与黄金置地公司虽然都是中国法人，但注册地均在上海自贸试验区区域内，且其性质均为外商独资企业。由于此类公司的资本来源、最终利益归属、公司的经营决策一般均与其境外投资者关联密切，故此类主体与普通内资公司相比具有较为明显的涉外因素。在自贸试验区推进投资贸易便利的改革背景下，上述涉外因素更应给予必要重视。第二，本案合同的履行特征具有涉外因素。合同项下的标的物设备虽最终在境内工地完成交货义务，但从合同的签订和履行过程看，该设备系先从我国境外运至自贸试验区（原上海外高桥保税区）内进行保税监管，再根据合同履行需要适时办理清关完税手续，从区内流转到区外，至此货物进口手续方才完成，故合同标的物的流转过程也具有一定的国际货物买卖特征。因此，本案合同的履行因涉及自贸试验区的特殊海关监管措施的运用，与一般的国内买卖合同纠纷具有较为明显的区别。综合以上情况，法院认为，本案合同关系符合《涉外法律适用法解释》第一条第（五）项规定的"可以认定为涉外民事关系的其他情形"，故系争合同关系具有涉外因素，双方当事人约定将合同争议提交新加坡国际仲裁中心进行仲裁解决的条款有效。综上所述，法院认为本案系争合同具有涉外因素，对仲裁裁决的效力予以承认，并予以执行。

本案中，法院认为，可以根据《涉外法律适用法解释》第一条第（五）项认定合同关系中的非典型的涉外因素。具体表现为，即使合同当事人均为中国法人，仍应结合考虑其资本来源、最终利益归属、公司的经营决策与其境外投资者的关联关系；即使合同标的物在境内进行交付，仍应结合合同签订和履行过程中的特征，来判断合同关系是否具有涉外因素。

2. 大成产业气体株式会社等与普莱克斯(中国)投资有限公司申请确认仲裁协议效力案

(1)案号

上海市第一中级人民法院(2020)沪01民特83号

(2)案情

2012年8月7日，大成株式会社与普莱克斯公司签署《液态及气态产品承购协议》(以下简称《承购协议》)。2013年2月1日，大成株式会社、普莱克斯公司以及大成广州公司签署《液态及气态产品承购协议补充协议(一)》(以下简称《补充协议(一)》)，将大成株式会社在《承购协议》项下的权利与义务转让给大成广州公司；同时，大成株式会社将对大成广州公司在《承购协议》合同期间内的义务履行承担连带保证责任。此后，当事人就《承购协议》和《补充协议(一)》的履行发生争议。2016年3月，两名申请人依据《承购协议》第14.2条的仲裁协议就上述两个协议项下的争议向新加坡国际仲裁中心(Singapore International Arbitration Centre，SIAC)针对被申请人提起仲裁(以下简称SIAC程序)，提出了包括要求被申请人履行合同在内的一系列仲裁请求。但因当事人各方对案涉仲裁条款的效力存在重大分歧和争议，因此案件管辖权一直处于悬而未决的状态。

在本案争议焦点中，原告诉称根据《涉外法律适用法解释》第一条第一款的规定，案涉合同关系具有涉外因素。被告辩称，案涉争议的标的物在中国境内，产生、变更或者消灭民事法律关系的法律事实发生在中国境内。由于本案实体争议涉及大成广州公司对普莱克斯公司的追偿，与大成株式会社无关，因此系争协议的基础法律关系为基于《承购协议》的买卖合同法律关系，不涉及担保法律关系，因而大成株式会社不是系争争议的当事人。故此，案涉仲裁协议为非涉外争议。

(3)裁判理由及意义

法院认为，《涉外法律适用法解释》第一条规定："民事关系具有下列情形之一的，人民法院可以认定为涉外民事关系：（一）当事人一方或双方是外国公民、外国法人或者其他组织、无国籍人；（二）当事人一方或双方的经常居所地在中华人民共和国领域外……（五）可以认定为涉外民事关系的其他情形。”案涉《承购协议》及《补充协议（一）》的合同主体均包含大成株式会社，而大成株式会社系一家注册在韩国的公司法人，故案涉两份协议均具有涉外因素，系涉外民事合同。本案中，即使大成株式会社将在《承购协议》项下的权利与义务转让给大成广州公司，担保关系和买卖关系的不同不会改变大成株式会社的外国法人涉外因素。

学术观点

自“西门子公司与黄金置地公司案”之后，学界对于私法关系中的涉外性界定有扩张的趋势。尤其随着国家对于经济特区、自贸区高速发展的大力支持，经济特区、自贸区本身应当鼓励被认定为私法关系涉外性的因素，因为该地区的公司往往由于资本来源、最终利益归属等原因与境外投资者密切相关。而且，应考察动态的合同履行，如合同标的物的运输始发地、目的地等。①

（二）排除仲裁管辖

立案后，被告提出主管异议并提交仲裁协议，法院经审查认定仲裁协议有效的，应当裁定驳回原告起诉；若被告未以存在仲裁协议为由提出主管异议的，视为放弃仲裁协议，法院应当继续审理。

审查要点

仲裁协议效力与管辖权异议的审查

案件受理后，被告以存在有效仲裁协议为由提出管辖异议，同时又向另一法院提起确认仲裁协议效力之诉的，法院应根据规定审查，若两案受理有先后的，

① 参见张春良：《制度型对外开放的支点：私法关系涉外性之界定及重构》，载《中国法学》2019年第6期。

应以先受理的案件优先;同时受理的,受理商事案件的法院应中止对管辖权异议的审理,待确认仲裁协议效力之诉审结后,再恢复审理并就管辖权问题作出裁定。

相关规定

1.《民法典》

第五百零七条 合同不生效、无效、被撤销或者终止的,不影响合同中有关解决争议方法的条款的效力。

2.《仲裁法》

第二十条 当事人对仲裁协议的效力有异议的,可以请求仲裁委员会作出决定或者请求人民法院作出裁定。一方请求仲裁委员会作出决定,另一方请求人民法院作出裁定的,由人民法院裁定。

当事人对仲裁协议的效力有异议,应当在仲裁庭首次开庭前提出。

3.《仲裁法解释》

第十三条 依照仲裁法第二十条第2款的规定,当事人在仲裁庭首次开庭前没有对仲裁协议的效力提出异议,而后向人民法院申请确认仲裁协议无效的,人民法院不予受理。

典型案例

1.湖南华厦建筑有限责任公司与常德工艺美术学校不服执行裁定申诉案①

(1)案号

最高人民法院(2015)执申字第33号

(2)案情

2011年7月7日,湖南华厦建筑有限责任公司因其与常德工艺美术学校发生工程欠款纠纷到常德市仲裁委员会申请仲裁,要求裁令常德工艺美术学校支付工程款2,902,107.5元及工程款利息156,713.81元。2012年1月6日,常德

① 参见《中华人民共和国最高人民法院公报》2016年第8期(总第238期)。

仲裁委员会作出(2011)常仲裁字第163号裁决,确认:常德工艺美术学校已向湖南华厦建筑有限责任公司给付工程款2,367,067元,余款未付。

常德工艺美术学校向常德市中级人民法院申请不予执行常德仲裁委员会作出的(2011)常仲裁字第163号仲裁裁决,裁定驳回常德工艺美术学校的申请。常德工艺美术学校不服常德市中级人民法院(2012)常执不字第8号执行裁定,向湖南省高级人民法院申诉,请求监督,裁定案件不予执行。而且,常德工艺美术学校增加了申诉的理由,即双方实际履行的协议和补充协议没有仲裁条款,常德仲裁委员会对案件进行仲裁错误。本案中,双方当事人于2007年12月28日经过招投标而签订的合同明确约定,双方当事人发生争议由常德市仲裁委员会管辖,故常德市仲裁委员会对该案具有管辖权。此后双方当事人于2008年3月20日签订的补充协议没有另外约定仲裁条款。

湖南省高级人民法院裁定:撤销常德市中级人民法院(2012)常执不字第8号执行裁定;对常德仲裁委员会(2011)常仲裁字第163号仲裁裁决不予执行。

申诉人湖南华厦建筑有限责任公司不服湖南省高级人民法院(2013)湘高法执监字第14号执行裁定,向最高人民法院申诉。最高人民法院最终裁定:撤销湖南省高级人民法院(2013)湘高法执监字第14号执行裁定;维持常德市中级人民法院(2012)常执不字第8号执行裁定。

(3)裁判理由及意义

法院认为,案件的核心争议在于主合同约定的争议解决方式是仲裁,补充协议没有约定争议解决方式,仲裁机构是否可对主合同和补充协议一并进行仲裁的问题。当事人自愿达成合法有效协议或仲裁条款选定仲裁机构解决其争议纠纷,是采用仲裁方式解决争议纠纷的前提。如果当事人没有约定其争议纠纷由仲裁机构解决,通常情况下,仲裁机构无权对该争议纠纷予以仲裁。但存在主合同与补充协议的情形时,当事人在主合同中约定其争议纠纷由仲裁机构解决,对于没有约定争议纠纷解决方式的补充协议可否适用该约定,其关键在于主合同与补充协议之间是否具有可分性。如果主合同与补充协议之间是相互独立且可分,那么,在没有特别约定的情况下,对于两个完全独立且可分的合同或协议,其争议解决方式应按合同或补充协议约定处理。如果补充协议是对主合同内容的补充,必须依附于主合同,而不能独立于主合同存在,那么,主合同所约定的争议解决条款也适用于补充协议。本案中,双方当事人于2007年12月28日经过招投标而签订的合同明确约定,双方当事人发生争议由常德市仲裁委员会管辖,故常德仲裁委员会对该案具有管辖权。此后,双方当事人于2008年3月20日签订的补充协议明确约定双方已于2007年12月28日签订了合同,为完善条款,对未尽事宜和可能出现的新问题补签该补充协议,且明确约定"所签补充协议与前签协议有同等效力"。由此可见,主合同所约定的发生争议提交常德市仲裁委员会仲裁的争议解决条款也应适用于补充协议。此外,依据法律规定当事人对仲裁协议的效力有异议,应当在仲裁庭首次开庭前提出。本案中,湖南华厦建筑有限责任公司向常德市仲裁委员会申请仲裁后,常德工艺美术学校并没有在仲裁庭首次开庭前,对仲裁协议的效力提出异议,而是向常德仲裁委员会提出仲裁反申请,并申请常德仲裁委员会委托对水电工程和装饰工程的工程造价依合同约定的结算标准进行了司法鉴定,这表明双方认可依照约定选择的常德仲裁委员会解决双方工程欠款纠纷。常德工艺美术学校在向湖南省高级人民法院申诉中称双方实际履行的合同和补充协议没有仲裁条款,常德仲裁委员会对案件进行仲裁错误的理由不予支持。故湖南省高级人民法院(2013)湘高法执监字第14号执行裁定中有关"补充协议并未约定争议的解决方式,因此,补充协议中水电安装及装饰工程等工程造价不属于仲裁协议的范围,仲裁裁决书对这部分工程造价作出了裁决,超出了仲裁裁决范围"部分的认定不正确,应予纠正。

本案对于主合同约定了仲裁协议,但补充协议未约定争议解决条款或约定不明的情况下的裁判具有指导意义,应从主合同与补充协议是否相互独立等角度,判断主合同所约定的争议解决条款是否也适用于补充协议。

2. 苏州东宝置业有限公司、苏州市金城担保有限责任公司、苏州市东宝金属材料有限公司、苏州市东宝有黑色金属材料有限公司、徐某某与苏州百货总公司、江苏少女之春集团公司资产转让合同纠纷案①

(1)案号

最高人民法院(2006)民二终字第2号

(2)案情

2004年9月10日,百货公司与拍卖公司签订了一份《江苏省委托拍卖合同》,由百货公司委托拍卖公司拍卖苏州市八面风商厦有限公司,该合同第十二

① 参见《中华人民共和国最高人民法院公报》2007年第2期(总第124期)。

条约定：因本合同发生的纠纷，双方同意向苏州市仲裁委员会申请仲裁。之后，东宝公司于2004年12月28日经拍卖取得苏州市八面风商厦有限公司，并在《江苏省拍卖成交确认书》（乙种）上签字盖章，该确认书载明，乙种拍卖成交确认书仅适用于拍卖人与买受人就单个的拍卖物达成的交易行为，如有争议，由苏州市仲裁委员会仲裁解决。2004年12月28日，百货公司、少女之春公司与东宝公司签订了一份《转让协议》，该协议约定，东宝公司给付的转让款支付到拍卖公司指定的银行账户。该协议没有约定仲裁条款，亦没有将其作为《江苏省委托拍卖合同》和《江苏省拍卖成交确认书》的附件等内容的约定。之后，东宝公司实际履行中亦是按约将5450万元转让款打到拍卖公司指定账户，再由拍卖公司转给百货公司、少女之春公司。后因履行合同发生纠纷，东宝公司、担保公司、金属公司、黑色金属公司、徐某某于2005年8月29日向江苏省高级人民法院提起诉讼。请求判令百货公司、少女之春公司支付因迟延履行和不能完全履行合同的违约金1090万元；判决原告中止给付最后一期股权转让款5450万元；诉讼费由百货公司、少女之春公司负担。被告百货公司、少女之春公司在答辩期间提出管辖异议，认为本案实际为股权拍卖纠纷，应由苏州市仲裁委员会仲裁，故应驳回原告的起诉。2005年9月16日，百货公司向苏州市仲裁委员会递交仲裁申请书。2005年9月28日，苏州市仲裁委员会对百货公司的申请予以受理。

江苏省高级人民法院认为，《转让协议》与委托拍卖合同及成交确认书为一个紧密联系的整体，且未排除拍卖成交确认书上的仲裁条款，因此应当受仲裁条款的约束。江苏省高级人民法院裁定：驳回东宝公司、担保公司、金属公司、黑色金属公司、徐某某的起诉。

东宝公司、担保公司、金属公司、黑色金属公司、徐某某不服该民事裁定，向最高人民法院提起上诉。

（3）裁判理由及意义

与本案确定管辖权有关的3份合同分别为：百货公司与拍卖公司签订的《江苏省委托拍卖合同》，其中约定有仲裁条款；东宝公司与拍卖公司签订的《江苏省拍卖成交确认书》，其中约定有仲裁条款；百货公司、少女之春公司和东宝公司签订的《转让协议》，其中没有将其列为另两份合同附件或接受另两份合同仲裁管辖的约定，也没有约定仲裁条款。这三份合同的主体不同，所形成的法律关系不同。尽管三份合同的产生有一定的关联性，但并不能因此否认三份合同的各自独立性。东宝公司、担保公司、金属公司、黑色金属公司、徐某某依《转让协议》向原审法院提起诉讼,因该转让协议没有约定仲裁条款,《转让协议》中也没有接受另两份合同中仲裁管辖的内容,且东宝公司、担保公司、金属公司、黑色金属公司、徐某某五方当事人明确表示不接受仲裁管辖。根据仲裁法的相关规定,当事人采用仲裁方式解决纠纷,应当自愿达成仲裁协议,没有仲裁协议,一方申请仲裁的,仲裁委员会不予受理。由此可见,当事人约定仲裁管辖必须有明确的意思表示并签订有仲裁协议,仲裁条款也仅在达成仲裁协议的当事人之间产生法律效力,不能约束合同之外的人。因此,对于东宝公司、担保公司、金属公司、黑色金属公司、徐某某五方当事人依《转让协议》向人民法院提起的诉讼,人民法院具有管辖权。

本案具有两点裁判意义:第一,在当事人签订的多份合同中,有的约定了仲裁条款,有的既没有约定仲裁条款,也没有明确将其列为约定了仲裁条款的合同的附件,或表示接受约定了仲裁条款的合同关于仲裁管辖的约定。尽管上述合同之间具有一定的关联性,但不能因此否认各自的独立性。第二,根据仲裁法的相关规定,当事人采用仲裁方式解决纠纷,应当自愿达成仲裁协议;未达成仲裁协议,一方当事人申请仲裁的,仲裁委员会不予受理。因此,当事人约定仲裁管辖必须有明确的意思表示并订立仲裁协议,仲裁条款也只在达成仲裁协议的当事人之间产生法律效力。

学术观点

对与当事人约定不符情形的异议权默示放弃,我国仲裁法仅对其中的仲裁管辖异议权默示放弃有所规定,其他情形包括仲裁庭的组成与当事人的约定不符、仲裁程序与当事人的约定不符、仲裁裁决的事项不属于仲裁协议的范围等,仲裁法均未有涉及。当事人满足下列任意条件时,法院应当认为当事人异议权默示放弃的主观构成要件已满足:(1)明知自己未订有仲裁协议或虽订有仲裁协议但协议无效、失效或不能执行,因而仲裁庭没有管辖权,但仲裁庭实施了管辖;(2)明知仲裁庭的组成与自己的约定不符;(3)明知仲裁程序与自己的约定不符;(4)明知仲裁的事项不属于仲裁协议的范围。①

① 参见朱科:《异议权默示放弃制度之完善》,载《人民司法(应用)》2018年第7期。

二、管　辖

（一）级别管辖

上海金融法院管辖上海市辖区内应由中级人民法院受理的下列第一审金融民商事案件：(1)证券、期货交易、营业信托、保险、票据、信用证、独立保函、保理、金融借款合同、银行卡、融资租赁合同、委托理财合同、储蓄存款合同、典当、银行结算合同等金融民商事纠纷；(2)资产管理业务、资产支持证券业务、私募基金业务、外汇业务、金融产品销售和适当性管理、征信业务、支付业务及经有权机关批准的其他金融业务引发的金融民商事纠纷；(3)涉金融机构的与公司有关的纠纷；(4)以金融机构为债务人的破产纠纷；(5)金融民商事纠纷的仲裁司法审查案件；(6)申请认可和执行香港特别行政区、澳门特别行政区、台湾地区法院金融民商事判决的纠纷、裁定案件，以及申请承认和执行外国法院金融民商事纠纷的判决、裁定案件。

境内投资者以发生在中华人民共和国境外的证券发行、交易活动或者期货交易活动损害其合法权益为由向上海金融法院提起的诉讼，以及境内个人或者机构以中华人民共和国境外金融机构销售的金融产品或者提供的金融服务损害其合法权益为由向上海金融法院提起的诉讼，由上海金融法院管辖。

在上海证券交易所科创板上市公司的证券发行纠纷、证券承销合同纠纷、证券上市保荐合同纠纷、证券上市合同纠纷和证券欺诈责任纠纷等第一审民商事案件，由上海金融法院管辖。

以上海证券交易所为被告或者第三人的与证券交易所监管职能相关的第一审金融民商事和涉金融行政案件，由上海金融法院管辖。

上海市辖区内应由中级人民法院受理的对金融监管机构以及法律、法规、规章授权的组织因履行金融监管职责作出的行政行为不服提起诉讼的第一审涉金融行政案件，以住所地在上海市并依法设立的金融市场基础设施机构为被告或者第三人的与其履行职责相关的第一审金融民商事案件和涉金融行政案件，均由上海金融法院管辖。

上海金融法院受理的第一审涉外、涉港澳台金融民商事案件，诉讼标的额为人民币1000万元以上（浦东新区、黄浦区、青浦区为2000万元以上）、50亿元以下。司法解释规定证券虚假陈述责任纠纷、期货纠纷等案件，直接由中级人民法院管辖，不依据诉讼标的额确定管辖级别。

当事人对上海市基层人民法院作出的涉及《最高人民法院关于上海金融法院案件管辖的规定》第一条第（一）至（三）项的第一审金融民商事案件和涉金融行政案件判决、裁定提起的上诉案件和申请再审案件，上海市辖区内应由中级人民法院受理的金融民商事案件、涉金融行政案件的再审案件，由上海金融法院审理。

上海金融法院作出的第一审民商事案件和涉金融行政案件生效裁判，以及上海市辖区内应由中级人民法院执行的涉金融民商事纠纷的仲裁裁决，由上海金融法院执行。

上海金融法院执行过程中发生的执行异议案件、执行异议之诉案件，以及上海市基层人民法院涉金融案件执行过程中发生的执行复议案件、执行异议之诉上诉案件，由上海金融法院审理。

审查要点

1. 级别管辖的变更

因当事人增加或变更诉讼请求、提起反诉、追加涉外当事人等可能影响级别管辖的，应向上级法院进行书面请示后处理，不宜直接裁定移送上级法院。

2. 管辖权转移

上级人民法院确有必要将本院管辖的第一审案件交由下级人民法院审理的，应当报请其上级人民法院批准。下级人民法院对它所管辖的第一审民事案件，认为需要由上级人民法院审理的，可以报请上级人民法院审理。

相关规定

1.《最高人民法院关于上海金融法院案件管辖的规定》

第一条　上海金融法院管辖上海市辖区内应由中级人民法院受理的下列第一审金融民商事案件：

（一）证券、期货交易、营业信托、保险、票据、信用证、独立保函、保理、金融借款合同、银行卡、融资租赁合同、委托理财合同、储蓄存款合同、典当、银行结算合同等金融民商事纠纷；

（二）资产管理业务、资产支持证券业务、私募基金业务、外汇业务、金融产品销售和适当性管理、征信业务、支付业务及经有权机关批准的其他金融业务引发的金融民商事纠纷；

（三）涉金融机构的与公司有关的纠纷；

（四）以金融机构为债务人的破产纠纷；

（五）金融民商事纠纷的仲裁司法审查案件；

（六）申请认可和执行香港特别行政区、澳门特别行政区、台湾地区法院金融民商事纠纷的判决、裁定案件，以及申请承认和执行外国法院金融民商事纠纷的判决、裁定案件。

第二条　下列金融纠纷案件，由上海金融法院管辖：

（一）境内投资者以发生在中华人民共和国境外的证券发行、交易活动或者期货交易活动损害其合法权益为由向上海金融法院提起的诉讼；

（二）境内个人或者机构以中华人民共和国境外金融机构销售的金融产品或者提供的金融服务损害其合法权益为由向上海金融法院提起的诉讼。

第三条　在上海证券交易所科创板上市公司的证券发行纠纷、证券承销合同纠纷、证券上市保荐合同纠纷、证券上市合同纠纷和证券欺诈责任纠纷等第一审民商事案件，由上海金融法院管辖。

第四条　以上海证券交易所为被告或者第三人的与证券交易所监管职能相关的第一审金融民商事和涉金融行政案件，由上海金融法院管辖。

第五条　以住所地在上海市并依法设立的金融基础设施机构为被告或者第三人的与其履行职责相关的第一审金融民商事案件，由上海金融法院管辖。

第六条　上海市辖区内应由中级人民法院受理的对金融监管机构以及法

律、法规、规章授权的组织因履行金融监管职责作出的行政行为不服提起诉讼的第一审涉金融行政案件,由上海金融法院管辖。

第七条 当事人对上海市基层人民法院作出的涉及本规定第一条第一至三项的第一审金融民商事案件和涉金融行政案件判决、裁定提起的上诉案件和申请再审案件,由上海金融法院审理。

第八条 上海市辖区内应由中级人民法院受理的金融民商事案件、涉金融行政案件的再审案件,由上海金融法院审理。

第九条 上海金融法院作出的第一审民商事案件和涉金融行政案件生效裁判,以及上海市辖区内应由中级人民法院执行的涉金融民商事纠纷的仲裁裁决,由上海金融法院执行。

上海金融法院执行过程中发生的执行异议案件、执行异议之诉案件,以及上海市基层人民法院涉金融案件执行过程中发生的执行复议案件、执行异议之诉上诉案件,由上海金融法院审理。

第十条 当事人对上海金融法院作出的第一审判决、裁定提起的上诉案件,由上海市高级人民法院审理。

第十一条 上海市各中级人民法院在上海金融法院成立前已经受理但尚未审结的金融民商事案件和涉金融行政案件,由该中级人民法院继续审理。

2.《最高人民法院关于调整高级人民法院和中级人民法院管辖第一审民事案件标准的通知》

一、中级人民法院管辖第一审民事案件的诉讼标的额上限原则上为50亿元(人民币),诉讼标的额下限继续按照《最高人民法院关于调整地方各级人民法院管辖第一审知识产权民事案件标准的通知》(法发〔2010〕5号)、《最高人民法院关于调整高级人民法院和中级人民法院管辖第一审民商事案件标准的通知》(法发〔2015〕7号)、《最高人民法院关于明确第一审涉外民商事案件级别管辖标准以及归口办理有关问题的通知》(法〔2017〕359号)、《最高人民法院关于调整部分高级人民法院和中级人民法院管辖第一审民商事案件标准的通知》(法发〔2018〕13号)等文件执行。

三、海事海商案件、涉外民事案件的级别管辖标准按照本通知执行。

3.《最高人民法院关于调整高级人民法院和中级人民法院管辖第一审民商事案件标准的通知》

一、当事人住所地均在受理法院所处省级行政辖区的第一审民商事案件

北京、上海、江苏、浙江、广东高级人民法院，管辖诉讼标的额5亿元以上一审民商事案件，所辖中级人民法院管辖诉讼标的额1亿元以上一审民商事案件。天津、河北、山西、内蒙古、辽宁、安徽、福建、山东、河南、湖北、湖南、广西、海南、四川、重庆高级人民法院，管辖诉讼标的额3亿元以上一审民商事案件，所辖中级人民法院管辖诉讼标的额3000万元以上一审民商事案件。

吉林、黑龙江、江西、云南、陕西、新疆高级人民法院和新疆生产建设兵团分院，管辖诉讼标的额2亿元以上一审民商事案件，所辖中级人民法院管辖诉讼标的额1000万元以上一审民商事案件。

贵州、西藏、甘肃、青海、宁夏高级人民法院，管辖诉讼标的额1亿元以上一审民商事案件，所辖中级人民法院管辖诉讼标的额500万元以上一审民商事案件。

二、当事人一方住所地不在受理法院所处省级行政辖区的第一审民商事案件

北京、上海、江苏、浙江、广东高级人民法院，管辖诉讼标的额3亿元以上一审民商事案件，所辖中级人民法院管辖诉讼标的额5000万元以上一审民商事案件。

天津、河北、山西、内蒙古、辽宁、安徽、福建、山东、河南、湖北、湖南、广西、海南、四川、重庆高级人民法院，管辖诉讼标的额1亿元以上一审民商事案件，所辖中级人民法院管辖诉讼标的额2000万元以上一审民商事案件。

吉林、黑龙江、江西、云南、陕西、新疆高级人民法院和新疆生产建设兵团分院，管辖诉讼标的额5000万元以上一审民商事案件，所辖中级人民法院管辖诉讼标的额1000万元以上一审民商事案件。

贵州、西藏、甘肃、青海、宁夏高级人民法院，管辖诉讼标的额2000万元以上一审民商事案件，所辖中级人民法院管辖诉讼标的额500万元以上一审民商事案件。

典型案例

上海吉联投资管理有限公司与上海经怡实业发展有限公司、上海方华实业发展有限公司等金融借款合同纠纷案

(1)案号

上海市高级人民法院(2019)沪民辖终68号

(2)案情

上诉人上海吉联投资管理有限公司与被上诉人上海经怡实业发展有限公司,原审被告黄某某、黄某、上海方华实业发展有限公司、刘某、张某某,原审第三人交通银行股份有限公司上海长宁支行金融借款合同纠纷一案,不服上海金融法院(2018)沪74民初1340号民事裁定,向上海市高级人民法院提起上诉。

上海吉联投资管理有限公司上诉称,原审被告之一黄某某并非金融借款合同的主体,原审法院以黄某某系香港居民,案件具有涉外因素来确定本案的级别管辖错误;本案所涉金融借款合同约定,本合同项下争议向丙方所在地有管辖权的法院起诉。合同丙方所在地位于上海市长宁区,本案应由上海市长宁区人民法院管辖。请求撤销原审裁定,将本案移送上海市长宁区人民法院审理。

(3)裁判理由及意义

上海市高级人民法院经审查认为,本案系金融借款合同纠纷。原审被告黄某某系香港居民,本案为涉及我国香港特别行政区的民事诉讼案件。《最高人民法院关于明确第一审涉外民商事案件级别管辖标准以及归口办理有关问题的通知》规定,直辖市中级人民法院管辖诉讼标的额人民币2000万元以上的第一审涉外民商事案件;涉及香港特别行政区的民商事诉讼案件参照适用本通知。本案的诉讼标的额为人民币92,047,303.13元,应由中级人民法院管辖。涉案《公司客户委托贷款合同》约定,本合同项下争议向合同丙方即原审第三人交通银行股份有限公司上海长宁支行所在地有管辖权的法院起诉。交通银行股份有限公司上海长宁支行的经营场所位于上海市长宁区,属原审法院辖区。原审法院根据《最高人民法院关于上海金融法院案件管辖的规定》规定对本案行使管辖权并无不当。

学术观点

在司法解释的起草、论证和审议过程中,还存在与级别管辖有关的一些问题,有待进一步研究。

一是以分案起诉方式规避级别管辖问题。在合同纠纷案件中,有的以主合同项下的多个分合同为基础分别起诉,有的以多个补充合同为基础分别起诉;在借款案件中,有的将一笔借款拆开提起多个诉讼,或者将本金和利息分别起诉。对此类问题的规制,德国法规定,如果将应当属于州法院管辖的请求权,分解为多个部分请求到初级法院诉讼的,初级法院应将这些部分诉讼以不合法为由予以驳回,如果原告申请移送到州法院,则应合并移送。最高人民法院《关于审理民事级别管辖异议案件若干问题的规定》曾试图对于以分案起诉的方式规避级别管辖的情形予以规范,但在讨论时,意见分歧很大。多数观点认为虽然确有必要予以规范,但是如何界定分案起诉非常困难,还可能产生新的问题,暂不规定为宜。

二是被告以外的当事人能否提出管辖权异议问题。由于依职权移送管辖、指定管辖或管辖权转移等原因,造成本案的审理法院不是原告起诉的法院的,原告应否享有管辖异议权的问题存在争议。对于第三人有无管辖异议权问题,也有争论。鉴于最高人民法院《关于第三人能否对管辖提出异议的批复》对此作了否定性规定,应当坚持这个批复的精神。

三是受诉法院基于无地域管辖权移送管辖后,受移送法院认为其无级别管辖权,可否将案件再移送到有级别管辖权法院的问题。再行移送原则上不被允许是各国(地区)民事诉讼立法的通例。在大陆法系一些国家(地区),移送裁定的拘束力仅限于移送所依据的确定理由。如果移送管辖裁定是基于无地域管辖权作出的,则受移送法院认为其无事物管辖权,仍可裁定再行移送。我国民事诉讼法似乎只允许受移送法院报请上级法院指定管辖。因此,应当进一步研究最高人民法院《关于审理民事级别管辖异议案件若干问题的规定》与再行移送管辖的衔接问题。①

---

① 参见刘学文等:《最高人民法院〈关于审理民事级别管辖异议案件若干问题的规定〉解读》,载《法律适用》2010 年第 1 期。

(二)地 域 管 辖

涉外一般地域管辖,由被告住所地法院管辖;如果被告系外国公民的,则该外国公民经常居住地法院对案件具有管辖权。被告住所地与经常居住地不一致的,由经常居住地人民法院管辖。对法人或者其他组织提起的民事诉讼,由被告住所地人民法院管辖。同一诉讼的几个被告住所地、经常居住地在两个以上人民法院辖区的,各该人民法院都有管辖权。

涉外特殊地域管辖,因合同纠纷或者其他财产权益纠纷,对在我国领域内没有住所的被告提起的诉讼,如果合同在我国领域内签订或者履行,或者诉讼标的物在我国领域内,或者被告在我国领域内有可供扣押的财产,或者被告在我国领域内设有代表机构,可以由合同签订地、合同履行地、诉讼标的物所在地、可供扣押财产所在地、侵权行为地或者代表机构住所地人民法院管辖。

审查要点

1.“与实际联系地点”的认定

在协议管辖中,“与实际联系地点”包括但不限于上述列举的连结点。“实际联系”应理解为事实上的联系,不包括法律上的联系。当事人选择准据法、外国某法院管辖本身均不能作为认定与争议具有实际联系的考虑因素。

2. 当事人选择外国法院管辖的处理

当事人约定由外国法院排他性管辖的,争议发生后,一方当事人向人民法院起诉的,我国法院不予受理;已经受理的,裁定驳回起诉。当事人选择外国法院管辖,但如果协议对外国法院的管辖为非排他性或排他性约定不明的,我国法院可以受理。没有涉外因素的案件,不能选择由域外法院管辖或提交域外仲裁。

3. 侵权案件的特殊地域管辖

在侵权案件中,侵权行为地和侵权结果地法院均有管辖权。以保函欺诈案件为例,在保函欺诈案件中,被请求止付的银行所在地可以视为侵权结果发生地,该地法院具有管辖权。

相关规定

1.《民事诉讼法》

第二十一条　对公民提起的民事诉讼,由被告住所地人民法院管辖;被告住所地与经常居住地不一致的,由经常居住地人民法院管辖。对法人或者其他组织提起的民事诉讼,由被告住所地人民法院管辖。同一诉讼的几个被告住所地、经常居住地在两个以上人民法院辖区的,各该人民法院都有管辖权。

第二百六十五条　因合同纠纷或者其他财产权益纠纷,对在中华人民共和国领域内没有住所的被告提起的诉讼,如果合同在中华人民共和国领域内签订或者履行,或者诉讼标的物在中华人民共和国领域内,或者被告在中华人民共和国领域内有可供扣押的财产,或者被告在中华人民共和国领域内设有代表机构,可以由合同签订地、合同履行地、诉讼标的物所在地、可供扣押财产所在地、侵权行为地或者代表机构住所地人民法院管辖。

2.《民事诉讼法解释》

第五百三十一条　涉外合同或者其他财产权益纠纷的当事人,可以书面协议选择被告住所地、合同履行地、合同签订地、原告住所地、标的物所在地、侵权行为地等与争议有实际联系地点的外国法院管辖。

根据民事诉讼法第三十三条和第二百六十六条规定,属于中华人民共和国法院专属管辖的案件,当事人不得协议选择外国法院管辖,但协议选择仲裁的除外。

典型案例

澳大利亚名庄有限公司等与重庆海淘国际贸易有限公司返还原物纠纷案

(1)案号

重庆市高级人民法院(2017)渝民辖终140号

(2)案情

上诉人澳大利亚名庄有限公司因与被上诉人重庆海淘国际贸易有限公司、原审第三人重庆玛斯特供应链管理有限公司返还原物纠纷一案,不服重庆市第一中级人民法院(2017)渝01民初855号民事裁定,提出上诉。澳大利亚名庄有限公司上诉称，原审法院在被上诉人提出管辖异议申请后未组织双方听证，剥夺了上诉人的申辩权，双方约定管辖不明；原审裁定认为本案为合同纠纷，实际本案应为返还原物纠纷。请求撤销原裁定，本案由重庆市第一中级人民法院管辖。

(3)裁判理由及意义

上诉人澳大利亚名庄有限公司的诉讼请求是依法判令被告重庆海淘国际贸易有限公司返还其委托被告清关并仓储在第三人处的货物，系涉及财产权益的纠纷。《民事诉讼法解释》第五百三十一条规定，涉外合同或者其他财产权益纠纷的当事人，可以书面协议选择被告住所地、合同履行地、合同签订地、原告住所地、标的物所在地、侵权行为地等与争议有实际联系地点的外国法院管辖。根据《民事诉讼法》第三十三条和第二百六十六条规定，属于中华人民共和国法院专属管辖的案件，当事人不得协议选择外国法院管辖，但协议选择仲裁的除外。本案所涉《进出口跨境报税服务合作协议》第七条约定发生争议“则由澳大利亚新南威尔士州法院管辖”，该约定系双方当事人真实意思表示，上诉人澳大利亚名庄有限公司住所地位于澳大利亚新南威尔士州，本案不属于中华人民共和国法院专属管辖案件，双方协议选择的管辖法院符合法律规定，重庆市第一中级人民依法对本案没有管辖权。

学术观点

民事诉讼解决的都是民事纠纷，民事纠纷的性质决定了当事人有处分权，不仅能够处分自己的实体权利，还能处分自己的程序权利。就地域管辖而言，不同地方的法院因为审判能力上的差异而导致的案件审理结果上的差异，以及由这些差异所引起的当事人对审判过程和结果公正性的质疑，可以通过各方当事人认可的方式消除。质言之，当事人愿意由某地的法院管辖，即便该地的法院审判结果的公正度要弱于其他法院，由于当事人可以处分诉讼中的程序权利和实体权利，由该地法院管辖，也就具有了正当性。当然，这种当事人能够处分案件审理过程和结果公正度的案件应当具备一个条件：只涉及纠纷当事人间的私益，不涉及公共利益，从而确保当事人的处分行为，不会损害案外人的利益。

也应当看到，有的案件，虽然在性质上属于私权纠纷，但案件的处理结果会对社会公共利益造成影响，如身份关系案件，身份关系的确定，不仅涉及纠纷当事人的利益，还会对当事人之外的其他人产生影响。由于个人之间的身份关系是整个社会伦理结构的组成部分，因此涉及身份关系的案件，在审判结果的公正度上的要求，会高于通常的民事案件。此外，考虑到这类案件涉及公共利益，私法自治原则在这类案件中也会受到很大的限制。为了确保案件审理结果能够获得较高的公正度，从各国的法律规定情况来看，往往在地域管辖法院上进行特殊的考虑，即从确保案件审理结果有较高公正性的角度配置管辖法院，排除当事人选择其他法院管辖。

上述两类案件，是两种极端的情况：前一种完全只涉及当事人可以自行处分的私益，法律没有介入当事人处分行为的必要；后一种则涉及案外的公共利益，当事人的处分权受到严格的限制。对于前者，在地域管辖法院上，应当给予当事人最大限度的选择自由，允许当事人选择国内任意法院管辖；对于后者，在地域管辖法院上，应当由立法者预先设置最有能力实现该案件审理公正的法院，并限制当事人在这类案件管辖法院选择上的自由，如规定为专属管辖案件。

但更多的案件，并不属于这两种极端情况，而是处于两者之间。毕竟大量的民事案件并不会涉及公共利益，同时当事人也无法充分行使地域管辖法院上的选择权。当事人无法选择管辖法院，可能是基于当事人的主观原因，如当事人双方无法达成地域管辖上的合意；也可能是基于当事人之外的客观原因，如对管辖法院的选择无效。对于这些处于中间状态的案件，有必要为其设置法定管辖法院。法定管辖法院，是指由《民事诉讼法》规定，对于某类民事纠纷有管辖权的法院。法定管辖法院，是与合意管辖法院相对应的概念。如果合意管辖法院是基于当事人合意而对案件有管辖权，那么法定管辖法院有管辖权的原因就在于《民事诉讼法》的规定。严格地讲，专属管辖法院也属于法定管辖法院，因为专属管辖法院获得管辖权的依据也是基于法律的授权，但为了说明的方便，本书以下部分所提到的法定管辖，是不包括专属管辖情况的，仅指那些处于中间状态的案件。

针对这些处于中间状态的案件，法定管辖法院的存在，具有指示作用。即告诉原告，可以向什么样的法院起诉。如果没有这些具有指示功能的规定，原告在起诉选择法院时会产生疑惑，受案法院对管辖权作出的认定，其正当性也会受到当事人的质疑。法定管辖的指示性作用，与专属管辖的排他性作用不同。即便有这些法定管辖法院存在，当事人也可以无视这种规定，通过合意的方式加以变更，选择法定管辖法院之外的法院管辖。例如，对于合同纠纷案件，被告住所地和合同履行地是《民事诉讼法》规定的法定管辖法院，被告住所地和合同履行地有管辖权，其目的是向原告和审查起诉的法院提供管辖法院方面的指示。原告和被告完全可以通过合意让诉讼标的物所在地法院获得本案的管辖权。

在设置法定管辖法院时，也必须以实现案件的公正审理为管辖法院设置的首要目标。这是因为尽管当事人可以通过双方合意的方式排除法定管辖法院的适用，但仅凭原告一方的单方意志，无法改变法定管辖法院的指示作用。法定管辖法院的指示作用，使在多数情况下，案件的管辖法院只能是法定管辖法院。此时，法定管辖法院获得管辖权的原理，就与专属管辖法院获得管辖权的原理相同：基于案件审理的公正性要求，而不仅仅是基于方便当事人诉讼的考虑，特定法院获得了案件的管辖权。

假定所有法院都愿意向当事人提供公正诉讼的机会，才能从均衡各地法院审理负担的角度去规定地域管辖法院，不会预先人为地将某些被怀疑可能实施地方保护行为的法院排除，从而使《民事诉讼法》对地域管辖的规定成为一种能普遍适用的原则。相反，怀疑法院的公正性，不仅无法正常地设置地域管辖制度，还会基于怀疑，设置相应的管辖错误救济程序，人为地加重管辖错误的纠正程序。

认识到不同的法院在审判能力和效果上会有差异，并结合案件的具体情况去考虑法律对这些差异的容忍问题，才能在追求诉讼效率的同时，兼顾司法公正：(1)对于仅与当事人双方利益有关的纠纷，在当事人能够自由行使处分权时，地域管辖的设置，应当以方便当事人诉讼为主要理念；(2)对于涉及公共利益的民事纠纷，地域管辖的设置，应当以确保审理公正为主要理念；(3)对于处于两者之间的纠纷，地域管辖的设置，应当同时体现审判公正与方便当事人诉讼的理念，如从追求审判结果公正的角度规定法定管辖法院后，基于方便当事人的考虑，又允许当事人选择法定管辖法院之外的法院。可以说，我国地域管辖设置时，应当采取依据案件的性质，各有侧重的理念。①

(三)专属管辖

在我国履行中外资经营企业合同、中外合作经营企业合同、中外合作勘探开

① 参见郭翔：《论我国民事地域管辖制度的完善——以〈民事诉讼法〉修改为背景展开》，载《清华法学》2011年第3期。

发自然资源合同发生纠纷提起的诉讼，由我国法院专属管辖。《民事诉讼法》有关国内专属管辖的规定，同样适用于涉外案件。

专属管辖案件，不能选择协议选择外国法院管辖，但可以协议选择仲裁。

相关规定

《民事诉讼法》

第二百六十六条　因在中华人民共和国履行中外合资经营企业合同、中外合作经营企业合同、中外合作勘探开发自然资源合同发生纠纷提起的诉讼，由中华人民共和国人民法院管辖。

典型案例

1. 宝腾汽车（中国）有限公司［Proton Automobiles（China）Ltd.］与金星重工制造有限公司中外合资经营企业合同纠纷管辖权异议纠纷案

（1）案号

广东省高级人民法院（2012）粤高法立民终字第71号

（2）案情

上诉人宝腾汽车（中国）有限公司（以下简称宝腾公司）因与被上诉人金星重工制造有限公司（以下简称金星公司）及原审被告马来西亚国家汽车有限公司中外合资经营企业合同纠纷管辖权异议一案，不服广东省东莞市中级人民法院（2008）东中法民四初字第133号民事裁定（以下简称原审裁定），向广东省高级人民法院提起上诉。

原审法院查明：金星公司是在广东省东莞市注册成立的企业。宝腾公司是在英属维尔京群岛注册成立的公司，属于马来西亚国家汽车有限公司的海外全资子公司。

原审法院认为，本案属涉外中外合资经营企业合同纠纷。根据2007年《民事诉讼法》第二百四十四条关于"因在中华人民共和国履行中外合资经营企业合同、中外合作经营企业合同、中外合作勘探开发自然资源合同发生纠纷提起的诉讼，由中华人民共和国人民法院管辖"的规定，中外合资经营企业合同纠纷应由中华人民共和国人民法院专属管辖。同时，《最高人民法院关于适用〈中华人民共和国民事诉讼法〉若干问题的意见》(法发〔1992〕22号)第三百零五条规定:“依照民事诉讼法第三十四条和第二百四十六条规定,属于中华人民共和国人民法院专属管辖的案件,当事人不得用书面协议选择其他国家法院管辖。但协议选择仲裁裁决的除外。”宝腾公司与金星公司在《合资合同》第53条约定了仲裁条款,该仲裁协议并未违反上述司法解释的规定。现本案的争议焦点在于《合资合同》中的仲裁条款是否被《备忘录》中的诉讼管辖条款所取代。

对此,原审法院在作出的(2010)东中法民四认字第1号民事裁定中,已经认定《备忘录》是合资双方的真实意思表示,其中的诉讼管辖条款效力不因《备忘录》未经审批机关批准而受影响,《合资合同》第53条约定的仲裁条款已经被诉讼管辖条款取代,双方当事人不再存在仲裁协议,新加坡国际仲裁中心对宝腾公司与金星公司之间因涉案《合资合同》引发的争议行使管辖权缺乏法律基础,并据此裁定不予承认和执行新加坡国际仲裁中心作出的2009年第17号《费用裁决书(有关管辖权临时裁决书)》。该民事裁定已经发生法律效力。本案依法应由中华人民共和国有管辖权的人民法院管辖和审理。

鉴于《合资合同》载明的签订地为广东省东莞市虎门镇,合同履行地亦在广东省东莞市,根据2007年《民事诉讼法》第二百四十一条①、《最高人民法院关于加强涉外商事案件诉讼管辖工作的通知》(法〔2004〕265号)第二条②以及《广东省高级人民法院关于调整我省第一审知识产权、涉外、涉港澳台民商事纠纷案件区域管辖和级别管辖等事项的通知》第五条、第六条的规定,原审法院作为涉案《合资合同》的签订地、履行地且对标的金额在人民币600万元以上2亿元以下的涉外民商事案件享有管辖权的人民法院,依法有权对本案行使管辖权。

(3)裁判理由及意义

广东省高级人民法院认为,本案是因中外合资经营企业合同纠纷而提起的诉讼,对管辖权的争议焦点是双方当事人在涉讼《合资合同》第53条约定的仲裁

---

① 2007年《民事诉讼法》第二百四十一条规定:“因合同纠纷或者其他财产权益纠纷,对在中华人民共和国领域内没有住所的被告提起的诉讼,如果合同在中华人民共和国领域内签订或者履行……可以由合同签订地、合同履行地……人民法院管辖”。

② 《最高人民法院关于加强涉外商事案件诉讼管辖工作的通知》第二条规定:“授权广东省和各直辖市的高级人民法院根据实际工作需要指定辖区内的基层人民法院管辖本区的第一审涉外(含涉港澳台)商事案件,明确基层人民法院与中级人民法院的案件管辖分工,并将指定管辖的情况报最高人民法院备案。”

条款有无被《备忘录》中的诉讼管辖条款取代。对此，已经发生法律效力的(2010)东中法民四认字第1号民事裁定书已作出明确认定。宝腾公司上诉称《备忘录》是伪造的，存在重大疑点、不足以证明“表见代理”成立，但并未提交足以推翻的证据。因此，根据《民事诉讼证据规定》第九条的规定，确认(2010)东中法民四认字第1号民事裁定书对《备忘录》的认定，即《备忘录》是合资双方的真实意思表示，其中的诉讼管辖条款效力不因《备忘录》未经审批机关批准而受影响，《合资合同》第53条约定的仲裁条款已经被诉讼管辖条款取代，双方当事人不再存在仲裁协议。本案合同履行地在广东省东莞市，根据2007年《民事诉讼法》第二百四十一条和广东省高级人民法院《关于调整我省第一审知识产权、涉外、涉港澳台民商事纠纷案件区域管辖和级别管辖等事项的通知》第六条第一项的规定，合同履行地所在的东莞市中级人民法院对本案具有管辖权。综上，原审裁定驳回宝腾公司提出的管辖权异议正确，广东省高级人民法院予以维持。宝腾公司请求撤销原审裁定，并裁定驳回金星公司起诉的上诉理由不成立，广东省高级人民法院不予采纳。

学术观点

我国民事诉讼中的专属管辖制度，是学者研究和讨论较少的部分。但无论是从完善地域管辖理论的角度，还是从解决目前司法实践的现实问题出发，我国专属管辖部分都是我国地域管辖中需要重点反思的部分。

完善专属管辖制度的作用，并不限于专属管辖制度本身。按照理论上对地域管辖的一种分类，专属管辖是与协议管辖相对应存在的。目前，我国民事诉讼中的协议管辖制度需要完善，已经成为学术界的基本共识。但不少研究协议管辖制度的学者，仅是从协议管辖本身去展开讨论，没有意识到专属管辖对协议管辖的影响。基于笔者对地域管辖理念的分析，专属管辖之外的案件，应当允许当事人协议选择管辖法院。从这个意义上讲，专属管辖的规定，是在明确协议管辖适用的案件范围。但事实上，我国《民事诉讼法》对专属管辖的规定，并不清晰。

现行《民事诉讼法》对专属管辖的规定，包括两部分：第三十三条对通常专属管辖案件的规定，以及第二百六十六条对涉外专属管辖案件的规定。如果涉外专属管辖的规定，是为了确保在我国履行的中外合资经营企业合同、中外合作经营企业合同、中外合作勘探开发自然资源合同发生纠纷，只能由我国法院管辖，从而维护中方当事人的利益（考虑到在这一规定制定前后，中方当事人多为国家或者国有企业，这一规定可以比较牵强地理解为涉及公共利益），那么第三十三条对通常专属管辖案件的规定就显得难以理解。

笔者认为，无论是完善《民事诉讼法》对专属管辖案件的规定，还是在《民事诉讼法》中增加新的需要专属管辖的案件，都必须同时注意以下问题：

1. 这类案件专属管辖的理由是什么？就第三十三条规定的三类案件，不动产纠纷涉及国家领土，与公共利益有关；继承遗产纠纷涉及身份关系，与公共利益有关；而港口作业中发生纠纷很难理解与公共利益有何关系。事实上，对于港口作业中发生的纠纷，笔者认为，在审判结果的公正度上的要求并没有比通常的民事案件高的理由，没有必要再规定为专属管辖案件。另外，如果结合海事法院的管辖范围来考虑，就更为清晰。如果在《海事诉讼特别程序法》颁布之前，这一规定的实践意义是为了让港口作业中发生的纠纷由海事法院管辖，那么在《海事诉讼特别程序法》颁布后，这样的规定就显得多余。

事实上，我国《民事诉讼法》完全还可以增加一些专属管辖的规定，如增加某些人事诉讼、环境侵权诉讼、再审之诉专属管辖的规定。增加某些人事诉讼专属管辖的规定，是因为身份关系的确认，会涉及伦理秩序，而伦理秩序的维护，涉及公共利益。环境侵权诉讼的结果，对当事人、案外人以及国家产业政策都会产生影响，涉及公共利益，对于环境政策尚需完善的我国，进行专属管辖有特殊意义。再审之诉涉及对司法权威性的维护，涉及国家司法体制的运行效果，可以说也涉及公共利益，因此许多国家都有专属管辖的规定。

2. 这类案件包括了哪些具体的情形？专属管辖的规定，从起诉的角度，排除了当事人向别的法院诉讼的可能。由于设置专属管辖的目的是追求案件审理结果上较高的公正度，从判决的角度讲，违反专属管辖的规定，判决的效力会受到公正性上的质疑。因此，《民事诉讼法》在规定专属管辖案件时，必须进行明确的表述。法条的表述不严谨，就会导致适用上的困难。学者对不动产纠纷专属管辖异议较大的原因，就与专属管辖法条表述有关。理论上，已经有学者提出专属管辖的不动产纠纷只能是不动产物权纠纷，不包括不动产债权纠纷。实践中，也有建设工程中发生的纠纷是否属于不动产纠纷，是否也应当专属管辖的争议。考虑到专属管辖案件是对当事人管辖法院选择上的限制，并且违反专属管辖规定的后果较为严重,因此对于专属管辖的适用范围,应当进行明确的界定。

当然,在规定具体的管辖法院时,则需要结合审判实践和国际习惯来综合考虑。结合审判实践,强调了管辖法院的规定必须以审判的实际效果为准,毕竟设置专属管辖法院的目的是追求案件审理结果的公正。结合国际习惯,是因为即使对国内案件进行专属管辖规定,客观上也会使我国法院获得该案件的排他性管辖权,无视国际通常做法而过分强调我国的专属管辖,会在涉外纠纷的解决上引起不必要的麻烦。①

(四)协 议 管 辖

涉外合同或者其他财产权益纠纷的当事人,可以书面协议选择被告住所地、合同履行地、合同签订地、原告住所地、标的物所在地、侵权行为地等与争议有实际联系地点的外国法院管辖。属于中华人民共和国法院专属管辖的案件,当事人不得协议选择外国法院管辖,但协议选择仲裁的除外。当事人可以协议选择管辖法院,但不得违反《民事诉讼法》关于级别管辖和专属管辖的规定及最高人民法院其他管辖规定。

审查要点

1. 当事人约定外国法院管辖

涉外合同或者其他财产权益纠纷的当事人,可以书面协议选择被告住所地、合同履行地、合同签订地、原告住所地、标的物所在地、侵权行为地等与争议有实际联系地点的外国法院管辖。当事人约定由外国法院排他性管辖的,争议发生后,一方当事人向人民法院起诉的,法院不应受理。

2. 当事人选择管辖法院

尊重当事人对管辖法院的选择,依法行使涉外金融纠纷司法管辖权。对于当事人选择境外法院管辖,但管辖约定违反我国专属管辖规定的,依法行使司法

---

① 参见郭翔:《论我国民事地域管辖制度的完善——以〈民事诉讼法〉修改为背景展开》,载《清华法学》2011 年第 3 期。

管辖权。对于境外金融交易活动扰乱境内金融市场秩序,损害境内金融消费者、投资者合法权益所引发的纠纷,依法行使司法管辖权。

3. 特定管辖权条款的法律效果

合同约定非排他性管辖权条款或不对称管辖权条款,并不产生设立专属司法管辖权的法律效果,在符合中国大陆现行法律规定情形下,上海金融法院可行使司法管辖权。

相关规定

《民事诉讼法解释》

第五百三十一条 涉外合同或者其他财产权益纠纷的当事人,可以书面协议选择被告住所地、合同履行地、合同签订地、原告住所地、标的物所在地、侵权行为地等与争议有实际联系地点的外国法院管辖。

根据民事诉讼法第三十三条和第二百六十六条规定,属于中华人民共和国法院专属管辖的案件,当事人不得协议选择外国法院管辖,但协议选择仲裁的除外。

典型案例

美怡有限公司(May Delight Limited)等与龙峰国际(香港)有限公司[Long LifeInternational (Hong Kong) Company Limited]等股权转让纠纷案

(1)案号

上海市高级人民法院(2017)沪民辖终96号

(2)案情

上诉人美怡有限公司、嘉昌控股有限公司、福全投资有限公司因与被上诉人龙峰国际(香港)有限公司(以下简称香港龙峰公司)、福来国际(上海)有限公司(以下简称上海福来公司)、任某某股权转让纠纷一案,不服上海市第一中级人民法院(2016)沪01民初132号之二民事裁定,向上海市高级人民法院提起上诉。

美怡有限公司、嘉昌控股有限公司、福全投资有限公司上诉称:①同一案件争议既存在合同纠纷,也存在与合同关系紧密牵连的侵权关系时,当事人有权一并主张，法院也应当在诉讼中一并审理。根据《最高人民法院关于印发修改后的〈民事案件案由规定〉的通知》的规定，同一诉讼中涉及两个以上的法律关系的，应当依当事人诉争的法律关系的性质确定案由，均为诉争法律关系的，则按诉争的两个以上法律关系确定并列的两个案由。诚然上诉人在起诉时选择的案由是股权转让纠纷，但在后两次听证及书面意见中，已经明确提出本案的请求权基础不仅仅是合同违约责任，同样应当适用恶意侵害债权引发的侵权责任。因此，原审法院对本案是否享有管辖权，不仅应从合同法律关系对管辖权进行审查，还应当结合案件实际，从侵权法律关系对管辖权进行审查，不能以基础关系与案由请求的法律关系不同为由要求另案审理。②即使原审法院认为同一案件中不能存在不同的请求权基础，法院应当主动释明其认定的法律关系性质，释明后仍不予变更的方可裁定驳回起诉。③本案中，侵权法律关系的主体与合同法律关系的主体不完全重合，审查法院对案件是否有管辖权，应当依据侵权法律关系和合同法律关系分别确定。案件争议中同时出现了合同关系与侵权关系时，应当根据不同的基础关系来确定管辖权，尤其是在合同关系主体与侵权关系主体不一致的情况下，不应受合同约定管辖的约束，应当由侵权行为地或被告住所地人民法院管辖。即使侵权案件的管辖权必须以合同约定的管辖权为前提条件，也仅限于侵权主体全部是合同主体的情况。上海福来公司并非股权转让的签署方，也未与上诉人之间形成任何书面管辖权协议，上诉人以共同侵权提起对上海福来公司的侵权之诉，无须接受股权转让协议约定的管辖限制，原审法院依侵权行为地和被告住所地受理本案，适用法律正确。④从公平合理原则及诉讼和执行便利的角度出发，相较我国香港特别行政区法院，原审法院审理本案更为合适。本案主要案情和涉讼财产即虹桥95号地块发生在原审法院辖区，由原审法院审理本案更能查明事实。综上，上诉人请求撤销上海市第一中级人民法院(2016)沪01民初132号之二民事裁定，确定上海市第一中级人民法院对本案有管辖权。

(3)裁判理由及意义

上海市高级人民法院经审查认为，本案系股权转让纠纷，上诉人亦明确以股权转让纠纷为案由提起本案诉讼。《民事诉讼法解释》第五百二十二条第一项规定，当事人一方或者双方是外国人、无国籍人、外国企业或者组织的，可以认定为涉外民事案件。本案上诉人住所地在境外，故本案为涉外民事案件。管辖权纠纷属于程序问题，原审法院对本案纠纷是否享有管辖权，应适用法院地法，即应适用《民事诉讼法》涉外民事诉讼程序的特别规定进行审查。

《民事诉讼法解释》第五百三十一条规定:"涉外合同或者其他财产权益纠纷的当事人,可以书面协议选择被告住所地、合同履行地、合同签订地、原告住所地、标的物所在地、侵权行为地等与争议有实际联系地点的外国法院管辖。根据民事诉讼法第三十三条和第二百六十六条规定,属于中华人民共和国法院专属管辖的案件,当事人不得协议选择外国法院管辖,但协议选择仲裁的除外。"本案上诉人与被上诉人香港龙峰公司于2012年8月23日签订的《协议书二》第六条、《备忘录》第九条分别约定:"本协议内容如与香港协议内容有相悖之处,则以本协议为准,因履行本协议而发生争议时,交由香港法院专属解决";"本备忘录内容与《协议书二》具有同等法律效力,内容如与《协议书二》有相悖之处,则以本备忘录为准,因履行本备忘录而发生争议时,亦均交由香港法院专属解决"。本案所涉股权转让合同的受让方香港龙峰公司系香港企业,股权转让的标的公司注册在香港特别行政区,与争议有实际联系,且本案不属于中华人民共和国法院专属管辖,故上述管辖协议应予认可。

2005年的海牙《选择法院协议公约》第三条对排他性选择法院协议作了如下规定:①排他性选择法院协议是指由双方或多方当事人根据第三款要求而订立的协议,其指定某一缔约国法院或者某一缔约国的一个或者多个具体法院处理因某一特定法律关系而产生或者可能产生的争议,从而排除任何其他法院的管辖。②指定某一缔约国法院或者某一缔约国的一个或者多个具体法院的选择法院协议应当被视为排他性的,除非当事人另作明确规定。③排他性选择法院协议必须以下列方式订立或者证明:以书面形式或者以任何其他交流形式,只要该形式能提供随后参阅可资利用的信息。④作为合同一部分的排他性选择法院协议应当被作为独立于合同其他条款的协议。参照公约上述规定,选择管辖法院是否具有"排他性"关键在于看协议用词是否明确。涉案股权转让《协议书二》及《备忘录》明确"因履行本协议而发生争议时,交由香港法院专属解决","因履行本备忘录而发生争议时,亦均交由香港法院专属解决",应认定为属于排他性管辖协议,即排除了内地法院的管辖权。因此,本案不存在上诉人主张的原审法院审理本案更为合适的前提。

上诉人向原审法院提交的起诉材料亦显示,上诉人与香港龙峰公司就浩恒中国有限公司(注册于香港特别行政区)的股权转让事宜先后签订了一系列协议，最终双方明确约定争议由我国香港特别行政区法院专属解决。因此，上诉人与香港龙峰公司为履行股权转让协议发生的纠纷，无论上诉人提起的是合同之诉还是侵权之诉，均应受协议约定管辖的约束。原审法院受理本案后就管辖权问题多次询问当事人，上诉人表示其主张的请求权基础不仅仅是合同违约责任，同时是上海福来公司恶意侵害债权的侵权责任，而上海福来公司不是股权转让合同的签署方，不应受合同约定管辖的约束，应当由侵权行为地或被告住所地人民法院管辖。对此，法院认为，本案上诉人起诉时选择股权转让纠纷为案由提起诉讼，受诉法院依照所涉股权转让合同的约定管辖确定有无管辖权，符合法律规定。即使依上诉人主张的本案中合同之诉和侵权之诉合并审理，但上诉人主张上海福来公司的侵权责任是以上海福来公司作为香港龙峰公司合同违约的共同被告而提起的，并非单一的侵权纠纷，原审法院将上诉人与香港龙峰公司的管辖约定作为确定本案的管辖依据并无不当。

学术观点

管辖协议可分为排他性管辖协议和非排他性管辖协议。排他性管辖协议也称专属的管辖合意，于此情形，当事人不得向合意选择法院以外的法院起诉。如果当事人约定既可以向协议管辖法院起诉，也可向有法定管辖权的法院起诉的，即为非排他性管辖协议。当管辖合意究竟是排他性的还是非排他性的难以判断时，该如何解释？对此学说多倾向于非排他性解释，实务上多倾向于排他性解释。《选择法院协议公约》第三条(b)项规定，选择管辖协议约定法院具有排他性，但当事人明确表示不具有排他性的除外。从我国审判实践看，如果协议没有明确表明为非排他性的，则应推定解释为排他性协议，这体现了支持协议管辖的司法政策。当事人在管辖协议中使用了“可”“有权”等用词的，应当解释为由被选择的法院行使排他性管辖权。当事人未另作明确规定，应认定为属于排他性管辖协议，即排除了内地法院的管辖权。

判定涉外管辖协议的效力，具体涉及两个问题，即适用法律问题和选择法院的确定性标准问题。

1. 审查涉外管辖协议效力是适用法院地法还是适用协议选择的准据法

根据国际私法惯例和我国司法实践，涉外管辖协议的效力应依据法院地法进行审查。我国最高人民法院历年来的裁判案例亦明确,管辖争议属于程序问题,应适用法院地法律,不应适用当事人协议选择的准据法。例如,在(2009)民申字第1095号玛尔斯合作有限公司、阿德尔伯特·F.雅默瑞与海尔集团电器产业有限公司债务及保证纠纷管辖权异议案中,最高人民法院明确指出:"本案为涉外管辖权纠纷,属于程序问题,青岛中院对本案纠纷是否享有管辖权,应适用法院地法即中华人民共和国的《民事诉讼法》进行审查。再审申请人玛尔斯公司、雅默瑞认为本案纠纷应适用担保函约定的英国法是错误的。当事人在协议中约定适用的法律,仅指实体法,而不应该包括程序法和冲突法。"此外,在(2011)民提字第301号上海衍六国际货物运输代理有限公司与长荣海运股份有限公司海上货物运输合同纠纷案、(2015)民申字第471号徐某某与张某某股权转让合同纠纷管辖权异议案等案件中,最高人民法院一再重申了该原则。

2. 涉外管辖协议选择的法院是否必须确定到特定国家或法域内某一法院

国际民事案件诉讼管辖权,是指一国法院或具有审判权的其他司法机关受理、审判具有国际因素的民事、商事案件的权限。国际民事案件诉讼管辖权问题所涉及和要解决的是某一特定的国际民商事案件究竟由哪一个国家或法域行使管辖权的问题。至于在确定了特定国家或法域管辖后,案件应该由该国或法域内的哪一级别或类型法院,或哪一个地方的法院来审理的问题,则是一个国内管辖权的再分配问题,完全属于该国国内(或法域内)民事诉讼法所要解决的问题。

因此,涉外管辖协议选择的法院只确定到特定国家或法域即可,并非必须确定到特定国家或法域内某一法院。《民事诉讼法解释》第五百三十一条规定,涉外合同或者其他财产权益纠纷的当事人,可以书面协议选择被告住所地、合同履行地、合同签订地、原告住所地、标的物所在地、侵权行为地等与争议有实际联系地点的外国法院管辖。从该条规定看,亦未要求协议选择的法院需要确定到特定国家某一法院。在(2015)民申字第471号徐某某与张某某股权转让合同纠纷管辖权异议案中,最高人民法院明确指出,涉案股权转让合同第七条约定:"协议已经签订,双方不得反悔,如违约则可向蒙古国法院起诉,并有权申请查封 Rich For Tune 相关财产"。该管辖条款约定的管辖法院即蒙古国法院系合同签订地、股权转让义务的履行地法院,与该案争议有实际联系。至于双方当事人没有具体约定纠纷由蒙古国哪一个法院管辖,当事人可以根据蒙古国法律的规定向该国某一具体法院起诉,同样具有确定性。徐某某以协议选择的法院不唯一为由主张该管辖条款无效,缺乏事实和法律依据。

(五)平行诉讼

基于国家司法主权原则我国司法实践并不排斥涉外平行诉讼,无论域外法院是否已受理案件或作出判决,只要我国法院有管辖权且受理该案不违反我国法律、我国缔结或参加的国际条约的司法协助条约中的管辖规定,我国法院可予受理并审理。

当事人就同一争议向外国法院起诉后,又向人民法院起诉的,外国法院是否受理案件或作出判决,不影响人民法院行使管辖权。但外国法院判决已经被人民法院承认和执行的,或者我国缔结或参加的国际条约另有规定的,人民法院不应受理。

审查要点

1. 平行诉讼的适用前提

平行诉讼的前提是我国法院和外国法院对同一争议都享有管辖权。管辖问题涉及司法主权,应积极行使,不因外国法院有管辖权而放弃本国管辖权。实践中,"同一争议"可根据案件实际情况,从当事人、诉讼请求、事实与理由等多个因素进行综合考量确定。

2. 平行诉讼的"先受理法院规则"

当事人向我国法院起诉,我国法院受理案件的时间无论是否先于外国法院受理案件的时间,只要我国法院判决在先,我国法院均可以拒绝受理外国法院申请或者当事人关于请求人民法院承认和执行外国法院裁判的申请。如果外国法院作出判决在先,且该裁判已经得到我国法院承认,则对于同一争议,我国法院不得再行使管辖权。

3. 平行诉讼的审查流程

首先,当事人之间"非专属管辖权"条款不足以排除中国法院的管辖权;其次,针对平行诉讼,被告经常以"不方便法院原则"提出抗辩,对此应根据《民事诉讼法解释》第五百三十二条予以审查。外国法院在诉讼过程中判决作出前,其作出的临时保全措施等诉讼行为无理由阻却我国法院对案件的受理和审理。若当事人之间存在有效的域外仲裁协议,且已提交域外仲裁的争议不超过当事人约定的仲裁事项范围,则可排除我国法院对该事项的管辖权。

相关规定

《民事诉讼法解释》

第五百三十三条 中华人民共和国法院和外国法院都有管辖权的案件,一方当事人向外国法院起诉,而另一方当事人向中华人民共和国法院起诉的,人民法院可予受理。判决后,外国法院申请或者当事人请求人民法院承认和执行外国法院对本案作出的判决、裁定的,不予准许;但双方共同缔结或者参加的国际条约另有规定的除外。

典型案例

中国葛洲坝集团股份有限公司与意大利裕信银行股份有限公司上海分行独立保函纠纷案

(1)案号

上海金融法院(2018)沪74民初1419号

(2)案情

原告中国葛洲坝集团股份有限公司(以下简称葛洲坝集团公司)与被告意大利裕信银行股份有限公司上海分行(以下简称裕信银行上海分行)独立保函纠纷一案,裕信银行上海分行在提交答辩状期间,对管辖权提出异议认为:第一,葛洲坝集团公司与裕信银行上海分行之间不存在选择中国法院管辖的协议。鉴于本案并非《民事诉讼法》规定的由中国法院专属管辖的案件,并考虑到本案讼争保函的基础法律关系发生在科威特,争议的主要事实不发生在中国境内,且保函上亦明确写明适用国际商会《见索即付保函统一规则》,不适用中国法律,故本案由中国法院审理在案件事实查明和法律适用方面均存在较大困难,据此,请求依据《民事诉讼法解释》第五百三十二条的规定,以"不方便法院原则"驳回葛洲坝集团公司的起诉。第二,意大利法院已受理案外人意大利 Cooperativa Muratori & Cementisti-C. M. C. di Ravenna Societa' Cooperativa(以下简称 CMC 公司)的申请,针对本案讼争保函发出了止付令,根据《民事诉讼法》第三十五条以及《民事诉讼法解释》第二百四十七条关于重复诉讼的立法精神,本案应驳回葛洲坝集团公司的起诉。第三,本案原、被告双方均参与了意大利法院的案件程序并进行了答辩,根据《中华人民共和国和意大利共和国关于民事司法协助的条约》(以下简称中意司法协助条约)的相关规定,意大利法院对案涉争议具有管辖权,故本案应驳回葛洲坝集团公司的起诉。

针对被告裕信银行上海分行的管辖异议,原告葛洲坝集团公司陈述称:第一,本案讼争保函明确约定受国际商会《见索即付保函统一规则》(Uniform Rules for Demand Guarantees,URDG)(2010年修订版)(以下简称URDG758)约束,故URDG758属于保函条款的组成部分,对各方均具有约束力。根据URDG758的规定,葛洲坝集团公司与裕信银行上海分行就本案争议已协议选择中国有管辖权的法院管辖,故本案不符合《民事诉讼法解释》第五百三十二条关于"不方便法院原则"规定的适用情形。第二,葛洲坝集团公司从未在意大利法院提起诉讼,本案与意大利正在进行的法律程序并非同一案件,也并非同一当事人,故本案不存在重复诉讼的情况。第三,对意大利法院正在进行的法律程序,葛洲坝集团公司是作为第三方加入,在意大利法院组织的听证程序中葛洲坝集团公司也明确提出了管辖权异议,认为应由上海金融管辖,故不能认定葛洲坝集团公司接受了意大利法院的管辖。同时,因意大利法院正在进行的法律程序并未涉及对当事人权利义务的实体判断,相关止付令仅是临时救济措施,故该结果并不影响上海金融法院作为有管辖权的法院对本案进行审理。即便最终涉及对意大利法院裁决的承认和执行问题,也需要履行法定程序,并不影响我国法院对本案的管辖权。

(3)裁判理由及意义

上海金融法院认为:第一,本案系独立保函纠纷,根据《独立保函若干问题的规定》第五条的规定:"独立保函载明适用《见索即付保函统一规则》等独立保函交易示范规则,或开立人和受益人在一审法庭辩论终结前一致援引的,人民法院应当认定交易示范规则的内容构成独立保函条款的组成部分。"本案讼争G560号保函明确约定:"此保函受国际商会第758号出版物2010年修订版《见索即付保函统一规则》(URDG)约束",因此,URDG758的内容构成本案讼争G560号独立保函条款的组成部分,对保函的所有当事人均具有约束力,可以作为确立本案管辖问题以及当事人权利义务的法律依据。URDG758第35条a款规定:"除非保函另有约定，任何担保人和受益人之间与保函有关的争议，应由担保人开立保函的分支机构所在地的国家有管辖权的法院排他性地管辖。”本案为G560号保函的担保人和受益人之间就保函项下款项支付问题而发生的争议，裕信银行上海分行作为意大利裕信银行股份有限公司的分支机构和本案讼争保函的开立人，其营业场所位于中国(上海)自由贸易试验区，故本案应当由中国有管辖权的法院即管辖。同时，根据《独立保函若干问题的规定》第二十一条关于“受益人和开立人之间因独立保函而产生的纠纷案件，由开立人住所地或被告住所地人民法院管辖”的规定，裕信银行上海分行既是开立人，同时作为本案被告，应由其住所地人民法院行使管辖权。鉴于裕信银行上海分行位于中国(上海)自由贸易试验区，在上海金融法院辖区内，又根据《最高人民法院关于上海金融法院案件管辖的规定》(法释〔2018〕14号)第一条第(二)项之规定，本案作为独立保函纠纷一审案件，属于上海金融法院管辖的案件范围，对本案具有管辖权；且根据双方当事人共同选择适用的URDG758第35条a款规定，双方达成了排他性法院选择合意，上海金融法院对本案具有排他性的管辖权。

第二，关于裕信银行上海分行认为本案应适用“不方便法院原则”驳回葛洲坝集团公司起诉的主张，上海金融法院认为，《民事诉讼法解释》第五百三十二条“不方便法院原则”的适用，需要同时满足六项前提要件。在本案中，当事人之间存在选择我国法院排他管辖的协议，涉及我国法人的利益，案件事实发生在我国境内且适用我国法律，也不存在更加方便的外国法院。故“不方便法院原则”不适用于本案，对裕信银行上海分行的上述主张，上海金融法院不予支持。

第三，关于裕信银行上海分行认为本案应依据《民事诉讼法》第三十五条以及《民事诉讼法解释》第二百四十七条关于重复起诉的立法精神，驳回葛洲坝集团公司的起诉的主张，上海金融法院认为，意大利拉文纳普通法院于2018年12月3日签发的命令，系基于本案讼争G560号保函开立申请人CMC公司提出的申请而做出，葛洲坝集团公司并非该命令的被申请人。其作为第三方，在意大利拉文纳普通法院的听证程序中，亦未主动提出任何与本案诉讼相同的申请，且明确提出了意大利拉文纳普通法院对涉案保函争议不具有管辖权的意见，因此，意大利拉文纳法院的前述司法程序与上海金融法院受理的本案独立保函纠纷并非基于相同当事人、相同诉讼标的，本案不符合我国《民事诉讼法》第三十五条以及《民事诉讼法解释》第二百四十七条关于重复起诉的认定条件，裕信银行上海分行仅以葛洲坝集团公司参与了相关听证程序为由,主张本案应按重复起诉的原则处理,缺乏事实和法律依据,上海金融法院亦不予支持。

第四,关于裕信银行主张因意大利法院止付程序在先,故中国法院将无法依据中意司法协助条约第二十一条拒绝承认和执行意大利法院的裁决,导致本案审理无意义,浪费司法资源的意见,上海金融法院认为:首先,基于预期承认的理由拒绝行使管辖权的前提在于,被申请法院受理的是相同当事人之间的相同争议且受诉在后。前已述及,意大利拉文纳法院受理的案件与本案之间当事人不同,诉争法律关系也不相同,上海金融法院依法行使管辖权不存在浪费司法资源之虞。其次,意大利拉文纳法院尚未针对本案讼争保函法律关系或者保函项下的基础法律关系进行实体审理,故其签发的命令也并非对当事人诉讼标的生效的法院裁决,尚不属于可以被申请承认或执行的民事裁决,不在中意司法协助条约的适用范围之内,上海金融法院行使管辖权也不违反中意司法协助条约的规定。更何况,根据本案双方当事人的约定,对本案讼争保函,上海金融法院具有排他性管辖权,因此,无论目前正在进行的意大利法院止付程序最终结果任何,均不影响上海金融法院对本案行使管辖权。

学术观点

平行诉讼又称诉讼竞合,即同一当事人就同一纠纷事实同时或者先后在两个或两个以上法域的法院进行诉讼,并被该两个或两个以上法域的法院同时或者先后受理的现象。

由于各个国家都奉行国家主权原则,而对民事诉讼的司法管辖又是国家行使主权的重要组成部分,因此在国际民事诉讼中平行诉讼是存在的,也是被允许的。平行诉讼可以分为重复诉讼和对抗诉讼两种类别,前者当事人的诉讼地位相同,后者当事人的诉讼地位相反。

由于平行诉讼往往会引起国家之间在管辖权上的冲突,通常来讲各国之间会通过缔结国际条约和国内立法两种方式来解决。我国《民事诉讼法》虽然设了专门章节规定涉外民事诉讼的管辖,但是对于平行诉讼并未作出明确规定。对此,《民事诉讼法解释》参考了 2005 年《第二次全国涉外商事海事审判工作会议纪要》第十条之规定,即我国法院和外国法院都享有管辖权的涉外商事纠纷案件，一方当事人向外国法院起诉且被受理后又就同一争议向我国法院提起诉讼，或者对方当事人就同一争议向我国法院提起诉讼的，外国法院是否已经受理案件或者作出判决，不影响我国法院行使管辖权，但是否受理，由我国法院根据案件具体情况决定。外国法院判决已经被我国法院承认和执行的，人民法院不应受理。我国缔结或者参加的国际条约另有规定的，按规定办理。就平行诉讼进行了专门规定，具体体现在《民事诉讼法解释》第五百三十三条第一款之内容：我国法院和外国法院都有管辖权的案件，一方当事人向外国法院起诉，而另一方当事人向中华人民共和国法院起诉的，人民法院可予受理。换言之，我国法院对于平行诉讼中的对抗诉讼均有管辖权。根据法条的原意，在适用该条款时应注意把握以下几点：一是根据法律规定，对于同一争议，我国法院和外国法院必须都享有管辖权；二是无论在何种情形下，只要我国法院判决在先，我国法院均可以拒绝受理外国法院或当事人关于请求人民法院承认和执行外国法院裁判的申请；三是如果外国法院作出判决在先，且该判决已经得到了我国法院的承认，则对于同一争议，我国法院不得再行使管辖权。

需要注意的是，《民事诉讼法解释》第五百三十三条第二款还规定外国法院判决、裁定已经被人民法院承认，当事人就同一争议向人民法院起诉的，人民法院不予受理。这意味着对于重复诉讼，我国法院采取的是有条件的管辖，即只有在外国法院判决、裁定已经被我国法院承认的前提下，重复诉讼才能阻却本国管辖。

区际平行诉讼是平行诉讼的一种表现形式，是指在同一主权国家不同法域进行的平行诉讼。本案涉及的是海峡两岸区际平行诉讼，其产生的根本原因是两岸分属不同法域，直接原因则是区际民商事管辖权发生了积极冲突，主观原因则是当事人受诉讼利益的驱动。通说认为，各法域民商法律处于平等地位，各法域当事人的法律地位亦是平等的。解决两岸法院的管辖权冲突与解决其他涉外案件一样，应当在切实维护内地法院司法管辖权的同时，加强两案司法领域的互助合作。①

（六）不方便法院原则

不方便法院原则（forum non conveniens），又称“不方便管辖原则”。涉外案

① 参见王晓、陈琨：《区际平行诉讼中的管辖确定》，载《人民司法（案例）》2020年第26期。

件中，我国法院对于有管辖权的案件可以不方便为由不行使管辖权。符合下列情形的，人民法院可以裁定驳回原告的起诉，告知其向更方便的外国法院提起诉讼：

1. 被告提出案件应由更方便外国法院管辖的请求，或者提出管辖异议；

2. 当事人之间不存在选择中华人民共和国法院管辖的协议；

3. 案件不属于中华人民共和国法院专属管辖；

4. 案件不涉及中华人民共和国国家、公民、法人或者其他组织的利益；

5. 案件争议的主要事实不是发生在中华人民共和国境内，且案件不适用中华人民共和国法律，人民法院审理案件在认定事实和适用法律方面存在重大困难；

6. 外国法院对案件享有管辖权，且审理该案件更加方便。

审查要点

不方便法院原则的适用前提

司法管辖权涉及国家司法主权，应认真审查，慎重行使不方便管辖原则。行使不方便法院原则的适用必须同时满足以下条件：

(1)仅针对涉外案件，不适用于国内案件；

(2)受诉法院对案件享有管辖权；

(3)经被告提出案件应由更方便外国法院管辖的请求或者提出管辖权异议；

满足上述条件，我国法院可以作出裁定，驳回原告的起诉，告知原告向更方便的外国法院提起诉讼。对于被告未到庭应诉且未提出管辖权异议的，法院不应依职权主动适用“不方便法院原则”放弃对案件的管辖权。

相关规定

《民事诉讼法解释》

第五百三十二条　涉外民事案件同时符合下列情形的，人民法院可以裁定驳回原告的起诉，告知其向更方便的外国法院提起诉讼：

(一)被告提出案件应由更方便外国法院管辖的请求，或者提出管辖异议；

(二)当事人之间不存在选择中华人民共和国法院管辖的协议；

(三)案件不属于中华人民共和国法院专属管辖;

(四)案件不涉及中华人民共和国国家、公民、法人或者其他组织的利益;

(五)案件争议的主要事实不是发生在中华人民共和国境内,且案件不适用中华人民共和国法律,人民法院审理案件在认定事实和适用法律方面存在重大困难;

(六)外国法院对案件享有管辖权,且审理该案件更加方便。

典型案例

“德意志银行(中国)有限公司上海分行、Deutsche Bank AG 与光明食品香港有限公司金融衍生品种交易纠纷案”

(1)案号

上海市高级人民法院(2018)沪民辖终 6 号

(2)案情

上诉人德意志银行股份有限公司(以下简称德银公司)、德意志银行股份有限公司香港分行(以下简称德银香港公司)、德意志银行(中国)有限公司上海分行(以下简称德银上海公司)因金融衍生品种交易纠纷一案,不服上海市第一中级人民法院(2016)沪 01 民初 454 号民事裁定,向上海市高级人民法院提起上诉。

上诉人德银公司、德银香港公司、德银上海公司分别上诉称:上诉人德银上海公司作为本案被告的适格性直接决定原审法院有无管辖权的认定,因此在案件受理和管辖权异议阶段应予以审查。本案系合同之诉,上诉人德银上海公司并非系争合同当事人,也未有证据证明上诉人德银上海公司加入了合同关系,因此上诉人德银上海公司不是本案适格被告。就“不方便法院原则”,原审法院规避本应查明的被告适格性问题,将本来与争议无关的上诉人德银上海公司认定为本案被告并因此确立管辖权,再以上诉人德银上海公司为中国法人,案涉中国当事人利益为由认定本案不适用“不方便法院原则”,裁判逻辑显属错误。

(3)裁判理由及意义

上海市高级人民法院经审查认为,涉案《国际掉期及衍生工具协会 2002 年主协议》在适用法律和管辖权部分约定:如本协议明确规定由英国法律管辖,倘该诉讼不涉及公约法院，则接受英国法院之非专属管辖；倘该诉讼涉及公约法院，则接受英国法院之专属管辖。该协议定义部分约定："公约法院"是指需在诉讼中适用1968年《关于民商事案件之司法管辖以及承认和执行判决之布鲁塞尔规定》第十七条以及1988年《关于民商事案件之司法管辖以及承认和执行判决之芦根诺公约》第十七条之任何法院。该协议附件准据法部分约定：本协议以及因本协议产生或与本协议相关的任何非合同义务均受英国法律的管辖，并按照英国法律进行解释。综合上述合同约定可见，本案依约准据法应适用英国法律，本案诉讼若向公约国法院起诉，则由英国法院专属管辖；若向非公约国法院起诉，则不受英国法院专属管辖限制。中华人民共和国并非上述公约的签署国，因此，当事人可以就涉案纠纷向我国法院提起诉讼。

本案系涉外合同纠纷案件。我国《民事诉讼法》第二百六十五条规定，因合同纠纷或者其他财产权益纠纷，对在中华人民共和国领域内没有住所的被告提起的诉讼，如果合同在中华人民共和国领域内签订或者履行，或者诉讼标的物在中华人民共和国领域内，或者被告在中华人民共和国领域内有可供扣押的财产，或者被告在中华人民共和国领域内设有代表机构，可以由合同签订地、合同履行地、诉讼标的物所在地、可供扣押财产所在地、侵权行为地或者代表机构住所地人民法院管辖。对于管辖权争议，上海市高级人民法院需依法对全案进行审查。本案系合同纠纷案件，而上诉人德银上海公司并非合同主体，原审法院仅依上诉人德银上海公司住所地位于其辖区范围对本案行使管辖权依据不足。经查，上诉人德银公司在上海设有代表机构，名称为"德意志银行股份有限公司（证券业务）上海代表处"，该代表处驻在场所为中华人民共和国上海市浦东新区世纪大道8号上海国金中心办公楼二期38层3801－02&15－16室属于原审法院辖区范围，原审法院依法可以对本案行使管辖权。

《民事诉讼法解释》第五百三十三条规定，中华人民共和国法院和外国法院都有管辖权的案件，一方当事人向外国法院起诉，而另一方当事人向中华人民共和国法院起诉的，人民法院可予受理。判决后，外国法院申请或者当事人请求人民法院承认和执行外国法院对本案作出的判决、裁定的，不予准许；但双方共同缔结或者参加的国际条约另有规定的除外。外国法院判决、裁定已经被人民法院承认，当事人就同一争议向人民法院起诉的，人民法院不予受理。依该规定，上诉人等在外国法院提起的相关诉讼，在外国法院裁判未被我国法院承认之前，并不影响原审法院受理本案。

《民事诉讼法解释》第五百三十二条规定:“涉外民事案件同时符合下列情形的,人民法院可以裁定驳回原告的起诉,告知其向更方便的外国法院提起诉讼:(一)被告提出案件应由更方便外国法院管辖的请求,或者提出管辖异议;(二)当事人之间不存在选择中华人民共和国法院管辖的协议;(三)案件不属于中华人民共和国法院专属管辖;(四)案件不涉及中华人民共和国国家、公民、法人或者其他组织的利益;(五)案件争议的主要事实不是发生在中华人民共和国境内,且案件不适用中华人民共和国法律,人民法院审理案件在认定事实和适用法律方面存在重大困难;(六)外国法院对案件享有管辖权,且审理该案件更加方便。”据本案现有证据,被上诉人光明香港公司系光明食品(集团)有限公司的全资子公司,且在涉案合同中多处条款涉及光明食品(集团)有限公司,上诉人德银上海公司的主体资格虽影响本案管辖权的确定,但其同本案确有关联是否应承担相应责任仍需实体审理查明,鉴于上述主体均系中国法人,故上诉人等认为本案应适用“不方便法院原则”,不符合法律规定。

学术观点

“不方便法院原则”是指依照本国法律或国际条约的规定,虽然一国法院对于案件享有管辖权,但是如果行使这一管辖权,将会对法院开展审判工作及当事人参与诉讼等方面带来极大的不方便,进而可能影响司法公正,使纠纷无法得到有效解决。在此种情况下,如果另一国法院对于该纠纷亦享有管辖权,受案法院即可以自身属于不方便法院为由,依职权或者依被告申请,裁定拒绝行使管辖权。我国《民事诉讼法解释》第五百三十二条即关于我国法院对享有管辖权的案件可以不方便为由拒绝行使管辖权的具体规定。该条规定参考了2005年《第二次全国涉外商事海事审判工作会议纪要》第十一条之内容:我国法院在审理涉外商事纠纷案件过程中,如发现案件存在不方便法院的因素,可以根据不方便法院原则裁定驳回原告的起诉。不方便法院原则的适用应符合下列条件:(1)被告提出适用不方便法院原则的请求,或者提出管辖异议而受诉法院认为可以考虑适用不方便法院原则;(2)受理案件的我国法院对案件享有管辖权;(3)当事人之间不存在选择我国法院管辖的协议;(4)案件不属于我国法院专属管辖;(5)案件不涉及我国公民、法人或者其他组织的利益；(6)案件争议发生的主要事实不在我国境内且不适用我国法律，我国法院若受理案件在认定事实和适用法律方面存在重大困难；(7)外国法院对案件享有管辖权且审理该案件更加方便。根据该规定，我国法院适用不方便原则应当注意两方面问题：一是该原则适用的前提是我国法院对案件本身享有管辖权。二是必须满足《民事诉讼法解释》第五百三十二条的所有条件，即当事人之间不存在选择我国法院管辖的协议；案件不属于我国法院专属管辖；案件不涉及我国国家、公民、法人或者其他组织的利益；案件争议的主要事实不发生在我国境内；案件不适用我国法律；我国法院审理该案件在认定事实和适用法律方面存在重大困难；外国法院对该案享有管辖权，且审理案件更加方便。另外，还需要注意的一个前提条件是，被告方必须提出申请或提出管辖异议，认为该案由外国法院管辖更为方便，从而要求我国法院适用不方便法院原则，如果被告方未提出前述申请或管辖异议，则我国法院不得依职权主动适用该原则。

实践中，受案法院是否可以自身为不方便法院为由拒绝行使管辖权，通常考虑以下因素：原告选择到该法院起诉的理由；被告到该法院应诉是否方便；争议行为或交易的发生地位于何处；证据可否顺利取得；适用法律的查明是否方便；当事人的送达能否顺利完成；判决可否执行；语言交流是否方便；等等。除要考虑前述因素外，不方便法院原则适用与否，还需要受案法院从及时有效及最大限度保护当事人合法权益的角度出发，合理行使自由裁量权。需要特别强调的是，经过查明，如果我国法院可以适用该原则拒绝行使管辖权，则案件应以裁定驳回原告方起诉的方式进行裁判，同时人民法院应向原告方释明下一步的救济途径，即告知其向更方便的外国法院提起诉讼。①

① 参见王晓、陈琨：《区际平行诉讼中的管辖确定》，载《人民司法(案例)》2020年第26期。

三、申请确认仲裁协议效力案件的司法审查

(一)管辖审查

申请确认涉外仲裁协议效力的案件,由仲裁协议约定的仲裁机构所在地、仲裁协议签订地、申请人住所地、被申请人住所地的中级人民法院或者专门人民法院管辖。

审查要点

确定关系法院的连结点

若仲裁协议约定的仲裁机构所在地、仲裁协议签订地、申请人住所地、被申请人住所地中有一个地址位于上海,根据《最高人民法院关于上海金融法院案件管辖的规定》的规定,上海金融法院对于涉外金融民商事纠纷的仲裁司法审查案件具有管辖权。

相关规定

1.《最高人民法院关于审理仲裁司法审查案件若干问题的规定》

第二条 申请确认仲裁协议效力的案件,由仲裁协议约定的仲裁机构所在地、仲裁协议签订地、申请人住所地、被申请人住所地的中级人民法院或者专门人民法院管辖。

2.《最高人民法院关于上海金融法院案件管辖的规定》

第一条 上海金融法院管辖上海市辖区内应由中级人民法院受理的下列第

一审金融民商事案件：

（一）证券、期货交易、营业信托、保险、票据、信用证、独立保函、保理、金融借款合同、银行卡、融资租赁合同、委托理财合同、储蓄存款合同、典当、银行结算合同等金融民商事纠纷；

（二）资产管理业务、资产支持证券业务、私募基金业务、外汇业务、金融产品销售和适当性管理、征信业务、支付业务及经有权机关批准的其他金融业务引发的金融民商事纠纷；

（三）涉金融机构的与公司有关的纠纷；

（四）以金融机构为债务人的破产纠纷；

（五）金融民商事纠纷的仲裁司法审查案件；

（六）申请认可和执行香港特别行政区、澳门特别行政区、台湾地区法院金融民商事纠纷的判决、裁定案件，以及申请承认和执行外国法院金融民商事纠纷的判决、裁定案件。

学术观点

仲裁作为司法外的一种替代性解决争议方式，在人类活动中早已出现，甚至比诉讼更为久远。由于仲裁本身所具有的优势，仲裁已成为解决商事纠纷的一种重要的常用手段。尽管各国法律都赋予仲裁裁决与司法判决具有同等的效力，但各国仲裁法以及有关国际商事仲裁的国际公约一般又都规定了法院对仲裁的司法监督制度。法院对仲裁的司法监督制度对仲裁制度的实施会产生重要的影响。①

（二）涉外仲裁协议有效性审查

1. 准据法的确定

仲裁协议的有效性审查需先确定应适应哪国的法律判断仲裁协议的效力，即确定审查仲裁协议效力的准据法，具体规则如下：（1）首先适用双方当事人选

① 参见熊辉：《浅析商事仲裁的司法审查》，载《新西部（下半月）》2008 年第 6 期。

择的法律;(2)在当事人未作法律选择的情况下,适用仲裁机构所在地或仲裁地法;(3)当事人既没有约定仲裁协议准据法,也没有约定仲裁机构或仲裁地,或者约定不明的,适用法院地法作为仲裁协议准据法。

审查要点

1. 仲裁条款效力适用的法律应明确意思表示

当事人协议确认涉外仲裁协议效力适用的法律,应当作出明确的意思表示。当事人仅约定合同适用的法律,不能作为确认合同中仲裁条款效力适用的法律。依据仲裁条款的独立性原则,当事人所约定主合同的准据法仅适用于调整实体争议,不应视为双方约定了仲裁协议的准据法。

2. 仲裁机构及仲裁地的确定

仲裁协议未约定仲裁机构和仲裁地,但根据仲裁协议约定适用的仲裁规则可以确定仲裁机构或仲裁地的,应当认为其为《涉外民事关系法律适用法》第十八条中规定的仲裁机构或者仲裁地。

3. 有利于仲裁协议有效的原则

确定审查涉外仲裁协议效力的准据法时,若当事人没有选择适用的法律,适用仲裁机构所在地的法律与适用仲裁地的法律将对仲裁协议的效力作出不同认定的,应当适用确认仲裁协议有效的法律。

相关规定

1.《涉外民事关系法律适用法》

第十八条 当事人可以协议选择仲裁协议适用的法律。当事人没有选择的,适用仲裁机构所在地法律或者仲裁地法律。

2.《仲裁法解释》

第十六条 对涉外仲裁协议的效力审查,适用当事人约定的法律;当事人没有约定适用的法律但约定了仲裁地的,适用仲裁地法律;没有约定适用的法律也没有约定仲裁地或者仲裁地约定不明的,适用法院地法律。

3.《最高人民法院关于审理仲裁司法审查案件若干问题的规定》

第十三条　当事人协议选择确认涉外仲裁协议效力适用的法律，应当作出明确的意思表示，仅约定合同适用的法律，不能作为确认合同中仲裁条款效力适用的法律。

第十四条　人民法院根据《中华人民共和国涉外民事关系法律适用法》第十八条的规定，确定确认涉外仲裁协议效力适用的法律时，当事人没有选择适用的法律，适用仲裁机构所在地的法律与适用仲裁地的法律将对仲裁协议的效力作出不同认定的，人民法院应当适用确认仲裁协议有效的法律。

典型案例

1. 马士基航运有限公司与天津航星国际货运代理有限公司海上、通海水域货物运输合同纠纷案

(1)案号

天津市高级人民法院(2018)津民终第265号

(2)案情

马士基公司向一审法院起诉，航星公司以与马士基公司存在合法有效的仲裁协议为由请求法院驳回马士基公司的起诉，一审法院裁定驳回马士基公司对航星公司的起诉，认为马士基公司应就与航星公司代理合同项下的所有争议提交仲裁解决。马士基公司不服，向天津市高级人民法院提起上诉。

马士基公司为注册地在丹麦的法人，涉案海上货物运输目的地位于加纳，涉案《订舱代理协议》约定适用英国法律并在伦敦提交仲裁，依照《民事诉讼法解释》第五百二十二条第一项、第四项、第五项之规定，本案为涉外民事纠纷。本案的争议焦点之一是涉案《订舱代理协议》中仲裁条款的效力。

天津市高级人民法院最终依据《订舱代理协议》中仲裁条款的约定，并依据法律适用英国法以认定仲裁条款有效性，依职权对英国法下认定仲裁协议效力相关问题进行了查明，航星公司亦提供了山东省高级人民法院另案裁定等材料。天津市高级人民法院最终认定仲裁条款有效，但因一审中其他程序瑕疵，裁定一审法院作出的驳回起诉裁定有误。

(3)裁判理由及意义

天津市高级人民法院认为,依照《涉外民事关系法律适用法》第十八条、《涉外法律适用法解释》第十四条规定,当事人可以协议选择仲裁协议适用的法律。当事人没有选择的,适用仲裁机构所在地法律或者仲裁地法律。当事人没有选择涉外仲裁协议适用的法律,也没有约定仲裁机构或者仲裁地,或者约定不明的,人民法院可以适用中华人民共和国法律认定该仲裁协议的效力。马士基公司与航星公司签订的《订舱代理协议》中仲裁条款约定为"本《协议》应当根据英国法进行解释。任何因本《协议》引起的或与之有关的争议应当友好解决,当无法解决时应当根据英国《1996年仲裁法》及其修正案在伦敦提交仲裁"。该协议未约定仲裁条款适用的法律,故仲裁条款的效力应根据仲裁地法即英国法进行认定,本案应适用英国法认定涉案《订舱代理协议》中仲裁条款效力。

在涉外民事案件中,准据法的确定及其查明系属区别于一般民事案件的独有程序,涉外仲裁协议或者条款效力的认定亦同。依照《涉外民事关系法律适用法》第十条第一款规定,涉外民事关系适用的外国法律,由人民法院、仲裁机构或者行政机关查明。当事人选择适用外国法律的,应当提供该国法律。故此,关于英国法律,依法应予查明。航星公司主张中国海事司法实践中,只要双方约定伦敦仲裁适用英国法,一概裁定驳回起诉,并不符合现行法律规定,天津市高级人民法院对航星公司相应主张不予采纳。

按照天津市高级人民法院查明的英国法,并未规定"选定的仲裁机构"为仲裁协议的有效要件,故此,涉案《订舱代理协议》中仲裁条款虽仅约定在伦敦提交仲裁,而未约定仲裁机构,仍应认定为有效。据此,在认定仲裁协议效力方面,一审法院未查明英国法相关规定并听取当事人意见,存在瑕疵,予以纠正。

根据上述案例,依照《涉外民事关系法律适用法》第十八条、《涉外法律适用法解释》第十四条的规定,若应适用外国法判断涉外仲裁条款的效力,法院应当依职权查明英国法相关规定并听取当事人意见,否则将可能存在程序瑕疵的风险。

2. 中国恒基伟业集团有限公司、北京北大青鸟有限责任公司与广晟投资发展有限公司、香港青鸟科技发展有限公司借款、担保合同纠纷案

(1)案号

最高人民法院(2006)民四终字第28号

(2)案情

上诉人中国恒基伟业集团有限公司(以下简称恒基公司)、上诉人北京北大青鸟有限责任公司(以下简称北京青鸟公司)与被上诉人广晟投资发展有限公司(以下简称广晟公司)、原审被告香港青鸟科技发展有限公司(以下简称香港青鸟公司)借款、担保合同纠纷一案,不服广东省高级人民法院(2006)粤高法民四初字第1号民事裁定书,向最高人民法院提起上诉。恒基公司不服原审法院裁定,认为一审裁定在仲裁条款效力的判定和准据法适用上错误,《可转换债发行协议》的仲裁条款应从整体上理解,凡涉及判定本协议内容的准据法,无论是解决争议还是判定仲裁条款的效力均适用我国香港特别行政区法律,该仲裁条款有效。上诉人北京青鸟公司认为《可转换债发行协议》已明确约定准据法,该约定自然及于仲裁条款。

(3)裁判理由及意义

本案中《可转换债发行协议》约定有仲裁条款,并约定,"本协议适用中华人民共和国香港特别行政区法律",故对仲裁条款效力审查所要适用的准据法就成为本案首先要考量的问题。

《仲裁法解释》第十六条规定:"对涉外仲裁协议的效力审查,适用当事人约定的法律;当事人没有约定适用的法律但约定了仲裁地的,适用仲裁地法律;没有约定适用的法律也没有约定仲裁地或者仲裁地约定不明的,适用法院地法律。"由此可以看出,当事人对确定仲裁条款效力的准据法是可以在合同中约定的,但这种约定必须是明确约定,合同中约定的适用于解决合同争议的准据法,不能用来判定涉外仲裁条款的效力。也就是说对仲裁条款效力适用的准据法要与解决争议适用的准据法相区别。本案中,在仲裁条款项下约定"本协议适用中华人民共和国香港特别行政区法律",是对仲裁条款效力适用的准据法还是适用于解决合同争议的准据法容易产生歧义,不能视为明确约定了仲裁条款效力的准据法。因《可转换债发行协议》中没有约定仲裁地,故应适用法院地法即我国内地法律来认定该仲裁条款效力。

《仲裁法》第十八条规定:"仲裁协议对仲裁事项或者仲裁委员会没有约定或者约定不明确的,当事人可以补充协议;达不成补充协议的,仲裁协议无效。"本案中的仲裁条款尽管明确了发生争议要通过仲裁解决的意思表示,但没约定仲裁机构,各方当事人也没有对仲裁机构达成补充协议,故该仲裁条款应属无效,人民法院对本案享有管辖权。

据此,在涉外合同纠纷案件中,当事人在合同中约定有仲裁条款的,可以同时对确定该仲裁条款效力的准据法作出明确约定。因仲裁条款的独立性,故合同中约定的适用于解决合同争议的准据法,不能用以判定该仲裁条款的效力。如果当事人在合同中没有约定确定仲裁条款效力的准据法,也没有约定仲裁地或者对仲裁地约定不明,应当适用法院地法律审查仲裁协议的效力。最高人民法院认为《仲裁法解释》第十六条规定:"对涉外仲裁协议的效力审查,适用当事人约定的法律;当事人没有约定适用的法律但约定了仲裁地的,适用仲裁地法律;没有约定适用的法律也没有约定仲裁地或者仲裁地约定不明的,适用法院地法律。"由此可以看出,当事人对确定仲裁条款效力的准据法是可以在合同中约定的,但这种约定必须是明确约定,合同中约定的适用于解决合同争议的准据法,不能用来判定涉外仲裁条款的效力。也就是说,对仲裁条款效力适用的准据法要与解决争议适用的准据法相区别。

学术观点

仲裁协议是现代仲裁制度的基石,在各国仲裁法对仲裁协议的效力存在不同规定的前提下,仲裁协议准据法直接影响到仲裁协议的效力认定。《涉外民事关系法律适用法》第十八条规定:"当事人可以协议选择仲裁协议适用的法律。当事人没有选择的,适用仲裁机构所在地法律或者仲裁地法律。"根据该条规定,仲裁协议应首先适用当事人选择的法律。但在当事人未单独约定仲裁协议准据法,仅约定了主合同的准据法时,主合同准据法是否也适用于仲裁协议。尽管学界有不同认识,但司法实务认为仲裁协议相对于主合同具有独立性,不能将主合同的法律适用条款视为包含了当事人仲裁协议法律适用的约定。也就是说,当事人必须单独选择仲裁协议准据法,否则视为未约定仲裁协议准据法这一司法适用原则。①

2. 仲裁协议要件审查

若以中国法律为仲裁协议效力审查的准据法,则应根据我国《仲裁法》及相

① 参见宋建立:《涉外仲裁司法审查原理与实践》,法律出版社2016年版,第1页。

关司法解释对仲裁协议的效力进行审查。具体包括以下几个方面。

(1)主体要件

仲裁协议当事人应当具备缔约能力。《仲裁法》第十七条第二项明确规定,无民事行为能力人或者限制民事行为能力人订立的仲裁协议无效。

(2)形式要件

仲裁协议可以采用仲裁条款或者其他书面形式订立,具体包括合同中的仲裁条款、仲裁协议书,以及“其他书面形式”的仲裁协议,如以合同书、信件和数据电文(包括电报、电传、传真、电子数据交换和电子邮件)等形式达成的请求仲裁的协议。

(3)实质要件

①提交仲裁的意思表示

请求仲裁的意思表示应当符合合同有效的一般条件:首先,它必须是当事人双方共同的意思表示,而不是单方当事人的意思表示;其次,它应当是当事人双方真实的意思表示,而不存在胁迫、欺诈、重大误解等情形。

②仲裁事项

仲裁事项,是指当事人在仲裁协议中约定的、通过仲裁解决的争议的内容。《仲裁法》第三条规定,“下列纠纷不能仲裁:(一)婚姻、收养、监护、扶养、继承纠纷;(二)依法应当由行政机关处理的行政争议。当事人约定的仲裁事项超出法律规定的仲裁范围的,仲裁协议无效”。

劳动争议和农业集体经济组织内部的农业承包合同纠纷的仲裁由法律另行规定,也不属于商事仲裁的范畴。

仲裁事项的判断标准,当事人概括约定仲裁事项为合同争议的,基于合同成立、效力、变更、转让、履行、违约责任、解释、解除等产生的纠纷都可以认定为仲裁事项。

③选定的仲裁委员会

我国实行机构仲裁,因此,选定仲裁委员会被仲裁法规定为仲裁协议的重要内容之一。仲裁协议约定的仲裁机构名称不准确,但能够确定具体的仲裁机构的,应当认定选定了仲裁机构。

审查要点

1. 仲裁条款的独立性

仲裁条款具有独立性，合同不生效、无效、被撤销或者终止的，不影响合同中仲裁条款的效力。

2. 仲裁机构名称应具有明确性

当事人应当在仲裁协议中明确规定仲裁机构，对仲裁机构的选择必须明确，否则仲裁条款无效。仲裁协议约定的仲裁机构名称不准确，但能够确定具体的仲裁机构的，应当认定选定了仲裁机构。

3. 既选择仲裁又约定法院裁决时的审查

若当事人约定争议可以向仲裁机构申请仲裁也可以向人民法院起诉的，仲裁协议无效。但一方向仲裁机构申请仲裁，另一方未在《仲裁法》第二十条第二款规定期间内提出异议的除外。

4. 选择两个或多个仲裁机构的情形

仲裁协议约定两个以上仲裁机构的，当事人可以协议选择其中的一个仲裁机构申请仲裁，当事人不能就仲裁机构选择达成一致的，仲裁协议无效。

仲裁协议约定由某地的仲裁机构仲裁且该地仅有一个仲裁机构的，该仲裁机构视为约定的仲裁机构。该地有两个以上仲裁机构的，当事人可以协议选择其中的一个仲裁机构申请仲裁；当事人不能就仲裁机构选择达成一致的，仲裁协议无效。

“先裁后诉”的情形有别于“可裁可诉”，该条款若不具备其他无效情形，应认定为有效。

5. 仅约定仲裁规则的情形

通过仲裁规则判断的情形，仲裁协议仅约定纠纷适用的仲裁规则的，视为未约定仲裁机构，但当事人达成补充协议或者按照约定的仲裁规则能够确定仲裁机构的除外。

6. 仲裁协议的继承性

仲裁协议的继承性判断，当事人订立仲裁协议后合并、分立的，仲裁协议对其权利义务的继受人有效。当事人订立仲裁协议后死亡的，仲裁协议对承继其仲裁事项中的权利义务的继承人有效。在前两款规定情形中，当事人订立仲裁协议时另有约定的除外。债权债务全部或者部分转让的，仲裁协议对受让人有效，但当事人另有约定、在受让债权债务时受让人明确反对或者不知有单独仲裁协议的除外。

相关规定

1.《仲裁法》

第三条　下列纠纷不能仲裁：

（一）婚姻、收养、监护、扶养、继承纠纷；

（二）依法应当由行政机关处理的行政争议。

第十六条　仲裁协议包括合同中订立的仲裁条款和以其他书面方式在纠纷发生前或者纠纷发生后达成的请求仲裁的协议。

仲裁协议应当具有下列内容：

（一）请求仲裁的意思表示；

（二）仲裁事项；

（三）选定的仲裁委员会。

第十八条　仲裁协议对仲裁事项或者仲裁委员会没有约定或者约定不明确的，当事人可以补充协议；达不成补充协议的，仲裁协议无效。

2.《仲裁法解释》

第一条　仲裁法第十六条规定的“其他书面形式”的仲裁协议，包括以合同书、信件和数据电文（包括电报、电传、传真、电子数据交换和电子邮件）等形式达成的请求仲裁的协议。

第五条　仲裁协议约定两个以上仲裁机构的，当事人可以协议选择其中的一个仲裁机构申请仲裁；当事人不能就仲裁机构选择达成一致的，仲裁协议无效。

第六条　仲裁协议约定由某地的仲裁机构仲裁且该地仅有一个仲裁机构的，该仲裁机构视为约定的仲裁机构。该地有两个以上仲裁机构的，当事人可以协议选择其中的一个仲裁机构申请仲裁；当事人不能就仲裁机构选择达成一致的，仲裁协议无效。

第七条 当事人约定争议可以向仲裁机构申请仲裁也可以向人民法院起诉的，仲裁协议无效。但一方向仲裁机构申请仲裁，另一方未在仲裁法第二十条第二款规定期间内提出异议的除外。

典型案例

1. 李某某与方某某、张某某合同纠纷案

(1)案号

北京市第三中级人民法院(2014)三中民终字第05477号

(2)案情

2008年11月12日，方某某、张某某、李某某签订合伙协议书，约定三方共同投资，在北京以李某某的名义设立北京世梦世纪商务有限公司和北京博雅世纪酒店管理有限公司，经营核桃饼干及油茶即食饼干，以及护肤美容院的连锁经营和酒店经营等项目。《合伙协议书》第十三条约定："管辖法院：此协议如发生纠纷，管辖法院为中国国际仲裁委员会。"申请人方某某系韩国籍，故属于涉外仲裁协议。

(3)裁判理由及意义

鉴于各方当事人在《合伙协议书》中未约定仲裁地，依据《仲裁法解释》第十六条的约定，应适用作为法院地法的中国法律认定本案仲裁协议的效力。本案当事人约定的仲裁机构"中国国际仲裁委员会"不能必然理解为中国国际经济贸易仲裁委员会，各方当事人又不能就仲裁机构达成补充协议，依照《仲裁法》第十六条、第十八条之规定，应认定上述仲裁协议无效。

2. 浙江一顺进出口有限公司与穆罕默德·穆罕默德·乌尔德·穆罕默德(Mohamed Mohamoud Ould Mohamed)货物买卖合同纠纷案

(1)案号

浙江省绍兴市中级人民法院(2011)浙绍商外初字第67号

(2)案情

浙江一顺进出口有限公司与穆罕默德·穆罕默德·乌尔德·穆罕默德(Mohamed Mohamoud Ould Mohamed)之间的货物买卖合同纠纷，双方签订的《经销责任协议》第9条约定双方都应诚信合作，如有争议应友好协商。如协商

不成可以向中国国际贸易促进委员会对外贸易仲裁委员会提交仲裁,可以向浙江一顺进出口有限公司所在地法院直接起诉。该协议签订地点在绍兴诸暨市。

(3)裁判理由及意义

依据《仲裁法解释》第十六条的规定,对涉外仲裁协议的效力审查,适用当事人约定的法律;当事人没有约定适用的法律但约定了仲裁地的,适用仲裁地法律;没有约定适用的法律也没有约定仲裁地或者仲裁地约定不明的,适用法院地法律。本案双方当事人未明确约定确认仲裁协议效力应适用的法律,双方尽管约定将纠纷交由"中国国际贸易促进委员会对外贸易仲裁委员会"仲裁,但并未约定明确的仲裁地,故对涉外仲裁协议的效力审查,应适用法院地法律,即中华人民共和国法律。浙江省高级人民法院以当事人约定了仲裁地为由,认为本案应适用仲裁地的法律观点是缺乏依据的。本案双方当事人签订的《经销责任协议》第九条约定,纠纷既可以向"中国国际贸易促进委员会对外贸易仲裁委员会"提交仲裁,也可向浙江一顺进出口有限公司所在地法院直接起诉。根据《仲裁法解释》第七条的规定,当事人约定争议可以向仲裁机构申请仲裁也可以向人民法院起诉的,仲裁协议无效。

3. 北京新华多媒体数据有限公司与乌鲁木齐盛世维媒信息科技有限公司申请确认仲裁协议效力纠纷案

(1)案号

北京市第四中级人民法院(2019)京04民特382号

(2)案情

申请人北京新华多媒体数据有限公司(以下简称新华公司)与被申请人乌鲁木齐盛世维媒信息科技有限公司(以下简称盛世公司)以书面形式订立仲裁协议,内容为在本协议执行期间发生的歧义,双方应通过友好协商解决,如协商60日内还不能达成协议时,则任何一方可将争议提交北京仲裁委员会仲裁。仍不能解决的,可通过被告所在地的人民法院提出诉讼。申请人认为上述仲裁条款具有如下无效情形:首先,双方要求仲裁的意思表示不明确,该协议约定先将争议交由仲裁裁决,仲裁不能解决再向法院诉讼的表示,表明双方的仲裁意思不肯定。其次,双方在协议中约定先仲裁,后诉讼的争议解决方式,等于约定了仲裁和诉讼的选择权,违反了"一裁终局"的基本原则,故提请法院确认仲裁协议无效。被申请人认为,首先双方的仲裁协议有明确的意思表示,仲裁条款明确约定仲裁优先,只有仲裁无法解决争议时裁向法院起诉,不符合《仲裁法解释》第七条“或裁或诉”的情形,故协议有效。其次,“一裁终局”系《仲裁法》规定的法定情形,当事人通过约定的方式予以改变,且现有法律或行政法规没有对仲裁条款违反基本原则导致无效作出效力性规定。仲裁条款约定仲裁无法解决纠纷应是指当纠纷不属于仲裁机构收案范围时,当事人可向法院另诉,而非仲裁裁决后当事人还可向法院起诉。

(3)裁判理由及意义

根据我国《仲裁法》第二十条的规定,当事人对仲裁协议的效力有异议的,可以请求人民法院作出裁定。人民法院应依据《仲裁法》第十七条和第十八条的规定进行审查。《仲裁法》第十七条约定了仲裁无效的情形。第十八条规定仲裁协议对仲裁事项或者仲裁委员会没有约定或者约定不明确的,当事人可以补充协议;达不成补充协议的,仲裁协议无效。新华公司主张仲裁协议无效的理由为:双方要求仲裁的意思表示不明确;仲裁协议违反“一裁终局”的基本原则;仲裁具备《仲裁法解释》第七条的情形。对此,法院认为根据新华公司与盛世公司签订《新华维文手机报业务合作协议》第九条争议解决方式可知,双方约定的“请求仲裁的意思表示”“仲裁事项”“选定的仲裁委员会”符合《仲裁法》第十六条的规定,该仲裁协议应为有效。虽然协议双方在第九条明确约定以仲裁方式解决争议,又于同一条款约定仲裁无法解决时向人民法院起诉,但表述内容、顺序来看,双方并未否认、变更以仲裁方式优先解决争议的意思表示,不能理解为属于《仲裁法解释》第七条“或裁或诉”的情形,也不违反“一裁终局”。综上,新华公司认为双方仲裁意思表示不明确,仲裁协议属于或裁或诉的无效情形的主张,不予支持。

学术观点

一般而言,管辖权条款的独立性表现在:(1)管辖权条款的性质。尽管管辖权条款是一种合意,附带实体性,但本质上属于程序性条款,其规定的是纠纷解决的管辖权,属于公法范畴,这有别于规定当事人之间民事权利义务关系的属于私法范畴的实体性条款。管辖权条款的作用在于,当当事人不履行其合同义务、损害对方当事人权益时,能为其权益的实现提供权利救济,因此它并不能直接带给当事人经济上的利益，只能提供权利救济。(2)管辖权条款的可分离性：管辖权条款的效力不受主合同以及其他条款的影响，它不因合同或者其他合同条款有效而有效，也不因合同或其他条款的变更、解除、无效而无效。同样，合同及其他条款的效力也不受管辖权条款效力的影响，合同及其他合同条款不因管辖权条款有效而有效，也不因管辖条款的无效而无效。此外，管辖权条款，既可以作为主合同的一个条款，包含在主合同中，也可以作为一个独立合同与主合同分开。①

(三)临时仲裁

我国《仲裁法》没有规定临时仲裁制度。2016年最高人民法院发布的《关于为自由贸易试验区建设提供司法保障的意见》第九条第三款被业界解释为"在我国自贸区有条件的开放临时仲裁制度的先行规定"。

审查要点

1. 对当事人约定的仲裁应当区分机构仲裁还是临时仲裁

与机构仲裁相比，临时仲裁更具有灵活性，无统一的仲裁规则，双方当事人可以依约变更，机构仲裁则需依据确定的仲裁规则进行，程序上严格按照《仲裁法》《民事诉讼法》中的规定进行；仲裁员的产生，临时仲裁无固定范围，可协商确定，机构仲裁则需在仲裁员名册中进行选择；临时仲裁在此次仲裁裁决结束后即解散，而机构仲裁不因仲裁结束而解散。

2. 我国目前仅有机构仲裁

《仲裁法》明确规定，仲裁协议应当选定具体的仲裁委员会。据此，我国仲裁法并不认可我国境内开展临时仲裁。但依据《最高人民法院关于为自由贸易试验区建设提供司法保障的意见》《最高人民法院关于人民法院为中国(上海)自由贸易试验区临港新片区建设提供司法服务和保障意见》的规定，确定在自贸试验区注册的企业相互之间约定在内地特定地点，按照特定仲裁规则、由特定人员

---

① 参见宋建立：《涉外仲裁司法审查原理与实践》，法律出版社2016年版，第46页。

对有关争议进行仲裁的,可认定仲裁协议有效。法院认为该仲裁协议无效的,应报请上一级法院进行审查。上级法院同意下级法院意见的,应将其审查意见层报最高人民法院,待最高人民法院答复后作出裁定。

相关规定

《最高人民法院关于为自由贸易试验区建设提供司法保障的意见》

9. 在自贸试验区内注册的企业相互之间约定在内地特定地点、按照特定仲裁规则、由特定人员对有关争议进行仲裁的,可以认定该仲裁协议有效。人民法院认为该仲裁协议无效的,应报请上一级法院进行审查。上级法院同意下级法院意见的,应将其审查意见层报最高人民法院,待最高人民法院答复后作出裁定。

典型案例

浙江逸盛石化有限公司与卢森堡英威达技术有限公司申请确认仲裁协议效力纠纷案

(1)案号

浙江省宁波市中级人民法院(2012)浙甬仲确字第4号

(2)案情

申请人浙江逸盛石化有限公司(以下简称逸盛公司)与被申请人英威达技术有限公司(以下简称英威达公司)申请确认仲裁协议效力一案,申请人逸盛公司诉称2003年4月28日及6月15日,逸盛公司与英威达公司之间分别签订编号为"2003HSDT/2600US"的《PTA 一号工厂 PTA 技术许可协议》和编号为"2003HSDT/2688US"的《PTA 二号工厂 PTA 技术许可协议》各一份(以下合称技术许可协议)。2012年7月11日,英威达公司依据该技术许可协议中的仲裁条款,即"仲裁应当在中国北京中国国际经济贸易仲裁中心(CIETAC)进行,并适用现行有效的《联合国国际贸易法委员会仲裁规则》[The arbitration shall take place at China International Economic Trade Arbitration Centre(CIETAC), Beijing, P. R. China and shall be settled according to the UNCITRAL Arbitration Rules as at present in force]",向中国国际经济贸易仲裁委员会提出了仲裁申请。逸盛公司认为,英威达公司提出上述仲裁申请所依据的仲裁条款无效,具体理由如下:仲裁条款未明确约定《仲裁法》定义下的“选定的仲裁委员会”,且约定适用于临时仲裁的《联合国国际贸易法委员会仲裁规则》,故上述仲裁条款属典型的临时仲裁约定,依法应认定为无效仲裁条款;而且,已经开始的仲裁程序是按照临时仲裁方式进行的,进一步印证了仲裁条款属典型的临时仲裁约定。

(3)裁判理由及意义

浙江省宁波市中级人民法院经审查认为,本案所涉仲裁条款中约定:“仲裁应当在中国北京中国国际经济贸易仲裁中心(CIETAC)进行,并适用现行有效的《联合国国际贸易法委员会仲裁规则》[The arbitration shall take place at China International Economic Trade Arbitration Centre (CIETAC), Beijing, P. R. China and shall be settled according to the UNCITRAL Arbitration Rules as at present in force]。”当事人在技术许可协议中没有明确约定该仲裁条款效力的准据法,但当事人在诉讼中均选择适用中华人民共和国内地法律作为确认该仲裁条款效力的准据法,该情形符合《涉外民事关系法律适用法》第十八条的规定,予以准许。

当事人在仲裁条款中虽然使用了“take place at”表述,此后的词组一般被理解为地点,然而按照有利于实现当事人仲裁意愿目的解释的方法,可以理解为也包括了对仲裁机构的约定。虽然当事人约定的仲裁机构中文名称不准确,但从英文简称 CIETAC 可以推定当事人选定的仲裁机构是在北京的中国国际经济贸易仲裁委员会。根据《仲裁法解释》第三条之规定,“仲裁协议约定的仲裁机构名称不准确,但能够确定具体的仲裁机构的,应当认定选定了仲裁机构”。因此,本案所涉的仲裁条款并不违反《仲裁法》的规定。

学术观点

虽然《仲裁法》将仲裁委员会的明确规定作为仲裁协议有效的要件之一,从立法上将临时仲裁予以排除,但随着自贸区的设立我国对于临时仲裁的态度也出现了转变。2016 年 12 月 30 日,最高人民法院印发了《最高人民法院关于为自由贸易试验区建设提供司法保障的意见》,允许在自贸区内注册的企业相互之间约定以临时仲裁的方式解决商事纠纷,并通过法院审级监督的形式予以规范。这是司法机关对我国经济市场,特别是自贸区实践中对于临时仲裁这种更为灵活高效的纠纷解决机制需求的积极回应。但该意见将临时仲裁的适用主体限制在自贸区内注册的企业,即非自贸区内注册企业与自贸区内注册企业之间,以及非自贸区内注册企业之间的商事纠纷,即使在自贸区内进行仲裁也仅能通过机构仲裁的方式解决。此外,该意见仅对临时仲裁进行原则性的规定,由于我国尚缺乏临时仲裁的相关经验,仅由人民法院监督的方式难以形成有效的规范。[①] 因此,临时仲裁在我国的可行性仍然缺少具体的规范为其提供保障。

(四)申请确认仲裁协议效力案件司法审查的层报制度

涉外仲裁制度的实施一定程度上有助于统一涉外、涉港澳台仲裁裁决的承认与执行标准,保障涉外、涉港澳台仲裁案件的执行,并有助于地方法院正确理解和适用《仲裁法》《民事诉讼法》的相关规定。

审查要点

确认涉外、涉港澳台仲裁协议效力案件层报制度

申请确认涉外、涉港澳台仲裁协议效力案件,经审查拟认定涉外、涉港澳台仲裁协议无效,应当向本辖区高级人民法院报核;本辖区高级人民法院同意的,应当向最高人民法院报核。待最高人民法院审核后,方可依最高人民法院的审核意见作出裁定。

相关规定

《最高人民法院关于仲裁司法审查案件报核问题的有关规定》

第二条 各中级人民法院或者专门人民法院办理涉外涉港澳台仲裁司法审查案件,经审查拟认定仲裁协议无效,不予执行或者撤销我国内地仲裁机构的仲裁裁决,不予认可和执行香港特别行政区、澳门特别行政区、台湾地区仲裁裁决,不予承认和执行外国仲裁裁决,应当向本辖区所属高级人民法院报核;高级人民法院经审查拟同意的,应当向最高人民法院报核。待最高人民法院审核后,方可依最高人民法院的审核意见作出裁定。

---

① 参见张贤达:《我国自贸区临时仲裁制度的构建》,载《国家检察官学院学报》2017 年第 3 期。

典型案例

“天津钢铁集团有限公司与人保天津分公司与尼加拉海运公司海上货运合同纠纷案”

(1)案号

最高人民法院(2011)民四他字第12号

(2)案情

2009年1月12日,尼加拉海运公司与威尔国际海运公司(Vale International SA)签订定期租船合同,约定尼加拉海运公司将其所属“佳运”轮租与威尔国际海运公司从事运输。合同约定因该期租合同所引起、导致的所有纠纷应在伦敦通过伦敦海事仲裁委员会解决,适用英国法。

2009年6月7日,“佳运”轮从巴西承载铁矿粉前往中国,天津钢铁集团有限公司为收货人,人保天津分公司为海上货物运输保险人。“佳运”轮船长签发了1994年版康金格式1号提单,该提单正面右上方和背面左上角均写明:“与租船合同合并使用”;提单背面条款第(1)条规定“反面日期下的租船合同中的所有条款、条件、权利及除外条款包括法律及仲裁条款,都并入此提单”。

2009年7月22日,“佳运”轮在新加坡与其他船舶发生碰撞。天津钢铁集团有限公司及人保天津分公司因救助费等损失向天津海事法院提起诉讼,请求尼加拉海运公司赔偿救助费等损失480万美元。

尼加拉海运公司在答辩期间提出管辖权异议,认为提单和前述定期租船合同共同构成海上货物运输合同。租船合同中的仲裁条款已有效并入提单。本案应提交英国伦敦仲裁,天津海事法院对本案没有管辖权。天津海事法院认为租船合同仲裁条款对收货人及其保险人不具约束力,根据《最高人民法院关于人民法院处理与涉外仲裁及外国仲裁事项有关问题的通知》的规定,报请天津市高级人民法院审查。天津市高级人民法院同意天津海事法院的意见,将审查意见上报最高人民法院。

(3)裁判理由及意义

最高人民法院认为,本案是持有提单的收货人与货物运输保险人因船舶碰撞救助费用损失提起的索赔,属于海上货物运输合同纠纷。涉案提单为康金1994格式提单,提单正面记载与租船合同合并使用,其中的租船合同应为航次租船合同,但尼加拉海运公司作为被告主张并入提单的租船合同为定期租船合同,亦未在提单正面载明具体的租船合同和明确并入仲裁条款的意思表示。尼加拉海运公司关于涉案提单并入了仲裁条款的主张,没有事实依据。涉案海上货物运输合同目的地为天津,根据《海事诉讼特别程序法》等有关法律规定,天津海事法院对本案具有管辖权。

本案体现了涉外仲裁裁决的核报制度。根据《最高人民法院关于人民法院处理与涉外仲裁及外国仲裁事项有关问题的通知》第一条的规定,凡起诉到人民法院的涉外、涉港澳和涉台经济、海事海商纠纷案件,如果当事人在合同中订有仲裁条款或者事后达成仲裁协议,人民法院认为该仲裁条款或者仲裁协议无效、失效或者内容不明确无法执行的,在决定受理一方当事人起诉之前,必须报请本辖区所属高级人民法院进行审查;如果高级人民法院同意受理,应将其审查意见报最高人民法院。在最高人民法院未作答复前,可暂不予受理。

学术观点

根据报告制度,涉外、涉港澳台仲裁裁决和仲裁协议(包括我国仲裁机构作出的涉外、涉港澳台裁决以及境外作出的裁决)的不予执行及无效判断都应先层报最高人民法院,在最高人民法院复函以后方可作出不利于仲裁裁决或仲裁协议的判断。适用报告制度的案件往往时间冗长且极不确定,尽管 1998 年《关于承认和执行外国仲裁裁决收费及审查期限问题的规定》规定了一审法院应在受理之日起两个月内向上报最高人民法院,①目前最高人民法院对审核没有规定期限。②

---

① 参见广州仲裁委员会:《仲裁司法审查的报核制度浅析(上)——报核制度的前世今生》,载搜狐网 2018 年 1 月 23 日,https://www.sohu.com/a/218472744_740841。

② 据广州仲裁委统计,2000 年到 2015 年公布的 220 起案件中,从提起报告程序到最高人民法院最终复函的时间平均分别为 800 多日(承认和执行仲裁裁决案件)、100 多日(仲裁协议效力)以及 500 多日(撤销仲裁裁决案件),时间最长的案件甚至长达 7 年。

四、立　　案

（一）立案审查

在立案阶段，由立案庭对案件涉外、涉港澳台因素进行初步筛选，对符合涉外、涉港澳台案件认定标准的，应确定涉外、涉港澳台因素所属具体国家或法域。

2021年2月3日，最高人民法院发布《关于为跨境诉讼当事人提供网上立案服务的若干规定》指出，人民法院通过中国移动微法院，为外国人、港澳台地区居民、经常居所地位于国外或港澳台地区的中国内地公民以及在国外或港澳台地区登记注册的企业和组织等跨境诉讼当事人，提供网上立案指引、查询、委托代理视频见证、登记立案服务。案件范围包括第一审民事、商事起诉。

跨境诉讼当事人申请网上立案应当在线提交起诉状、当事人的身份证明及相应的公证、认证、转递、寄送核验等材料、证据材料。上述材料应当使用中华人民共和国通用文字或者有相应资质翻译公司翻译的译本。

在跨境诉讼中，受诉法院收到网上立案申请后，应当作出以下处理：

1. 符合法律规定的，及时登记立案。

2. 提交诉状和材料不符合要求的，应当一次性告知当事人在15日内补正。当事人难以在15日内补正材料，可以向受诉法院申请延长补正期限至30日。当事人未在指定期限内按照要求补正，又未申请延长补正期限的，立案材料作退回处理。

3. 不符合法律规定的，可在线退回材料并释明具体理由。

4. 无法即时判定是否符合法律规定的，应当在7个工作日内决定是否立案。

跨境诉讼当事人可以在线查询处理进展以及立案结果。

审查要点

1. 审查主体是否具有涉外、涉港澳台因素

当事人一方或双方是外国公民、外国法人或者其他组织、无国籍人的，审查其是否具有外国护照、我国港澳永久性居民身份证或台湾居民来往大陆通行证，判断其经常居所地是否在中华人民共和国领域外。自然人主体同时持有外国护照及国内身份证，根据国籍法相关规定，中国公民自愿加入或取得外国国籍的，即自动丧失中国国籍，即认定其外国公民身份，适用涉外程序审理；当事人一方或双方是法人或其他组织的，审查其是否在境外注册。

2. 审查客体及法律关系的设立、变更、终止是否具有涉外、涉港澳台因素

案件中涉及合同等因素的，应审查合同是否在国外签订或履行、侵权行为是否发生在国外、标的物是否在国外等。案件中涉及外商独资企业、外商投资企业、进出口贸易、跨国投资及自贸试验区、进口博览会等因素的，应更加全面审查判断是否存在涉外、涉港澳台因素。案件在审理中因追加被告、第三人等出现涉外、涉港澳台因素的，转为涉外、涉港澳台商事案件，并按照涉外、涉港澳台程序进行审理。

3. 跨境诉讼受诉法院不予登记立案的情形

跨境诉讼当事人提交的立案材料中包含以下内容的，受诉法院不予登记立案：

(1)危害国家主权、领土完整和安全；

(2)破坏国家统一、民族团结和宗教政策；

(3)违反法律法规，泄露国家秘密，损害国家利益；

(4)侮辱诽谤他人，进行人身攻击、谩骂、诋毁，经法院告知仍拒不修改；

(5)所诉事项不属于人民法院管辖范围；

(6)其他不符合法律规定的起诉。

4. 跨境诉讼当事人提供网上立案服务的具体操作

跨境诉讼当事人首次申请网上立案的，应当由受诉法院先行开展身份验证。身份验证主要依托国家移民管理局出入境证件身份认证平台等进行线上验证；无法线上验证的，由受诉法院在线对当事人身份证件以及公证、认证、转递、寄送核验等身份证明材料进行人工验证。身份验证结果应当在3个工作日内在线告知跨境诉讼当事人。

跨境诉讼当事人进行身份验证应当向受诉法院在线提交以下材料：

(1)外国人应当提交护照等用以证明自己身份的证件；企业和组织应当提交身份证明文件和代表该企业和组织参加诉讼的人有权作为代表人参加诉讼的证明文件，证明文件应当经所在国公证机关公证，并经我国驻该国使领馆认证。外国人、外国企业和组织所在国与我国没有建立外交关系的，可以经过该国公证机关公证，经与我国有外交关系的第三国驻该国使领馆认证，再转由我国驻第三国使领馆认证。如我国与外国人、外国企业和组织所在国订立、缔结或者参加的国际条约、公约中对证明手续有具体规定，从其规定，但我国声明保留的条款除外。

(2)我国港澳特别行政区居民应当提交港澳特别行政区身份证件或者港澳居民居住证、港澳居民来往内地通行证等用以证明自己身份的证件；企业和组织应当提交身份证明文件和代表该企业和组织参加诉讼的人有权作为代表人参加诉讼的证明文件，证明文件应当经过内地认可的公证人公证，并经中国法律服务(香港)有限公司或者中国法律服务(澳门)有限公司加章转递。

(3)我国台湾地区居民应当提交台湾地区身份证件或者台湾居民居住证、台湾居民来往大陆通行证等用以证明自己身份的证件；企业和组织应当提交身份证明文件和代表该企业和组织参加诉讼的人有权作为代表人参加诉讼的证明。证明文件应当通过两岸公证书使用查证渠道办理。

(4)经常居所地位于国外或者我国港澳台地区的我国内地公民应当提交我国公安机关制发的居民身份证、户口簿或者普通护照等用以证明自己身份的证件，并提供工作签证、常居证等证明其在国外或者港澳台地区合法连续居住超过一年的证明材料。

相关规定

最高人民法院《关于为跨境诉讼当事人提供网上立案服务的若干规定》(2021年)

第一条　人民法院为跨境诉讼当事人提供网上立案指引、查询、委托代理视频见证、登记立案服务。本规定所称跨境诉讼当事人，包括外国人、香港特别行政区、澳门特别行政区(以下简称港澳特区)和台湾地区居民、经常居所地位于国外或者港澳台地区的我国内地公民以及在国外或者港澳台地区登记注册的企业和组织。

第二条 为跨境诉讼当事人提供网上立案服务的案件范围包括第一审民事、商事起诉。

第三条 人民法院通过中国移动微法院为跨境诉讼当事人提供网上立案服务。

第四条 跨境诉讼当事人首次申请网上立案的,应当由受诉法院先行开展身份验证。身份验证主要依托国家移民管理局出入境证件身份认证平台等进行线上验证;无法线上验证的,由受诉法院在线对当事人身份证件以及公证、认证、转递、寄送核验等身份证明材料进行人工验证。身份验证结果应当在3个工作日内在线告知跨境诉讼当事人。

第五条 跨境诉讼当事人进行身份验证应当向受诉法院在线提交以下材料:

(一)外国人应当提交护照等用以证明自己身份的证件;企业和组织应当提交身份证明文件和代表该企业和组织参加诉讼的人有权作为代表人参加诉讼的证明文件,证明文件应当经所在国公证机关公证,并经我国驻该国使领馆认证。外国人、外国企业和组织所在国与我国没有建立外交关系的,可以经过该国公证机关公证,经与我国有外交关系的第三国驻该国使领馆认证,再转由我国驻第三国使领馆认证。如我国与外国人、外国企业和组织所在国订立、缔结或者参加的国际条约、公约中对证明手续有具体规定,从其规定,但我国声明保留的条款除外;

(二)港澳特区居民应当提交港澳特区身份证件或者港澳居民居住证、港澳居民来往内地通行证等用以证明自己身份的证件;企业和组织应当提交身份证明文件和代表该企业和组织参加诉讼的人有权作为代表人参加诉讼的证明文件,证明文件应当经过内地认可的公证人公证,并经中国法律服务(香港)有限公司或者中国法律服务(澳门)有限公司加章转递;

(三)台湾地区居民应当提交台湾地区身份证件或者台湾居民居住证、台湾居民来往大陆通行证等用以证明自己身份的证件;企业和组织应当提交身份证明文件和代表该企业和组织参加诉讼的人有权作为代表人参加诉讼的证明。证明文件应当通过两岸公证书使用查证渠道办理；

（四）经常居所地位于国外或者港澳台地区的我国内地公民应当提交我国公安机关制发的居民身份证、户口簿或者普通护照等用以证明自己身份的证件，并提供工作签证、常居证等证明其在国外或者港澳台地区合法连续居住超过一年的证明材料。

第七条　跨境诉讼当事人申请网上立案应当在线提交以下材料：

（一）起诉状；

（二）当事人的身份证明及相应的公证、认证、转递、寄送核验等材料；

（三）证据材料。

上述材料应当使用中华人民共和国通用文字或者有相应资质翻译公司翻译的译本。

第九条　受诉法院收到网上立案申请后，应当作出以下处理：

（一）符合法律规定的，及时登记立案；

（二）提交诉状和材料不符合要求的，应当一次性告知当事人在15日内补正。当事人难以在15日内补正材料，可以向受诉法院申请延长补正期限至30日。当事人未在指定期限内按照要求补正，又未申请延长补正期限的，立案材料作退回处理；

（三）不符合法律规定的，可在线退回材料并释明具体理由；

（四）无法即时判定是否符合法律规定的，应当在7个工作日内决定是否立案。

跨境诉讼当事人可以在线查询处理进展以及立案结果。

第十条　跨境诉讼当事人提交的立案材料中包含以下内容的，受诉法院不予登记立案：

（一）危害国家主权、领土完整和安全；

（二）破坏国家统一、民族团结和宗教政策；

（三）违反法律法规，泄露国家秘密，损害国家利益；

（四）侮辱诽谤他人，进行人身攻击、谩骂、诋毁，经法院告知仍拒不修改；

（五）所诉事项不属于人民法院管辖范围；

（六）其他不符合法律规定的起诉。

典型案例

新劲企业公司(Newpower Enterprise Inc.)与深圳市中苑城商业投资控股有限公司申请确认仲裁协议效力案

(1)案号

最高人民法院(2019)最高法民特2号

(2)案情

中国旅游集团有限公司(以下简称中旅公司),原名为中国旅游集团公司、中国港中旅集团公司,是国有独资公司。香港中旅(集团)有限公司(以下简称香港中旅公司)是中旅公司的全资子公司,注册于香港特别行政区。运裕公司是香港中旅公司的全资子公司,注册于英属维尔京群岛。新劲公司是运裕公司的全资子公司,亦注册于英属维尔京群岛。

2016年3月24日,中旅公司同意运裕公司依法合规转让其所持有的新劲公司100%的股权。挂牌转让公告中"与转让相关的其他条件"要求受让方"在签署《产权交易合同》的同时与转让方的关联方签署《债权清偿协议》。4月,中苑城公司与北京金羊泰和投资咨询有限公司签订《产权交易委托合同》,委托后者按照北交所的交易规则为中苑城公司收购新劲公司股权交易提供场内经纪服务。5月9日,深圳市泰隆金融控股集团有限公司(中苑城公司的上级集团公司)风控法务中心张某某代表中苑城公司向港中旅酒店有限公司(中旅公司的全资子公司)法务部法务经理刘某发送电子邮件,电子邮件的附件《产权交易合同》,系北交所提供的标准文本,载明甲方为运裕公司,乙方为中苑城公司,双方根据《合同法》和《企业国有产权转让管理暂行办法》等相关法律、法规、规章的规定,就运裕公司向中苑城公司转让其拥有的新劲公司100%股权签订《产权交易合同》第十二条:本协议适用中华人民共和国法律。有关本协议的解释或履行,当事人之间发生争议的,应由各方协商解决;协商解决不成的,任何一方均有权提交北京仲裁委员会以仲裁方式解决。5月10日,张某某发送电子邮件给张某、刘某,在该邮件的附件中,《产权交易合同》文本第十六条"管辖及争议解决方式"修改为"16.1本合同及产权交易中的行为均适用中华人民共和国法律。16.2有关本合同的解释或履行,当事人之间发生争议的,应由双方协商解决;协商解决不成的,提交深圳国际仲裁院仲裁";《债权清偿协议》文本第十二条修改为"本协议适用中华人民共和国法律。有关本协议的解释或履行，当事人之间发生争议的，应由各方协商解决；协商解决不成的，任何一方均有权提交深圳国际仲裁院以仲裁方式解决”。5月11日13时42分，张某发送电子邮件给张某某和中苑城公司高级管理人员李某，针对中苑城公司对两个合同文本提出的修改意见进行了回应，并表示“现将修订后的合同草签版发送给贵司，请接到附件内容后尽快回复意见。贵方与我司确认后的合同将被提交至北交所及我司内部审批流程，经北交所及我司集团公司最终确认后方可签署（如有修改我司会再与贵司确认）”。该邮件附件《产权交易合同》（草签版）第十六条“管辖及争议解决方式”与《债权清偿协议》（草签版）第十二条和上述5月10日张某某发送给张某、刘某的电子邮件附件中的有关内容相同。同日18时39分，张某某发送电子邮件给张某，内容为“附件为我司签署完毕的产权交易合同（草签版）及债权清偿协议（草签版）、项目签约说明函等扫描件，请查收并回复”。该邮件附件《产权交易合同》（草签版）和《债权清偿协议》（草签版）的管辖及争议解决方式的内容与张某在同日发送电子邮件附件中的有关内容相同。中苑城公司在合同上盖章，并将该文本送达运裕公司。5月17日，张某发送电子邮件给李某，该邮件附件1为《股权转让项目产权交易合同》（拟签署版），附件2为《股权转让项目债权清偿协议》（拟签署版）。上述两个合同文本中的仲裁条款仍与草签版相同。

中苑城公司分别于同年6月6日、8月29日及10月23日致函运裕公司，催促运裕公司尽快签署《产权交易合同》《债权清偿协议》。10月27日，运裕公司向中苑城公司发出《通知函》，正式通知取消本次产权交易。11月12日，中苑城公司致函运裕公司，要求运裕公司尽快安排签约事宜，并请运裕公司配合出具向主管部门申办手续的相关文件。11月27日，运裕公司函复中苑城公司，表示已于10月27日向中苑城公司发出取消交易的通知，并提议双方立即向北交所办理保证金返还手续。2018年4月4日，中苑城公司根据《产权交易合同》（草签版）第十六条及《债权清偿协议》（草签版）第十二条的约定，向深圳国际仲裁院提出仲裁申请，将运裕公司等列为共同被申请人。

最高人民法院经审查认为，本案争议焦点是案涉仲裁条款是否成立。

仲裁协议是否存在与是否有效同样直接影响到纠纷解决方式，属于需要解决的先决问题。《仲裁法》第二十条第一款规定：当事人对仲裁协议的效力有异议的，可以请求仲裁委员会作出决定或者请求人民法院作出裁定。据此，当事人以仲裁条款未成立为由要求确认仲裁协议不存在的，属于申请确认仲裁协议效力案件，人民法院应予立案审查。在最高人民法院询问时，各方当事人均明确表示同意适用中华人民共和国法律确定案涉仲裁协议效力。因此，本案仲裁协议适用中华人民共和国法律。《仲裁法》第十六条第一款规定："仲裁协议包括合同中订立的仲裁条款和以其他书面方式在纠纷发生前或者纠纷发生后达成的请求仲裁的协议。"可见，合同中的仲裁条款和独立的仲裁协议这两种类型，都属于仲裁协议，仲裁条款的成立和效力的认定也适用关于仲裁协议的法律规定。仲裁协议独立性是广泛认可的一项基本法律原则。对于仲裁协议的独立性，中华人民共和国法律和最高人民法院司法解释均有规定。《仲裁法》第十九条第一款规定："仲裁协议独立存在，合同的变更、解除、终止或者无效，不影响仲裁协议的效力。"从上下文关系看，该条是在第十六条明确了仲裁条款属于仲裁协议之后，规定了仲裁协议的独立性。因此，仲裁条款独立于合同。《仲裁法》第十九条第一款开头部分"仲裁协议独立存在"，是概括性、总领性的表述，应当涵盖仲裁协议是否存在即是否成立的问题，之后的表述则是进一步强调列举的几类情形也不能影响仲裁协议的效力。《仲裁法解释》第十条第二款进一步明确："当事人在订立合同时就争议达成仲裁协议的，合同未成立不影响仲裁协议的效力。"因此，在确定仲裁条款效力包括仲裁条款是否成立时，可以先行确定仲裁条款本身的效力；在确有必要时，才考虑对整个合同的效力包括合同是否成立进行认定。本案亦依此规则，先根据本案具体情况来确定仲裁条款是否成立。

从本案磋商情况看，当事人双方一直共同认可将争议提交仲裁解决。本案最早的《产权交易合同》，系北交所提供的标准文本，连同《债权清偿协议》由运裕公司等一方发给中苑城公司，两份合同均包含将争议提交北京仲裁委员会仲裁的条款。就仲裁条款而言，这是运裕公司等发出的要约。中苑城公司在合同草签版上盖章，表示同意，并于2017年5月11日将盖章合同文本送达运裕公司，这是中苑城公司的承诺。因此，两个合同的各方当事人之间成立。虽然运裕公司等没有在最后的合同文本上盖章，其法定代表人也未在文本上签字，不符合合同经双方法定代表人或授权代表签字并盖章后生效的要求，但根据《仲裁法解释》第十条第二款的规定，即使合同未成立，仲裁条款的效力也不受影响。在当事人已达成仲裁协议的情况下，对于本案合同是否成立的问题无须再行认定，该问题应在仲裁中解决。

(3)裁判理由和意义

首先,明确法院在受理涉外商事案件时,要认真审查当事人是否在合同中订有或者事后达成仲裁条款,进行立案审查。发现有仲裁条款的:①如仲裁条款有效的,不应受理。②如仲裁协议可能无效或明显无效的,应按照 1995 年 8 月 28 日《最高人民法院关于人民法院处理与涉外仲裁及外国仲裁事项有关问题的通知》中规定处理,也可以告知当事人,可向仲裁机构所在地的中级人民法院提出确认仲裁条款效力的诉讼,待仲裁条款效力确认后,根据确认的结果,做出相应的处理。当事人之间虽然有仲裁协议,但“当事人双方书面协议放弃仲裁的”,根据 1997 年 3 月 26 日《最高人民法院关于实施〈中华人民共和国仲裁法〉几个问题的通知》的精神,受诉法院应当依法受理。

其次,本案明确了仲裁协议和合同仲裁条款的独立性,即使合同未成立,仲裁条款的效力也不受影响。在当事人已达成仲裁协议的情况下,对于本案合同是否成立的问题无须再行认定,该问题应在仲裁中解决。

(二)诉调对接

诉调对接工作,是指法院于立案前委派或者立案后委托特邀调解组织进行调解的一项工作机制。法院应对委派或委托的调解案件进行跟踪、提示、督促和监督;对特邀调解组织主持下初步形成调解方案的合法性、有效性、可执行性予以事先审查。

对事实清楚、权利义务争议不大、当事人对立情绪不强、适宜调解的民商事案件,引导当事人通过调解方式解决。对群体性证券纠纷案件,在示范案件选定后至示范判决生效前,鼓励当事人先行调解;示范判决生效后,除当事人明确拒绝外,所涉证券纠纷的后续案件及平行案件应先行委派、委托调解。当事人同意诉前委派调解的,应在收到诉讼材料后及时编立“诉前调”案号;当事人不同意诉前委派调解的,按规定登记立案。委托调解达成调解协议的,调解组织应向法院提交调解协议,由上海金融法院审查后制作民事调解书结案;达成调解协议后当事人申请撤诉的,经上海金融法院审查后依法作出撤诉裁定。委派调解达成调解协议的,当事人申请司法确认的,上海金融法院在审查后立案并出具司法确认裁定书;当事人申请出具调解书的,上海金融法院在审查后立案并出具民事调解书。即时履行或有其他情形，当事人不申请法院出具司法确认裁定或民事调解书的，调解组织应指导当事人提交撤诉申请，上海金融法院立案后按当事人申请撤诉处理；当事人不提交撤诉申请，上海金融法院立案后在指定期限内又未交纳案件受理费的，按自动撤诉处理。委派调解不成的案件，与调解组织就调解情况、调解结果确认后，由上海金融法院登记立案。委托调解未达成调解协议的，应及时转回审判程序审理。

上海金融法院专家委员会成员可接受上海金融法院委托，参与疑难复杂金融案件的调解工作。专家委员会成员应中立、公正参与调解金融案件，平等对待当事人；上海金融法院各业务庭（局）根据《上海金融法院专家委员会工作规则》第三条的规定须委托专家委员参与调解金融案件的，应通过综合办公室向专家提出，并附案件相关材料副本。

专家委员同意参与调解的，应签署无利益冲突的书面声明，明确其不存在可能影响调解独立性、公正性的情形。

审查要点

1. 不得委派或者委托调解的情形

（1）案件所涉法律关系依法规定不能调解的；

（2）起诉前已经非诉调解组织调解不成的（但当事人书面同意委派调解的除外）；

（3）当事人下落不明的；

（4）当事人在国外或者境外，且无法通过电话、传真、网络等方式进行调解的；

（5）其他无法调解的情形。

2. 委派或者委托调解的期限要求

自当事人均同意调解之日起3日内，根据案件的类型，从与上海金融法院签有诉调对接工作机制合作协议的特邀调解组织中选定调解组织。

自确定调解组织之日起3日内，通过在线方式将委派（委托）调解函、案件材料等发送调解组织。委派或委托调解的案件，调解期限为30日；各方当事人均同意延长调解期限，或案件存在司法鉴定、司法委托情形的，可以延长30日，但调解期限最长不超过90日。调解组织应在调解终结后3日内将调解结果形成结案报告反馈法院。

调解期限自法院委派或委托调解之日起算。委托调解的期间和延长调解期间不计入案件审理期限。

3. 调解程序终结的情形

(1)当事人达成调解协议的;

(2)调解期限届满,当事人未达成调解协议的;

(3)调解期间当事人明确表示不同意继续调解的;

(4)调解组织发现纠纷存在虚假可能的;

(5)其他符合终结条件的。

调解终结但未能达成调解协议的案件,应以书面形式记载案件无争议事实、争议焦点、损失数额等情况,并由当事人签字或盖章确认。

4. 调解后司法确认的操作流程

当事人自行选择调解组织调解后向上海金融法院申请司法确认,经审查符合上海金融法院管辖的,予以立案并出具司法确认裁定书。司法确认案件以适用独任制为原则,如果待确认调解协议的标的额特别巨大或者存在虚假调解可能,应组成合议庭进行审查。司法确认案件以互联网在线视频审理为主,经当事人同意后,以审理的录音录像替代庭审笔录。

5. 调解案件的收费

委派调解成功的案件,当事人申请法院出具司法确认裁定的,不收取案件受理费;当事人申请法院出具调解书的,按上海法院诉调对接案件收费标准收取;当事人达成调解协议并申请撤诉的,免交案件受理费。委托调解成功的案件,案件受理费减半收取。

对群体性证券纠纷案件,在法庭审理前委托调解,当事人达成和解协议撤诉的,案件受理费免予收取;当事人达成调解协议,上海金融法院制作民事调解书结案的,案件受理费按规定标准的1/4收取。经法庭审理后委托调解,当事人达成和解协议撤诉的,案件受理费按规定标准的1/4收取;当事人达成调解协议,上海金融法院制作民事调解书结案的,案件受理费按规定标准减半收取。

相关规定

最高人民法院《民事诉讼程序繁简分流改革试点方案》

二、主要内容

(一)优化司法确认程序。健全特邀调解制度,加强特邀调解名册管理,完善诉前委派调解与司法确认程序的衔接机制。合理拓宽司法确认程序适用范围,经律师调解工作室(中心)等特邀调解组织、特邀调解员,或者人民调解委员会依法调解达成民事调解协议的,当事人可以按照程序要求,向人民法院申请司法确认。完善司法确认案件管辖规则,符合级别管辖和专门管辖标准的,由对应的中级人民法院和专门人民法院受理。

(三)重大案件的识别

具有涉外、涉港澳台因素可能引发国际影响的案件为重大案件。重大案件一般由立案庭在立案时确定。

根据案件审理的需要,可以选用具有专业知识的人员作为专家陪审员参与重大案件审理或邀请专家委员会成员提供独立咨询意见。

审查要点

1. 邀请专家委员会成员提供咨询意见的注意事项

专家委员会成员根据上海金融法院的委托,就相关重大、疑难、复杂和新类型案件提供独立咨询意见,对涉外、涉港澳台金融案件所涉及的国际条约、国际金融规则、域外法律的查明和适用等专门性金融、法律问题提供咨询意见。专家委员会成员同意接受咨询的,应按期制作书面答复意见。必要时,可以召开专家咨询会,由专家委员会成员形成书面答复意见并共同签字确认。对于专家委员会成员接受上海金融法院委托出具重大、疑难、复杂和新类型案件以及涉外、涉港澳台金融案件关于国际条约、国际金融规则以及域外法律等专门性法律问题的咨询意见,案件当事人申请专家委员会成员出庭作辅助说明的,上海金融法院应在收到申请后 7 个工作日内通过综合办公室征询专家委员会成员的意见。专家委员会成员同意的,可以出庭作辅助说明。

2. 选用具有专业知识的人员作为专家陪审员的注意事项

根据《上海金融法院关于服务保障设立科创板并试点注册制改革的实施意见》的规定，探索建立契合涉科创板案件专业化审判需求的专家陪审机制，依法选聘金融监管机构、金融行业和科研院所的专家学者担任人民陪审员，参与案件审理。进一步推行专家辅助人制度，就案件涉及的专业问题，可依当事人申请或法院依职权指派专家辅助人出庭发表意见。在案件审理过程中，允许案件当事人之外的具有专门知识的个人或组织，就与案件直接相关的重大法律争议问题向法庭公开提交书面意见书。

五、期间与送达

(一)涉外、涉港澳台案件特殊期间

审理期间:法院审理涉外商事案件的期间,不受《民事诉讼法》第一百四十九条、第一百七十六条有关一审、二审审限的限制。法院审理涉及我国港澳台地区的民事诉讼案件,可以参照适用上述规定。

答辩期间:对于被告在我国领域内没有住所的,人民法院应当将起诉状副本送达被告,并通知被告在收到起诉状副本后30日内提出答辩状。被告申请延期的,是否准许,由人民法院决定。

上诉期间:在我国领域内没有住所的当事人,不服第一审人民法院判决、裁定的,有权在判决书、裁定书送达之日起30日内提起上诉。被上诉人在收到上诉状副本后,应当在30日内提出答辩状。当事人不能在法定期间提起上诉或者提出答辩状,申请延期的,是否准许,由人民法院决定。

公告期间:对在我国领域内没有住所的当事人采用公告送达的,自公告之日起满3个月,即视为送达。

申请再审期间:人民法院对涉外民事案件的当事人申请再审进行审查的期间,不受《民事诉讼法》第二百零四条规定的限制。

审查要点

我国领域内有住所的涉外主体适用的特殊期间规定

对于虽然属于涉外主体,但在我国领域内有住所的,按照国内当事人标准适用相关期间规定,即《民事诉讼法》第一百二十五条规定的15日答辩期、第一百六十四条规定的15日判决上诉期、10日裁定上诉期以及第九十二条规定的60日公告期。

相关规定

1.《民事诉讼法》

第二百六十七条　人民法院对在中华人民共和国领域内没有住所的当事人送达诉讼文书，可以采用下列方式：

（一）依照受送达人所在国与中华人民共和国缔结或者共同参加的国际条约中规定的方式送达；

（二）通过外交途径送达；

（三）对具有中华人民共和国国籍的受送达人，可以委托中华人民共和国驻受送达人所在国的使领馆代为送达；

（四）向受送达人委托的有权代其接受送达的诉讼代理人送达；

（五）向受送达人在中华人民共和国领域内设立的代表机构或者有权接受送达的分支机构、业务代办人送达；

（六）受送达人所在国的法律允许邮寄送达的，可以邮寄送达，自邮寄之日起满三个月，送达回证没有退回，但根据各种情况足以认定已经送达的，期间届满之日视为送达；

（七）采用传真、电子邮件等能够确认受送达人收悉的方式送达；

（八）不能用上述方式送达的，公告送达，自公告之日起满三个月，即视为送达。

第二百六十八条　被告在中华人民共和国领域内没有住所的，人民法院应当将起诉状副本送达被告，并通知被告在收到起诉状副本后三十日内提出答辩状。被告申请延期的，是否准许，由人民法院决定。

第二百六十九条　在中华人民共和国领域内没有住所的当事人，不服第一审人民法院判决、裁定的，有权在判决书、裁定书送达之日起三十日内提起上诉。被上诉人在收到上诉状副本后，应当在三十日内提出答辩状。当事人不能在法定期间提起上诉或者提出答辩状，申请延期的，是否准许，由人民法院决定。

第二百七十条　人民法院审理涉外民事案件的期间，不受本法第一百四十九条、第一百七十六条规定的限制。

2.《民事诉讼法解释》

第五百三十八条 不服第一审人民法院判决、裁定的上诉期，对在中华人民共和国领域内有住所的当事人，适用民事诉讼法第一百六十四条规定的期限；对在中华人民共和国领域内没有住所的当事人，适用民事诉讼法第二百六十九条规定的期限。当事人的上诉期均已届满没有上诉的，第一审人民法院的判决、裁定即发生法律效力。

第五百三十九条 人民法院对涉外民事案件的当事人申请再审进行审查的期间，不受民事诉讼法第二百零四条规定的限制。

3.《最高人民法院案件审限管理规定》

第十条 涉外、涉港、澳、台民事案件应当在庭审结束后三个月内结案；有特殊情况需要延长的，由院长批准。

典型案例

1. 丁某等与澳门第一环球国际有限公司(Macau First Universal International Ltd.)侵权责任纠纷案

(1)案号

上海市高级人民法院(2018)沪民终330号

(2)案情

2014年8月20日，香港特别行政区高等法院原讼法庭作出2010第992号案(该案原告澳门B有限公司，被告丁某1、丁某2、香港A有限公司)判决。2015年12月30日，香港特别行政区高等法院原讼法庭出具《讼费评定证明书(账单2)》，证明：原诉讼之原告和反诉之被告针对原诉讼之被告和反诉之原告所提出的基于"对讼当事人基准"的费用账单(账单2)已由高等法院助理法官于2015年11月23日在法院内庭根据法官2014年8月20日的判令予以评定并核准如下：律师服务收费9,509,514.00港元，支出21,000,791.94港元，费用评定成本656,567.00港元，费用评定收费326,169.00港元，合计31,493,041.94港元。2016年5月27日，律师行出具证明书，证明：《讼费评定证明书》中审定核准有关原告的费用账单(账单2)的总金额为31,493,041.94港元，本行特此确认已经收到由原告支付的上述全数款项，当中的部分核定费用包括支出、费用评核成本及收费，本行已经按规定转付大律师及相关单位。

上述《讼费评定证明书》作出后，被告丁某1、丁某2并未履行法院命令向澳门第一环球国际有限公司支付，澳门第一环球国际有限公司遂向上海市第一中级人民法院提起诉讼，主张前述权利。丁某1、丁某2不服一审法院判决，即(2016)沪01民初62号民事判决，向上海市高级人民法院提起上诉。

丁某2提出上诉理由：①一审法院只给丁某2 15日的上诉时间，违反了程序规定。丁某2持有我国澳门特别行政区的护照，上诉期应为30日……

(3)裁判理由及意义

上海市高级人民法院认为：关于丁某2上诉期的问题，依据《民事诉讼法解释》第五百三十八条的规定，不服第一审人民法院判决的上诉期，对在中华人民共和国领域内有住所的当事人，适用民事诉讼法第一百六十四条规定的期限，即在判决书送达之日起15日内向上一级人民法院提起上诉，因丁某2在内地有住所，故一审法院给予丁某2 15日的上诉期限于法有据。

2. 唐某1、唐某2、唐某3与唐某5、唐某6、唐某7法定继承纠纷案

(1)案号

贵州省高级人民法院(2018)黔民申1394号

(2)案情

再审申请人唐某1、唐某2、唐某3因与被申请人唐某4及一审被告、二审被上诉人唐某5、唐某6、唐某7法定继承纠纷一案，不服贵州省安顺市中级人民法院(2017)黔04民终346号民事判决，向贵州省高级人民法院申请再审。

唐某1、唐某2、唐某3申请再审称：……(三)唐某4在其诉状中已明确其在安顺有住所，但其两次二审时均超过15日提供上诉状，属于程序错误。唐某1、唐某2、唐某3依据《民事诉讼法》第二百条第(二)项的规定申请再审。

(3)裁判理由及意义

贵州省高级人民法院认为：唐某4诉讼时提交的有其香港永久性居民身份证及港澳居民往来内地通行证，可证明其住所在香港。虽唐某4第一次提交的民事起诉状上载有现住地为安顺，但该点并不足以证明唐某4在安顺有固定住所，唐某4在诉讼时亦表明其在内地无固定住所，在亲友家借住，且申请人亦未提交唐某4在内地有固定住所的证据。根据《民事诉讼法》第二百六十九条①、《民事诉讼法解释》第五百五十一条②之规定,唐某4上诉期为30日,于法有据。申请人的该项申请再审理由,不能成立。

3. 万宝物业集团有限公司、巴伦世界有限公司财产损害赔偿纠纷再审审查案

(1)案号

最高人民法院(2019)最高法民申1650号

(2)案情

再审申请人万宝物业集团有限公司(以下简称万宝公司)、巴伦世界有限公司(以下简称巴伦公司)因与被申请人樊某、朱某某、上海南部投资(集团)有限公司、裕廷有限公司、上海民智资产管理有限公司、施某某、上海裕昌房产发展有限公司、裕昌国际有限公司及原上海精文北区置业有限公司(已注销)财产损害赔偿纠纷一案,不服上海市高级人民法院(2012)沪民二(商)初字第S1号民事判决,向最高人民法院申请再审。

万宝公司和巴伦公司申请再审称:"(一)一审判决程序违法。1. 一审2012年5月15日立案,2016年12月8日作出判决,没有法定延期事由,违背了民事诉讼法关于一审案件应在6个月内审结的规定,程序违法可以发回重审。2. 判决'不予支持'结论不明晰,应当发回重审……"

(3)裁判理由及意义

最高人民法院认为:本案具有涉外因素,诉讼程序应适用涉外民事诉讼的相关规定。根据《民事诉讼法》第二百七十条的规定,人民法院审理涉外民事案件的期间不受本法第一百四十九条、第一百七十六条规定的限制。一审判决将判决结果表述为"对万宝公司、巴伦公司的诉讼请求不予支持",亦不违反法律规定。万宝公司、巴伦公司关于一审超期审理、判决结论不清晰程序违法的申请理由,没有法律依据。

---

① 《民事诉讼法》第二百六十九条规定:"在中华人民共和国领域内没有住所的当事人,不服第一审人民法院判决、裁定的,有权在判决书、之日起三十日内提起上诉。被上诉人在收到上诉状副本后,应当在三十日内提出答辩状。当事人不能在法定期间提起上诉或者提出答辩状,申请延期的,是否准许,由人民法院决定。"

② 《民事诉讼法解释》第五百五十一条规定:"人民法院审理涉及香港、澳门特别行政区和台湾地区的民事诉讼案件,可以参照适用涉外民事诉讼程序的特别规定。"

4. 李某某等与葛某等外人执行异议之诉纠纷案

(1)案号

广东省高级人民法院(2017)粤民终1215号

(2)案情

珠海市中级人民法院在执行葛某申请强制执行珠海经济特区香洲经济技术开发公司借款纠纷一案中,李某某、司徒某提出书面执行异议,请求立即终止对珠海市拱北夏湾工业区现代广场C座×层×室房产的执行并解除查封。珠海市中级人民法院经审查,于2015年11月10日作出(2015)珠中法执外异字第60号执行上述(2015)珠中法执外异字第60号执行裁定书。

上诉人李某某、司徒某因与被上诉人葛某、珠海经济特区香洲经济技术开发公司案外人执行异议之诉纠纷一案,不服广东省珠海市中级人民法院(2016)粤04民初57号驳回起诉的民事裁定,向广东省高级人民法院提起上诉。

李某某、司徒某上诉称:(2015)珠中法执外异字第60号执行裁定适用法律不当。李某某、司徒某对葛某申请强制执行珠海经济特区香洲经济技术开发公司借款纠纷一案向原审法院提出书面异议。李某某、司徒某系香港居民,根据《民事诉讼法》第四编的规定,应认定为涉外诉讼。(2015)珠中法执外异字第60号执行裁定适用《民事诉讼法》第二百二十七条的规定明显不当。该条款规定的起诉时间较短,剥夺李某某、司徒某的合理起诉期限。李某某、司徒某不了解法律,无经济能力聘请律师,加上年纪老,文化水平不高,以为15日内交回送达回证即可,导致延迟起诉。

(3)裁判理由及意义

广东省高级人民法院认为:《民事诉讼法》第四编第二百六十八条、第二百六十九条仅规定在中华人民共和国领域内没有住所的当事人的答辩期间、上诉期间为30日,并未对案外人执行异议之诉的起诉期间有不同规定;《民事诉讼法》第四编第二百五十九条规定:“在中华人民共和国领域内进行涉外民事诉讼,适用本编规定。本编没有规定的,适用本法其他有关规定。”因此,李某某、司徒某上诉提出其系香港居民,(2015)珠中法执外异字第60号执行裁定适用《民事诉讼法》第二百二十七条规定给予其15日的起诉期间,属适用法律错误,进而主张原审裁定适用法律错误的理由不能成立,广东省高级人民法院不予支持。

学术观点

《最高人民法院案件审限管理规定》第十条规定,涉外、涉港澳台民事案件应当在庭审结束后3个月内结案。该项规定确立了不同于非涉外民事案件的规制模式,即对于涉外、涉港澳台民事案件,前述规范并未从整体上控制案件的审理期限,而是仅仅对于从最后一次开庭后到裁判宣告、调解书送达之日的期间作了限制,可将其称为"阶段控制式规制模式"。①

(二)涉外司法文书送达

司法文书,是指起诉状副本、上诉状副本、反诉状副本、答辩状副本、传票、判决书、调解书、裁定书、支付令、决定书、通知书、证明书、送达回证以及其他司法文书。

涉外案件司法文书送达,应分两步考虑:第一步,先考察依据我国的法律、司法解释,能否对在国内的外国当事人的诉讼代理人、代表机构、分支机构或者业务代办人进行送达。第二步,如果前一步无法进行送达,则需要对外国当事人进行域外送达,涉外送达程序相对复杂烦琐,且耗时较久。除另有规定外,涉外司法文书送达时均需附有送达人所在国法定语种的译本,译本需由合法设立、具有翻译资质的机构出具。

1. 直接送达

(1)向出现在我国领域内的自然人送达。本人不在的,其同住成年家属签收的视为有效送达。

受送达人是外国自然人的,法院可以向其在我国领域内的居住场所、工作场所直接送达;受送达人不在,其同住成年家属签收的亦视为有效送达。但同住成年家属为同一案件的对方当事人或依照受送达人本国法律禁止这种签收方式的除外。

法院向外国自然人或其同住成年家属直接送达时,应当核对有效护照或其

---

① 参见罗水平、熊洋:《关于涉外民事诉讼期间的几个问题》,载《法学评论》2008年第5期。

他身份证明,以确认签收人的身份以及与受送达人的关系,并以复印、摘抄等方式固定上述证据。

(2)向出现在我国领域内的外国法人、其他组织的法定代表人、主要负责人送达;主要负责人包括该企业、组织的董事、监事、高级管理人员等。

受送达人是外国法人、其他组织的,法院可以向出现在我国领域内的该外国法人、其他组织的法定代表人、主要负责人直接送达。送达时应当核对有效护照或其他身份证明,以确认签收人的身份以及与受送达人的关系,并以复印、摘抄等方式固定上述证据。

外国法人的法定代表人系指依照登记国法律或法人组织章程规定,代表法人行使职权的负责人(包括且不限于董事长、执行董事或经理)。

(3)向受送达人的诉讼代理人送达。

除受送达人在授权委托书中明确表明其诉讼代理人无权代为接收有关司法文书外,其委托的诉讼代理人为有权代其接受送达的诉讼代理人,人民法院可以向该诉讼代理人送达。

(4)向受送达人在我国领域内设立的代表机构或者有权接受送达的分支机构、业务代办人送达。

人民法院向受送达人送达司法文书,可以送达给其在中华人民共和国领域内设立的代表机构。

受送达人在中华人民共和国领域内有分支机构或者业务代办人的,经该受送达人授权,人民法院可以向其分支机构或者业务代办人送达。

2. 留置送达

留置送达,是指受送达人或者义务签收人拒绝签收向其送达的诉讼文书时,送达人依法将诉讼文书放置于受送达人住处而视为送达的方式。外国受送达人在我国领域内的法定代表人、主要负责人、诉讼代理人、代表机构以及有权接受送达的分支机构、业务代办人或者自然人或其义务签收人拒绝签收法院的送达司法文书时,可以适用留置送达。

受送达人或者他的同住成年家属拒绝接收诉讼文书的,送达人可以邀请有关基层组织或者所在单位的代表到场,说明情况,在送达回证上记明拒收事由和日期,由送达人、见证人签名或者盖章,把诉讼文书留在受送达人的住所;也可以把诉讼文书留在受送达人的住所,并采用拍照、录像等方式记录送达过程,即视为送达。

3. 委托送达

涉外委托送达的方式包括并依次为:依双边司法协助协定送达、依多边公约送达和外交途径送达。即受送达人所在国与我国订有双边司法协助协定的,应优先依司法协助协定的规定办理;未订有双边司法协助协定,但为《关于向国外送达民事或商事司法文书和司法外文书公约》(以下简称《海牙送达公约》)成员国的,可依《海牙送达公约》规定的方式委托送达;既无双边协定,也不是《海牙送达公约》成员国的,可以通过外交途径送达。

按照司法协助协定、《海牙送达公约》或者外交途径送达司法文书,自我国有关机关将司法文书转递受送达人所在国有关机关之日起满 6 个月,如果未能收到送达与否的证明文件,且根据各种情况不足以认定已经送达的,视为不能用该种方式送达。

4. 使、领馆送达

向在外国领域内的中国公民送达司法文书,如果该国法律允许我国使、领馆送达的,请求法院可将委托书和所送司法文书报本辖区高级人民法院外事办公室审查后转报最高人民法院,再由最高人民法院径送或者经司法部转送我国驻该国使、领馆送达给当事人。此类司法文书可不必附有外文译本。

5. 邮寄送达

受送达人所在国的法律允许邮寄送达的,可以邮寄送达。邮寄送达时应当附有送达回证。受送达人未在送达回证上签收,但在邮件回执上签收的,视为送达,签收日期为送达日期。

自邮寄之日起满 3 个月,送达回证没有退回的,但根据各种情况足以认定已经送达的,期间届满之日视为送达。自邮寄之日起满 3 个月,如果未能收到送达与否的证明文件,且根据各种情况不足以认定已经送达的,视为不能以该方式送达。

6. 传真、电子邮件等方式送达

电子送达，是指采用传真、电子邮件、移动通信等即时收悉的特定系统作为送达媒介，以确认受送达人收悉的方式送达。

经受送达人同意，人民法院可以采用传真、电子邮件等能够确认其收悉的方式送达诉讼文书，但判决书、裁定书、调解书除外。以传真、电子邮件等到达受送达人特定系统的日期为送达日期。到达受送达人特定系统的日期，为人民法院对应系统显示发送成功的日期，但受送达人证明到达其特定系统的日期与人民法院对应系统显示发送成功的日期不一致的，以受送达人证明到达其特定系统的日期为准。

受送达人或其义务签收人已书面向法院声明采用传真或电子邮件方式送达，并指定相应传真号或电子邮箱的，法院只要确认已按声明的方式和指定的码址发出了送达文书，可视为送达；受送达人未书面声明可以采用上述方式送达的，则必须确认受送达人收悉才可视为送达。

7. 转递送达

受送达人是外国公司的，可以通过该外国公司在我国领域内的子公司或其他参股公司转递司法文书。转递后外国公司签收该司法文书符合受送达人未对人民法院送达的司法文书履行签收手续，但存在受送达人书面向人民法院提及了所送达司法文书的内容、受送达人已经按照所送达司法文书的内容履行以及其他可以视为已经送达的情形的，视为送达。

8. 公告送达

不能用上述方式送达的，应公告送达，自公告之日起满 3 个月即视为送达。

对在中华人民共和国领域内没有住所的当事人，经用公告方式送达诉讼文书，公告期满不应诉，人民法院缺席判决后，仍应当将裁判文书公告送达。自公告送达裁判文书满 3 个月之日起，经过 30 日的上诉期当事人没有上诉的，一审判决即发生法律效力。

人民法院依照民事诉讼法规定的公告方式送达时，公告内容应在国内外公开发行的报刊上刊登。公告期满，即视为送达。

人民法院一审时采取公告方式向当事人送达诉讼文书的，二审时可径行采取公告方式向其送达诉讼文书，但能够采取公告方式之外的其他方式送达的除外。

审查要点

1. 留置送达的注意事项

（1）留置送达的适用条件

留置送达的条件，一是送达人有直接送达诉讼文书给受送达人的行为；二是受送达人或者义务签收人有恶意拒收的行为（如受送达人或者义务签收人无理由拒绝签收、当众撕毁送达回证，送达人表明身份后拒不开门等）。

（2）留置送达见证人的范围

留置送达要求送达人员应当邀请有关基层组织或者所在单位代表到场见证。对“基层组织”这一概念一般认为仅指村委会或居委会。在人民法院送达人员邀请村委会或居委会作为见证人十分困难的情况下，基层组织还应包括基层公安派出所、人民调解委员会、司法服务所以及社区物业公司等。上述组织是同一案件中另一方当事人的，不适用前款规定。

（3）留置送达的场所

当事人的住所地如自然人的户籍所在地或经常居住地、法人的主要办事机构所在地为留置送达的场所。同时，在当前市场经济活跃、人口流动频繁的情况下，受送达人的居所（如暂住地）、从业场所以及法人的营业场所、办公场所、受委托的律师事务所等凡能够直接向受送达人或其指定代收人送达诉讼文书的地方，均属留置送达的场所。

（4）义务签收人的范围

义务签收人的范围主要包括，受送达人是公民的，本人不在可交他的同住成年家属签收；受送达人是法人或者其他组织的，应当由法人的法定代表人、其他组织的主要负责人，或者该法人、其他组织的办公室、收发室、值班室等负责收件的人签收；受送达人有诉讼代理人的，可以送交其代理人签收；受送达人已向人民法院指定代收人的，送交代收人签收。上述义务签收人在应送达场所拒收诉讼文书的，适用留置送达。受送达人的同住成年家属或者法人、其他组织负责收件的人是同一案件中另一方当事人的，不适用前款规定。

（5）诉讼代理人的代收义务

除受送达人在授权委托书中明确表明其诉讼代理人无权代为接收有关司法文书外，其委托的诉讼代理人为《民事诉讼法》第七十八条规定的有权代其接受送达的诉讼代理人，人民法院可以向该诉讼代理人送达。

（6）见证人不配合情况下的留置送达

见证人不愿签字证明的，送达人可由送达人在送达回证上记明拒收事由、时间和地点以及被邀请人不愿见证的情形，将诉讼文书留在受送达人的应送达场所，即视为送达。见证人拒绝到场见证或者送达人找不到见证人的，送达人可对受送达人或者义务签收人拒绝签收诉讼文书的现场，以拍照或者录像的方式予以固定，将诉讼文书留在受送达人的应送达场所，即视为送达。但送达人应在送达回证上记明拒收事由、时间和地点，并把照片或录像资料存入卷宗；对于情况紧急，不具备拍照或录像条件的，须由法院两名送达人员在送达回证上记明相关情况及拒收事由、时间和地点，即视为送达。

2. 委托送达的注意事项

受送达人所在国与我国订有双边司法协助协定，①或者受送达人所在国是《海牙送达公约》成员②的，应当按照《最高人民法院关于依据国际公约和双边司法协助条约办理民商事案件司法文书送达和调查取证司法协助请求的规定》及《关于执行海牙送达公约的实施办法》执行。上海市高级人民法院经最高人民法

① 与我国签订民商事司法协助协议的国家和地区（截至 2020 年 11 月）：法国、比利时、意大利、西班牙、保加利亚、泰国、匈牙利、摩洛哥、新加坡、突尼斯、韩国、阿联酋、波兰、蒙古、罗马尼亚、俄罗斯、阿根廷、土耳其、乌克兰、古巴、白俄罗斯、哈萨克斯坦、埃及、希腊、塞浦路斯、吉尔吉斯斯坦、塔吉克斯坦、乌兹别克斯坦、越南、老挝、立陶宛、朝鲜、科威特、秘鲁、巴西、阿尔及利亚。具体内容参见司法部网 http://www.moj.gov.cn/Department/node_358.html。

② 加入《海牙送达公约》的成员（截至 2020 年 11 月）：海牙国际私法会议会员国和地区：阿尔巴尼亚、阿根廷、澳大利亚、白俄罗斯、比利时、波斯尼亚和黑塞哥维那、保加利亚、加拿大、中国、克罗地亚、塞浦路斯、捷克共和国、丹麦、埃及、爱沙尼亚、芬兰、法国、德国、希腊、匈牙利、冰岛、印度、爱尔兰、以色列、意大利、日本、韩国、拉脱维亚、立陶宛、卢森堡、马耳他、墨西哥、摩纳哥、黑山（退出）、摩洛哥、荷兰、挪威、波兰、葡萄牙、罗马尼亚、俄罗斯联邦、塞尔维亚、斯洛伐克、斯洛文尼亚、西班牙、斯里兰卡、瑞典、瑞士、前南斯拉夫的马其顿共和国、土耳其、乌克兰、英国大不列颠及北爱尔兰、美国、委内瑞拉；非海牙国际私法会议会员国和地区：安提瓜和巴布达、亚美尼亚（退出）、巴哈马、巴巴多斯、伯利兹、博茨瓦纳、哥伦比亚（退出）、科威特、马拉维、巴基斯坦、摩尔多瓦共和国（退出）、圣文森特和格林纳丁斯、圣马力诺、塞舌尔。具体内容参见 HCCH 网，https://www.hcch.net/en/home。

院指定,可依据《海牙送达公约》直接向外国中央机关提出和转递司法协助请求和相关材料。

无法依司法协助协定和《海牙送达公约》送达的,可以根据最高人民法院、外交部、司法部联合发布的《关于我国法院和外国法院通过外交途径相互委托送达法律文书若干问题的通知》的要求,通过外交途径送达。

既无双边协定,也不是《海牙送达公约》成员国的,通过外交途径送达的操作流程为请求法院需将请求书和所需送达(含译本)送上海市高级人民法院办公室所属外事接待办公室(以下简称高院外事办公室)审核后转递最高人民法院,再由最高人民法院交由司法部或外交部领事司转递。

以司法协助协定、《海牙送达公约》或外交途径方式送达司法文书,如委托的外国中央机关要求收取委托送达费用的,该费用应由申请送达人预先支付。法院在首次委托送达司法文书时,可视情一并预收其他后续裁判、执行文书的委托送达费用(包括裁判、执行文书的翻译费用)。

向美国、加拿大、新加坡送达需支付委托送达的费用,具体程序按照最高人民法院发布的《关于就外国执行民商事文书送达收费事项的通知》执行。向日本送达出庭传票,要求收到时距出庭时间至少2个月,具体要求按照最高人民法院1982年10月12日《关于中、日两国之间委托送达法律文书使用送达回证问题的通知》执行。

3. 使、领馆送达的注意事项

人民法院通过使、领馆送达司法文书,根据有关规定需要通过上级人民法院转递的,应附申请转递函。上级人民法院收到下级人民法院申请转递的司法文书,应在7个工作日内予以转递。上级人民法院认为下级人民法院申请转递的司法文书不符合有关规定需要补正的,应在7个工作日内退回申请转递的人民法院。

4. 邮寄送达的注意事项

目前,不反对或基本不反对邮寄送达的主要国家有:美国、英国、澳大利亚、印度、荷兰、泰国、缅甸、智利、多哥、扎伊尔、葡萄牙等。

《海牙送达公约》成员中对邮寄送达方式作出保留的主要国家有:中国、德国、挪威、土耳其、埃及、希腊、捷克、斯洛伐克等。是否提出保留的信息可以通过海牙国际私法会议的官方网站进行查询。

5. 传真、电子邮件等方式送达的注意事项

实践中,按当事人合同或业务往来中的电子邮件地址向被告送达的,如被告不应诉或没有其他证据确认收悉的,不能视为送达或径行缺席审理。可以确认受送达人收悉的情形包括:已经按照所送达文书的内容履行、书面向人民法院提及所送达文书的内容及其他可确认收悉的情形。

诉讼中,当事人如同意采用电子邮件送达方式并在《送达地址确认书》上填写并确认的,可以采用电子邮件送达方式。上海市高级人民法院《关于网上立案、电子送达、电子归档的若干规定》(2020 年 3 月 2 日)同样适用于涉外商事案件。

6. 公告送达的注意事项

采用公告送达方式,应先穷尽其他所有送达方式均不能送达的情况下才能适用。但这种穷尽所有送达方式并非机械地对每一个案件均使用所有的方式进行送达,如果当采用一种送达方式证明受送达人下落不明的,则可以直接考虑适用公告送达。涉外公告送达的期间已由原来的 6 个月缩短为 3 个月。

相关规定

1.《民事诉讼法》

第八十六条　受送达人或者他的同住成年家属拒绝接收诉讼文书的,送达人可以邀请有关基层组织或者所在单位的代表到场,说明情况,在送达回证上记明拒收事由和日期,由送达人、见证人签名或者盖章,把诉讼文书留在受送达人的住所;也可以把诉讼文书留在受送达人的住所,并采用拍照、录像等方式记录送达过程,即视为送达。

第八十七条　经受送达人同意,人民法院可以采用传真、电子邮件等能够确认其收悉的方式送达诉讼文书,但判决书、裁定书、调解书除外。

采用前款方式送达的,以传真、电子邮件等到达受送达人特定系统的日期为送达日期。

第二百六十七条　人民法院对在中华人民共和国领域内没有住所的当事人送达诉讼文书,可以采用下列方式:

(一)依照受送达人所在国与中华人民共和国缔结或者共同参加的国际条约

中规定的方式送达；

（二）通过外交途径送达；

（三）对具有中华人民共和国国籍的受送达人，可以委托中华人民共和国驻受送达人所在国的使领馆代为送达；

（四）向受送达人委托的有权代其接受送达的诉讼代理人送达；

（五）向受送达人在中华人民共和国领域内设立的代表机构或者有权接受送达的分支机构、业务代办人送达；

（六）受送达人所在国的法律允许邮寄送达的，可以邮寄送达，自邮寄之日起满三个月，送达回证没有退回，但根据各种情况足以认定已经送达的，期间届满之日视为送达；

（七）采用传真、电子邮件等能够确认受送达人收悉的方式送达；

（八）不能用上述方式送达的，公告送达，自公告之日起满三个月，即视为送达。

2.《民事诉讼法解释》

第一百三十五条 电子送达可以采用传真、电子邮件、移动通信等即时收悉的特定系统作为送达媒介。

民事诉讼法第八十七条第二款规定的到达受送达人特定系统的日期，为人民法院对应系统显示发送成功的日期，但受送达人证明到达其特定系统的日期与人民法院对应系统显示发送成功的日期不一致的，以受送达人证明到达其特定系统的日期为准。

第一百三十八条 公告送达可以在法院的公告栏和受送达人住所地张贴公告，也可以在报纸、信息网络等媒体上刊登公告，发出公告日期以最后张贴或者刊登的日期为准。对公告送达方式有特殊要求的，应当按要求的方式进行。公告期满，即视为送达。

人民法院在受送达人住所地张贴公告的，应当采取拍照、录像等方式记录张贴过程。

第一百三十九条 公告送达应当说明公告送达的原因；公告送达起诉状或者上诉状副本的，应当说明起诉或者上诉要点，受送达人答辩期限及逾期不答辩的法律后果；公告送达传票，应当说明出庭的时间和地点及逾期不出庭的法律后果；公告送达判决书、裁定书的，应当说明裁判主要内容，当事人有权上诉的，还应当说明上诉权利、上诉期限和上诉的人民法院。

第五百三十五条　外国人或者外国企业、组织的代表人、主要负责人在中华人民共和国领域内的，人民法院可以向该自然人或者外国企业、组织的代表人、主要负责人送达。

外国企业、组织的主要负责人包括该企业、组织的董事、监事、高级管理人员等。

第五百三十六条　受送达人所在国允许邮寄送达的，人民法院可以邮寄送达。

邮寄送达时应当附有送达回证。受送达人未在送达回证上签收但在邮件回执上签收的，视为送达，签收日期为送达日期。

自邮寄之日起满三个月，如果未收到送达的证明文件，且根据各种情况不足以认定已经送达的，视为不能用邮寄方式送达。

第五百三十七条　人民法院一审时采取公告方式向当事人送达诉讼文书的，二审时可径行采取公告方式向其送达诉讼文书，但人民法院能够采取公告方式之外的其他方式送达的除外。

3.《最高人民法院关于涉外民事或商事案件司法文书送达问题若干规定》

第一条　人民法院审理涉外民事或商事案件时，向在中华人民共和国领域内没有住所的受送达人送达司法文书，适用本规定。

第二条　本规定所称司法文书，是指起诉状副本、上诉状副本、反诉状副本、答辩状副本、传票、判决书、调解书、裁定书、支付令、决定书、通知书、证明书、送达回证以及其他司法文书。

第三条　作为受送达人的自然人或者企业、其他组织的法定代表人、主要负责人在中华人民共和国领域内的，人民法院可以向该自然人或者法定代表人、主要负责人送达。

第四条　除受送达人在授权委托书中明确表明其诉讼代理人无权代为接收有关司法文书外，其委托的诉讼代理人为《民事诉讼法》第二百六十七条第四项规定的有权代其接受送达的诉讼代理人，人民法院可以向该诉讼代理人送达。

第五条　人民法院向受送达人送达司法文书，可以送达给其在中华人民共和国领域内设立的代表机构。

受送达人在中华人民共和国领域内有分支机构或者业务代办人的，经该受送达人授权,人民法院可以向其分支机构或者业务代办人送达。

第六条 人民法院向在中华人民共和国领域内没有住所的受送达人送达司法文书时,若该受送达人所在国与中华人民共和国签订有司法协助协定,可以依照司法协助协定规定的方式送达;若该受送达人所在国是《关于向国外送达民事或商事司法文书和司法外文书公约》的成员国,可以依照该公约规定的方式送达。

依照受送达人所在国与中华人民共和国缔结或者共同参加的国际条约中规定的方式送达的,根据《最高人民法院关于依据国际公约和双边司法协助条约办理民商事案件司法文书送达和调查取证司法协助请求的规定》办理。

第七条 按照司法协助协定、《关于向国外送达民事或商事司法文书和司法外文书公约》或者外交途径送达司法文书,自我国有关机关将司法文书转递受送达人所在国有关机关之日起满六个月,如果未能收到送达与否的证明文件,且根据各种情况不足以认定已经送达的,视为不能用该种方式送达。

第八条 受送达人所在国允许邮寄送达的,人民法院可以邮寄送达。

邮寄送达时应附有送达回证。受送达人未在送达回证上签收但在邮件回执上签收的,视为送达,签收日期为送达日期。

自邮寄之日起满三个月,如果未能收到送达与否的证明文件,且根据各种情况不足以认定已经送达的,视为不能用邮寄方式送达。

第九条 人民法院依照《民事诉讼法》第二百六十七条第八项规定的公告方式送达时,公告内容应在国内外公开发行的报刊上刊登。

第十条 除本规定上述送达方式外,人民法院可以通过传真、电子邮件等能够确认收悉的其他适当方式向受送达人送达。

第十一条 除公告送达方式外,人民法院可以同时采取多种方式向受送达人进行送达,但应根据最先实现送达的方式确定送达日期。

第十二条 人民法院向受送达人在中华人民共和国领域内的法定代表人、主要负责人、诉讼代理人、代表机构以及有权接受送达的分支机构、业务代办人送达司法文书,可以适用留置送达的方式。

第十三条 受送达人未对人民法院送达的司法文书履行签收手续,但存在以下情形之一的,视为送达:

(一)受送达人书面向人民法院提及了所送达司法文书的内容;

(二)受送达人已经按照所送达司法文书的内容履行;

(三)其他可以视为已经送达的情形。

第十四条　人民法院送达司法文书,根据有关规定需要通过上级人民法院转递的,应附申请转递函。

上级人民法院收到下级人民法院申请转递的司法文书,应在七个工作日内予以转递。

上级人民法院认为下级人民法院申请转递的司法文书不符合有关规定需要补正的,应在七个工作日内退回申请转递的人民法院。

4.《最高人民法院关于指定北京市、上海市、广东省、浙江省、江苏省高级人民法院依据海牙送达公约和海牙取证公约直接向外国中央机关提出和转递司法协助请求和相关材料的通知》

为进一步提高国际司法协助工作效率,更好地为审判工作服务,我院决定,指定你院就涉及海牙送达公约、海牙取证公约的司法协助工作进行试点,由高级人民法院直接对公约成员国中央机关提出和转递司法协助请求书和相关材料。

试点工作所涉司法协助范围包括:

1. 依照《关于向国外送达民事或商事司法文书和司法外文书公约》,直接向海牙送达公约成员国中央机关提出和转递本院及下级人民法院依据海牙送达公约提出的送达民事司法文书和司法外文书的请求书及相关材料:但海牙送达公约成员国中与我国签订含有民事司法协助内容的双边司法协助条约的,按条约规定的途径办理:

2. 依照《关于从国外获取民事或商事证据公约》,直接向海牙取证公约成员国中接受我国加入并且该公约已在我国与该国之间生效的成员国中央机关提出和转递本院及下级人民法院依据海牙取证公约提出的涉外民事调查取证的请求书及相关材料。但上述成员国中与我国签订含有民事司法协助内容的双边司法协助条约的,按条约规定的途径办理。

依我国和外国签订的双边司法协助条约,规定由双方中央机关负责转递的司法协助请求,需通过外交途径、领事途径提出的司法协助事务,仍按原程序办理。

典型案例

莆田市东南香米业发展有限公司与黄某某借款合同纠纷案

(1)案号

最高人民法院(2017)最高法民终390号

(2)案情

2012年9月10日,黄某某、许某某分别与农发行莆田分行签订了《自然人最高额保证合同》,约定黄某某、许某某为东南香公司自2012年9月10日起至2015年9月10日止在农发行莆田分行处办理人民币贷款、银行承兑汇票等约定业务所形成的债务提供连带责任保证担保,担保范围为最高债务余额本金33,000万元及利息、违约金、实现债权的费用(含律师费)等;且约定无论债权人对主合同项下的债权是否拥有其他担保,债权人均有权直接要求保证人承担担保责任。2012年9月10日、9月27日,东南香公司与农发行莆田分行分别签订了《流动资金借款合同》,分别约定东南香公司向农发行莆田分行借款5000万元、3820万元,借款期限为12个月,追加股东黄某某、许某某自然人无限连带责任保证担保。2012年9月20日、27日,农发行莆田分行依约分别向东南香公司支付了借款。2013年5月23日,农发行莆田分行与莆田国投公司签订《债权转让协议》,约定将其对东南香公司拥有的30,360万元债权(其中本金29,956.3万元、利息403.7万元)转让给莆田国投公司,农发行莆田分行对东南香公司的上述债权及相关流动资金借款合同、自然人最高额保证合同等合同的权利转由莆田国投公司继受。2013年5月23日,农发行莆田分行向东南香公司发出《债权转让通知书》,将债权转让的相关事项通知了东南香公司、黄某某及许某某,东南香公司、黄某某及许某某的委托代理人许秀华在《债权转让通知书回执》上签字,对债权转让的内容无异议。

后莆田国投公司向福建省高级人民法院诉称,经莆田国投公司多次催讨,东南香公司、黄某某、许某某至今拒不向莆田国投公司偿还该债务。东南香公司、黄某某因不服一审法院判决,即(2014)闽民初字第94号民事判决,向最高人民法院提起上诉。

东南香公司、黄某某上诉称:一审判决程序错误。一审法院未依法向许某某进行送达,径行缺席审理违反法定程序。一审判决以黄某某与许某某夫妻关系存续为由,认定许某某应当知悉本案诉讼事宜,缺乏法律依据且与事实不符。最高人民法院(2014)民一终字第110号民事裁定中认定的地址是许某某的临时居住地,本案担保人许某某为加拿大永久居民,一审法院在未查明加拿大是否允许邮寄送达及许某某合法有效送达地址的情况下,通过邮件向许某某在加拿大的临时居住地的地址寄送诉讼文书属于无效送达。在邮件被退回而未有效送达的情况下,一审法院对许某某缺席审判不当。

(3)裁判理由及意义

最高人民法院认为:一审法院向许某某在加拿大的住址邮寄送达法律文书被退回后,未采取其他送达方式送达欠妥。二审期间,最高人民法院根据《民事诉讼法》第二百六十七条第三项的规定,委托我国驻加拿大使领馆代为送达未果。最高人民法院依法向许某某公告送达。许某某经传票传唤,没有正当理由拒不到庭,最高人民法院遂对其缺席审理。黄某某并未提供证据证明其与许某某的夫妻关系已经终止,其主张与许某某无任何联系、许某某不知晓本案诉讼不符合常理。本案中,有合理的理由怀疑许某某逃避诉讼,黄某某借此拖延诉讼。因此,本案一审法院向许某某送达的程序瑕疵不足以导致撤销原判、发回重审的法律后果。

学术观点

对于涉外民商事案件文书的送达,根据《民事诉讼法》规定的7种送达方式以及相关的司法解释,如果外国的当事人在我国领域有住所,或者其诉讼代理人有权接受送达,或者在我国领域设立有代表机构或者有权接受送达的分支机构、业务代办人等,则不牵涉域外送达,在国内即可完成对涉外案件的送达。在外国当事人不能满足上述几种情况时,则需要域外送达。由此可以看出,从一国国内法院的角度来说,涉外送达与域外送达之间应该是包含与被包含的关系。涉外送达是涉外民商事案件审判中影响程序合法性和审判效率的重要因素。由于涉外案件本身的特点,审判周期一般较长,其中送达难所耗费的时间尤为突出。[①]涉外民商事案件送达效率的低下,主要发生在域外送达时。域外送达是保障相

① 参见林燕萍:《我国涉外送达法律制度的完善》,载《法学》2007年第10期。

应涉外审判"程序正当"的基本措施之一,具有非常重要的程序及实体价值:向域外当事人有效地送达司法文书,不仅是保障域外当事人诉权的前提条件,还是许多国家的法院受理案件或取得案件管辖权的依据,有助于消除相应的管辖权国际冲突,避免国际平行诉讼;快捷、有效的域外送达有助于保障涉外审判公正与效率目标的实现;合法的域外送达是外国裁判得到承认与执行的基本条件之一等。

导致我国域外"送达难"的主要原因,是我国域外送达的立法及操作机制不完善。为此,应改变送达理念,重新审视我国对送达公约的有关保留,充分利用《海牙送达公约》的替代性送达方式,不断创新国际合作模式;修改完善有关国内立法,理顺送达体制,尽可能地扩大域外送达的送达人、受送达人主体范围,明确诉讼当事人自行送达的责任,充分挖掘当事人的域外送达潜能;充分利用各种快捷送达方式,进一步加强域外送达的法律服务和其他辅助服务。①

对于处理涉外案件的法官来说,送达应当分两步来考虑:第一步,先考察依据我国的法律、司法解释,能否对在国内的外国当事人的诉讼代理人、代表机构、分支机构或者业务代办人进行送达。第二步,如果前一步无法进行送达,则需要对外国当事人进行域外送达。第一步只需按照国内关于送达的规定,通常就能使司法文书的送达相对快速有效地完成。如果无法采取第一个步骤,而采取域外送达时,程序就相对复杂烦琐,而且比较耗费时间。②

(三)涉港澳案件司法文书送达

向港澳地区当事人送达司法文书,应根据最高人民法院发布的《关于涉港澳民商事案件司法文书送达问题若干规定》、《关于内地与香港特别行政区法院相互委托送达民商事司法文书的安排》以及《关于内地与澳门特别行政区法院就民商事案件相互委托送达司法文书和调取证据的安排》(2020 年修正)办理。

根据上述规定,向港澳地区当事人送达可以采用直接送达、留置送达、邮寄送达、传真、电子邮件送达、公告送达等方式,具体可参照涉外送达方式,二者不

---

① 参见向明华:《域外"送达难"困局之破解》,载《法学家》2012 年第 6 期。

② 参见同惠会、孟思洋:《论我国涉外民商事案件送达效率之提高》,载《人民司法》2010 年第 13 期。

一致的,以上述规定为准。工作人员可登录全国法院司法协助案件管理平台(http://192.0.0.207:80/sffzptgn)进行操作。

按照上述安排送达司法文书,自最高人民法院或高级人民法院将有关司法文书递送我国香港特别行政区高等法院或者澳门特别行政区终审法院之日起满3个月,如未能收到送达与否的证明文件,且根据各种情况不足以认定已经送达的,视为不能适用上述安排中规定的方式送达。

1. 直接送达

(1)向出现在内地的自然人或企业、其他组织的法定代表人、主要负责人送达。

作为受送达人的自然人或者企业、其他组织的法定代表人、主要负责人在内地的,人民法院可以直接向该自然人或者法定代表人、主要负责人送达。

(2)向受送达人的诉讼代理人送达。

除受送达人在授权委托书中明确表明其诉讼代理人无权代为接收有关司法文书外,其委托的诉讼代理人为有权代其接受送达的诉讼代理人,人民法院可以向该诉讼代理人送达。

(3)向受送达人的代表机构或者有权接受送达的分支机构、业务代办人送达。

受送达人在内地设立有代表机构的,人民法院可以直接向该代表机构送达。

受送达人在内地设立有分支机构或者业务代办人并授权其接受送达的,人民法院可以直接向该分支机构或者业务代办人送达。

2. 留置送达

人民法院向在内地的受送达人或者受送达人的法定代表人、主要负责人、诉讼代理人、代表机构以及有权接受送达的分支机构、业务代办人送达司法文书,可以适用留置送达的方式。

3. 委托送达

涉港澳司法文书送达参照最高人民法院《关于内地与香港特别行政区法院相互委托送达民商事司法文书的安排》与《关于内地与澳门特别行政区法院就民

商事案件相互委托送达司法文书和调取证据的安排》(2020 年修正)进行。

上海市高级人民法院可以送达本辖区涉港民商事司法文书。下级人民法院送达司法文书,根据有关规定需要通过上级人民法院转递的,应当附申请转递函。上级人民法院收到下级人民法院申请转递的司法文书,应当在 7 个工作日内予以转递。上级人民法院认为下级人民法院申请转递的司法文书不符合有关规定需要补正的,应当在 7 个工作日内退回申请转递的人民法院。

4. 邮寄送达

对于涉港澳当事人,人民法院向受送达人送达司法文书,可以邮寄送达。目前最常见的送达方式为通过 EMS 邮寄送达,一般 3 ~ 5 天内送达。邮寄送达时应附有送达回证。受送达人未在送达回证上签收但在邮件回执上签收的,视为送达,签收日期为送达日期。

自邮寄之日起满 3 个月,虽未收到送达与否的证明文件,但存在最高人民法院《关于涉港澳民商事案件司法文书送达问题若干规定》第十二条规定情形的,期间届满之日视为送达。

自邮寄之日起满 3 个月,如果未能收到送达与否的证明文件,且不存在最高人民法院《关于涉港澳民商事案件司法文书送达问题若干规定》第十二条规定情形的,视为未送达。

5. 传真、电子邮件等方式送达

人民法院可以通过传真、电子邮件等能够确认收悉的其他适当方式向受送达人送达。

6. 公告送达

人民法院不能依照上述方式送达的,可以公告送达。公告内容应当在内地和受送达人住所地公开发行的报刊上刊登,自公告之日起满 3 个月即视为送达。

除公告送达方式外,人民法院可以同时采取多种法定方式向受送达人送达。

采取多种方式送达的,应当根据最先实现送达的方式确定送达日期。

7. 视为送达的情形

受送达人未对人民法院送达的司法文书履行签收手续，但存在以下情形之一的，视为送达：

(1)受送达人向人民法院提及了所送达司法文书的内容；

(2)受送达人已经按照所送达司法文书的内容履行；

(3)其他可以确认已经送达的情形。

相关规定

1. 最高人民法院《关于涉港澳民商事案件司法文书送达问题若干规定》

为规范涉及香港特别行政区、澳门特别行政区民商事案件司法文书送达，根据《民事诉讼法》的规定，结合审判实践，制定本规定。

第一条　人民法院审理涉及香港特别行政区、澳门特别行政区的民商事案件时，向住所地在香港特别行政区、澳门特别行政区的受送达人送达司法文书，适用本规定。

第二条　本规定所称司法文书，是指起诉状副本、上诉状副本、反诉状副本、答辩状副本、传票、判决书、调解书、裁定书、支付令、决定书、通知书、证明书、送达回证等与诉讼相关的文书。

第三条　作为受送达人的自然人或者企业、其他组织的法定代表人、主要负责人在内地的，人民法院可以直接向该自然人或者法定代表人、主要负责人送达。

第四条　除受送达人在授权委托书中明确表明其诉讼代理人无权代为接收有关司法文书外，其委托的诉讼代理人为有权代其接受送达的诉讼代理人，人民法院可以向该诉讼代理人送达。

第五条　受送达人在内地设立有代表机构的，人民法院可以直接向该代表机构送达。

受送达人在内地设立有分支机构或者业务代办人并授权其接受送达的，人民法院可以直接向该分支机构或者业务代办人送达。

第六条　人民法院向在内地没有住所的受送达人送达司法文书，可以按照

《最高人民法院关于内地与香港特别行政区法院相互委托送达民商事司法文书的安排》或者《最高人民法院关于内地与澳门特别行政区法院就民商事案件相互委托送达司法文书和调取证据的安排》送达。

按照前款规定方式送达的，自内地的高级人民法院或者最高人民法院将有关司法文书递送香港特别行政区高等法院或者澳门特别行政区终审法院之日起满三个月，如果未能收到送达与否的证明文件且不存在本规定第十二条规定情形的，视为不能适用上述安排中规定的方式送达。

第七条 人民法院向受送达人送达司法文书，可以邮寄送达。

邮寄送达时应附有送达回证。受送达人未在送达回证上签收但在邮件回执上签收的，视为送达，签收日期为送达日期。

自邮寄之日起满三个月，虽未收到送达与否的证明文件，但存在本规定第十二条规定情形的，期间届满之日视为送达。

自邮寄之日起满三个月，如果未能收到送达与否的证明文件，且不存在本规定第十二条规定情形的，视为未送达。

第八条 人民法院可以通过传真、电子邮件等能够确认收悉的其他适当方式向受送达人送达。

第九条 人民法院不能依照本规定上述方式送达的，可以公告送达。公告内容应当在内地和受送达人住所地公开发行的报刊上刊登，自公告之日起满三个月即视为送达。

第十条 除公告送达方式外，人民法院可以同时采取多种法定方式向受送达人送达。

采取多种方式送达的，应当根据最先实现送达的方式确定送达日期。

第十一条 人民法院向在内地的受送达人或者受送达人的法定代表人、主要负责人、诉讼代理人、代表机构以及有权接受送达的分支机构、业务代办人送达司法文书，可以适用留置送达的方式。

第十二条 受送达人未对人民法院送达的司法文书履行签收手续，但存在以下情形之一的，视为送达：

（一）受送达人向人民法院提及了所送达司法文书的内容；

（二）受送达人已经按照所送达司法文书的内容履行；

（三）其他可以确认已经送达的情形。

第十三条　下级人民法院送达司法文书，根据有关规定需要通过上级人民法院转递的，应当附申请转递函。

上级人民法院收到下级人民法院申请转递的司法文书，应当在七个工作日内予以转递。

上级人民法院认为下级人民法院申请转递的司法文书不符合有关规定需要补正的，应当在七个工作日内退回申请转递的人民法院。

2. 最高人民法院《关于内地与香港特别行政区法院相互委托送达民商事司法文书的安排》

一、内地法院和香港特别行政区法院可以相互委托送达民商事司法文书。

二、双方委托送达司法文书，均须通过各高级人民法院和香港特别行政区高等法院进行。最高人民法院司法文书可以直接委托香港特别行政区高等法院送达。

三、委托方请求送达司法文书，须出具盖有其印章的委托书，并须在委托书中说明委托机关的名称、受送达人的姓名或者名称、详细地址及案件的性质。

委托书应当以中文文本提出。所附司法文书没有中文文本的，应当提供中文译本。以上文件一式两份。受送达人为两人以上的，每人一式两份。

受委托方如果认为委托书与本安排的规定不符，应当通知委托方，并说明对委托书的异议。必要时可以要求委托方补充材料。

四、不论司法文书中确定的出庭日期或者期限是否已过，受委托方均应送达。委托方应当尽量在合理期限内提出委托请求。

受委托方接到委托书后，应当及时完成送达，最迟不得超过自收到委托书之日起两个月。

五、送达司法文书后，内地人民法院应当出具送达回证；香港特别行政区法院应当出具送达证明书。出具送达回证和证明书，应当加盖法院印章。

受委托方无法送达的，应当在送达回证或者证明书上注明妨碍送达的原因、拒收事由和日期，并及时退回委托书及所附全部文书。

六、送达司法文书，应当依照受委托方所在地法律规定的程序进行。

七、受委托方对委托方委托送达的司法文书的内容和后果不负法律责任。

八、委托送达司法文书费用互免。但委托方在委托书中请求以特定送达方式送达所产生的费用，由委托方负担。

九、本安排中的司法文书在内地包括：起诉状副本、上诉状副本、授权委托书、传票、判决书、调解书、裁定书、决定书、通知书、证明书、送达回证；在香港特别行政区包括：起诉状副本、上诉状副本、传票、状词、誓章、判案书、判决书、裁决书、通知书、法庭命令、送达证明。

上述委托送达的司法文书以互换司法文书样本为准。

十、本安排在执行过程中遇有问题和修改，应当通过最高人民法院与香港特别行政区高等法院协商解决。

3. 最高人民法院《关于内地与澳门特别行政区法院就民商事案件相互委托送达司法文书和调取证据的安排》(2020 年修正)

一、一般规定

第一条 内地人民法院与澳门特别行政区法院就民商事案件(在内地包括劳动争议案件，在澳门特别行政区包括民事劳工案件)相互委托送达司法文书和调取证据，均适用本安排。

第二条 双方相互委托送达司法文书和调取证据，通过各高级人民法院和澳门特别行政区终审法院进行。最高人民法院与澳门特别行政区终审法院可以直接相互委托送达和调取证据。

经与澳门特别行政区终审法院协商，最高人民法院可以授权部分中级人民法院、基层人民法院与澳门特别行政区终审法院相互委托送达和调取证据。

第三条 双方相互委托送达司法文书和调取证据，通过内地与澳门司法协助网络平台以电子方式转递；不能通过司法协助网络平台以电子方式转递的，采用邮寄方式。

通过司法协助网络平台以电子方式转递的司法文书、证据材料等文件，应当确保其完整性、真实性和不可修改性。

通过司法协助网络平台以电子方式转递的司法文书、证据材料等文件与原件具有同等效力。

第四条 各高级人民法院和澳门特别行政区终审法院收到对方法院的委托书后，应当立即将委托书及所附司法文书和相关文件转送根据其本辖区法律规定有权完成该受托事项的法院。

受委托方法院发现委托事项存在材料不齐全、信息不完整等问题，影响其完成受托事项的，应当及时通知委托方法院补充材料或者作出说明。

经授权的中级人民法院、基层人民法院收到澳门特别行政区终审法院委托书后，认为不属于本院管辖的，应当报请高级人民法院处理。

第五条　委托书应当以中文文本提出。所附司法文书及其他相关文件没有中文文本的，应当提供中文译本。

第六条　委托方法院应当在合理的期限内提出委托请求，以保证受委托方法院收到委托书后，及时完成受托事项。

受委托方法院应当优先处理受托事项。完成受托事项的期限，送达文书最迟不得超过自收到委托书之日起两个月，调取证据最迟不得超过自收到委托书之日起三个月。

第七条　受委托方法院应当根据本辖区法律规定执行受托事项。委托方法院请求按照特殊方式执行委托事项的，受委托方法院认为不违反本辖区的法律规定的，可以按照特殊方式执行。

第八条　委托方法院无须支付受委托方法院在送达司法文书、调取证据时发生的费用、税项。但受委托方法院根据其本辖区法律规定，有权在调取证据时，要求委托方法院预付鉴定人、证人、翻译人员的费用，以及因采用委托方法院在委托书中请求以特殊方式送达司法文书、调取证据所产生的费用。

第九条　受委托方法院收到委托书后，不得以其本辖区法律规定对委托方法院审理的该民商事案件享有专属管辖权或者不承认对该请求事项提起诉讼的权利为由，不予执行受托事项。

受委托方法院在执行受托事项时，发现该事项不属于法院职权范围，或者内地人民法院认为在内地执行该受托事项将违反其基本法律原则或社会公共利益，或者澳门特别行政区法院认为在澳门特别行政区执行该受托事项将违反其基本法律原则或公共秩序的，可以不予执行，但应当及时向委托方法院书面说明不予执行的原因。

二、司法文书的送达

第十条　委托方法院请求送达司法文书，须出具盖有其印章或者法官签名的委托书，并在委托书中说明委托机关的名称、受送达人的姓名或者名称、详细地址以及案件性质。委托方法院请求按特殊方式送达或者有特别注意的事项的,应当在委托书中注明。

第十一条 采取邮寄方式委托的,委托书及所附司法文书和其他相关文件一式两份,受送达人为两人以上的,每人一式两份。

第十二条 完成司法文书送达事项后,内地人民法院应当出具送达回证;澳门特别行政区法院应当出具送达证明书。出具的送达回证和送达证明书,应当注明送达的方法、地点和日期以及司法文书接收人的身份,并加盖法院印章。

受委托方法院无法送达的,应当在送达回证或者送达证明书上注明妨碍送达的原因、拒收事由和日期,并及时书面回复委托方法院。

第十三条 不论委托方法院司法文书中确定的出庭日期或者期限是否已过,受委托方法院均应当送达。

第十四条 受委托方法院对委托方法院委托送达的司法文书和所附相关文件的内容和后果不负法律责任。

第十五条 本安排中的司法文书在内地包括:起诉状副本、上诉状副本、反诉状副本、答辩状副本、授权委托书、传票、判决书、调解书、裁定书、支付令、决定书、通知书、证明书、送达回证以及其他司法文书和所附相关文件;在澳门特别行政区包括:起诉状复本、答辩状复本、反诉状复本、上诉状复本、陈述书、申辩书、声明异议书、反驳书、申请书、撤诉书、认诺书、和解书、财产目录、财产分割表、和解建议书、债权人协议书、传唤书、通知书、法官批示、命令状、法庭许可令状、判决书、合议庭裁判书、送达证明书以及其他司法文书和所附相关文件。

典型案例

"王某与太原晋翔企业管理咨询有限责任公司不当得利纠纷案"

(1)案号

最高人民法院(2018)最高法民终1134号

(2)案情

2011年3月31日,诗邦公司、广蓍公司、中亚香港公司、中亚福州公司、新疆大明公司达成《可转换票据认购协议》,首次交割的认购价为1950万美元,其中诗邦公司认购1520万美元,第二次交割诗邦公司认购760万美元。根据广蓍公司的要求,诗邦公司于2011年4月1~30日和2012年2月1~29日分两次将

1520 万美元和 760 万美元支付给广蓄公司指定的中亚香港公司账户。2012 年 8 月 31 日，王某、诗邦公司、广蓄公司达成《谅解备忘录》，约定由王某代替广蓄公司向凯来（或凯来指定方）偿还凯来根据各方于 2011 年 4 月 1 日签署的可转债投资文件而投入的第一期和第二期的本金，及其他相关事项。2013 年 1 月 11 日，广蓄公司回复凯来，由于 2012 年市场整体形势不佳，公司经营业绩下滑，同时，王某个人也出现严重的财务问题，目前第一期还款资金兑现存在一定难度，希望贵公司同意延期退还投资款至 2013 年 3 月 31 日。2015 年 9 月 7 日，甲方凯来公司、诗邦公司与乙方太原晋翔公司签订《债权转让协议书》，约定甲方共同将其在 2011 年 3 月 31 日签署并履行的《可转换票据认购协议》中的全部债权以及因此履行与各方当事人建立或形成的其他权利，包括但不局限于合同之债权、侵权之债权、担保之债权等债权全部转让给乙方。协议签订后，太原晋翔公司向凯来公司支付债权转让定金 50 万元，并向王某等寄送了债权转让协议书及通知书。

后太原晋翔公司以不当得利为由，将中亚香港公司、新疆大明公司、王某等诉至山西省高级人民法院。王某不服一审法院判决，即（2015）晋民初字第 50 号民事判决，向最高人民法院提起上诉。

王某辩称自己系中华人民共和国香港特别行政区居民，在内地没有住所，一审法院应当按照最高人民法院《关于内地与香港特别行政区法院相互委托送达民商事司法文书的安排》、最高人民法院《关于涉港澳民商事案件司法文书送达问题若干规定》或参照《民事诉讼法》第二百六十七条等规定向王某送达诉讼文书。一审法院认为王某此前在内地参加的其他诉讼中以“福建省福州市鼓楼区”为住所并据此送达错误的，也违反《最高人民法院关于进一步加强民事送达工作的若干意见》第八条的规定。

（3）裁判理由及意义

最高人民法院认为：在审理新疆大明公司的上诉即（2016）最高法民辖终 273 号案件时，王某向最高人民法院提交了自己对管辖权问题的意见，由此可以认定王某当时知道本案一审程序已经启动。但是，王某并未向本案一审法院告知其送达地址已经变更，当时也未就一审法院的送达方式提出异议，所以本案一审按照王某原先身份证件上的住址进行送达，并无错误。而且，本案一审判决作出后，一审法院向王某公告送达了一审判决，王某对本案一审判决提起上诉，这表明采用公告送达方式可以送达到王某。所以,王某对一审法院采用公告送达方式提出的异议,难以成立。最高人民法院对王某就一审法院采取的送达方式提出的异议,不予采信。

学术观点

我国自改革开放以来,在处理有关国际事务中,已不再坚持传统的绝对主权原则。随着我国的涉外案件越来越多,域外"送达难"问题也越来越突出,再坚持传统的域外送达观念就明显落后于时代发展的要求了。① 事实上,在涉外送达这一问题上,绝对主权原则已经被多次突破。部分法院还开始通过民间团体、律师或其他个人或组织向境外或我国其他法域的当事人送达。如内地法院往往利用中国法律服务(香港)有限公司向香港特别行政区的受送达人送达。这些送达主体、送达方式的变化减轻了法院的负担,解决或缓解了部分"送达难"问题,而且我国的司法主权并未因此受损。更值得强调的是,我国参加的《海牙送达公约》第十一条亦倡导采用受送达人所在地法允许的更便捷送达方式。

据统计,1999~2014年,我国内地法院委托香港特别行政区法院送达民商事司法文书15,127件,香港特别行政区法院协助送达成功率为36.6%;香港特别行政区法院委托内地法院送达民商事司法文书1959件,内地法院协助送达成功率53.5%。内地法院委托澳门特别行政区法院送达文书224件,送达成功率为61.7%;澳门特别行政区法院委托内地法院送达文书185件,送达成功率为51.9%。香港特别行政区法院委托数量少于内地法院委托数量的原因可能有二:一是两地法律关于送达职责的分配不同,内地司法程序中送达文书是法院的职责,而非当事人或其代理律师的职责;二是内地法院受理案件量大,需要委托协助送达的情况多。从上述结果看,需要进一步提高相互协助送达文书的效率。② 此外,为实现有效送达,两地之间可以进一步探索新的送达方式,当然这些新方式应以能够实现有效送达为前提,否则不能得到认可。最高人民法院考虑通过制定相关司法解释,解决在涉港澳民商事案件司法文书送达中存在的一些

① 参见向明华:《域外"送达难"困局之破解》,载《法学家》2012年第6期。

② 参见高晓力:《从内地法院民商事司法协助实践看"两地安排"的发展》,载《中国法律:中英文版》2015年第6期。

问题，进一步规范司法行为。①

（四）涉台案件司法文书送达

涉台民事司法文书送达事务的处理，应当遵守一个中国原则和法律的基本原则，不得违反社会公共利益。

向我国台湾地区当事人送达司法文书，应根据最高人民法院《关于涉台民事诉讼文书送达的若干规定》办理。根据该规定，向台湾地区当事人送达可以采用直接送达、留置送达、邮寄送达、传真、电子邮件送达、公告送达等方式，具体可参照涉外送达方式，二者不一致的，以上述规定为准。

根据2019年发布的最高人民法院《关于为深化两岸融合发展提供司法服务的若干措施》，向台湾居民送达司法文书，应当采取直接送达、两岸司法互助送达等有利于其实际知悉送达内容、更好行使诉讼权利的送达方式；未采取过直接送达、两岸司法互助送达方式的，不适用公告送达。

1. 直接送达

（1）向出现在大陆的自然人或企业、其他组织的法定代表人、主要负责人送达。

受送达人居住在大陆的，直接送达。受送达人是自然人，本人不在的，可以交其同住成年家属签收；受送达人是法人或者其他组织的，应当由法人的法定代表人、其他组织的主要负责人或者该法人、组织负责收件的人签收。

受送达人不在大陆居住，但送达时在大陆的，可以直接送达。

（2）向受送达人的诉讼代理人送达。

受送达人在大陆有诉讼代理人的，向诉讼代理人送达。受送达人在授权委托书中明确表明其诉讼代理人无权代为接收的除外。

（3）向代收人送达。

受送达人有指定代收人的，向代收人送达。

---

① 参见任雪峰：《〈关于涉港澳民商事案件司法文书送达问题若干规定〉的理解与适用》，载《人民司法》2009年第7期。

(4)向受送达人的代表机构或者有权接受送达的分支机构、业务代办人送达。

受送达人在大陆有代表机构、分支机构、业务代办人的,向其代表机构或者经受送达人明确授权接受送达的分支机构、业务代办人送达。

2. 留置送达

采用上述方式送达的,由受送达人、诉讼代理人或者有权接受送达的人在送达回证上签收或者盖章,即为送达;拒绝签收或者盖章的,可以依法留置送达。

3. 邮寄送达

受送达人在台湾地区的地址明确的,可以邮寄送达。邮寄送达应当附有送达回证。受送达人未在送达回证上签收但在邮件回执上签收的,视为送达,签收日期为送达日期。

自邮寄之日起满 3 个月,如果未能收到送达与否的证明文件,且根据各种情况不足以认定已经送达的,视为未送达。

对于涉台当事人,亦可以采用 EMS 邮寄送达。

4. 传真、电子邮件等方式送达

有明确的传真号码、电子信箱地址的,可以通过传真、电子邮件方式向受送达人送达;采用传真、电子邮件方式送达的,应当注明人民法院的传真号码或者电子信箱地址,并要求受送达人在收到传真件或者电子邮件后及时予以回复。以能够确认受送达人收悉的日期为送达日期。

5. 公告送达

采用公告方式送达的,公告内容应当在境内外公开发行的报刊或者权威网站上刊登。公告送达的,自公告之日起满 3 个月,即视为送达。

采用上述其他方式不能送达或者台湾地区的当事人下落不明的,公告送达。

6. 按照两岸认可的其他途径送达

按照两岸认可的其他途径送达的,应当由有关的高级人民法院出具盖有高级人民法院印章的委托函。委托函应当写明案件各方当事人的姓名或者名称、案由、案号，受送达人姓名或者名称、详细地址以及需送达的文书种类。

人民法院按照两岸认可的有关途径代为送达我国台湾地区法院的民事诉讼文书的，应当有台湾地区有关法院的委托函。人民法院收到台湾地区有关法院的委托函后，经审查符合条件的，应当在收到委托函之日起2个月内完成送达。民事诉讼文书中确定的出庭日期或者其他期限逾期的，受委托的人民法院亦应予送达。人民法院按照委托函中的受送达人姓名或者名称、地址不能送达的，应当附函写明情况，将委托送达的民事诉讼文书退回。完成送达的送达回证以及未完成送达的委托材料，可以按照原途径退回。受委托的人民法院对台湾地区有关法院委托送达的民事诉讼文书的内容和后果不负法律责任。

审查要点

1. 涉台案件司法文书送达的注意事项

向我国台湾地区当事人送达司法文书，还可以按照两岸认可的其他途径送达。目前，主要是通过2009年两岸签署的《海峡两岸共同打击犯罪及司法互助协议》确定的途径。具体操作依据是最高人民法院为落实上述协议制定的《最高人民法院关于人民法院办理海峡两岸送达文书和调查取证司法互助案件的规定》以及上海市高级人民法院发布的《上海法院关于办理涉台送达文书和调查取证司法互助工作的规定（试行）》。办理海峡两岸司法互助案件的文书格式，具体参见最高人民法院《人民法院办理海峡两岸司法互助案件文书样式（试行）》。

2. 涉台案件司法文书送达的操作流程

请求法院应填写《〈海峡两岸共同打击犯罪及司法互助协议〉送达文书请求书》附录部分，连同需要送达的司法文书，一式二份，及时送交本辖区高级人民法院负责海峡两岸司法互助业务的联络人。自高级人民法院联络人向台湾地区寄送有关司法文书之日起满4个月，如果未能收到送达证明材料或者说明文件，且根据各种情况不足以认定已经送达的，视为不能按照协议确定的海峡两岸司法互助方式送达。

相关规定

1. 最高人民法院《关于涉台民事诉讼文书送达的若干规定》

为维护涉台民事案件当事人的合法权益，保障涉台民事案件诉讼活动的顺利进行，促进海峡两岸人员往来和交流，根据民事诉讼法的有关规定，制定本规定。

第一条 人民法院审理涉台民事案件向住所地在台湾地区的当事人送达民事诉讼文书，以及人民法院接受台湾地区有关法院的委托代为向住所地在大陆的当事人送达民事诉讼文书，适用本规定。

涉台民事诉讼文书送达事务的处理，应当遵守一个中国原则和法律的基本原则，不违反社会公共利益。

第二条 人民法院送达或者代为送达的民事诉讼文书包括：起诉状副本、上诉状副本、反诉状副本、答辩状副本、授权委托书、传票、判决书、调解书、裁定书、支付令、决定书、通知书、证明书、送达回证以及与民事诉讼有关的其他文书。

第三条 人民法院向住所地在台湾地区的当事人送达民事诉讼文书，可以采用下列方式：

（一）受送达人居住在大陆的，直接送达。受送达人是自然人，本人不在的，可以交其同住成年家属签收；受送达人是法人或者其他组织的，应当由法人的法定代表人、其他组织的主要负责人或者该法人、组织负责收件的人签收；

受送达人不在大陆居住，但送达时在大陆的，可以直接送达；

（二）受送达人在大陆有诉讼代理人的，向诉讼代理人送达。受送达人在授权委托书中明确表明其诉讼代理人无权代为接收的除外；

（三）受送达人有指定代收人的，向代收人送达；

（四）受送达人在大陆有代表机构、分支机构、业务代办人的，向其代表机构或者经受送达人明确授权接受送达的分支机构、业务代办人送达；

（五）受送达人在台湾地区的地址明确的，可以邮寄送达；

（六）有明确的传真号码、电子信箱地址的，可以通过传真、电子邮件方式向受送达人送达；

（七）按照两岸认可的其他途径送达。

采用上述方式不能送达或者台湾地区的当事人下落不明的，公告送达。

第四条　采用本规定第三条第一款第（一）、（二）、（三）、（四）项方式送达的，由受送达人、诉讼代理人或者有权接受送达的人在送达回证上签收或者盖章，即为送达；拒绝签收或者盖章的，可以依法留置送达。

第五条　采用本规定第三条第一款第（五）项方式送达的，应当附有送达回证。受送达人未在送达回证上签收但在邮件回执上签收的，视为送达，签收日期为送达日期。

自邮寄之日起满三个月，如果未能收到送达与否的证明文件，且根据各种情况不足以认定已经送达的，视为未送达。

第六条　采用本规定第三条第一款第（六）项方式送达的，应当注明人民法院的传真号码或者电子信箱地址，并要求受送达人在收到传真件或者电子邮件后及时予以回复。以能够确认受送达人收悉的日期为送达日期。

第七条　采用本规定第三条第一款第（七）项方式送达的，应当由有关的高级人民法院出具盖有本院印章的委托函。委托函应当写明案件各方当事人的姓名或者名称、案由、案号；受送达人姓名或者名称、受送达人的详细地址以及需送达的文书种类。

第八条　采用公告方式送达的，公告内容应当在境内外公开发行的报刊或者权威网站上刊登。

公告送达的，自公告之日起满三个月，即视为送达。

第九条　人民法院按照两岸认可的有关途径代为送达台湾地区法院的民事诉讼文书的，应当有台湾地区有关法院的委托函。

人民法院收到台湾地区有关法院的委托函后，经审查符合条件的，应当在收到委托函之日起两个月内完成送达。

民事诉讼文书中确定的出庭日期或者其他期限逾期的，受委托的人民法院亦应予送达。

第十条　人民法院按照委托函中的受送达人姓名或者名称、地址不能送达的，应当附函写明情况，将委托送达的民事诉讼文书退回。

完成送达的送达回证以及未完成送达的委托材料，可以按照原途径退回。

第十一条　受委托的人民法院对台湾地区有关法院委托送达的民事诉讼文书的内容和后果不负法律责任。

2. 最高人民法院《关于审理涉台民商事案件法律适用问题的规定》

第一条 人民法院审理涉台民商事案件，应当适用法律和司法解释的有关规定。

根据法律和司法解释中选择适用法律的规则，确定适用台湾地区民事法律的，人民法院予以适用。

第二条 台湾地区当事人在人民法院参与民事诉讼，与大陆当事人有同等的诉讼权利和义务，其合法权益受法律平等保护。

第三条 根据本规定确定适用有关法律违反国家法律的基本原则或者社会公共利益的，不予适用。

3. 最高人民法院《关于为深化两岸融合发展提供司法服务的若干措施》

8. 向台湾居民送达司法文书，应当采取直接送达、两岸司法互助送达等有利于其实际知悉送达内容、更好行使诉讼权利的送达方式；未采取过直接送达、两岸司法互助送达方式的，不适用公告送达。

学术观点

涉台案件的处理除了坚持原则性以外，也体现出一定的灵活性。着眼于两岸关系大局，涉台案件往往会得到特殊待遇。一些地方法院要求涉台案件做到特事特办，优先审查立案、优先审理、优先执行。例如，福建涉台审判建立了“优先审查立案、优先审理、优先执行”工作机制，积极探索解决涉台案件的文书送达难、调查取证难、法律适用难等问题，创新了涉台审判机制和司法服务工作。福建法院还积极与各地台办、台商投诉协调中心建立互动衔接的多元纠纷解决机制，及时化解涉台矛盾纠纷，为促进闽台交流合作创造了良好的法治环境。①

① 参见万霞：《大陆涉台案件处理的困境与出路》，国际移民法的新发展和中国移民法的建设研讨会2009年会议论文。

六、保全及强制措施

(一)诉讼保全

诉讼保全,是指人民法院对于可能因当事人一方行为或者其他原因,使判决不能执行或难以执行的案件,在对该案判决前,依法对诉讼标的物或与本案有关的财物采取强制性措施或者责令当事人做出一定行为或者禁止其做出一定行为。诉讼保全分为财产保全、行为保全、证据保全。需要注意的是,财产保全除诉讼中财产保全外,还存在诉讼前财产保全和执行前财产保全,三者之间的区别主要在于以下两个方面:第一,申请财产保全的时间有所不同。顾名思义,诉讼前财产保全是指在提起诉讼前先行申请财产保全;诉讼中财产保全是指在诉讼过程中申请的财产保全;执行前保全则是指在法律文书生效后申请执行前申请的财产保全。第二,保全申请人是否需要提供担保有所不同。诉讼前财产保全以保全申请人提供担保为必要,诉讼中财产保全原则上需提供担保例外情形下可不提供担保,执行前财产保全原则上无须提供担保。

审查要点

1. 保全范围

保全范围限于诉讼请求的范围,或者与案件有关的财物。财产保全和证据保全的标的仅限于我国境内的财产或证据,行为保全的标的则是被申请人作为或不作为的行为。

对于财产保全,不得明显超标的额查封、扣押、冻结被保全人的财产。对于被查封、扣押的可分割财物价值总额在扣除折旧以及将来可能发生的保管、拍卖等费用后余额不得明显超过保全金额。另外，轮候保全的财产不应当计算在保全财产金额的范围内；对于负担抵押权、质权等优先权的财产，也应当扣除相应的优先受偿金额后计入保全财产金额的范围。

2. 保全申请

（1）保全申请人应当是案件的当事人或利害关系人。

（2）申请保全，应当向人民法院提交书面申请书，并提供相关证据材料。财产保全申请书应当载明下列事项：①申请人与被保全人的身份信息、送达地址、联系方式。②请求事项和所根据的事实与理由。③明确保全范围和保全线索。被保全财产信息为银行存款、存单的，应当提供具体银行名称、账号和银行的确切地址；被保全财产信息为股票的，应当提供具体的股东账号、资金账号以及证券公司的确切地址；被保全财产信息为已经登记的不动产、特定动产及其他财产权的，应当提供有关登记机关最近一周内出具的登记资料，资料除了包含所有权人、权证号码、品牌、型号等基本信息外，还应当包含有无抵押权人和司法限制等信息。④其他需要载明的事项。

证据保全申请书应当载明需要保全的证据的基本情况、申请保全的理由以及采取何种保全措施等内容。采取证据保全必须符合"证据有可能灭失或者以后难以取得"的条件，证据保全范围必须明确。

行为保全申请书应当载明下列事项：①申请人与被申请人的身份、送达地址、联系方式；②申请采取行为保全措施的内容和期限；③申请所依据的事实、理由，包括被申请人的行为将会使申请人的合法权益受到难以弥补的损害或者造成案件裁决难以执行等损害的具体说明；④为行为保全提供担保的财产信息或资信证明，或者不需要提供担保的理由；⑤其他需要载明的事项。

（3）保全担保

对于财产保全，申请书中还应当载明请求保全数额或者争议标的以及为财产保全提供担保的财产信息。

申请人或第三人为财产保全提供财产担保的，应当向人民法院出具担保书。担保书应当载明担保人、担保方式、担保范围、担保财产及其价值、担保责任承担等内容，并附相关证据材料。以现金方式担保的，应当向法院交纳不超过申请保全财产金额30%的保证金；以房地产等不动产提供抵押担保的，应当提交证明所有权或使用权的权利凭证。第三人提供财产担保的，还应当符合《民法典》第三百九十九条的规定,担保财产不得属于不得抵押的财产。

保险人以其与申请人签订财产保全责任险合同的方式为财产保全提供担保的,应当出具保函、保险合同、担保书、保险人资质信息等材料。担保书应当载明,因申请财产保全错误的,由保险人赔偿被保全人因保全所遭受的损失等内容,并附相关证据材料。

金融监管部门批准设立的金融机构以独立保函形式为财产保全提供担保的,人民法院应当依法准许。

法人作为第三人为财产保全提供保证担保的,应当向人民法院提交经法定代表人签字并加盖公章的保证书。保证书应当载明保证人、保证方式、保证范围、保证责任承担等内容,并附相关证据材料,主要包括法人营业执照、近期的资产负债表等。公司作为第三人提供担保的,还应当提交符合《公司法》第十六条规定的公司章程、董事会或者股东会、股东大会决议。

诉讼中财产保全有下列情形之一的,可以不要求申请人提供担保:①追索赡养费、扶养费、抚育费、抚恤金、医疗费用、劳动报酬、工伤赔偿、交通事故人身损害赔偿的;②婚姻家庭纠纷案件中遭遇家庭暴力且经济困难的;③人民检察院提起的公益诉讼涉及损害赔偿的;④因见义勇为遭受侵害请求损害赔偿的;⑤案件事实清楚,权利义务关系明确,发生保全错误可能性较小的;⑥申请人为商业银行、保险公司等由金融监管部门批准设立的具有独立偿付债务能力的金融机构及其分支机构的。

对于证据保全可能对他人造成损失的,应当责令申请人提供相应的担保。担保方式参照财产保全担保确定。

3. 保全方法和措施

人民法院采取财产保全的方法和措施,依照执行程序相关规定办理。

人民法院进行证据保全,可以要求当事人或诉讼代理人到场。根据当事人的申请和具体情况,可以采取查封、扣押、录音、录像、复制、鉴定、勘验等方法进行证据保全,并制作笔录。在证据保全实施中,在符合证据保全目的的情况下,应当选择对证据持有人利益影响最小的保全措施。

人民法院审查行为保全申请,应当综合考量下列因素:(1)申请人的请求是否具有事实基础和法律依据;(2)不采取行为保全措施是否会使申请人的合法权益受到难以弥补的损害或者造成案件裁判难以执行等损害;(3)不采取行为保全措施对申请人造成的损害是否超过采取行为保全措施对被申请人造成的损害;(4)采取行为保全措施是否损害社会公共利益。人民法院裁定采取行为保全措施的,应当根据申请人的请求或者案件具体情况等因素合理确定保全措施的期限。

4. 保全解除

作出保全裁定并采取保全措施后,有下列情形之一的,人民法院应当作出解除保全裁定:(1)保全错误的;(2)申请人撤回保全申请或同意被保全人解除保全申请的;(3)申请人的起诉或者诉讼请求被生效裁判驳回的;(4)申请人申请撤诉并被人民法院准许的;(5)被保全人履行完毕债务的;(6)被保全人或第三人提供充分有效担保请求解除保全的;(7)人民法院认为应当解除保全的其他情形。

相关规定

1.《民事诉讼法》

第八十一条 在证据可能灭失或者以后难以取得的情况下,当事人可以在诉讼过程中向人民法院申请保全证据,人民法院也可以主动采取保全措施。

因情况紧急,在证据可能灭失后者以后难以取得的情况下,利害关系人可以在提起诉讼或者申请仲裁前向证据所在地、被申请人住所地或者对案件有管辖权的人民法院申请保全证据。

证据保全的其他程序,参照适用本法第九章保全的有关规定。

第一百条 人民法院对于可能因当事人一方的行为或者其他原因,使判决难以执行或者造成当事人其他损害的案件,根据对方当事人的申请,可以裁定对其财产进行保全、责令其作出一定行为或者禁止其作出一定行为;当事人没有提出申请的,人民法院在必要时也可以裁定采取保全措施。人民法院采取保全措施,可以责令申请人提供担保,申请人不提供担保的,裁定驳回申请。人民法院接受申请后,对情况紧急的,必须在四十八小时内作出裁定;裁定采取保全措施的,应当立即开始执行。

第一百零二条 保全限于请求的范围,或者与本案有关的财物。

第一百零四条 财产纠纷案件,被申请人提供担保的,人民法院应当裁定解除保全。

2.《民事诉讼法解释》

第九十八条　当事人根据民事诉讼法第八十一条第一款规定申请证据保全的，可以在举证期限届满前书面提出。

证据保全可能对他人造成损失的，人民法院应当责令申请人提供相应的担保。

第一百五十二条　人民法院依照民事诉讼法第一百条、第一百零一条规定，在采取诉前保全、诉讼保全措施时，责令利害关系人或者当事人提供担保的，应当书面通知。

利害关系人申请诉前保全的，应当提供担保。申请诉前财产保全的，应当提供相当于请求保全数额的担保；情况特殊的，人民法院可以酌情处理。申请诉前行为保全的，担保的数额由人民法院根据案件的具体情况决定。

在诉讼中，人民法院依申请或者依职权采取保全措施的，应当根据案件的具体情况，决定当事人是否应当提供担保以及担保的数额。

第一百五十六条　人民法院采取财产保全的方法和措施，依照执行程序相关规定办理。

第一百六十六条　裁定采取保全措施后，有下列情形之一的，人民法院应当作出解除保全裁定：

（一）保全错误的；

（二）申请人撤回保全申请的；

（三）申请人的起诉或者诉讼请求被生效裁判驳回的；

（四）人民法院认为应当解除保全的其他情形。

3.《最高人民法院关于人民法院办理财产保全案件若干问题的规定》

第一条　当事人、利害关系人申请财产保全，应当向人民法院提交申请书，并提供相关证据材料。

申请书应当载明下列事项：

（一）申请保全人与被保全人的身份、送达地址、联系方式；

（二）请求事项和所根据的事实与理由；

（三）请求保全数额或者争议标的；

（四）明确的被保全财产信息或者具体的被保全财产线索；

（五）为财产保全提供担保的财产信息或资信证明，或者不需要提供担保的理由；

（六）其他需要载明的事项。

法律文书生效后，进入执行程序前，债权人申请财产保全的，应当写明生效法律文书的制作机关、文号和主要内容，并附生效法律文书副本。

第六条 申请保全人或第三人为财产保全提供财产担保的，应当向人民法院出具担保书。担保书应当载明担保人、担保方式、担保范围、担保财产及其价值、担保责任承担等内容，并附相关证据材料。

第三人为财产保全提供保证担保的，应当向人民法院提交保证书。保证书应当载明保证人、保证方式、保证范围、保证责任承担等内容，并附相关证据材料。

对财产保全担保，人民法院经审查，认为违反民法典、公司法等有关法律禁止性规定的，应当责令申请保全人在指定期限内提供其他担保；逾期未提供的，裁定驳回申请。

第十条 当事人、利害关系人申请财产保全，应当向人民法院提供明确的被保全财产信息。

当事人在诉讼中申请财产保全，确因客观原因不能提供明确的被保全财产信息，但提供了具体财产线索的，人民法院可以依法裁定采取财产保全措施。

第二十二条 财产纠纷案件，被保全人或第三人提供充分有效担保请求解除保全，人民法院应当裁定准许。被保全人请求对作为争议标的的财产解除保全的，须经申请保全人同意。

4.《民事诉讼证据规定》

第二十五条 当事人或者利害关系人根据民事诉讼法第八十一条的规定申请证据保全的，申请书应当载明需要保全的证据的基本情况、申请保全的理由以及采取何种保全措施等内容。

当事人根据民事诉讼法第八十一条第一款的规定申请证据保全的，应当在举证期限届满前向人民法院提出。

法律、司法解释对诉前证据保全有规定的，依照其规定办理。

第二十六条 当事人或者利害关系人申请采取查封、扣押等限制保全标的物使用、流通等保全措施，或者保全可能对证据持有人造成损失的，人民法院应当责令申请人提供相应的担保。

担保方式或者数额由人民法院根据保全措施对证据持有人的影响、保全标的物的价值、当事人或者利害关系人争议的诉讼标的金额等因素综合确定。

第二十七条　人民法院进行证据保全,可以要求当事人或者诉讼代理人到场。

根据当事人的申请和具体情况,人民法院可以采取查封、扣押、录音、录像、复制、鉴定、勘验等方法进行证据保全,并制作笔录。

在符合证据保全目的的情况下,人民法院应当选择对证据持有人利益影响最小的保全措施。

典型案例

中国铁路物资哈尔滨有限公司与荷兰合作银行香港分行诉前财产保全损害责任纠纷案

(1)案号

辽宁省高级人民法院(2019)辽民终642号

(2)案情

2013年10月9日,荷兰合作银行香港分行(以下简称荷兰银行)作为申请人,向原审法院提出诉前海事请求保全申请,请求保全堆放于大连港矿石码头公司(以下简称大连港公司)由"瓦瑞莎"轮卸下的全部铁矿砂。荷兰银行提交了No.1、No.2、No.3的全套正本提单及3份临时商业发票作为申请诉前海事请求保全的证据。原审法院于当日对"瓦瑞莎"轮卸下的全部铁矿砂采取了保全措施,向大连港公司送达了协助执行通知书,要求其协助执行保全措施。2013年10月28日,中国铁路物资哈尔滨有限公司(以下简称中铁公司)以被保全的货物中的38,000吨铁矿砂归其所有为由提出异议,请求解除对属于中铁公司所有的铁矿砂的查封。2013年12月25日,原审法院驳回中铁公司的异议。中铁公司不服一审判决依法向辽宁省高级人民法院提起上诉。

(3)裁判理由及意义

本案的争议焦点为荷兰银行申请保全涉案铁矿砂是否错误。荷兰银行作为3份即期信用证的开证行,向信用证受益人支付了信用证下款项后,合法持有了涉案货物的全部正本提单。根据《海商法》第七十一条“提单,是……以及承运人保证据以交付货物的单证”之规定,荷兰银行有权凭合法持有的全套正本提单要求承运人交付涉案铁矿砂,即荷兰银行有权占有涉案铁矿砂。荷兰银行提起诉前海事请求保全,请求法院扣押涉案铁矿砂是对自己占有铁矿砂之权利的保护,没有错误。荷兰银行申请诉前财产保全后,在法律规定的期限内提起了诉讼。无论荷兰银行的诉讼请求能否全部得到支持,荷兰银行的诉讼行为符合法律规定。其在和旁氏公司达成和解、权利得到保障后,及时向法院申请解除对涉案货物的扣押,不存在超期无理由保全货物的行为。综上,荷兰银行申请保全涉案铁矿砂没有错误,不应承担侵权责任。

(二)仲裁中保全

在涉外仲裁中,当事人申请采取保全的,我国的涉外、涉港澳台仲裁机构应当将当事人的申请,提交被申请人住所地或者财产所在地的中级人民法院裁定。

审查要点

1. 保全申请

在仲裁过程中,当事人申请财产保全的,应当通过仲裁机构向人民法院提交申请书及仲裁案件受理通知书等相关材料。人民法院裁定采取保全措施或者裁定驳回申请的,应当将裁定书送达当事人,并通知仲裁机构。

2. 保全担保

涉外、涉港澳台仲裁机构将当事人的保全申请提交人民法院裁定的,人民法院经审查后裁定是否进行保全。裁定保全的,应当责令申请人提供担保,申请人不提供担保的,裁定驳回申请。

当事人申请证据保全,人民法院经审查认为无须提供担保的,申请人可以不提供担保。

3. 保全方法和措施

人民法院在仲裁中采取保全的方法和措施,依照执行程序相关规定办理。

相关规定

1.《民事诉讼法》

第二百七十二条　当事人申请采取保全的，中华人民共和国的涉外仲裁机构应当将当事人的申请，提交被申请人住所地或者财产所在地的中级人民法院裁定。

2.《民事诉讼法解释》

第五百四十二条　依照民事诉讼法第二百七十二条规定，中华人民共和国涉外仲裁机构将当事人的保全申请提交人民法院裁定的，人民法院可以进行审查，裁定是否进行保全。裁定保全的，应当责令申请人提供担保，申请人不提供担保的，裁定驳回申请。

当事人申请证据保全，人民法院经审查认为无需提供担保的，申请人可以不提供担保。

典型案例

1. 本钢集团国际经济贸易有限公司与香港市龙航运有限公司再审审查案

（1）案号

最高人民法院（2019）最高法民申1578号

（2）案情

香港市龙航运有限公司（以下简称市龙公司）与本钢集团国际经济贸易有限公司（以下简称国贸公司）因租船协议发生纠纷，于2009年8月7日向海仲委提出仲裁申请。仲裁期间，市龙公司向海仲委提出财产保全申请，保全金额为1165万美元（或等值人民币）。2009年10月14日，海仲委将市龙公司的保全申请及相关材料移交一审法院，中投保为市龙公司的保全申请提交了担保书，承诺承担150万美元的连带赔偿责任。一审法院受理并准许了市龙公司提出的财产保全申请。国贸公司因此提起诉讼，案件经历一审、二审、再审，国贸公司申请再审称，市龙公司申请保全时仅提交150万美元的保函，远远低于被保全货物的价值，明显违反法律规定。

（3）裁判理由及意义

最高人民法院认为：依据《民事诉讼法解释》第一百五十二条的规定，申请诉前财产保全时,申请人需提供相当于请求保全数额的担保,而在诉讼中人民法院依申请或依职权采取保全措施的,由人民法院依据案件的具体情况决定当事人是否提供担保以及担保的数额。《最高人民法院关于人民法院办理财产保全案件若干问题的规定》第五条规定:"人民法院依照民事诉讼法第一百条规定责令申请保全人提供财产保全担保的,担保数额不超过请求保全数额的百分之三十。"本案中市龙公司提供保函价值为 150 万美元,而被保全货物当时价值为 1165 万美元,市龙公司提供保函价值符合上述规定。

2. 德辅供应链管理(香港)有限公司与何某合同纠纷案

(1)案号

最高人民法院(2020)最高法民申 2441 号

(2)案情

德辅供应链管理(香港)有限公司(以下简称德辅公司)与三水株式会社、杭州侪昌贸易有限公司、王某 1、何某、王某 2 合同纠纷一案的仲裁过程中,上海市第二中级人民法院(以下简称上海二中院)根据德辅公司的申请保全查封了何某位于上海市青浦区的房屋。仲裁裁决发生法律效力后,德辅公司向重庆市第五中级人民法院(以下简称重庆五中院)申请强制执行,该院于 2018 年 5 月 3 日立案执行。前述查封的房屋是恺泰房地产公司(以下简称恺泰公司)开发,所有权登记在恺泰公司名下。2016 年 10 月 24 日,恺泰公司与何某签订《预售合同》,合同约定恺泰公司于 2017 年 12 月 30 日前将该房屋交付予何某。重庆五中院在执行过程中,案外人恺泰公司提起案外人异议,异议理由:案外人与何某就异议房屋所签署的《预售合同》已经于 2017 年 9 月 29 日签署《解除合同协议》,即双方已经解除了商品房预售合同关系,并且案外人已经代何某将其尚欠银行的贷款 1,048,463.55 元直接支付给银行,并办理了预购商品房期权抵押权终止手续。案外人认为,其系该房屋的所有权人,何某并非异议房屋的权利人且对异议房屋已不享有任何权利,法院无权对异议房屋采取强制执行措施。2019 年 2 月 27 日,重庆五中院裁定支持案外人恺泰公司的异议请求,中止对案涉房屋的执行。德辅公司遂提起诉讼。

本案的争议焦点是恺泰公司对案涉房屋享有的权利是否足以排除执行。重庆市高级人民法院认为,根据最高人民法院《关于人民法院办理执行异议和复议案件若干问题的规定》第二十四条的规定,对案外人提出的排除执行异议,人民法院应当审查三个方面的内容:一是案外人是否系权利人;二是该权利的合法性与真实性;三是该权利能否排除执行。本案中,案涉房屋由恺泰公司开发建设,其对案涉房屋的权利系原始取得,合法且真实。何某通过与恺泰公司签订《预售合同》取得了案涉房屋的物权期待权,但未办理过户登记,尚未取得物权,并非案涉房屋的实际权利人。案涉房屋产权自始至终登记在恺泰公司名下,恺泰公司是案涉房屋的权利人,故其提起本案执行异议符合前述第二十四条规定。根据《民事诉讼法》第一百零三条的规定,人民法院保全财产后,应当立即通知被保全财产的人。本案中,恺泰公司表示从未收到人民法院送达的对案涉房屋进行查封或预查封的裁定书,德辅公司亦未举证证明上海二中院在对案涉房屋进行预查封后主动告知了房屋的所有权人恺泰公司,故恺泰公司在不知案涉房屋被预查封的情况下,根据上海市关于商业办公项目清理整顿的政策,与何某签订《解除房屋协议》并按约代何某归还了银行按揭贷款,其行为并不存在过错,也无恶意阻挠德辅实业公司实现债权的故意。

而后,德辅公司申请再审称,二审法院适用《民事诉讼法》第一百零三条关于"财产保全采取查封、扣押、冻结或者法律规定的其他方法。人民法院保全财产后,应当立即通知被保全财产的人"的规定审理该案,适用法律错误。何某已付清全部价款,系涉案房屋真正的权利人。恺泰公司不是涉案房屋的权利人,故上海二中院无义务向其送达查封裁定书。德辅公司不负有证明上海二中院已将查封事项告知恺泰公司的举证责任。如果恺泰公司认为对涉案房屋享有权利,其应向上海二中院询问未向其送达查封裁定书的原因。如果确因法院未依法向其送达而使其遭受损失,恺泰公司可通过其他合法途径进行维权,但不能对因不知涉案房屋被查封所从事的严重损害德辅公司权利的行为免责。

(3)裁判理由及意义

最高人民法院再审认为,案涉房屋虽然登记在恺泰公司名下,但恺泰公司并非被保全人,预查封效力并不及于恺泰公司对该房屋享有的权益。二审判决适用《民事诉讼法》第一百零三条第一款关于"财产保全采取查封、扣押、冻结或者法律规定的其他方法。人民法院保全财产后,应当立即通知被保全财产的人"的规定,对恺泰公司在签订《解除合同协议》时是否知晓案涉房屋被预查封的事实进行判断,适用法律并无不当。

3. 北京市中伦(上海)律师事务所与美国联合生物医学公司(United BiomedicalIcn.)证据保全案

(1)案号

上海市第一中级人民法院(2019)沪01证保1号

(2)案情

申请人北京市中伦(上海)律师事务所于2018年11月16日向上海国际经济贸易仲裁委员会(上海国际仲裁中心)申请证据保全,请求对证据进行保全。2018年12月17日,仲裁委员会将证据保全申请书等材料提交上海市第一中级人民法院。

(3)裁判理由及意义

上海市第一中级人民法院经审查认为,在证据可能灭失或者以后难以取得的情况下,当事人可以申请保全证据。申请人的申请符合法律规定,可予准许。依照《仲裁法》第六十八条及《民事诉讼法》第八十一条、第一百零八条、第二百七十二条规定,进行证据保全。

(三)我国香港特别行政区仲裁机构申请保全

在仲裁裁决作出前,香港特别行政区仲裁程序的当事人可以参照《民事诉讼法》《仲裁法》以及相关司法解释的规定,向被申请人住所地、财产所在地或者证据所在地的内地中级人民法院申请保全。前述所称"香港特别行政区仲裁程序",应当以香港特别行政区为仲裁地,并且由以下机构或者常设办事处管理:(1)在香港特别行政区设立或者总部设于香港特别行政区,并以香港特别行政区为主要管理地的仲裁机构;(2)中华人民共和国加入的政府间国际组织在香港特别行政区设立的争议解决机构或者常设办事处;(3)其他仲裁机构在香港特别行政区设立的争议解决机构或者常设办事处,且该争议解决机构或者常设办事处满足香港特别行政区政府订立的有关仲裁案件宗数以及标的金额等标准。以上机构或者常设办事处的名单由香港特别行政区政府向最高人民法院提供,并经双方确认。截至目前,由香港特别行政区政府提供、经最高人民法院确认的仲裁机构或者常设办事处的名单为:香港国际仲裁中心、中国国际经济贸易仲裁委员会香港仲裁中心、国际商会国际仲裁院亚洲事务办公室、香港海事仲裁协会、华南(香港)国际仲裁院、一邦国际网上仲调中心。

审查要点

1. 不得减损权利原则

我国香港特别行政区仲裁机构向人民法院申请保全,人民法院不得减损仲裁机构、仲裁庭、当事人依据对方法律享有的权利。

2. 保全申请

(1)择一申请

被保全人住所地、财产所在地或者证据所在地在不同人民法院辖区的,申请人应当选择向其中一个人民法院提出申请,不得分别向两个或者两个以上人民法院提出申请。

(2)转交程序

申请人在有关机构或者常设办事处受理仲裁申请后提出保全申请的,应当由该机构或者常设办事处转递其申请。

(3)申请材料

①保全申请书。保全申请书应当载明下列事项:

当事人的基本情况信息,当事人为自然人的,包括姓名、住所、身份证件信息、通信方式等;当事人为法人或者非法人组织的,包括法人或者非法人组织的名称、住所以及法定代表人或者主要负责人的姓名、职务、住所、身份证件信息、通信方式等;请求事项,包括申请保全财产的数额、申请行为保全的内容和期限等;请求所依据的事实、理由和相关证据,包括关于情况紧急,如不立即保全将会使申请人合法权益受到难以弥补的损害或者将使仲裁裁决难以执行的说明等;申请保全的财产、证据的明确信息或者具体线索;用于提供担保的内地财产信息或者资信证明;是否已在其他法院、有关机构或者常设办事处提出保全申请和申请情况;其他需要载明的事项。

②仲裁协议。

③身份证明材料。申请人为自然人的,应当提交身份证件复印件;申请人为法人或者非法人组织的,应当提交注册登记证书的复印件以及法定代表人或者负责人的身份证件复印件。

④在有关机构或者常设办事处受理仲裁案件后申请保全的，应当提交包含主要仲裁请求和所根据的事实与理由的仲裁申请文件以及相关证据材料、该机构或者常设办事处出具的已受理有关仲裁案件的证明函件。

⑤人民法院要求的其他材料。

身份证明材料系在内地以外形成的，应当依据内地相关法律规定办理证明手续。向内地人民法院提交的文件没有中文文本的，应当提交准确的中文译本。

3. 保全的方法和措施

人民法院采取保全的方法和措施，依照执行程序相关规定办理。

4. 保全解除

除前述诉讼保全的解除情形外，对于在有关机构或者常设办事处受理仲裁申请前提出保全申请，内地人民法院采取保全措施后30日内未收到有关机构或者常设办事处提交的已受理仲裁案件的证明函件的，内地人民法院应当解除保全。

相关规定

最高人民法院《关于内地与香港特别行政区法院就仲裁程序相互协助保全的安排》

第一条 本安排所称“保全”，在内地包括财产保全、证据保全、行为保全；在香港特别行政区包括强制令以及其他临时措施，以在争议得以裁决之前维持现状或者恢复原状、采取行动防止目前或者即将对仲裁程序发生的危害或者损害，或者不采取可能造成这种危害或者损害的行动、保全资产或者保全对解决争议可能具有相关性和重要性的证据。

第二条 本安排所称“香港仲裁程序”，应当以香港特别行政区为仲裁地，并且由以下机构或者常设办事处管理：

（一）在香港特别行政区设立或者总部设于香港特别行政区，并以香港特别行政区为主要管理地的仲裁机构；

（二）中华人民共和国加入的政府间国际组织在香港特别行政区设立的争议解决机构或者常设办事处；

（三）其他仲裁机构在香港特别行政区设立的争议解决机构或者常设办事事

处，且该争议解决机构或者常设办事处满足香港特别行政区政府订立的有关仲裁案件宗数以及标的金额等标准。

以上机构或者常设办事处的名单由香港特别行政区政府向最高人民法院提供，并经双方确认。

第三条 香港仲裁程序的当事人，在仲裁裁决作出前，可以参照《民事诉讼法》《仲裁法》以及相关司法解释的规定，向被申请人住所地、财产所在地或者证据所在地的内地中级人民法院申请保全。被申请人住所地、财产所在地或者证据所在地在不同人民法院辖区的，应当选择向其中一个人民法院提出申请，不得分别向两个或者两个以上人民法院提出申请。

当事人在有关机构或者常设办事处受理仲裁申请后提出保全申请的，应当由该机构或者常设办事处转递其申请。

在有关机构或者常设办事处受理仲裁申请前提出保全申请，内地人民法院采取保全措施后三十日内未收到有关机构或者常设办事处提交的已受理仲裁案件的证明函件的，内地人民法院应当解除保全。

第四条 向内地人民法院申请保全的，应当提交下列材料：

（一）保全申请书；

（二）仲裁协议；

（三）身份证明材料：申请人为自然人的，应当提交身份证件复印件；申请人为法人或者非法人组织的，应当提交注册登记证书的复印件以及法定代表人或者负责人的身份证件复印件；

（四）在有关机构或者常设办事处受理仲裁案件后申请保全的，应当提交包含主要仲裁请求和所根据的事实与理由的仲裁申请文件以及相关证据材料、该机构或者常设办事处出具的已受理有关仲裁案件的证明函件；

（五）内地人民法院要求的其他材料。

身份证明材料系在内地以外形成的，应当依据内地相关法律规定办理证明手续。

向内地人民法院提交的文件没有中文文本的，应当提交准确的中文译本。

第五条 保全申请书应当载明下列事项：

（一）当事人的基本情况：当事人为自然人的，包括姓名、住所、身份证件信息、通讯方式等；当事人为法人或者非法人组织的，包括法人或者非法人组织的名称、住所以及法定代表人或者主要负责人的姓名、职务、住所、身份证件信息、通讯方式等；

（二）请求事项，包括申请保全财产的数额、申请行为保全的内容和期限等；

（三）请求所依据的事实、理由和相关证据，包括关于情况紧急，如不立即保全将会使申请人合法权益受到难以弥补的损害或者将使仲裁裁决难以执行的说明等；

（四）申请保全的财产、证据的明确信息或者具体线索；

（五）用于提供担保的内地财产信息或者资信证明；

（六）是否已在其他法院、有关机构或者常设办事处提出本安排所规定的申请和申请情况；

（七）其他需要载明的事项。

第十一条 本安排不减损内地和香港特别行政区的仲裁机构、仲裁庭、当事人依据对方法律享有的权利。

典型案例

1. 瑞士联合银行集团新加坡分行与上海国储能源集团有限公司香港仲裁程序在内地申请财产保全案

（1）案号

上海金融法院（2020）沪74财保7号

（2）案情

2017年4月5日，申请人瑞士联合银行集团新加坡分行与被申请人上海国储能源集团有限公司签订《担保函》，约定被申请人作为保证人为借款人签订的《贷款协议》下的责任提供保证。《担保函》第9.2条约定，因本契据产生的争议“应提交至香港国际仲裁中心（HKIAC），根据HKIAC收到仲裁通知之时有效的《香港国际仲裁中心机构仲裁规则》，经HKIAC进行仲裁予以最终解决。”后借款人未按约归还本息，故申请人于2020年3月30日向香港国际仲裁中心对被申请人提起仲裁并获受理（案号：HKIAC/A20050）。仲裁中，申请人为确保其权利得以实现，提出财产保全申请，请求冻结被申请人的银行存款370,325,094.84美元或查封、扣押、冻结被申请人其他等值财产。2020年5月15日，香港国际仲裁中心向上海金融法院转递申请人的财产保全申请和相关材料。2020年6月8日，申请人补齐财产保全申请材料。中国平安财产保险股份有限公司上海分公司向上海金融法院出具诉讼财产保全责任保险担保书，保证承担申请人因申请错误造成被申请人或第三人经济损失的赔偿责任。

上海金融法院经审查认为，申请人系香港仲裁程序的当事人，在仲裁裁决作出前，依据最高人民法院《关于内地与香港特别行政区法院就仲裁程序相互协助保全的安排》的规定，向上海金融法院提出财产保全申请，符合法律规定，可予准许。

上海金融法院于2020年6月9日作出(2020)沪74财保7号民事裁定书，裁定冻结被申请人上海国储能源集团有限公司的银行存款370,325,094.84美元(以仲裁通知中请求金额暂计截止日期2020年3月27日中国银行公布的现汇买入比率1美元=7.0587元人民币计算，为人民币2,614,013,746.95元)或查封、扣押、冻结被申请人其他等值财产。

(3)裁判理由及意义

本案是上海金融法院受理的首件境外仲裁程序中向内地法院申请保全的案件，也是上海金融法院首次适用最高人民法院《关于内地与香港特别行政区法院就仲裁程序相互协助保全的安排》的案件，该案最终成功保全了被申请人的包括车辆、银行存款、公司股权在内的多项财产，有效保护了申请人的权利。同时，该案确定了以下几点审查标准，极大地便利了香港仲裁程序当事人向内地法院申请财产保全：一是认可香港仲裁程序中的申请人自行提交保全申请，提升了保全效率；二是明确界定"香港仲裁程序"的认定标准，厘清法院管辖；三是对申请书中以外币计算的保全金额，折算为人民币金额，确保保全准确顺利进行；四是回应仲裁机构需求，同时向仲裁当事人及仲裁机构告知财产保全结果，确保仲裁信息顺畅。

2. 迪新集团实业有限公司与迪维集团(控股)有限公司仲裁案

(1)案号

江苏省连云港市中级人民法院(2019)苏07财保10号

(2)案情

申请人迪新集团实业有限公司(以下简称迪新公司)因与被申请人迪维集团(控股)有限公司(以下简称迪维公司)仲裁纠纷一案，于2019年8月21日向香港国际仲裁中心提出仲裁申请，于2019年10月1日申请财产保全。香港国际仲裁中心会于2019年11月6日将申请人的保全申请递交江苏省连云港市中级人民法院，并委托其依法保全被申请人迪维公司所有的财产14,259万元。中国太平洋财产保险股份有限公司深圳分公司为本次保全出具了保函。

(3)裁判理由及意义

江苏省连云港市中级人民法院经审查认为，申请人迪新公司的财产保全申请及担保符合法律规定的条件，依照《仲裁法》第二十八条，《民事诉讼法》第一百条、第一百零三条第一款，最高人民法院《关于内地与香港特别行政区法院就仲裁程序相互协助保全的安排》第三条的规定，对被申请人迪维公司所有的财产14,259万元予以保全。

学术观点

对于承认与执行外国仲裁裁决之司法审查期间能否进行财产保全，存在两个截然不同的观点。

一种观点认为，承认与执行外国仲裁裁决之司法审查期间进行财产保全没有法律依据。理由如下：首先，在承认与执行外国仲裁裁决申请之司法审查期间进行财产保全缺乏国际法依据。根据《民事诉讼法》第二百八十三条的规定，申请承认与执行外国仲裁裁决案件属于国际司法协助的范畴，应当依照中华人民共和国缔结或者参加的国际条约，或者按照互惠原则办理。但这一规定也仅仅是对该外国仲裁裁决是否应当被承认和执行的审查规则。《民事诉讼法》第二十七章"司法协助"，乃至第四编"涉外民事诉讼程序的特别规定"均未就此类案件规定财产保全程序。在审判实践中，人民法院主要依据《纽约公约》审查外国仲裁裁决，而《纽约公约》仅在第六条规定了特殊情形下的临时措施，即"倘裁决业经向第五条第一项(戊)款所称之主管机关声请撤销或停止执行，受理援引裁决案件之机关得于其认为适当时延缓关于执行裁决之决定，并得依请求执行一造之声请，命他造提供妥适之担保"。除此之外，并未明文规定缔约国关于财产保全方面的协助义务。其次，在承认与执行外国仲裁裁决申请之司法审查期间进行财产保全缺乏国内法依据。《民事诉讼法》第一百条以及《仲裁法》第二十八条所规定的仲裁过程中的保全，仅适用于国内仲裁或在国内进行的涉外仲裁，并不适用于申请承认与执行外国仲裁裁决的司法审查程序。另外，《民事诉讼法》第二百七十二条所规定的涉外仲裁保全，仅适用于在我国境内设立的涉外仲裁机构在仲裁过程中的财产保全，且与国内仲裁一样，必须由仲裁机构将当事人的申请提交有管辖权的法院，当事人不能越过仲裁机构直接向人民法院申请保全。综上，当事人在承认与执行外国仲裁裁决司法审查期间申请财产保全没有法律依据，可以书面通知的形式驳回申请。

另一种观点认为，承认与执行外国仲裁裁决之司法审查期间可以进行财产保全。理由如下：首先，承认与执行外国仲裁裁决申请之司法审查也属于诉讼程序，可以适用“诉中保全”的规定进行保全。《民事诉讼法》中规定的诉讼程序包括立案、保全、诉讼、执行、特别程序等程序，承认与执行外国仲裁裁决的司法审查也应当属于诉讼程序中的一种。《民事诉讼法》第二百五十九条规定：“在中华人民共和国领域内进行涉外民事诉讼，适用本编规定。本编没有规定的，适用本法其他有关规定。”因《民事诉讼法》第四编“涉外民事诉讼程序的特别规定”没有对承认与执行外国仲裁裁决申请之司法审查期间是否可以进行财产保全作出规定，故应当适用民事诉讼法的其他规定，即第一百条中关于诉讼保全的规定。也就是说，承认与执行外国仲裁裁决申请之司法审查期间的财产保全与国内诉讼或仲裁中进行的财产保全并无不同，均应适用《民事诉讼法》第一百条。其次，准许在承认与执行外国仲裁裁决之司法审查期间进行财产保全是履行公约义务的必然要求。《纽约公约》第三条规定：“各缔约国应承认仲裁裁决具有拘束力，并依援引裁决地之程序规则及下列各条所载条件执行之。承认或执行适用本公约之仲裁裁决时，不得较承认或执行内国仲裁裁决附加过苛之条件或征收过多之费用。”第五条规定：“一、裁决唯有于受裁决援用之一造向声请承认及执行地之主管机关提具证据证明有下列情形之一时，始得依该造之请求，拒予承认及执行……”从上述规定我们可以看出，《纽约公约》对拒绝承认与执行外国仲裁裁决有严格限定，且对于外国仲裁裁决承认和执行的审查条件不得苛于该国对其国内仲裁裁决的承认或执行。就我国国内仲裁而言，是允许在仲裁前、仲裁中或仲裁裁决作出后申请执行前，都可以进行保全。按照公约理念，对外国仲裁裁决的承认和执行也应当给予同等的待遇。因此，可以在承认和执行外国仲裁裁决司法审查期间进行保全，是我国履行《纽约公约》义务的具体体现。①

① 参见吴永林：《承认与执行外国仲裁裁决司法审查期间财产保全问题研究——对大韩海运株式会社申请承认与执行伦敦海事仲裁员协会裁决案的批判性思考》，载《北京仲裁》2019 年第 1 期。

(四)限制出境措施

限制出境,是指有权机关依法对入境的外国人、无国籍人或本国公民采取的阻止其离境的行为。限制出境可以采取口头或书面形式通知、留置当事人出入境证件、口岸阻止人员出境等方式。作为保障诉讼进程和判决执行的措施,法院可以在民事诉讼过程和执行程序中对当事人和被执行人作出限制出境决定。

审查要点

1. 适用条件

人民法院在审理涉外金融纠纷案件中,对同时具备下列条件的有关人员,可以采取限制措施限制其出境:

(1)在我国确有未了结的涉外金融纠纷案件;

(2)被限制出境人员是未了结案件中的当事人或当事人的法定代表人、负责人;

(3)有逃避诉讼或逃避履行法定义务的可能;

(4)其出境可能造成案件难以审理、无法执行的。

如果被申请人的财产已被保全,且被保全财产的金额已达到或基本接近诉讼标的额的,则不应对被申请人采取限制出境措施。

2. 限制出境措施的申请

当事人提出申请,应当提供被限制出境人员的基本信息,包括出入境证件种类和号码等,并提供担保。对于无独立请求权的第三人,原告对其有诉讼请求的,可以限制其出境;原告对其无诉讼请求的,当事人申请限制其出境的,不应准许。在审查中应当注意提供担保的范围,避免当事人规避法律。对被决定暂不准出境的当事人或其保证人向人民法院所提供的担保,必须是财产担保。担保财产可以是当事人在内地银行的存款或其他财产,或者提供境外银行出具的不可撤销信用证等有效担保;也可以由第三人提供经济担保。但必须注意,不能允许用内地单位的资金或银行贷款作为担保。此外,人身、名誉之类也不能作保。

3. 限制出境措施的方法

(1)向当事人口头通知或书面通知,在其案件了结之前,不得离境。

(2)根据案件性质及当事人的具体情况,分别采取监视居住或取保候审的办法。

(3)扣留当事人护照或其他有效出入境证件。但应在护照或其他出入境证件有效期内处理了结,同时发给本人扣留证件的证明。人民法院扣留当事人护照或其他有效出入境证件,如在出入境证件有效期内不能了结的,应当提前通知公安机关。

4. 对外国人采取限制出境措施的内部通报

对外国人采取限制出境措施的,人民法院应当将有关案情、处理情况以及对外表态口径于采取措施的48小时内报上一级主管机关,同时通报同级人民政府外事办公室。

5. 对外国人采取限制出境措施通知使、领馆

(1)通知方式

凡与我国订有双边领事条约的,按条约的规定办理;未与我签订双边领事条约,但参加《维也纳领事关系公约》的,按照《维也纳领事关系公约》的规定办理;未与我国签订领事条约,也未参加《维也纳领事关系公约》,但与我国有外交关系,可按互惠和对等原则,根据有关规定和国际惯例办理。

在外国驻华领事馆领区内发生的涉外案件,应通知有关外国驻该地区的领事馆;在外国领事馆领区外发生的涉外案件应通知有关外国驻华大使馆。与我国有外交关系,但未设使、领馆的国家,可通知其代管国家驻华使、领馆。无代管国家或代管国家不明的,可不通知。当事人本人要求不通知的,可不通知,但应当由其本人提出书面要求。

(2)通知内容

外国人的外文姓名、性别、入境时间、护照或证件号码、案件发生的时间、地点及有关情况,当事人违法犯罪的主要事实,已采取的法律措施及法律依据。

(3)通知时限

双边领事条约明确规定期限的(4天或7天),应当在条约规定的期限内通知;如无双边领事条约规定,也应当根据或者参照《维也纳领事关系公约》和国际惯例尽快通知,不应超过7天。

(4)通知机关

由所属高级人民法院通知有关外国驻华使领馆。

6. 限制出境措施的解除

被限制出境人或其担保人向人民法院提供了有效、足额担保或履行了法定义务后，应及时解除限制，并书面通知公安、边检部门。

相关规定

1.《民事诉讼法》

第二百五十五条 被执行人不履行法律文书确定的义务的，人民法院可以对其采取或者通知有关单位协助采取限制出境，在征信系统记录、通过媒体公布不履行义务信息以及法律规定的其他措施。

2.《出境入境管理法》

第十二条 中国公民有下列情形之一的，不准出境：

（一）未持有效出境入境证件或者拒绝、逃避接受边防检查的；

（二）被判处刑罚尚未执行完毕或者属于刑事案件被告人、犯罪嫌疑人的；

（三）有未了结的民事案件，人民法院决定不准出境的；

（四）因妨害国（边）境管理受到刑事处罚或者因非法出境、非法居留、非法就业被其他国家或者地区遣返，未满不准出境规定年限的；

（五）可能危害国家安全和利益，国务院有关主管部门决定不准出境的；

（六）法律、行政法规规定不准出境的其他情形。

第二十八条 外国人有下列情形之一的，不准出境：

（一）被判处刑罚尚未执行完毕或者属于刑事案件被告人、犯罪嫌疑人的，但是按照中国与外国签订的有关协议，移管被判刑人的除外；

（二）有未了结的民事案件，人民法院决定不准出境的；

（三）拖欠劳动者的劳动报酬，经国务院有关部门或者省、自治区、直辖市人民政府决定不准出境的；

（四）法律、行政法规规定不准出境的其他情形。

3. 最高人民法院、最高人民检察院、公安部、国家安全部《关于依法限制外国人和中国公民出境问题的若干规定》

一、需要限制已入境的外国人出境或者限制中国公民出境的，必须严格依照法律规定执行。在执行中应当注意：凡能尽早处理的，不要等到外国人或中国公民临出境时处理；凡可以通过其他方式处理的，不要采取扣留证件的办法限制出境；凡能在内地处理的，不要到出境口岸处理，要把确需在口岸阻止出境的人员控制在极少数。

二、限制外国人或中国公民出境的审批权限：

1. 公安机关和国家安全机关认定的犯罪嫌疑人或有其他违反法律的行为尚未处理并需要追究法律责任的，其限制出境的决定需经省、自治区、直辖市公安厅、局或国家安全厅、局批准。

2. 人民法院或人民检察院认定的犯罪嫌疑人或有其他违反法律的行为尚未处理并需要追究法律责任的，由人民法院或人民检察院决定限制出境并按有关规定执行，同时通报同级公安机关。

3. 国家安全机关对某些外国人或中国公民采取限制出境措施时，要及时通报公安机关。

4. 有未了结民事案件（包括经济纠纷案件）的，由人民法院决定限制出境并执行，同时通报公安机关。

5. 对其他需要在边防口岸限制出境的人员，可按 1985 年公安部、国家安全部《关于做好入出境查控工作的通知》（〔85〕公发 24 号文件）精神办理。

三、人民法院、人民检察院、公安机关和国家安全机关在限制外国人和中国公民出境时，可以分别采取以下办法：

1. 向当事人口头通知或书面通知，在其案件（或问题）了结之前，不得离境；

2. 根据案件性质及当事人的具体情况，分别采取监视居住或取保候审的办法，或令其提供财产担保或交付一定数量保证金后准予出境；

3. 扣留当事人护照或其他有效出入境证件。但应在护照或其他出入境证件有效期内处理了结，同时发给本人扣留证件的证明。人民法院、人民检察院或国家安全机关扣留当事人护照或其他有效出入境证件，如在出入境证件有效期内不能了结的，应当提前通知公安机关。

四、人民法院、人民检察院、国家安全机关及公安机关对某些不准出境的外国人和中国公民，需在边防检查站阻止出境的，应填写《口岸阻止人员出境通知书》（样式附后，自行印制）。在本省、自治区、直辖市口岸阻止出境的，应向本省、自治区、直辖市公安厅、局交控。在紧急情况下，如确有必要，也可先向边防检查站交控，然后按本通知的规定，补办交控手续。控制口岸超出本省、自治区、直辖市的，应通过有关省、自治区、直辖市公安厅、局办理交控手续。

4. 外交部、最高人民法院、最高人民检察院等《关于处理涉外案件若干问题的规定》

二、关于涉外案件的内部通报问题

（一）遇有下列情况之一，公安机关、国家安全机关、人民检察院、人民法院，以及其他主管机关应当将有关案情、处理情况，以及对外表态口径于受理案件或采取措施的四十八小时内报上一级主管机关，同时通报同级人民政府外事办公室。

1. 对外国人实行行政拘留、刑事拘留、司法拘留、拘留审查、逮捕、监视居住、取保候审、扣留护照、限期出境、驱逐出境的案件；

……

6. 涉及外国人在华民事和经济纠纷的案件；

7. 其他认为应当通报的案件。

三、关于通知外国驻华使、领馆问题

（一）凡与我国订有双边领事条约的，按条约的规定办理；未与我签订双边领事条约，但参加《维也纳领事关系公约》的，按照《维也纳领事关系公约》的规定办理；未与我国签订领事条约，也未参加《维也纳领事关系公约》，但与我国有外交关系，可按互惠和对等原则，根据有关规定和国际惯例办理。

在外国驻华领事馆领区内发生的涉外案件，应通知有关外国驻该地区的领事馆；在外国领事馆领区外发生的涉外案件应通知有关外国驻华大使馆。与我国有外交关系，但未设使、领馆的国家，可通知其代管国家驻华使、领馆。无代管国家或代管国家不明的，可不通知。当事人本人要求不通知的，可不通知，但应当由其本人提出书面要求。

（二）通知内容

外国人的外文姓名、性别、入境时间、护照或证件号码、案件发生的时间、地点及有关情况，当事人违章违法犯罪的主要事实，已采取的法律措施及法律依据，各有关主管部门可根据需要制定固定的通知格式。

（三）通知时限

双边领事条约明确规定期限的（四天或七天），应当在条约规定的期限内通知；如无双边领事条约规定，也应当根据或者参照《维也纳领事关系公约》和国际惯例尽快通知，不应超过七天。

（四）通知机关

1. 公安机关、国家安全机关对外国人依法作出行政拘留、刑事拘留、拘留审查、监视居住、取保候审的决定的，由有关省、自治区、直辖市公安厅（局）、国家安全厅（局）通知有关外国驻华使、领馆。

公安机关、国家安全机关对外国人执行逮捕的，由有关省、自治区、直辖市公安厅（局）、国家安全厅（局）通知有关外国驻华使、领馆。

人民法院对外国人依法做出司法拘留、监视居住、取保候审决定的，人民检察院依法对外国人作出监视居住，取保候审决定的，由有关省、自治区、直辖市高级人民法院、人民检察院通知有关外国驻华使、领馆。

依照本规定应予通报并决定开庭审理的涉外案件，人民法院在一审开庭日期确定后，应即报告高级人民法院，由高级人民法院在开庭七日以前，将开庭审理日期通知有关外国驻华使、领馆。

5. 最高人民法院《第二次全国涉外商事海事审判工作会议纪要》

93. 人民法院在审理涉外商事纠纷案件中，对同时具备下列条件的有关人员，可以采取措施限制其出境：(1) 在我国确有未了结的涉外商事纠纷案件；(2) 被限制出境人员是未了结案件中的当事人或者当事人的法定代表人、负责人；(3) 有逃避诉讼或者逃避履行法定义务的可能；(4) 其出境可能造成案件难以审理、无法执行的。

采取限制出境措施必须严格依照最高人民法院、最高人民检察院、公安部、国家安全部（87）公发 16 号《关于依法限制外国人和中国公民出境问题的若干规定》审查办理，从严掌握。

94. 限制出境措施在案件一方当事人提出申请后采取。人民法院在必要时，可以责令申请人提供有效的担保。

95. 限制出境采取扣留有效出境证件方式的，被扣证人或者其担保人向人民法院提供有效担保（提供担保的数额应相当于诉讼请求的数额）或者履行了法定义务后，人民法院应立即口头通知被扣证人解除限制，收回扣留证件证明，发还所扣留的证件，由被扣证人签收，限制其出境的扣证决定自行撤销。作出扣证决定的人民法院应将解除出境限制的有关情况书面通知公安、边检部门。

96. 人民法院采取限制出境措施过程中产生的费用，由申请人预交，最终应判令由败诉一方当事人负担。

典型案例

1. 陈某某与林某某民间借贷纠纷案

(1)案号

福建省福州市中级人民法院(2020)闽01行保1号

(2)案情

林某某,女,1962年9月5日出生,澳大利亚籍,福建省福州市中级人民法院(以下简称福州中院)在审理陈某某与林某某民间借贷纠纷一案中,陈某某向法院提出申请,请求不准林某某出境。

(3)裁判结果及意义

福州中院认为,申请人陈某某的申请符合法律规定。依照《出境入境管理法》第二十八条第二项规定,决定限制林某某出境。

2. 孙某某和文某某民间借贷合同纠纷案

(1)案号

山东省威海市中级人民法院(2013)威执一字第165-9号

(2)案情

申请执行人孙某某与被执行人文某某民间借贷合同纠纷一案,山东省威海市中级人民法院(以下简称威海中院)作出的(2013)威民二外初字第16号民事调解书已发生法律效力,已向被执行人发出执行通知书,责令被执行人履行义务,但被执行人未履行生效法律文书确定的义务。因被执行人文某某持有韩国护照,申请执行人于2015年12月3日向威海中院提出申请,要求对文某某限制出境。

(3)裁判理由及意义

威海中院认为,孙某某的申请符合法律规定。根据《出境入境管理法》第二十八条第二项及最高人民法院、最高人民检察院、公安部、国家安全部《关于依法限制外国人和中国公民出境问题的若干规定》第二条第四项的规定,决定如下:在本案执行期间,限制文某某出境。

学术观点

民事诉讼中的限制出境措施并非诉讼保全(财产保全)。有观点认为,从实施目的上分析,限制出境属于行为保全性质,与诉讼中的保全措施目的相同,都是为了保障判决的顺利进行。但限制出境措施与其他保全措施相比,有明显区别。限制出境与诉讼保全的指向对象和法律后果完全不同。诉讼保全措施针对被申请人的财产做出,法律后果是被申请人不得自行处分被保全的财产。限制出境措施是针对被申请人做出的,法律后果是被申请人在一定期限内不得离境。在审判实践中,有些法院未区分限制出境和财产保全,直接适用我国《民事诉讼法》中关于财产保全的规定作出限制出境裁定,属法律适用错误。

限制出境不属于对妨害民事诉讼的强制措施。民事诉讼强制措施,是指在民事诉讼中,对有妨害民事诉讼秩序行为的行为人采用的排除其妨害行为的一种强制措施,旨在保障民事诉讼活动的正常进行。其中,妨害民事诉讼的行为,是指行为主体故意破坏和扰乱正常诉讼秩序,妨碍诉讼活动正常进行的行为。民事诉讼强制措施的适用对象既可以是当事人,也可以是其他诉讼参与人,还可以是案外人。民事诉讼强制措施仅限于《民事诉讼法》所规定的拘传、训诫、责令退出法庭、罚款、拘留 5 种,限制出境并不属于法定的民事诉讼强制措施范畴。

限制出境不同于行为保全。行为保全是指法院根据利害关系人的申请,强制被申请人为或不为一定行为的强制措施。被申请人应为或不为一定行为的义务来源于法律的规定或当事人的约定,目的是使当事人之间争议的法律关系处于暂时确定的状态。我国民事法律对广泛意义上的行为保全没有明确规定,仅规定了海事强制令。我国《海事诉讼特别程序法》第五十一条规定,海事强制令是指海事法院根据海事请求人的申请,为使其合法权益免受侵害,责令被请求人作为或不作为的强制措施。限制出境措施与海事强制令相比:两者产生的事由不同,海事强制令主要针对海运领域不属财产保全的保全申请,被申请人负有法定或约定的义务而不履行,如货主要求承运人在接收货物后签发提单,或承运人要求托运人及时结关提货等,限制出境则是为使案件顺利审理及执行而采取,不以被申请人负有不得出境的法定或约定义务为前提;两者提起申请的时间不同,根据《海事诉讼特别程序法》第五十二条的规定,当事人可于诉前申请海事强制令,而限制出境措施应在诉讼过程中申请,于诉前采取限制出境措施无明确的法律根据;两者指向的对象不同,海事强制令属行为保全,海事强制令虽指向被申请人的行为,但不涉及人身自由,而只是强制被申请人履行法律规定和合同约定的为或不为一定行为的义务,限制出境措施则是在一定程度上直接限制当事人的人身自由,是否出境与当事人争议的法律关系无直接关联。因此,在海事审判实践中,援引海事强制令的规定作为限制出境措施的法律根据也是错误的。

限制出境措施旨在保证案件审理或执行的顺利进行,限制被申请人出境是为达到此目的的一种手段。从目的上看具有保障性,但更重要的是其制裁性。通过限制被申请人的人身自由而给予其一定压力,促使其提供担保及主动参加诉讼。但限制出境措施是一种间接的保障案件审理和执行的措施,制裁之下的保障目的能否实现又是不确定的,因为被申请人是否到庭参加诉讼或者提供担保还必须有赖于被申请人的配合。故其形式为制裁性,目的是保障性,应将其定位为具有制裁措施兼具保障目的一种特殊的强制措施。①

(五)司 法 拘 留

司法拘留是对有妨害民事诉讼秩序行为的行为人采用的排除其妨害行为的一种强制措施,旨在保障民事诉讼活动的正常进行。具言之,其是对实施了严重妨碍诉讼活动的诉讼参与人以及其他人员,在短时间里限制人身自由的强制措施,对于维护司法秩序、构建社会诚信体系和促进解决执行难发挥了重要作用。

审查要点

1. 司法拘留的适用对象

诉讼参与人和其他人。

2. 司法拘留的适用情形

(1)违反法庭规则。

(2)哄闹、冲击法庭,侮辱、诽谤、威胁、殴打审判人员,严重扰乱法庭秩序,且情节较轻。

---

① 参见杜以星:《民事诉讼中限制出境措施的若干实务问题》,载《法律适用》2012 年第 4 期。

(3)有下列行为之一的:①伪造、毁灭重要证据,妨碍人民法院审理案件的;②以暴力、威胁、贿买方法阻止证人作证或者指使、贿买、胁迫他人作伪证的;③隐藏、转移、变卖、毁损已被查封、扣押的财产,或者已被清点并责令其保管的财产,转移已被冻结的财产的;④对司法工作人员、诉讼参加人、证人、翻译人员、鉴定人、勘验人、协助执行的人,进行侮辱、诽谤、诬陷、殴打或者打击报复的;⑤以暴力、威胁或者其他方法阻碍司法工作人员执行职务的;⑥拒不履行人民法院已经发生法律效力的判决、裁定的。

(4)当事人之间恶意串通,企图通过诉讼、调解等方式侵害他人合法权益的。

(5)被执行人与他人恶意串通,通过诉讼、仲裁、调解等方式逃避履行法律文书确定的义务的。

3. 司法拘留的期限

15 日以下。在拘留期间,被拘留人承认并改正错误的,人民法院可以决定提前解除拘留。

4. 司法拘留的程序

(1)拘留必须经院长批准。拘留应当用决定书。被拘留人不在本辖区的,作出拘留决定的人民法院应当派员到被拘留人所在地的人民法院,请该院协助执行,受委托的人民法院应当及时派员协助执行。被拘留人申请复议或者在拘留期间承认并改正错误,需要提前解除拘留的,受委托人民法院应当向委托人民法院转达或者提出建议,由委托人民法院审查决定。

(2)人民法院对被拘留人采取拘留措施后,应当在 24 小时内通知其家属;确实无法按时通知或者通知不到的,应当记录在案。

(3)因哄闹、冲击法庭,用暴力、威胁等方法抗拒执行公务等紧急情况,必须立即采取拘留措施的,可在拘留后,立即报告院长补办批准手续。院长认为拘留不当的,应当解除拘留。

5. 对外国人采取司法拘留的内部通报和通知使、领馆

人民法院对外国人采取司法拘留措施的,内部通报和通知使、领馆与上文“(四)限制出境措施”部分相同。

相关规定

1.《民事诉讼法》

第一百一十条 诉讼参与人和其他人应当遵守法庭规则。人民法院对违反法庭规则的人,可以予以训诫,责令退出法庭或者予以罚款、拘留。人民法院对哄闹、冲击法庭,侮辱、诽谤、威胁、殴打审判人员,严重扰乱法庭秩序的人,依法追究刑事责任;情节较轻的,予以罚款、拘留。

第一百一十一条 诉讼参与人或者其他人有下列行为之一的,人民法院可以根据情节轻重予以罚款、拘留;构成犯罪的,依法追究刑事责任:

(一)伪造、毁灭重要证据,妨碍人民法院审理案件的;

(二)以暴力、威胁、贿买方法阻止证人作证或者指使、贿买、胁迫他人作伪证的;

(三)隐藏、转移、变卖、毁损已被查封、扣押的财产,或者已被清点并责令其保管的财产,转移已被冻结的财产的;

(四)对司法工作人员、诉讼参加人、证人、翻译人员、鉴定人、勘验人、协助执行的人,进行侮辱、诽谤、诬陷、殴打或者打击报复的;

(五)以暴力、威胁或者其他方法阻碍司法工作人员执行职务的;

(六)拒不履行人民法院已经发生法律效力的判决、裁定的。人民法院对有前款规定的行为之一的单位,可以对其主要负责人或者直接责任人员予以罚款、拘留;构成犯罪的,依法追究刑事责任。

第一百一十二条 当事人之间恶意串通,企图通过诉讼、调解等方式侵害他人合法权益的,人民法院应当驳回其请求,并根据情节轻重予以罚款、拘留;构成犯罪的,依法追究刑事责任。

第一百一十三条 被执行人与他人恶意串通,通过诉讼、仲裁、调解等方式逃避履行法律文书确定的义务的,人民法院应当根据情节轻重予以罚款、拘留;构成犯罪的,依法追究刑事责任。

第一百一十五条 对个人的罚款金额,为人民币十万元以下。对单位的罚款金额,为人民币五万元以上一百万元以下。拘留的期限,为十五日以下。被拘留的人,由人民法院交公安机关看管。在拘留期间,被拘留人承认并改正错误的,人民法院可以决定提前解除拘留。

第一百一十六条　拘传、罚款、拘留必须经院长批准。拘传应当发拘传票。罚款、拘留应当用决定书。对决定不服的，可以向上一级人民法院申请复议一次。复议期间不停止执行。

2.《民事诉讼法解释》

第一百七十八条　人民法院依照民事诉讼法第一百一十条至第一百一十四条的规定采取拘留措施的，应经院长批准，作出拘留决定书，由司法警察将被拘留人送交当地公安机关看管。

第一百七十九条　被拘留人不在本辖区的，作出拘留决定的人民法院应当派员到被拘留人所在地的人民法院，请该院协助执行，受委托的人民法院应当及时派员协助执行。被拘留人申请复议或者在拘留期间承认并改正错误，需要提前解除拘留的，受委托人民法院应当向委托人民法院转达或者提出建议，由委托人民法院审查决定。

第一百八十条　人民法院对被拘留人采取拘留措施后，应当在二十四小时内通知其家属；确实无法按时通知或者通知不到的，应当记录在案。

第一百八十一条　因哄闹、冲击法庭，用暴力、威胁等方法抗拒执行公务等紧急情况，必须立即采取拘留措施的，可在拘留后，立即报告院长补办批准手续。院长认为拘留不当的，应当解除拘留。

第一百八十五条　被罚款、拘留的人不服罚款、拘留决定申请复议的，应当自收到决定书之日起三日内提出。上级人民法院应当在收到复议申请后五日内作出决定，并将复议结果通知下级人民法院和当事人。

第一百九十一条　单位有民事诉讼法第一百一十二条或者第一百一十三条规定行为的，人民法院应当对该单位进行罚款，并可以对其主要负责人或者直接责任人员予以罚款、拘留；构成犯罪的，依法追究刑事责任。

七、域外诉讼主体审查

（一）域外诉讼主体资格审查

1. 自然人主体资格审查

当事人为外国籍自然人的，以其所持护照等证件为其身份证明文件；当事人为港澳地区自然人的，以其香港或澳门永久居民身份证为其身份证明文件；当事人为台湾地区自然人的，以其所持台湾居民来往大陆通行证为其身份证明文件。

2. 法人及其他组织资格审查

当事人为外国、我国港澳台地区法人或其他组织的，应向法院提交其商业注册登记信息，以及指定相关人员代表该法人或其他组织参加诉讼的证明文件（包括股东会或董事会决议等）。

外国企业或者组织参加诉讼，向人民法院提交的身份证明文件，应当经所在国公证机关公证，并经中华人民共和国驻该国使领馆认证，或者履行中华人民共和国与该所在国订立的有关条约中规定的证明手续。

代表外国企业或者组织参加诉讼的人，应当向人民法院提交其有权作为代表人参加诉讼的证明，该证明应当经所在国公证机关公证，并经中华人民共和国驻该国使领馆认证，或者履行中华人民共和国与该所在国订立的有关条约中规定的证明手续。

3. 手续审查

（1）外国、我国港澳台地区自然人本人到庭的，应核对其身份证明文件及入境信息，并在证明文件复印件上注明与原件核对情况，其身份证明文件一般无须办理公证、认证或其他证明手续。

(2)外国当事人自我国境外递交其主体证明文件的,应办理相关公证、认证证明手续,并将证明手续的外文证明文件交由具有翻译资质的机构翻译后,再向法院提交。

(3)我国港澳特别行政区当事人自内地以外递交其主体证明文件的,应办理相关证明手续。在内地无住所的香港当事人从内地以外寄交或者托交的有关诉讼材料,需经我国司法部委托的香港律师公证,同时应当由中国法律服务(香港)有限公司加盖转递专用章。在内地无住所的澳门当事人从内地以外寄交或者托交的有关诉讼材料,需经我国司法部派驻澳门的中国公证员公证,同时应当由中国法律服务(澳门)有限公司加盖转递专用章。

(4)我国台湾地区当事人自大陆以外递交其主体证明文件的,应经台湾公证机关公证后,交上海公证协会办理核查登记手续,由上海公证协会出具公证书副本核对证明。

审查要点

1. 法人及其他组织资格审查文件

法人及其他组织资格审查根据案件审理需要,法院可以要求当事人提交章程或其他证明材料。法律文书中应注意甄别法人的全称和简称。

2. 法人及其他组织资格审查标准

当原告为境外主体时,对其主体的证明要求坚持严格审查的标准。原告应依法提供证明其主体状况的材料,并履行相关证明手续。具体掌握标准可以参见《第二次全国涉外商事海事审判工作会议纪要》第十六条、《全国法院涉港澳商事审判工作座谈会纪要》第八条的规定。外国当事人应向人民法院提供身份证明,拒不提供的,应裁定不予受理。案件已经受理的,可要求原告在指定期限内补充提供相关资料,期满无正当理由仍未提供的,可以裁定驳回起诉。

当被告为境外主体时,在原告难以提供被告主体证明文件的情况下,应要求原告提供被告"存在"的证明材料。具体掌握标准可以参见《第二次全国涉外商事海事审判工作会议纪要》第十七条、《全国法院涉港澳商事审判工作座谈会纪要》第九条、第十条的规定。针对不同情况分别作如下处理:(1)原告起诉时提供了被告存在的证明,但未提供被告的明确住址或者依据原告所提供的被告住址无法送达(公告送达除外)的,应要求原告补充提供被告的明确住址。依据原告补充的材料仍不能确定被告住址的,应依法向被告公告送达相关司法文书。(2)原告起诉时没有提供被告存在的证明,但根据起诉状所列明的被告的姓名、名称、住所、法定代表人的姓名等情况对被告按照法定的送达途径(公告送达除外)能够送达的,送达后被告不在法定的期限内应诉答辩,又拒不到庭的,可以依法缺席审判。(3)原告在起诉时没有提供被告存在的证明,根据起诉状所列明的情况对被告按照法定的送达途径(公告送达除外)无法送达的,应要求原告补充提供被告存在的证明,原告拒不提供或者补充提供后仍无法确定被告真实存在的,可以认定为没有明确的被告,应根据《民事诉讼法》第一百一十九条的规定裁定驳回原告的起诉。

3. 外交特权与豁免审查

对享有外交特权与豁免的外国人、外国组织或者国际组织提起的民事诉讼,应当依照中华人民共和国有关法律和中华人民共和国缔结或者参加的国际条约的规定办理。

4. 关于在英属群岛等避税港设立的境外主体的证明手续

若原告为在英属群岛等避税港设立的境外主体的,应由其宗主国对其商业登记文件进行公证,并经我国驻英使领馆认证,方为有效。若被告为上述主体的,若其提交在香港特别行政办理了证明手续的经营登记档案,同时又提供了外资审批部门或市场监督管理部门(工商行政管理部门)对其在内地投资时所作的身份核查文件的,可不再要求其另行办理公证认证手续。

5. 关于在中国境内从事生产经营活动且登记注册的外国企业的审查

根据国家市场监督管理总局发布的《外国(地区)企业在中国境内从事生产经营活动登记管理办法》的规定,在中国境内从事生产经营活动的外国企业应向省级市场监督管理部门申请登记注册。法院对于当事人为在中国境内从事生产经营活动且登记注册的外国企业的案件,应仍按照涉外程序进行审理。

相关规定

1.《民事诉讼法》

第二百六十一条　对享有外交特权与豁免的外国人、外国组织或者国际组织提起的民事诉讼，应当依照中华人民共和国有关法律和中华人民共和国缔结或者参加的国际条约的规定办理。

2.《民事诉讼法解释》

第五百二十三条　外国人参加诉讼，应当向人民法院提交护照等用以证明自己身份的证件。

外国企业或者组织参加诉讼，向人民法院提交的身份证明文件，应当经所在国公证机关公证，并经中华人民共和国驻该国使领馆认证，或者履行中华人民共和国与该所在国订立的有关条约中规定的证明手续。

代表外国企业或者组织参加诉讼的人，应当向人民法院提交其有权作为代表人参加诉讼的证明，该证明应当经所在国公证机关公证，并经中华人民共和国驻该国使领馆认证，或者履行中华人民共和国与该所在国订立的有关条约中规定的证明手续。

本条所称的"所在国"，是指外国企业或者组织的设立登记地国，也可以是办理了营业登记手续的第三国。

第五百二十七条　当事人向人民法院提交的书面材料是外文的，应当同时向人民法院提交中文翻译件。

当事人对中文翻译件有异议的，应当共同委托翻译机构提供翻译文本；当事人对翻译机构的选择不能达成一致的，由人民法院确定。

第五百五十一条　人民法院审理涉及香港、澳门特别行政区和台湾地区的民事诉讼案件，可以参照适用涉外民事诉讼程序的特别规定。

3.《民事诉讼证据规定》

第十六条　当事人提供的公文书证系在中华人民共和国领域外形成的，该证据应当经所在国公证机关证明，或者履行中华人民共和国与该所在国订立的有关条约中规定的证明手续。

中华人民共和国领域外形成的涉及身份关系的证据，应当经所在国公证机关证明并经中华人民共和国驻该国使领馆认证，或者履行中华人民共和国与该所在国订立的有关条约中规定的证明手续。

当事人向人民法院提供的证据是在香港、澳门、台湾地区形成的，应当履行相关的证明手续。

4. 最高人民法院《第二次全国涉外商事海事审判工作会议纪要》

16. 外国当事人作为原告时，应根据《民事诉讼法》第一百一十条第（一）项的规定，向人民法院提供身份证明，证明材料应符合我国法律要求的形式。拒不提供的，应裁定不予受理。案件已经受理的，可要求原告在指定期限内补充提供相关资料，期满无正当理由仍未提供的，可以裁定驳回起诉。

17. 外国当事人作为被告时，应针对不同情况分别作如下处理：(1) 原告起诉时提供了被告存在的证明，但未提供被告的明确住址或者依据原告所提供的被告住址无法送达（公告送达除外）的，应要求原告补充提供被告的明确住址。依据原告补充的材料仍不能确定被告住址的，应依法向被告公告送达相关司法文书；(2) 原告起诉时没有提供被告存在的证明，但根据起诉状所列明的被告的姓名、名称、住所、法定代表人的姓名等情况对被告按照法定的送达途径（公告送达除外）能够送达的，送达后被告不在法定的期限内应诉答辩，又拒不到庭的，可以依法缺席审判；(3) 原告在起诉时没有提供被告存在的证明，根据起诉状所列明的情况对被告按照法定的送达途径（公告送达除外）无法送达的，应要求原告补充提供被告存在的证明，原告拒不提供或者补充提供后仍无法确定被告真实存在的，可以认定为没有明确的被告，应根据《民事诉讼法》第一百零八条第（二）项的规定裁定驳回原告的起诉。

5. 最高人民法院《全国法院涉港澳商事审判工作座谈会纪要》

8. 香港特别行政区、澳门特别行政区的当事人参加诉讼，应提供经注册地公证、认证机构公证、认证的商业登记等身份证明材料。

9. 人民法院受理香港特别行政区、澳门特别行政区的当事人作为被告的案件的，该当事人在内地设立"三资企业"时向"三资企业"的审批机构提交并经审批的商业登记等身份证明材料可以作为证明其存在的证据，但有相反证据的除外。

10. 原告起诉时提供了作为被告的香港特别行政区、澳门特别行政区的当事人存在的证明，香港特别行政区、澳门特别行政区的当事人拒绝提供证明其身份的公证材料的，不影响人民法院对案件的审理。

典型案例

1. 星花投资服务有限公司与杭州金马房地产有限公司等债务及担保合同纠纷案

(1) 案号

最高人民法院(2004)民四终字第 21 号

(2) 案情

上诉人星花投资服务有限公司(以下简称星花公司)、杭州金马房地产有限公司(以下简称杭州金马公司)、杭州未来世界游乐有限公司(以下简称未来世界公司)之间因债务及担保合同纠纷一案,均不服浙江省高级人民法院(以下简称原审法院)(2002)浙经一初字第 4 号民事判决,向最高人民法院提起上诉。

(3) 裁判理由及意义

法院认为,关于星花公司的主体资格问题。从星花公司第一次庭审时提交的证据看,其注册情况已得到维尔京群岛公司注册员的证明,其注册号为 115766。由于星花公司的营业地在新加坡,故新加坡公证当局对维尔京群岛出具的公司注册情况进行了公证,我国驻该国使领馆也予以了认证。星花公司在第二次庭审时提交的证据,进一步证明了其为维尔京群岛注册的公司,注册号为 115766,属同一家公司,且有英国外交和英联邦事务秘书长的证明以及我国驻英国使馆的认证书。因此,星花公司为一家在英属维尔京群岛注册但营业地在新加坡的公司的事实可以认定,其具有本案的民事诉讼主体资格。杭州金马公司和未来世界公司认为星花公司究竟是英属维尔京群岛公司还是新加坡公司不清楚,其主体资格不明等理由不能成立,原审法院不予采纳。

2. 中信资本控股有限公司与莱威尔印刷有限公司其他行政行为纠纷案

(1) 案号

北京市高级人民法院(2019)京行终 6139 号

(2) 案情

上诉人中信资本控股有限公司(以下简称中信公司)不服北京知识产权法院(以下简称一审法院)作出的(2019)京 73 行初 2644 号不予立案行政裁定,提起上诉。中信公司于 2018 年 11 月 27 日向一审法院提交起诉状并承诺于 2019 年 2 月 27 日前补交符合要求的主体存续证明、法定代表人身份证明和委托书等公证认证文件。2019年2月27日,中信公司向一审法院提交了经公证认证的公司注册证书、公司更改名称证书、香港特别行政区商业登记署记录、香港特别行政区公司注册处查询的周年申报表、董事会决议、授权委托书、法定代表人证明等文件,并于2019年3月4日补交了董事会决议的翻译文件。

经一审法院审查,中信公司提交给一审法院的主体存续证明,即香港特别行政区公司注册处查询的周年申报表,记载了中信公司共有8位董事。中信公司提交的法定代表人身份证明及授权委托书均由张某于2019年2月18日签署。此外,中信公司还提交了一份董事会决议,其中任命董事张某作为中信公司法定代表人,并授权其签署授权书、法定代表人证书等,但该决议仅由6位董事签署,另外2位董事并未签署该决议。中信公司虽主张根据其公司章程第一百零六条第一款的规定,以书面决议的方式作出董事会决议,有半数以上董事签字,效力等同于所有董事签字,但其并未提供经公证认证的公司章程,在案亦无其他有效的公司文件对此加以佐证。

经二审法院查明,2019年2月19日,中国委托公证人及香港律师邓某出具《公司董事决议证明》,就中信公司的注册情况、登记情况、提起本案诉讼及其授权委托的董事决议情况及效力问题进行了证明。中信公司在提交上诉状的同时提交了中国委托公证人及香港律师邓某2019年3月12日出具的证明书,附件为中信公司之章程细则复印本。该章程第106(a)条规定,由过半数当时在任的董事签署的书面决议案,在各方面均与董事在某有效组成和召开的会议上通过的决议案具相同效力。就本组织章程细则而言,如某董事发送书面通知书并确认有关书面决议案,将被视为他已签署有关书面决议案。有关书面决议案可包括多份文件,每份由一或多名董事签署。

(3)裁判理由及意义

一审法院认为,《行政诉讼法》第一百零一条规定,人民法院审理行政案件,关于期间、送达、财产保全、开庭审理、调解、中止诉讼、终结诉讼、简易程序、执行等,以及人民检察院对行政案件受理、审理、裁判、执行的监督,本法没有规定的,适用《民事诉讼法》的相关规定。法院认为,根据民事诉讼法的规定,法人或其他组织应当由法定代表人或主要负责人来代表其进行诉讼。对于相关人员是否有权代表该法人或其他组织,以及其是否有权进行诉讼,应当由该法人或其他组织向人民法院作出明确的意思表示。本案中,中信公司提交了任命张某为法定代表人的董事会决议，但该决议仅由8位董事中的6位董事签字，在案亦无其他有效文件对该决议的有效性加以佐证，故根据在案诉讼材料，张某能否作为中信公司的法定代表人，是否有权利代表中信公司签署法定代表人身份证明及委托书等，即其签字的法律效力难以确定。因此，中信公司向一审法院提交的董事会决议、法定代表人身份证明、委托书等文件均难以确定法律效力，无法证明张某有权代表中信公司向一审法院提起行政诉讼，不符合起诉条件，鉴于其坚持起诉，一审法院依法对其起诉裁定不予立案。

二审法院认为，本案中，中信公司在一审起诉材料补正期间提交的经香港特别行政区公证机关公证的中信公司《公司董事决议证明》，2019年3月4日提交的董事决议翻译文件，以及在上诉时补充提交的经过公证认证的公司章程细则，能够证明中信公司系在香港特别行政区合法注册的公司法人，经董事决议授权张某为公司法定代表人，代表公司签署涉及本案诉讼的相关文件，并授权梁某、谢某律师为委托诉讼代理人。故中信公司所提交的起诉材料，符合法律规定的基本要求。一审法院认为，中信公司虽然提交了任命张某为法定代表人的董事会决议，但该决议仅由8位董事中的6位董事签字，在案亦无其他有效文件对该决议的有效性加以佐证，进而认为张某签字的法律效力难以确定，无法证明张某有权代表中信公司向一审法院提起行政诉讼，并据此判定本案不符合起诉条件。但一审法院并未就上述存疑的具体事项给予补正期限，即直接裁定不予立案，不符合一次性书面告知的程序性要求。一审法院以此为由裁定不予立案不妥，应予纠正。

学术观点

依照我国法律，外国当事人在我国进行民事诉讼活动和我国当事人有同等的起诉和应诉的权利能力和行为能力，并享有进行民事诉讼活动的各项权利。同时，他们也必须像我国当事人一样承担诉讼义务，也不能只享有诉讼权利而不承担诉讼义务，尤其不能享有特权。我国《民事诉讼法》第五条第二款进一步明确规定，外国法院对我国公民法人和其他组织的民事诉讼权利加以限制，我国法院对该国公民、企业和组织的民事诉讼权利，实行对等原则。因此，我国采用的是以对等为条件的国民待遇原则。①

（二）域外诉讼主体委托审查

外籍当事人可以委托本国人为诉讼代理人，也可以委托本国律师以非律师身份担任诉讼代理人。外国人、无国籍人、外国企业和组织在人民法院起诉、应诉，需要委托律师代理诉讼的，必须委托中华人民共和国律师。

外国驻华使领馆官员，受本国公民的委托，可以以个人名义担任诉讼代理人，但在诉讼中不享有外交或者领事特权和豁免。

1. 自然人的诉讼代理人

（1）外国自然人在人民法院办案人员面前签署的授权委托书无须办理公证、认证或者其他证明手续，但在签署授权委托书时应出示身份证明和入境证明，人民法院办案人员应在授权委托书上注明相关情况并要求该外国自然人予以确认。

（2）外国自然人在我国境内签署的授权委托书，经我国公证机关公证，证明该委托书是在我国境内签署的，无须在其所在国再办理公证、认证或者其他证明手续。

（3）在中华人民共和国领域内没有住所的外国人、无国籍人委托中华人民共和国律师或者其他人代理诉讼，从中华人民共和国领域外寄交或者托交的授权委托书，应当经所在国公证机关证明，并经中华人民共和国驻该国使领馆认证，或者履行中华人民共和国与该所在国订立的有关条约中规定的证明手续后，才具有效力。

2. 法人及其他组织的诉讼代理人

（1）外国法人、其他组织的法定代表人或者负责人代表该法人、其他组织在人民法院办案人员面前签署的授权委托书，无须办理公证、认证或者其他证明手续，但在签署授权委托书时，外国法人、其他组织的法定代表人或者负责人除了

① 参见宋渝玲：《涉外民事诉讼法律实务》，厦门大学出版社2017年版，第68页。

向人民法院办案人员出示自然人身份证明和入境证明外，还必须提供该法人或者其他组织出具的能够证明其有权签署授权委托书的证明文件，且该证明文件必须办理公证、认证或者其他证明手续。人民法院办案人员应在授权委托书上注明相关情况并要求该法定代表人或者负责人予以确认。

（2）外国法人、其他组织的法定代表人或者负责人代表该法人、其他组织在我国境内签署的授权委托书，经我国公证机关公证，证明该委托书是在我国境内签署，且该法定代表人或者负责人向人民法院提供了外国法人、其他组织出具的办理了公证、认证或者其他证明手续的能够证明其有权签署授权委托书的证明文件的，该授权委托书无须在外国当事人的所在国办理公证、认证或者其他证明手续。

（3）外国企业和组织委托中华人民共和国律师或者其他人代理诉讼，从中华人民共和国领域外寄交或者托交的授权委托书，应当经所在国公证机关证明，并经中华人民共和国驻该国使领馆认证，或者履行中华人民共和国与该所在国订立的有关条约中规定的证明手续后，才具有效力。

审查要点

1. 概括性授权的审查

外国当事人将其在特定时期内发生的或者将特定范围的案件一次性委托他人代理，人民法院经审查可以予以认可。该一次性委托在一审程序中已办理公证、认证或者其他证明手续的，二审或者再审程序中无须再办理公证、认证或者其他证明手续。

2. 未建立外交关系的认证手续

需要办理公证、认证手续，而外国当事人所在国与中华人民共和国没有建立外交关系的，可以经该国公证机关公证，经与中华人民共和国有外交关系的第三国驻该国使领馆认证，再转由中华人民共和国驻该第三国使领馆认证。

3. 外国驻华使领馆官员的代理资格

在涉外民事诉讼中，外国驻华使领馆授权其本馆官员，在作为当事人的本国国民不在中华人民共和国领域内的情况下，可以以外交代表身份为其本国国民在中华人民共和国聘请中华人民共和国律师或者中华人民共和国公民代理民事诉讼。

4. 香港、澳门特别行政区律师的代理资格

我国香港、澳门特别行政区的律师尚不具有中华人民共和国的律师资格，所以他们不能以律师身份作为当事人的诉讼代理人到内地参与诉讼。

5. 委托代理线上视频见证

根据最高人民法院2021年发布的《关于为跨境诉讼当事人提供网上立案服务的若干规定》的规定，通过身份验证的跨境诉讼当事人委托我国内地律师代理诉讼，可以向受诉法院申请线上视频见证。法官通过视频确认委托行为的真实性。在法官视频见证下，跨境诉讼当事人、受委托律师签署有关委托代理文件，无须再办理公证、认证、转递等手续。

线上视频见证由法官在线发起，法官、跨境诉讼当事人和受委托律师三方同时视频在线。跨境诉讼当事人应当使用中华人民共和国通用语言或者配备翻译人员，法官应当确认受委托律师和其所在律师事务所以及委托行为是否确为跨境诉讼当事人真实意思表示。在法官视频见证下，跨境诉讼当事人、受委托律师签署有关委托代理文件，无须再办理公证、认证、转递等手续。线上视频见证后，受委托律师可以代为开展网上立案、网上交费等事项。

线上视频见证的过程将由系统自动保存。

相关规定

1.《民事诉讼法》

第二百六十三条 外国人、无国籍人、外国企业和组织在人民法院起诉、应诉，需要委托律师代理诉讼的，必须委托中华人民共和国的律师。

第二百六十四条 在中华人民共和国领域内没有住所的外国人、无国籍人、外国企业和组织委托中华人民共和国律师或者其他人代理诉讼，从中华人民共和国领域外寄交或者托交的授权委托书，应当经所在国公证机关证明，并经中华人民共和国驻该国使领馆认证，或者履行中华人民共和国与该所在国订立的有关条约中规定的证明手续后，才具有效力。

2.《民事诉讼法解释》

第五百二十四条　依照民事诉讼法第二百六十四条以及本解释第五百二十三条规定，需要办理公证、认证手续，而外国当事人所在国与中华人民共和国没有建立外交关系的，可以经该国公证机关公证，经与中华人民共和国有外交关系的第三国驻该国使领馆认证，再转由中华人民共和国驻该第三国使领馆认证。

第五百二十五条　外国人、外国企业或者组织的代表人在人民法院法官的见证下签署授权委托书，委托代理人进行民事诉讼的，人民法院应予认可。

第五百二十六条　外国人、外国企业或者组织的代表人在中华人民共和国境内签署授权委托书，委托代理人进行民事诉讼，经中华人民共和国公证机构公证的，人民法院应予认可。

第五百二十八条　涉外民事诉讼中的外籍当事人，可以委托本国人为诉讼代理人，也可以委托本国律师以非律师身份担任诉讼代理人；外国驻华使领馆官员，受本国公民的委托，可以以个人名义担任诉讼代理人，但在诉讼中不享有外交或者领事特权和豁免。

第五百二十九条　涉外民事诉讼中，外国驻华使领馆授权其本馆官员，在作为当事人的本国国民不在中华人民共和国领域内的情况下，可以以外交代表身份为其本国国民在中华人民共和国聘请中华人民共和国律师或者中华人民共和国公民代理民事诉讼。

3. 最高人民法院《第二次全国涉外商事海事审判工作会议纪要》

18. 外国当事人在我国境外出具的授权委托书，应当履行相关的公证、认证或者其他证明手续。对于未履行相关手续的诉讼代理人，人民法院对其代理资格不予认可。

19. 外国自然人在人民法院办案人员面前签署的授权委托书无需办理公证、认证或者其他证明手续，但在签署授权委托书时应出示身份证明和入境证明，人民法院办案人员应在授权委托书上注明相关情况并要求该外国自然人予以确认。

20. 外国自然人在我国境内签署的授权委托书，经我国公证机关公证，证明该委托书是在我国境内签署的，无需在其所在国再办理公证、认证或者其他证明手续。

21. 外国法人、其他组织的法定代表人或者负责人代表该法人、其他组织在人民法院办案人员面前签署的授权委托书，无需办理公证、认证或者其他证明手续，但在签署授权委托书时，外国法人、其他组织的法定代表人或者负责人除了向人民法院办案人员出示自然人身份证明和入境证明外，还必须提供该法人或者其他组织出具的能够证明其有权签署授权委托书的证明文件，且该证明文件必须办理公证、认证或者其他证明手续。人民法院办案人员应在授权委托书上注明相关情况并要求该法定代表人或者负责人予以确认。

22. 外国法人、其他组织的法定代表人或者负责人代表该法人、其他组织在我国境内签署的授权委托书，经我国公证机关公证，证明该委托书是在我国境内签署，且该法定代表人或者负责人向人民法院提供了外国法人、其他组织出具的办理了公证、认证或者其他证明手续的能够证明其有权签署授权委托书的证明文件的，该授权委托书无需在外国当事人的所在国办理公证、认证或者其他证明手续。

23. 外国当事人将其在特定时期内发生的或者将特定范围的案件一次性委托他人代理，人民法院经审查可以予以认可。该一次性委托在一审程序中已办理公证、认证或者其他证明手续的，二审或者再审程序中无需再办理公证、认证或者其他证明手续。

4. 最高人民法院《全国沿海地区涉外、涉港澳经济审判工作座谈会纪要》

三

……

(三)诉讼主体和诉讼代理问题

……

2. 港澳律师能否代理诉讼问题。我国民事诉讼规定："外国人、无国籍人、外国企业和组织在人民法院起诉、应诉，需要委托律师代理诉讼的，必须委托中华人民共和国律师。"司法部、铁道部和外国专家局《关于外国律师不得在我国开业的联合通知》也明确规定，外国律师不得以律师的名义在我国代理诉讼和出庭。目前，香港、澳门地区的律师尚不具有中华人民共和国的律师资格，所以他们不能作为当事人的诉讼代理人到内地参与诉讼。……

5. 最高人民法院《关于为跨境诉讼当事人提供网上立案服务的若干规定》(2021 年)

第六条 通过身份验证的跨境诉讼当事人委托我国内地律师代理诉讼，可以向受诉法院申请线上视频见证。

线上视频见证由法官在线发起，法官、跨境诉讼当事人和受委托律师三方同时视频在线。跨境诉讼当事人应当使用中华人民共和国通用语言或者配备翻译人员，法官应当确认受委托律师和其所在律师事务所以及委托行为是否确为跨境诉讼当事人真实意思表示。在法官视频见证下，跨境诉讼当事人、受委托律师签署有关委托代理文件，无需再办理公证、认证、转递等手续。线上视频见证后，受委托律师可以代为开展网上立案、网上交费等事项。

线上视频见证的过程将由系统自动保存。

第八条　跨境诉讼当事人委托代理人进行诉讼的授权委托材料包括：

（一）外国人、外国企业和组织的代表人在我国境外签署授权委托书，应当经所在国公证机关公证，并经我国驻该国使领馆认证；所在国与我国没有建立外交关系的，可以经过该国公证机关公证，经与我国有外交关系的第三国驻该国使领馆认证，再转由我国驻第三国使领馆认证；在我国境内签署授权委托书，应当在法官见证下签署或者经内地公证机构公证；如我国与外国人、外国企业和组织所在国订立、缔结或者参加的国际条约、公约中对证明手续有具体规定，从其规定，但我国声明保留的条款除外；

（二）港澳特区居民、港澳特区企业和组织的代表人在我国内地以外签署授权委托书，应当经过内地认可的公证人公证，并经中国法律服务（香港）有限公司或者中国法律服务（澳门）有限公司加章转递；在我国内地签署授权委托书，应当在法官见证下签署或者经内地公证机构公证；

（三）台湾地区居民在我国大陆以外签署授权委托书，应当通过两岸公证书使用查证渠道办理；在我国大陆签署授权委托书，应当在法官见证下签署或者经大陆公证机构公证；

（四）经常居所地位于国外的我国内地公民从国外寄交或者托交授权委托书，必须经我国驻该国的使领馆证明；没有使领馆的，由与我国有外交关系的第三国驻该国的使领馆证明，再转由我国驻该第三国使领馆证明，或者由当地爱国华侨团体证明。

典型案例

1. 陈某与邹某股权转让纠纷案

(1)案号

上海市第一中级人民法院(2017)沪01民终4255号

(2)案情

上诉人陈某因与被上诉人邹某股权转让纠纷一案,不服上海市浦东新区人民法院(2016)沪0115民初69078号民事判决,向上海市第一中级人民法院提起上诉。上诉人陈某主张邹某系美国公民而非中国公民,原审判决对此未予查明,属于审理程序错误。二审法院查明,邹某系美国公民,并于2010年9月正式加入美国国籍;邹某在原审审理过程中参加了2017年1月5日的证据交换庭及开庭审理。

(3)裁判理由及意义

二审法院认为,陈某主张邹某系美国公民,而原审判决对此未予查明,也未适用涉外程序,故原审判决存在严重程序错误。对此,根据《民事诉讼法解释》的规定,外国人参加诉讼,应当向人民法院提交护照等用以证明自己身份的证件。外国人在人民法院法官见证下签署授权委托书,委托代理人进行民事诉讼的,人民法院应予认可。本案中,邹某于2017年5月15日向法院陈述:原审中办理的其委托诉讼手续属于其真实意愿,原审庭审时邹某本人也出庭。在法院审理过程中邹某亦在法院见证下确认了前述授权委托书载明的委托代理人进行民事诉讼。虽然邹某在原审审理过程中未向法官予以说明其属于美国公民身份,但法院认定原判决并不具有严重违反法定程序的事由,故对陈某的该项主张不予支持。

2. 江门市江海区开心娱乐有限公司与叶某著作权权属、侵权纠纷案

(1)案号

广东省江门市中级人民法院(2018)粤07民终1617号

(2)案情

上诉人江门市江海区开心娱乐有限公司(以下简称开心公司)因与被上诉人叶某著作权侵权纠纷一案,不服广东省江门市江海区人民法院(2017)粤0704民初322号民事判决,提起上诉。上诉人开心公司上诉请求之一是撤销一审判决,驳回叶某全部诉讼请求。事实和理由之一:吴某无权作为叶某的诉讼代理人,单独参加诉讼。在本案中因叶某的律师没有到庭,而是由吴某参加庭审,根据《民事诉讼法》第五十八条的规定,吴某作为台湾居民是不具有法定的诉讼代理人资格,无权代表叶某参加诉讼。首先,《民事诉讼法》已经取消了原诉讼法中"人民法院许可的人"可以担任代理人的规定。意在严格限制公民代理。其次,我国实行法律服务职业准入制度,职业法律服务的主体应当是司法行政机关注册的律师与法律服务工作者,由律师事务所与法律服务所同意才可接受当事人委托。在本案中,吴某无权作为叶某的诉讼代理人独自参加庭审。

(3)裁判理由及意义

关于吴某是否有权作为叶某的诉讼代理人单独参加诉讼的问题,根据《民事诉讼法解释》第五百二十八条①、第五百五十一条②的规定,本案中,叶某作为台湾地区居民,就涉案作品授权同为台湾地区居民的吴某在中国大陆处理包括代为参加庭审等事项在内的维权事宜,签署了《授权委托书》并办理了公证手续,符合法律规定。因此,吴某作为叶某的诉讼代理人单独参加诉讼并不违反法律。

3. 张某与吉尔吉斯凯迪矿业投资有限责任公司、青岛市水利工程建设开发总公司建设工程施工合同纠纷案

(1)案号

新疆维吾尔自治区乌鲁木齐中级人民法院(2020)新01民终1462号

(2)案情

上诉人张某因与被上诉人吉尔吉斯凯迪矿业投资有限责任公司(以下简称吉尔吉斯凯迪公司)、被上诉人青岛市水利工程建设开发总公司(以下简称水利公司)、原审第三人新疆凯迪矿业投资股份有限公司(以下简称凯迪投资公司)建设工程施工合同纠纷一案,不服新疆维吾尔自治区乌鲁木齐市新市区人民法院(2019)新0104民初5979号民事判决,提起上诉。张某上诉请求:撤销原审判决,驳回被上诉人吉尔吉斯凯迪公司的起诉或将本案发回重审。事实和理由:本

---

① 《民事诉讼法解释》第五百二十八条规定:"涉外民事诉讼中的外籍当事人,可以委托本国人为诉讼代理人,也可以委托本国律师以非律师身份担任诉讼代理人;外国驻华使领馆官员,受本国公民的委托,可以以个人名义担任诉讼代理人,但在诉讼中不享有外交或者领事特权和豁免"。

② 《民事诉讼法解释》第五百五十一条规定:"人民法院审理涉及香港、澳门特别行政区和台湾地区的民事诉讼案件,可以参照适用涉外民事诉讼程序的特别规定"。

案为涉外案件,吉尔吉斯凯迪公司在本案中并未提供完整的主体资格证明文件,未达到受理条件。本案中,没有吉尔吉斯凯迪公司法定代表人钱某拥有代表权利的完整证明文件,原审判决以钱某签署的授权委托书作为认定相关诉讼代理人具备代理资格,明显错误。

(3)裁判理由及意义

一审法院认为,首先,关于吉尔吉斯凯迪公司委托诉讼代理人的资格问题。依据《民事诉讼法解释》第五百二十五条之规定:外国人、外国企业或者组织的代表人在人民法院法官的见证下签署授权委托书,委托代理人进行民事诉讼的,人民法院应予认可。该条是结合审判实践,参考2005年《第二次全国涉外商事海事审判工作会议纪要》的相关规定,对外方当事人在人民法院当面签署授权委托书,即可以免除办理公证、认证手续,作出的明确规定。办理公证、认证手续的意义在于,对在我国域外形成的证明材料,从程序上保证其真实性。而如果授权委托手续是在我国法院法官面前当面签署,行为本身足以保障真实性,因此,无须再机械地要求当事人办理公证、认证手续。本案中,吉尔吉斯凯迪公司的法定代表人钱某当着主审法官的面亲笔签署了《吉尔吉斯凯迪矿业投资有限责任公司代表人身份证明》,其中写明了钱某授权委托中华人民共和国律师代理,吉尔吉斯凯迪公司也予以认可。在吉尔吉斯凯迪公司提供的授权委托书中,其委托诉讼代理人提供的委托代理合同中也有钱某的签字及捺印,可以证明吉尔吉斯凯迪公司对于参与本案的委托诉讼代理人的授权委托是真实的。因此,对于张某提出的吉尔吉斯凯迪公司委托诉讼代理人资格问题的抗辩意见不予采信。

学术观点

关于委托代理,世界各国的诉讼立法都允许国际民事诉讼程序中的外国当事人委托诉讼代理人代为进行诉讼活动,但一般规定应由律师而且是由内国律师担任诉讼代理人。一方面,是考虑到律师较其他人更为熟悉法律和司法程序,内国律师较外国律师更为精通法院国的法律,从而能更好地保护当事人的合法权益,也能使司法程序得到更为顺利的实施;另一方面,是考虑到允许外国律师出席内国法院参与诉讼,将有损内国的司法主权。①

领事代理,是指派遣国派驻在驻在国的领事可以根据有关国家的国内法和国际条约的规定,在其管辖范围内依照其职权代表驻在国境内的派遣国公民、法人在驻在国进行诉讼。②

中国是 1961 年《维也纳外交关系公约》和 1963 年《维也纳领事关系公约》的缔约国,外国人所属国的外交代表和领事官员可以依据公约和中国所签订的双边领事条约在我国法院代理其派遣国国民的诉讼,以保护其派遣国国民的合法权益。而我国《民事诉讼法解释》第五百二十八条对外交代表和领事官员以个人名义担任诉讼代理人作了具体规定:外国驻华使领馆官员,受本国公民的委托,可以以个人名义担任诉讼代理人,但在诉讼中不享有外交或者领事特权和豁免。此外,根据该解释第五百二十九条的规定,在涉外民事诉讼中,外国驻华使领馆授权其本馆官员,在作为当事人的本国国民不在我国领域内的情况下,可以以外交代表身份为其本国国民在我国聘请中国律师或中国公民代理民事诉讼。根据共建"一带一路"的需要,我国法院可以接受外国公民申请旁听案件庭审,为外国公民旁听案件提供便利条件,也可以积极邀请沿线各国驻华使节、国际合作交流人员旁听典型案件庭审,回应国际社会关切。③

(三)特殊域外诉讼主体的确定

1. 外方设立的代表处、分支机构的诉讼主体资格

外国企业在我国境内依法设立并领取营业执照的分支机构,具有民事诉讼主体资格,可以作为当事人参加诉讼。因分支机构不能独立承担民事责任,其作为被告时,人民法院可以根据原告的申请追加设立该分支机构的外国企业为共同被告。

外国企业在我国境内设立的代表机构不具有诉讼主体资格的,涉及代表机构的纠纷案件应由外国企业作为当事人参加诉讼。

---

① 参见宋渝玲:《涉外民事诉讼法律实务》,厦门大学出版社 2017 年版,第 99 页。

② 同上书,第 106 页。

③ 参见肖永平:《提升中国司法的国际公信力:共建"一带一路"的抓手》,载《武大国际法评论》2017 年第 1 期。

2. 域外个人企业、合伙企业的诉讼主体资格

外国和我国港澳特别行政区非法人企业的诉讼主体的确定问题。非法人企业(包括个体企业和合伙企业)的实体权利和义务最终是由个体业主或合伙人享有和承担,其诉讼权利和义务也相应地应由他们享有和承担。

3. 域外当事人破产、清算后的诉讼主体资格

人民法院在审理案件过程中查明外国当事人被宣告破产或者进入清算程序的,应通知外国当事人的破产财产管理人或者清算人参加诉讼。

法院在案件审理中,发现境外当事人进入破产、清算程序的,对其诉讼主体的确定应慎重处理,必要时应报上级法院请示。

4. 域外当事人的追加

在案件审理中,需追加域外当事人的,应根据法律、司法解释的相关规定审查确定。

审查要点

1. 法律文书上诉讼主体列明

诉讼主体为境外个人企业、合伙企业的法律文书上应将个体企业的业主和合伙企业的合伙人作为诉讼主体并列为:某某人,某某企业业主;某某人,某某企业合伙人。合伙企业有负责人的,可将其列为诉讼代表人。遇到个体企业、合伙企业关闭或合伙人退伙的情况,则分别写为:某某人,某某企业前业主或某某企业前合伙人。

2. 涉外商事案件追加无独立请求权第三人

各区、县法院应当加强对第三人参加诉讼案件的审查,无涉外管辖权的区、县法院对于确需通知涉外第三人参加诉讼的,应事先向上级法院涉外商事案件审判部门请示,无涉外管辖权的法院无权审理涉及涉外第三人的案件。

未经上述请示程序,直接向有关法院移送案件的,受移送的区、县法院认为移送符合法律规定的,应继续审理受移送案件;认为不应当追加涉外第三人的,应向上级法院涉外商事案件审判部门请示。中级人民法院收到下级人民法院移送的案件，按有关规定处理。

在法院内部，无涉外案件管辖权的审判部门发现第三人具有涉外因素的，应将案件移交立案部门，再由其移交到涉外审判业务部门。

3. 涉外有独立请求权第三人申请参加国内诉讼

受理的区、县法院如果没有涉外商事案件管辖权，应事先向上级法院涉外商事案件审判部门请示，由上级法院作出决定后，将案件移送有管辖权的法院。

相关规定

1. 最高人民法院《第二次全国涉外商事海事审判工作会议纪要》

13. 外国企业在我国境内依法设立并领取营业执照的分支机构，具有民事诉讼主体资格，可以作为当事人参加诉讼。因分支机构不能独立承担民事责任，其作为被告时，人民法院可以根据原告的申请追加设立该分支机构的外国企业为共同被告。

外国企业在我国境内设立的代表机构不具有诉讼主体资格的，涉及代表机构的纠纷案件应由外国企业作为当事人参加诉讼。

15. 人民法院在审理案件过程中查明外国当事人被宣告破产或者进入清算程序的，应通知外国当事人的破产财产管理人或者清算人参加诉讼。

2. 最高人民法院《全国沿海地区涉外、涉港澳经济审判工作座谈会纪要》

三

……

（三）诉讼主体和诉讼代理问题

1. 外国和港澳地区非法人企业的诉讼主体的确定问题。非法人企业（包括个体企业和合伙企业）的实体权利和义务最终是由个体业主或合伙人享有和承担，其诉讼权利和义务，也相应地应由他们享有和承担。法律文书上应将个体企业的业主和合伙企业的合伙人作为诉讼主体并列为：某某人，某某企业业主；某某人，某某企业合伙人。合伙企业有负责人的，可将其列为诉讼代表人。遇到个体企业、合伙企业关闭或合伙人退伙的情况，则分别写为：某某人，某某企业前业主或某某企业前合伙人。……

典型案例

浙江省二轻企业集团进出口有限公司与马麦时(远东)有限公司因货运代理合同纠纷案

(1)案号

上海市第一中级人民法院(2009)沪一中民五(商)终字第29号

(2)案情

上诉人浙江省二轻企业集团进出口有限公司(以下简称二轻公司)因货运代理合同纠纷一案,不服上海市浦东新区人民法院(2009)浦民二(商)初字第3451号民事判决,向上海市第一中级人民法院提起上诉。2008年7月,新空间公司与二轻公司签订《货物出口代理合同》,由新空间公司委托二轻公司出口货物。2008年8月20日,新空间公司致函二轻公司称:有二批货经与客户协商改为空运,指定货代为马麦时公司,运费由新空间公司直接支付,请代为办理相关空运出口手续。2008年8月29日,二轻公司向马麦时公司的上海办事处传真了一份《出口货物明细单》。该明细单载明托运人为二轻公司,收货人为Erregiesses. R. L.。同日,二轻公司传真确认马麦时公司发来的运费报价每公斤人民币32.50元。马麦时公司委托大鹏公司收货并订舱。马麦时公司将大鹏公司的收货凭证传真给二轻公司。二轻公司传真确认货物件数、体积、重量。该运单上的托运人为马麦时公司上海办事处、收货人为Maimexs. R. L.,运费预付。二轻公司签发号码为×××的空运单(分运单)。分运单上载明的托运人为马麦时公司,收货人为Erregiesses. R. L.,2008年9月3日AZ9073航班,体积为20.65CBM,收费重量为3442公斤,运费预付。该批货物的发票和装箱单均由二轻公司出具。海关出口货物报关单上经营单位和发货单位均为二轻公司,出口收汇核销单上的出口单位也是二轻公司。2008年9月5日,大鹏公司按照马麦时公司的指示开具了付款单位为新空间公司的国际货物运输业专用发票,金额为人民币111,865元。二轻公司收到发票后,交给了新空间公司。新空间公司收到发票后向二轻公司表示会尽快支付运费,但是一直未支付。2008年12月5日,马麦时公司向大鹏公司支付了该笔运费。后马麦时公司向上海市浦东新区人民法院提起诉讼,主张其所预付运费。

(3)裁判理由及意义

一审法院判决二轻公司在本判决生效后10日内给付马麦时公司SHAM17961运单项下的费用人民币111,865元。判决后,二轻公司不服,向上海市第一中级人民法院提起上诉。其主要上诉理由之一是,原审法院对于被上诉人的诉讼主体资格审查有误。上诉人一直是与被上诉人上海办事处进行业务往来,未与被上诉人进行业务往来,且被上诉人与其办事处是独立的具有诉讼资格的法律主体,因此被上诉人不是适格的诉讼主体。

二审法院认为,本案系涉港合同纠纷,由于双方当事人对法律适用未作约定,现上诉人住所地及合同缔结地均在中国内地,根据最密切联系原则,本案纠纷的处理应适用中国内地的法律。关于被上诉人的诉讼主体资格问题。上诉人认为,其与被上诉人的上海办事处进行业务往来,并未与被上诉人发生直接的业务关系,被上诉人与其上海办事处均是独立的诉讼主体,因此被上诉人作为原审原告主张权利,属于不适格。被上诉人认为,其上海办事处仅是进行业务联络,并不是独立法人,相应权利义务应该由上诉人承担,被上诉人作为原告起诉是适格的。二审院认为,被上诉人上海办事处是被上诉人在我国内地设立的代表机构,并不具备独立的法人资格,其权利和义务应由其设立者行使和承担,故被上诉人可以作为原审原告主张权利,二审法院对上诉人关于被上诉人诉讼主体不适格的理由不予采纳。

学术观点

当事人的民事诉讼权利能力应依法院地法,即当事人是否有民事诉讼权利能力的问题应由法院地所在国的法律决定。至于当事人是否具有民事诉讼行为能力的问题,则应当由当事人的属人法决定,但即使根据其属人法无民事诉讼行为能力,如果依法院地所在国的法律确有民事诉讼行为能力时,应当认为有民事诉讼行为能力,即此时应依法院地法。①

① 参见宋渝玲:《涉外民事诉讼法律实务》,厦门大学出版社2017年版,第87页。

八、域外证据审查

(一)域外证据公证认证

在涉外民事诉讼中,由于当事人一方或双方是外国人、外国企业或组织、或当事人之间民事法律关系设立、变更、终止的法律事实发生在国外,或者当事人争议的诉讼标的在外国,因此不可避免地出现某些证据在国外形成这一事实。如果证明案件的某些证据产生于域外,我国法院的司法权无法达到,对域外形成的证据的调查又存在着现实的诸多障碍,在这种情况下,依据这些来自域外的证据裁判案件又多了一层误解的风险。因此,有必要对在域外形成的证据本身规定若干程序或手续上的限制,以增强客观真实性和合法性,尽力消除司法权的地域局限给民事诉讼带来的不利影响。

《民事诉讼证据规定》第十六条将域外形成的证据区分为无须经公证、认证的证据和需要经公证、认证的证据。需要经公证、认证的证据包括公文书证和涉及身份关系的证据,其中,公文书证需经所在国的公证机关证明或履行条约手续即可;需要同时经所在国公证机关证明并经我国驻该国使领馆认证的仅限于涉及身份关系的证据。

审查要点

1. 域外形成的证据公证、认证类别

(1)无须经公证认证的证据:国际流通的商业票据,通过司法协助途径、外交途径以及我国驻外使领馆取得的证据材料;普通的民商事法律关系的证据,原则上仅涉及当事人之间的权利义务的确定,其真实性通过质证检验即可。

(2)需经所在国的公证机关证明或履行条约手续的证据:公文书证。

(3)需要同时经所在国公证机关证明并经我国驻该国使领馆认证的证据:涉及身份关系的证据。

2. 我国港澳台地区形成的证据的证明手续

(1)香港特别行政区

1996 年 2 月 18 日,最高人民法院、司法部联合发布的《关于涉港公证文书效力问题的通知》再次明确在办理涉港案件时,对于发生在香港特别行政区的有法律意义的事件和文书,均应要求当事人提交委托公证人出具经中国法律服务(香港)公司审核加章转递的公证证明,否则不具有效力。2002 年 2 月 24 日司法部发布了新的《中国委托公证人(香港)管理办法》(司法部第 69 号令,1995 年原司法部第 34 号令废止),根据该管理办法的规定:

①委托公证人的业务范围是证明发生在香港特别行政区的法律行为、有法律意义的事实和文书。证明的使用范围在内地。

②具备一定条件的香港律师,可由本人向司法部提出申请,并经司法部考试、考核合格后,由司法部颁发委托书并予以首次注册。委托期一般为三年。委托期满由本人提出申请,经司法部考核合格并接受业务培训后可连续委托。

③委托公证人必须按照规定或批准的委托业务范围、出证程序和文书格式出具公证文书。

④委托公证人出具的委托公证文书,须经中国法律服务(香港)有限公司审核,对符合出证程序以及文书格式要求的加章转递,对不符合上述要求的不予转递。上述内容即为当事人提供在香港特别行政区形成证据应履行证明手续的基本内容。

当事人只有完成了上述③、④项规定的基本内容,才是满足了《民事诉讼证据规定》第十六条第三款所要求的"应当履行相关的证明手续",有关证据材料才能在内地发生效力。

需要说明的是,香港律师的公证只是对发生在香港特别行政区的法律行为、有法律意义的事实和文书的真实性与合法性进行公证,一般不对文件内容的真实性和合法性负责,即进行的是形式方面的审查,而不作实质上的审查。对于证据材料内容的真实性,仍需要人民法院结合其他证据进一步审查。

(2)澳门特别行政区

司法部在2018年4月28日发布了《司法部关于印发中国委托公证人(澳门)名单及签名式样、印签的通知》(司发通〔2018〕39号),明确根据有关规定,中国委托公证人(澳门)出具的委托公证文书,需经中国法律服务(澳门)公司核验并加盖核验章后,方可在内地使用。

(3)台湾地区

当事人向人民法院提交的在台湾地区形成的证据,如有台湾地区公证机关的证明,人民法院承认其效力。人民法院对于当事人提交的在台湾地区形成的证据,应先由当事人在台湾地区进行公证,并取得公证书正本。公证事项如果属于两岸商定的14项应寄送公证书副本,人民法院应将当事人提交的公证书正本与本省、市、区公证员协会收到的台湾海基会寄送的副本进行比对,相互认证后即可确认其真实性;如果公证事项不属于两岸商定的14项寄送副本的范围,人民法院可请求本省、市、区公证员协会通过台湾海基会进行查证。

3. 所在国与我国无外交关系情况的处理

对当事人提供的在我国域外形成的应履行相关公证、认证或者其他证明手续的证据,如果其所在国与我国没有外交关系,则该证据应经与我国有外交关系的第三国驻该国使领馆认证,再转由我国驻该第三国使领馆认证。

相关规定

1.《民事诉讼法》

第二百六十四条 在中华人民共和国领域内没有住所的外国人、无国籍人、外国企业和组织委托中华人民共和国律师或者其他人代理诉讼,从中华人民共和国领域外寄交或者托交的授权委托书,应当经所在国公证机关证明,并经中华人民共和国驻该国使领馆认证,或者履行中华人民共和国与该所在国订立的有关条约中规定的证明手续后,才具有效力。

2.《民事诉讼证据规定》

第十六条 当事人提供的公文书证系在中华人民共和国领域外形成的,该证据应当经所在国公证机关证明,或者履行中华人民共和国与该所在国订立的有关条约中规定的证明手续。

中华人民共和国领域外形成的涉及身份关系的证据，应当经所在国公证机关证明并经中华人民共和国驻该国使领馆认证，或者履行中华人民共和国与该所在国订立的有关条约中规定的证明手续。

当事人向人民法院提供的证据是在香港、澳门、台湾地区形成的，应当履行相关的证明手续。

3. 最高人民法院《第二次全国涉外商事海事审判工作会议纪要》

39. 对当事人提供的在我国境外形成的证据，人民法院应根据不同情况分别作如下处理：(1)对证明诉讼主体资格的证据，应履行相关的公证、认证或者其他证明手续；(2)对其他证据，由提供证据的一方当事人选择是否办理相关的公证、认证或者其他证明手续，但人民法院认为确需办理的除外。

对在我国境外形成的证据，不论是否已办理公证、认证或者其他证明手续，人民法院均应组织当事人进行质证，并结合当事人的质证意见进行审核认定。

40. 对当事人提供的在我国境外形成的应履行相关公证、认证或者其他证明手续的证据，应当经所在国公证机关公证，并经我国驻该国使领馆认证，或者履行我国与该所在国订立的有关条约中规定的证明手续。如果其所在国与我国没有外交关系，则该证据应经与我国有外交关系的第三国驻该国使领馆认证，再转由我国驻该第三国使领馆认证。

典型案例

沈某与陈某某等合同纠纷案

(1)案号

上海市第一中级人民法院(2020)沪01民终893号

(2)案情

2015年5月18日，陈某某(甲方)、金某某(乙方)、陈某(签约记名陈某、丙方)与沈某(丁方)四方签订《合作协议书》，约定：本着自愿互利的原则，为了开发土库曼斯坦共和国建筑市场，承包该国建设项目，投资收购土库曼斯坦××公司，现甲、乙、丙、丁就相关合作经营事宜，达成四方合作协议。2018年年末，陈某某、金某某以沈某未按约履行合同为由，向一审法院提起诉讼。一审法院判决《合作协议书》解除，沈某于判决生效之日起10日内返还陈某某和金某某投资款人民币576,100元。后沈某提出上诉。

(3)裁判理由及意义

关于本案域外证据的审查,二审法院认为:上诉人提供的土库曼斯坦法人实体统一国家登记册摘录和企业法人税务登记证书系经过公证、认证,法院对其真实性予以确认并采纳;根据2020年5月1日起施行的《民事诉讼证据规定》第十六条的规定,对于中华人民共和国领域外形成的公文书证和涉及身份关系的证据,要求履行相应的证明手续。对于收款收据等证据,上述司法解释不再要求提供证据的当事人履行公证、认证手续。综合被上诉人对收款收据的相关质证意见,法院对收款收据予以采纳。

学术观点

公证是一种证明活动,它最主要的任务在于证明。学术界通常观点认为:公证书具有证据上的效力、强制执行的效力、法律上的效力,其中证据上的效力是最重要的。经过公证机关出具的公证文书,在法律上均具有最高的证据效力,因为公证文书需要遵循严格的原则和程序,对当事人提出的公证事项,要进行严格审查,认为真实合法才予以公证。这对于保证公证文书的信用提供了必要的保证。①

(二)域外证据翻译

当事人提供的外文书证或外文说明资料,应当附有中文译本;当事人提供的外文视听资料,应附有视听资料中所用语言的记录文本及中文译本。

由于外文书证或外文说明资料系在中华人民共和国领域外形成的,因此也要履行《民事诉讼证据规定》第十六条所规定的证明手续。该外文书证或外文说明资料所附的中文译本,应随同一起公证和(或)认证,或者一起履行其他证明手续。中文译本履行上述程序后,方具有与外文书证或者外文说明资料同等的效力。

① 参见刘竹梅:《对域外调取证据真实性的认定》,载《法律适用(国家法官学院学报)》2002年第10期。

审查要点

1. 涉翻译机构有关问题

当事人提供的外文资料的中文译本,一般应当由依法成立的具有相应资质的翻译机构出具,对于不具有相应资质的翻译机构或个人出具的译本,人民法院收到后应组织对方当事人质证;必要时,人民法院可以委托有资质的翻译机构对中文译本的争议部分重新翻译。

目前在司法实践中,上海市高级人民法院指定翻译机构:上海外事翻译工作者协会、上海上外翻译总公司。

2. 拒不提供中文译本情况的处理

对于当事人提交的未附中文译本的外文书证和资料,在通知其提供中文译本后仍拒不提供的,人民法院可以不作为证据使用。

3. 审查中文译本原则

人民法院在审查当事人提供的域外证据时,依据"使用中华人民共和国通用的语言、文字"原则只审查中文译本即可,不应当也没有必要对外文书证或外文说明资料本身进行审查。

相关规定

1.《民事诉讼法》

第七十条 书证应当提交原件。物证应当提交原物。提交原件或者原物确有困难的,可以提交复制品、照片、副本、节录本。

提交外文书证,必须附有中文译本。

第二百六十二条 人民法院审理涉外民事案件,应当使用中华人民共和国通用的语言、文字。当事人要求提供翻译的,可以提供,费用由当事人承担。

2.《民事诉讼证据规定》

第十七条 当事人向人民法院提供外文书证或者外文说明资料,应当附有中文译本。

3.《最高人民法院关于设立国际商事法庭若干问题的规定》

第九条 当事人向国际商事法庭提交的证据材料系在中华人民共和国领域外形成的,不论是否已办理公证、认证或者其他证明手续,均应当在法庭上质证。

当事人提交的证据材料系英文且经对方当事人同意的,可以不提交中文翻译件。

4.最高人民法院《第二次全国涉外商事海事审判工作会议纪要》

41.当事人向人民法院提供外文视听资料的,应附有视听资料中所用语言的记录文本及中文译本。

5.最高人民法院《民事审判第四庭涉外商事海事审判实务问题解答(一)》(2008年)

第二十一条 根据《民事诉讼法》和《民事诉讼证据规定》的规定,当事人向人民法院提供外文书证或者外文说明资料,应当附有中文译本。因此,当事人为诉讼目的而提供的所有外文资料,均需要附中文译本。对于当事人未附中文译本的外文资料,人民法院可以不作为证据使用。

典型案例

建设信贷银行股份公司埃森特佩企业银行业务中心分行与沈阳远大铝业工程有限公司信用证欺诈纠纷案

(1)案号

最高人民法院(2020)最高法民再265号

(2)案情

俄罗斯远大与拉森公司于2008年1月30日签订《设计和施工合同》,拉森公司为总承包商,俄罗斯远大为幕墙专业分包商。俄罗斯远大按照合同约定向拉森公司提供由建信银行埃森特佩分行开具的金额为6,636,169.86美元的履约银行保函和金额为6,636,169.86美元的预付款银行保函。

2016年4月15日,拉森公司向建信银行埃森特佩分行首次书面提出付款请求,请求支付《履约保函》《预付款保函》项下款项。2016年4月20日,建行辽宁省分行收到建信银行埃森特佩分行的索赔通知,要求支付相应的反担保保函项下的款项。2016年4月22日,沈阳远大以独立保函欺诈为由,向一审法院提起诉讼并申请中止支付案涉保函及反担保保函项下款项。2016年4月25日，一审法院依法裁定中止支付《履约保函》《预付款保函》项下款项及相应的反担保保函项下款项，并向建信银行埃森特佩分行和建行辽宁省分行送达。建行辽宁省分行在收到一审法院止付令后以电文的方式通知建信银行埃森特佩分行在法定期限内不付款。沈阳远大于2017年8月29日撤回起诉，并同时起诉建信银行埃森特佩分行及建行辽宁省分行终止支付两个反担保保函项下的款项。建信银行埃森特佩分行称其已于2016年10月17日向拉森公司支付《履约保函》《预付款保函》项下款项。

(3)裁判理由及意义

本案中，沈阳远大是案涉保函和反担保保函的开立申请人，其申请建行辽宁省分行向建信银行埃森特佩分行开立见索即付的《反担保预付款保函》《反担保履约保函》，由建信银行埃森特佩分行向受益人拉森公司转开《预付款保函》《履约保函》，建行辽宁省分行和建信银行埃森特佩分行的付款义务均独立于基础交易关系及保函申请法律关系，并载明"见索即付"。因此，案涉保函为见索即付独立保函，案涉反担保保函为见索即付独立反担保保函。法院注意到，案涉保函条款中的"first demand"一词系独立保函领域的专业术语，通常含义为"见索即付"。双方当事人所提交相关证据之中文译本中将其翻译为"首次要求""首次表明""首次提出""第一次书面请求""第一份书面请求"，一审、二审法院对此予以引用，但不能反映该术语的真实含义，法院予以纠正。

(三)域外证据的认定

对于域外证据的审查认定，与对域内证据的审查要求基本一致。应根据《民事诉讼证据规定》等司法解释，以及最高人民法院《第二次全国涉外商事海事审判工作会议纪要》等指导性文件的规定予以审查。

审查要点

1. 当事人质证环节

对于域外证据，无论是否已办理公证、认证或者其他证明手续，人民法院均应组织当事人进行质证,并结合当事人的质证意见进行审核认定。

当事人提交的证据材料不属于新的证据,人民法院经审查认为该证据可能影响裁判结果的,应予以质证。

2. 关于域外判决所认定事实的采信

对于外国法院作出的民商事判决所认定的事实,除有关判决已为人民法院承认或者当事人认可外,人民法院不宜直接采用外国法院判决所认定的事实。

3. 关于缺席审判中原告的举证责任

缺席审判的案件,不能免除原告对其诉讼请求的证明责任,人民法院仍应对原告所提交的证据材料进行全面审查。

相关规定

1.《民事诉讼法》

第二百五十九条 在中华人民共和国领域内进行涉外民事诉讼,适用本编规定。本编没有规定的,适用本法其他有关规定。

2.《最高人民法院关于设立国际商事法庭若干问题的规定》

第九条 当事人向国际商事法庭提交的证据材料系在中华人民共和国领域外形成的,不论是否已办理公证、认证或者其他证明手续,均应当在法庭上质证。

3. 最高人民法院《第二次全国涉外商事海事审判工作会议纪要》

42. 当事人提交的证据材料不属于新的证据,人民法院经审查认为该证据可能影响裁判结果的,应予以质证。

4. 最高人民法院《民事审判第四庭涉外商事海事审判实务问题解答(一)》(2008年)

第二十条 对于外国法院做出的民商事判决所认定的事实,除有关判决已为人民法院承认或者当事人认可外,人民法院不宜直接采用外国法院判决所认定的事实。

典型案例

大友新亚与李某损害赔偿纠纷案

(1)案号

最高人民法院(2015)民提字第150号

(2)案情

大友新亚与辉公司于2001年10月13日缔结了外汇保证金交易相关合同。在制作合同书时,辉公司的客服代表李某给大友新亚看了辉公司和S&D公司的宣传册,劝诱大友新亚提供保证金,并说过只有较少的保证金,可以通过美国的交易商S&D公司在国际市场上进行外汇交易,赚的时候可以赚很多之类的话。后大友新亚按照辉公司客服代表的指示,于2001年10月19日至2002年7月24日向S&D公司、辉公司汇入相应的款项。S&D公司、辉公司向大友新亚开具外汇交易明细书。然而交易期间,利润的一部分没有归还给大友新亚。

后大友新亚在日本国向东京地方法院起诉,要求辉公司、李某、何某某、木某等返还保证金,并承担损害赔偿责任。东京地方法院认定,辉公司对大友新亚等人在没有真实进行外汇交易意图的情况下,却以保证金名义让大友新亚等人将钱款汇入,构成对大友新亚等人欺诈,并认定李某、何某某等人共同参与欺诈大友新亚等客户,于2006年11月14日以地方法院民事第30部判决,判令辉公司支付大友新亚95,561.57美元及与之相应的延迟损害赔偿金;李某、木某连带支付大友新亚95,561.57美元与之相应的延迟损害赔偿金;辉公司、木某、黄某某、胡某某、李某、何某某连带支付大友新亚418,143.06美元及91,998,423日元及与之相应的延迟损害赔偿金。辉公司、木某不服东京地方法院判决,向东京高等法院提出上诉。东京高等法院于2007年5月23日作出二审判决,对辉公司应承担的延迟损害赔偿金、木某应支付的金额及应承担的延迟损害赔偿金作了变更。判决生效后,李某、何某某未履行赔偿责任。

(3)裁判理由及意义

最高人民法院再审该案时,认为本案的争议焦点之一为域外证据之证明力认定问题。大友新亚提供的证据系在中华人民共和国领域外形成,其就域外证据办理了公证认证手续。对于当事人提供的域外证据,人民法院应根据不同情况分别处理:①对证明诉讼主体资格的证据,应要求当事人依法履行相关的公证、认证或者其他证明手续;②对其他证据,由提供证据的一方当事人选择是否办理相关的公证、认证或者其他证明手续,但人民法院为查明事实认为确需办理的除外。根据《民事诉讼法解释》第一百零四条的规定,对于能够反映案件真实情况、与待证事实相关联的上述第2类证据,无论是否已办理公证、认证或者其他证明手续,人民法院均应组织当事人进行质证,并结合当事人的质证意见以及各证据与案件事实之间的关联程度等予以审核认定。

结合本案当事人的举证质证情况,最高人民法院认为,大友新亚提供的日本国法院判决由日本外务省证明法院书记员印章属实,外务省官员的签章由我国驻日领事馆认证属实,李某、何某某未能提供相反证据予以推翻,应认定日本国法院判决是真实的。然而上述外国法院判决未经人民法院承认,在我国不发生法律效力,故其认定的事实不属于《民事诉讼法解释》第九十三条规定的免证事实,但不影响人民法院将该判决作为证据之一,结合本案其他证据予以认定。鉴于本案再审庭审中,李某对于其介绍大友新亚和辉公司签订外汇保证金交易合同的事实并无异议,对大友新亚及其控制的公司汇款进入辉公司、S&D公司以及辉公司和S&D公司不具有外汇保证金交易资质的证据,李某也不能提供充分的反驳证据,故对上述事实应予以确认。结合日本国法院判决认定的情况,本案可以认定辉公司及其关联公司S&D公司均没有外汇保证金交易资质,却虚构外汇保证金交易的经营模式,以保证金名义让大友新亚汇入款项,使大友新亚受到损失,该行为构成欺诈。日本国法院判决认定李某知道或基于过失应当知道辉公司的经营模式,故构成参与欺诈,但该判决中没有载明相应的证据,故最高人民法院对日本法院判决认定的李某参与欺诈的事实不予确认。

九、域外调查取证

(一)涉外国调查取证

1. 当事人自行取证

当事人向人民法院提交的书面材料是外文的,应当同时向人民法院提交中文翻译件。当事人对中文翻译件有异议的,应当共同委托翻译机构提供翻译文本;当事人对翻译机构的选择不能达成一致的,由人民法院确定。未经中国主管机关许可,任何外国当事人不得在中国境内自行调查取证。

2. 外交或领事人员取证

外国驻中华人民共和国的使领馆可以向该国公民送达文书和调查取证,但不得违反中华人民共和国的法律,并不得采取强制措施。

3. 代为取证

我国法院与外国法院可以依据两国缔结或共同参加的国际条约或按照互惠原则,相互请求代为调查取证。具体要求和操作程序应当按照《关于从国外调取民事或商事证据的公约》《最高人民法院关于依据国际公约和双边司法协助条约办理民商事案件司法文书送达和调查取证司法协助请求的规定》及其实施细则等规定执行。

(1)委托调查取证操作流程:须向外国提出调查取证委托请求的,应填写委托调查取证请求书,并附相关材料,送交上海市高级人民法院外事办公室。上海市高级人民法院外事办公室经审查合格后转递至最高人民法院外事局。

(2)协助调查取证操作流程:上海市高级人民法院外事办公室接到最高人民

法院外事局转递或外国中央机关发出的调查取证请求书及相关资料,经审查后发至上海市高级人民法院相关审判庭或下级法院办理。

审查要点

1. 委托调查取证请求书样式要求

请求书应以被请求执行机关的文字作成或附该种文字的译文。但是,除非缔约国已根据《关于从国外调取民事或商事证据的公约》第三十三条的规定提出保留,缔约国应该接受以英文或法文作成或附其中任何一种文字译文的请求书。

2. 协助调查取证的注意事项

我国法院提供司法协助,依照我国法律规定的程序进行;外国法院请求采用特殊方式的,可以按照其请求的特殊方式进行,但不得违反我国法律。

执行不属于我国法院的职权范围或者执行请求书将危及我国的主权或安全的,可以拒绝执行请求。

相关规定

1.《民事诉讼法》

第二百七十七条 请求和提供司法协助,应当依照中华人民共和国缔结或者参加的国际条约所规定的途径进行;没有条约关系的,通过外交途径进行。

外国驻中华人民共和国的使领馆可以向该国公民送达文书和调查取证,但不得违反中华人民共和国的法律,并不得采取强制措施。

除前款规定的情况外,未经中华人民共和国主管机关准许,任何外国机关或者个人不得在中华人民共和国领域内送达文书、调查取证。

2.《民事诉讼法解释》

第五百二十七条 当事人向人民法院提交的书面材料是外文的,应当同时向人民法院提交中文翻译件。

当事人对中文翻译件有异议的,应当共同委托翻译机构提供翻译文本;当事人对翻译机构的选择不能达成一致的,由人民法院确定。

3.《最高人民法院关于依据国际公约和双边司法协助条约办理民商事案件司法文书送达和调查取证司法协助请求的规定》

第三条 人民法院协助外国办理民商事案件司法文书送达和调查取证请求,应当进行审查。外国提出的司法协助请求,具有海牙送达公约、海牙取证公约或双边民事司法协助条约规定的拒绝提供协助的情形的,人民法院应当拒绝提供协助。

第六条 最高人民法院统一管理全国各级人民法院的国际司法协助工作。高级人民法院应当确定一个部门统一管理本辖区各级人民法院的国际司法协助工作并指定专人负责。中级人民法院、基层人民法院和有权受理涉外案件的专门法院,应当指定专人管理国际司法协助工作;有条件的,可以同时确定一个部门管理国际司法协助工作。

4.《最高人民法院关于依据国际公约和双边司法协助条约办理民商事案件司法文书送达和调查取证司法协助请求的规定实施细则(试行)》

第二十六条 人民法院审判、执行部门依据海牙取证公约提出调查取证请求时,应当按照下列要求办理:

(一)制作符合海牙取证公约规定的调查取证请求书。

被请求国对请求书及其附件文字未作出声明或者保留的,请求书及其附件应当附有被请求国官方文字、英文或者法文译文。

被请求国对请求书及其附件文字作出声明或者保留的,请求书及其附件应当附有被请求国官方文字的译文。

被请求国不同地区使用不同官方文字的,请求书及其附件应当附有该地区官方文字的译文。

请求书有附件的,附件译文的语种应当与请求书译文的语种一致。

(二)请求书、附件及其译文应当一式两份,参照下列顺序装订成两套:

1. 请求书原文及译文;

2. 附件一原文及译文(附件二、三依此类推);

3. 证明请求书及其附件的译文与原文一致的翻译证明。

(三)请求书在最终向外国中央机关发出之前,不填写签发日期、地点,也不加盖任一经手法院或者部门的印章。

(四)制作转递函,与请求书及其附件等一并报送国际司法协助专办员或者国际司法协助统一管理部门。

学术观点

与外国法院开展国际民事司法协助是人民法院的专属职能，对于来自外国的国际民事司法协助请求进行实质审查是人民法院的职责。在审查机制上，地方各级人民法院在办理具体司法协助请求时，如果认为提供协助可能损害国家主权、安全，或者存在双边司法协助条约中规定的拒绝提供协助的情形的，均有权提出拒绝提出协助的意见和建议，并通过高级人民法院报告最高人民法院。地方各级人民法院不能因为上级法院已经审查过而疏于审查。

人民法院对外国提出的司法协助请求的审查，分为形式审查和实质审查两个方面。形式审查的主要内容是，请求国与我国之间是否适用《关于向国外送达民事或商事司法文书和司法外文书公约》《关于从国外调取民事或商事证据的公约》和双边司法协助条约，所送达的文书和请求的调查取证是否属于民商事的性质，实质送达的文书与请求书中列明的文书是否一致，是否附有《关于向国外送达民事或商事司法文书和司法外文书公约》《关于从国外调取民事或商事证据的公约》和双边司法协助条约所要求的译文，等等。实质审查的主要内容是，外国提出的司法协助请求是否具有《关于向国外送达民事或商事司法文书和司法外文书公约》《关于从国外调取民事或商事证据的公约》或双边民事司法协助条约规定的拒绝提供协助的情形。①

（二）涉港澳调查取证

1. 涉香港特别行政区调查取证

（1）当事人自行取证

我国人民法院在处理涉及香港特别行政区的案件时，可责成当事人在香港特别行政区自行取证。当事人向人民法院提供的证据是在香港特别行政区形成的，应当履行相关的证明手续。

---

① 参见曾朝晖：《〈关于依据国际公约和双边司法协助条约办理民商事案件司法文书送达和调查取证司法协助请求的规定〉的理解与适用》，载《人民司法》2013 年第 13 期。

(2)代为取证

内地与香港特别行政区之间委托调查取证事宜应根据最高人民法院《关于内地与香港特别行政区法院就民商事案件相互委托提取证据的安排》办理。内地法院与香港特别行政区法院相互委托提取证据通过各高级人民法院和香港特别行政区政务司司长办公室辖下行政署进行。

2. 涉澳门特别行政区调查取证

(1)当事人自行取证

我国人民法院在处理涉及澳门特别行政区的案件时,可责成当事人在澳门特别行政区自行取证。当事人向人民法院提供的证据是在澳门特别行政区形成的,应当履行相关的证明手续。

(2)代为取证

内地与澳门特别行政区之间委托调查取证事宜应根据最高人民法院《关于内地与澳门特别行政区法院就民商事案件相互委托送达司法文书和调取证据的安排》办理。内地法院与澳门特别行政区法院相互委托调取证据通过各高级人民法院和澳门特别行政区终审法院进行。

委托调查取证:各法院需委托调查取证的,应当经分管院长审批后向上海市高级人民法院港澳台司法事务组递交委托调查请求书及相关材料。委托调查请求书应当以中文文本提出,所附文件没有中文文本的,应当提供中文译本。

协助调查取证:上海市高级人民法院港澳台司法事务组接受澳门特别行政区法院调查取证请求后,经审查认为可以办理的,立案后可以自行办理,也可以发至相关审判庭或下级法院办理。具体办理参照涉台湾地区协助调查取证的要求。

审查要点

1. 委托调查取证委托书样式要求

委托书应当写明:委托法院的名称;当事人及其诉讼代理人的姓名、地址,及其他一切有助于辨别其身份的情况,以及需要向其提出的问题;委托调取证据的原因,以及委托调取证据的具体事项;被调查人的姓名、地址及其他一切有助于辨别其身份的情况，以及需要向其提出的问题；调取证据需采用的特殊方式；有助于执行该委托的其他一切情况。

2. 协助调查取证中的注意事项

对于委托内容不符合我国规定或者执行委托将损害我国公共秩序或者善良风俗的，可不予协助；对于办理委托事项将妨碍正在进行的侦查、起诉或者审判程序的，可暂缓办理，但应及时将相关情况报上海市高级人民法院港澳台司法事务组。

相关规定

1. 最高人民法院《关于内地与香港特别行政区法院就民商事案件相互委托提取证据的安排》

第二条 双方相互委托提取证据，须通过各自指定的联络机关进行。其中，内地指定各高级人民法院为联络机关；香港特别行政区指定香港特别行政区政府政务司司长办公室辖下行政署为联络机关。

最高人民法院可以直接通过香港特别行政区指定的联络机关委托提取证据。

第七条 受委托方应当根据本辖区法律规定安排取证。

委托方请求按照特殊方式提取证据的，如果受委托方认为不违反本辖区的法律规定，可以按照委托方请求的方式执行。

如果委托方请求其司法人员、有关当事人及其诉讼代理人（法律代表）在受委托方取证时到场，以及参与录取证言的程序，受委托方可以按照其辖区内相关法律规定予以考虑批准。批准同意的，受委托方应当将取证时间、地点通知委托方联络机关。

2. 最高人民法院《关于内地与澳门特别行政区法院就民商事案件相互委托送达司法文书和调取证据的安排》

第二条 双方相互委托送达司法文书和调取证据，通过各高级人民法院和澳门特别行政区终审法院进行。最高人民法院与澳门特别行政区终审法院可以直接相互委托送达和调取证据。

经与澳门特别行政区终审法院协商，最高人民法院可以授权部分中级人民法院、基层人民法院与澳门特别行政区终审法院相互委托送达和调取证据。

第七条　受委托方法院应当根据本辖区法律规定执行受托事项。委托方法院请求按照特殊方式执行委托事项的，受委托方法院认为不违反本辖区的法律规定的，可以按照特殊方式执行。

学术观点

对在我国香港特别行政区形成的证据，须先经司法部委托的香港律师进行公证，再由香港注册的中国法律服务中心加章转递，方可确认其真实性。但由于香港公证律师实行的是宣誓公证，他们并不负责查明文书内容的真实性，所以经公证的文书也可能存在虚假情况，人民法院在使用时，仍需结合其他证据，予以甄别核实。[①]

学界对于直接取证存在诸多讨论。我国学者多认为在区际调查取证方面，应当改变目前以法院委托为主，辅以直接取证方式的现状，允许法院直接派出特派员或当事人及其诉讼代理人等直接取证，让这种取证方式与法院委托方式并行不悖，相得益彰。具体而言，我国区际取证采用特派员取证方式的意义在于：其一，区际特派员取证为一国域内不同法域间所为，不存在危害国家主权、安全的问题，也不至于因取证造成取证地的社会秩序受伤害，真正体现主权统一在区际司法协助上的积极意义。其二，从国际取证制度的发展趋势看，特派员取证因其灵活性而日渐得到国际社会的重视，我国虽对《关于从国外调取民事或商事证据的公约》规定的特派员取证做出保留，但区际取证不适用海牙公约，也不妨碍区际取证制度中适用该方式。其三，特派员取证可以简化外法域调查取证的程序，克服法院委托的烦琐，有利于降低诉讼成本，提高司法协助的成效。其四，特派员取证为法院专门授权之人员为之，可以优化取证主体的适应性，调取证据具有可靠性与权威性。

尽管许多国家或地区对当事人或其代理人取证方式采反对态度，但实际上，包括我国在内的不少国家或地区，并没有禁止本地当事人和代理人到域外取证，表明认许本地案件当事人和代理人自行到域外调查取证的方式。香港特别行政

---

① 参见刘竹梅：《对域外调取证据真实性的认定》，载《法律适用（国家法官学院学报）》2002年第10期。

区采取的是“完全当事人主义”，调查取证由当事人或其代理律师进行。从前述区际民商事纠纷解决的实践来看，内地法院采用了这种方式，如果不允许港澳台法域的当事人或律师前来取证，不符合各法域民商事法律地位平等原则。①

（三）涉台调查取证

1. 当事人自行取证

我国人民法院在处理涉及台湾地区的案件时，可责成当事人在台湾地区自行取证。当事人向人民法院提供的证据是在台湾地区形成的，应当履行相关的证明手续。

2. 代为取证

祖国大陆与台湾地区之间委托调查取证事宜应根据《最高人民法院关于人民法院办理海峡两岸送达文书和调查取证司法互助案件的规定》（法释〔2011〕15号）以及《上海法院关于办理涉台送达文书和调查取证司法互助工作的规定（试行）》办理。

调查取证的范围限于与台湾地区法院相互协助调取与诉讼有关的证据，包括取得证言及陈述；提供书证、物证及视听资料；确定关系人所在地或者确认其身份、前科等情况；进行勘验、检查、扣押、鉴定和查询等。

（1）委托调查取证

各法院需要台湾地区协助调查取证的，应当填写《〈海峡两岸共同打击犯罪及司法互助协议〉调查取证请求书》附录部分，连同相关材料，一式三份，及时交送上海市高级人民法院港澳台司法事务组。

上海市高级人民法院港澳台司法事务组审查同意的，应将审查意见和请求书附录部分及相关材料，一式二份，转送最高人民法院；经审查认为欠缺相关资料、内容或者认为不需要请求台湾地区协助调查取证的，应及时告知请求单位补充相关材料、内容或者退回材料并予以说明。

对台湾地区成功完成上海市高级人民法院请求的调查取证的，上海市高级

① 参见于飞：《论我国区际民商事直接取证》，载《澳门法学》2017年第3期。

人民法院港澳台司法事务组应将收到的最高人民法院转送的取证材料，及时转送至请求法院。

(2)协助调查取证

上海市高级人民法院港澳台司法事务组收到请求协助调查取证的材料后，应在审查后将可接受办理的受托事项发送相关法院或上海市高级人民法院相关审判庭办理。成功完成调查取证后，应将取得的证据材料一式二份，连同台湾地区提供的材料，送交上海市高级人民法院港澳台司法事务组；未能完成调查取证的，应当出具说明函一式二份，连同台湾地区提供的材料，并在确定不能成功调查取证后及时送交上海市高级人民法院港澳台司法事务组。

审查要点

1. 协助调查取证完成时间限制

上海市高级人民法院港澳台司法事务组收到请求协助调查取证的材料后，应在审查后将可接受办理的受托事项发送相关法院或上海市高级人民法院相关审判庭办理。承办法院或上海市高级人民法院审判庭，在收到上海市高级人民法院港澳台司法事务组发送的台湾地区请求协助调查取证的材料之后，应在1个月内完成受托事项，最迟不得超过2个月，因故不能在期限届满前完成的，应当提前函告上海市高级人民法院港澳台司法事务组。

2. 协助调查取证中的注意事项

对于委托内容不符合我国规定或者执行委托将损害我国公共秩序或者善良风俗的，可不予协助；对于办理委托事项将妨碍正在进行的侦查、起诉或者审判程序的，可暂缓办理，但应及时将相关情况报上海市高级人民法院港澳台司法事务组。

相关规定

《最高人民法院关于人民法院办理海峡两岸送达文书和调查取证司法互助案件的规定》

第十七条　审理案件的人民法院需要台湾地区协助调查取证的，应当填写《〈海峡两岸共同打击犯罪及司法互助协议〉调查取证请求书》附录部分，连同相关材料，一式三份，及时送交高级人民法院。

高级人民法院应当在收到前款所述材料之日起七个工作日内完成初步审查，并将审查意见和《〈海峡两岸共同打击犯罪及司法互助协议〉调查取证请求书》附录部分及相关材料，一式二份，立即转送最高人民法院。

典型案例

中国农业银行股份有限公司昆山支行与黄某等金融借款纠纷案

(1)案号

江苏省昆山市人民法院(2016)苏0583民再13号

(2)案情

2013年3月19日，中国农业银行股份有限公司昆山支行(以下简称农行昆山分行)与钟某甲、黄某签订《个人购房担保借款合同》，其中约定，农行昆山分行根据钟某甲、黄某的申请，同意向其发放购房借款。借款金额为人民币40万元，用于借款人购买位于昆山市地安国际花园某小区的房屋；借款人同意以所购房屋设定抵押，担保本合同项下借款本金、利息、罚息、复利、违约金、损害赔偿金、诉讼费、律师费、处置费、过户费等贷款人实现债权和抵押权的一切费用。现因钟某甲、黄某未能按合同约定按期还本付息，从而引发纠纷。案件原审判决钟某甲、黄某归还借款本金、利息，承担律师费、案件受理费等费用。后因原审被告钟某甲在原审判决前死亡，故农行昆山分行认为原审判决被告钟某甲承担民事责任主体错误，请求维持原审对黄某向农行昆山分行承担还款责任的民事判决，钟某甲的继承人钟某乙在继承范围内向农行昆山分行承担还款责任。

(3)裁判理由及意义

本案再审中，法院依据《最高人民法院关于人民法院办理海峡两岸送达文书和调查取证司法互助案件的规定》第十条之规定，请求台湾地区协助调查钟某死亡事实及其继承人情况，台湾地区提供调查材料显示：钟某甲于××××年××月×日死亡。钟某与黄某生育3个子女，长子钟某乙、长女钟某丙、次女钟某丁。钟某丙、钟某丁明确表示放弃对钟某甲遗产继承权。据此，法院认为，原审对钟某甲于本案诉讼前死亡事实未查明，对钟某甲作出的民事判决主体错误，再审予以纠正。

学术观点

《海峡两岸共同打击犯罪及司法互助协议》奠定了两岸民事调查取证互助的基础，但依照协议规定的互助仍然需要进一步拓展实施空间，提升合作层次。该协议把民事司法互助与刑事司法互助混同规定，有关民事调查取证的规定较为原则和模糊，其在实践中的运用仍须进一步分析和解读。在证据法中，证人证言和当事人陈述是重要的证据方式，《海峡两岸共同打击犯罪及司法互助协议》也把“取得证言及陈述”列置于取证互助的首位，足见其被两岸司法互助所重视。大陆与台湾地区对证人证言和当事人陈述的规定及其适用存在差异。两岸都规定证人的作证义务，台湾地区还规定证人的拒绝证言权；两岸作为证据的陈述规则都经历了不同形式的发展完善过程，且内容具有一定的趋同性，但它们在适用时的评估标准或掌握程度可能不尽相同。两岸相互协助取得证言及陈述，应主要适用受请求方的规定，同时在一定条件下，也可例外适用请求方规定。因而，尽管《海峡两岸共同打击犯罪及司法互助协议》规定“依己方规定”相互协助调查取证，但在证人拒证问题上，考虑证人特权的人身属性，如果台湾地区请求大陆协助调取在大陆的台湾人员证人证言，可以按照台湾地区规定说明证人享有拒证权的范围，同时要求证人践行具结程序——只要这样做不损害大陆的社会公共利益。①

---

① 参见于飞：《两岸民事调查取证互助问题——以“取得证言及陈述”为例》，载《武大国际法评论》2018年第3期。

第二部分　涉外、涉港澳台金融案件的实体性问题

一、法律适用的一般规定

首先应识别案件的法律性质，对于涉外、涉港澳台民商事法律关系的定性，适用法院地法律。在涉案法律关系存在竞合的情况下，法院既应尊重当事人对案件性质的主张，又不应完全受当事人主张的限制。

相关规定

《涉外民事关系法律适用法》

第八条 涉外民事关系的定性，适用法院地法律。

典型案例

黄某、苏某与周大福代理人有限公司、亨满发展有限公司以及宝宜发展有限公司合同纠纷案①

(1) 案号

最高人民法院(2015)民四终字第9号

(2) 案情

1992年，郑某甲和李某共同捐资1.6亿元将顺德市华侨中学异地重建，后郑某甲和李某要求顺德市政府把原顺德市华侨中学的土地使用权以捐资款1.6亿元出让给宝宜发展有限公司(以下简称宝宜公司)，1993年7月郑某甲和李某代表宝宜公司与顺德市规划国土局签订《顺德市华侨中学原地块土地使用权转让

① 参见《中华人民共和国最高人民法院公报》2016年第7期(总第237期)。

协议书》。2000 年 6 月 1 日和 19 日，周大福代理人有限公司（以下简称周大福公司）的董事郑某乙、亨满发展有限公司（以下简称亨满公司）的董事林某作为周大福公司和亨满公司的代表与黄某签订《有关买卖宝宜发展有限公司股份的备忘录》（以下简称《备忘录》）和《买卖股权协议》，约定周大福公司和亨满公司向黄某转让宝宜公司股权和股东贷款权益。《备忘录》规定了完成股权买卖的先决条件，即宝宜公司向顺德市规划国土局领取以宝宜公司为使用者的原华侨中学地块的国有土地使用权证和宝宜公司向顺德市政府有关部门领取房地产买卖执照等。同年 7 月 30 日，郑某乙又以宝宜公司董事和代表的身份与顺德市规划国土局签订了《顺德市国有土地使用权出让合同书》。2000 年 9 月 18 日、2000 年 11 月 14 日、2001 年 6 月 15 日、2002 年 1 月 2 日，郑某乙和林某等再次以周大福公司和亨满公司代表身份与黄某签署了 4 次补充协议，主要是变更付款币种、付款时间和利息支付等内容。截至 2006 年 7 月 6 日，黄某先后向周大福公司和亨满公司支付了合同款项折合人民币 121，652，826.60 元以及《备忘录》约定的 2000 万元诚意金，后因周大福公司和亨满公司不能履行《备忘录》及《买卖股权协议》约定义务，导致合同无法继续履行。故请求判令解除黄某与周大福公司、亨满公司签署的《备忘录》《买卖股权协议》及其全部补充协议；周大福公司、亨满公司、宝宜公司共同偿还转让款本金及利息 2.341 亿元人民币、依约支付损害赔偿金 4500 万港元。

（3）裁判理由及意义

最高人民法院认为，关于本案案由问题，根据《涉外法律适用法解释》第十九条以及《涉外民事关系法律适用法》第八条的规定，本案纠纷定性应当适用法院地法——内地法律。从本案系争合同的内容看，包括两方面权益转让：一是周大福公司、亨满公司将持有的宝宜公司全部股权转让给黄某；二是周大福公司、亨满公司将其对宝宜公司的股东贷款权益转让给黄某，因此，本案实质系股权及债权转让合同纠纷。根据《最高人民法院关于印发修改后的〈民事案件案由规定〉的通知》的要求及其所附《民事案件案由规定》的规定，对于第三级案由没有规定的，适用相应的第二级案由，本案案由应确定为合同纠纷。针对本案当事人是否适格应适用何地法律的问题，法院认为，原告是否适格的问题是程序法上问题，程序法事由应适用法院地法律，即内地法律。针对本案所涉合同项下违约责任承担应适用何地法律的问题，因《买卖股权协议》第二十七条约定“本协议适用香港特别行政区法律并依香港法律解释”,《备忘录》第十七条约定“本备忘录受香港法律管辖,并须按香港法律解释”,法院确定本案应适用香港特别行政区法律。

本案明确,在涉港民商事纠纷案件中,应当参照我国国际私法冲突规范的规定以及国际私法理论,针对涉及的不同问题采用分割方法确定应当适用的法律。本案涉及的定性、程序事项适用法院地法——内地法律;合同争议本身以及诉讼时效问题,根据我国冲突规范的规定,适用当事人选择的香港特别行政区法律。

(一)法律适用的顺序

1. 国际条约

涉案争议属于我国缔结或者参加的国际条约的适用范围的,应首先考虑适用国际条约的规定,除非当事人依该条约的规定排除其适用。

2. 强行法

我国法律对涉外民事关系有强制性规定的,直接适用该强制性规定。

3. 准据法

根据我国冲突规范确定应适用的准据法。

4. 国际惯例

如果我国法律和我国缔结或参加的国际条约对有关的争议事项未作规定,可以适用国际惯例。

审查要点

1. 审查声明保留条款

尽管应首先考虑适用我国缔结或者参加的国际条约,但应注意不予适用中华人民共和国声明保留的条款。

2. 我国法律规定直接适用中国法

在我国境内履行的中外合资经营企业合同、中外合作经营企业合同、中外合作勘探开发自然资源合同。

3. 强制性规定的范围

有下列情形之一,涉及中华人民共和国社会公共利益、当事人不能通过约定排除适用、无需通过冲突规范指引而直接适用于涉外民事关系的法律、行政法规的规定,应当认定为强制性规定:

(1)涉及劳动者权益保护的;

(2)涉及食品或公共卫生安全的;

(3)涉及环境安全的;

(4)涉及外汇管制等金融安全的;

(5)涉及反垄断、反倾销的;

(6)应当认定为强制性规定的其他情形。

4. 准据法确立的基本原则

(1)适用冲突规范指向的准据法:法律规定某些争议必须适用某一国法律的,则适用该国法律;法律规定某些争议可由当事人选择法律的,则适用当事人选择的法律,当事人未选择的,根据最密切联系原则确定应适用的法律。

当事人的选择权需法律明确规定。承办法官应在庭前初步判断案件的准据法,如果当事人事先未约定的,应及时征询当事人意见,准据法的确定应尽量在庭审前完成,一审法庭辩论终结前当事人可选择、变更。当事人选择适用法律的意见,应以书面形式记录在案。各方选择相同国家法律且不提法律适用异议,视为当事人作出选择。

(2)适用我国法律:适用外国法律违反我国社会公共利益或应当适用的外国法律无法查明时,适用我国法律。

实践中公共秩序保留需慎用,避免将当事人的个体利益上升为社会公共利益,确需援用时应详细阐明适用的理由。法院不宜简单认定"不能查明",必要时可依职权委托法律专家出具法律意见作为参考。

(3)排除外国法适用:当事人故意规避我国法律法规强制性规定。

当事人以故意制造连结点等方式,规避我国法律法规强制性规定的,不发生适用外国法律的效力。法院对是否故意规避应注意进行实质审查,审慎认定。

(4)认定当事人主体资格、权利能力、行为能力的适用法律,一般应按照属人原则来确定,并不必然适用案件实体争议的准据法。

5. 不适用反致和转致制度

冲突规范指向的外国法不包括外国的冲突规范，即不适用反致和转致制度；冲突规范指向多法域国家时，按最密切联系原则确定适用某一区域实体法律。

6. 程序性问题适用法院地法

程序性问题适用法院地法为国际私法中的基本原则，该项原则在《民事诉讼法》第二百五十九条中也有所体现。因此，在考虑法律适用时，应将所涉问题分为实体法问题和程序法问题。如果一个问题被识别为程序法问题，就适用法院地法；如果被识别为实体法问题，则可以适用外国法。

相关规定

1.《民法典》

第十条 处理民事纠纷，应当依照法律；法律没有规定的，可以适用习惯，但是不得违背公序良俗。

第四百六十七条 本法或者其他法律没有明文规定的合同，适用本编通则的规定，并可以参照适用本编或者其他法律最相类似合同的规定。

在中华人民共和国境内履行的中外合资经营企业合同、中外合作经营企业合同、中外合作勘探开发自然资源合同，适用中华人民共和国法律。

2.《涉外民事关系法律适用法》

第二条 涉外民事关系适用的法律，依照本法确定。其他法律对涉外民事关系法律适用另有特别规定的，依照其规定。

本法和其他法律对涉外民事关系法律适用没有规定的，适用与该涉外民事关系有最密切联系的法律。

第三条 当事人依照法律规定可以明示选择涉外民事关系适用的法律。

第四条 中华人民共和国法律对涉外民事关系有强制性规定的，直接适用该强制性规定。

第五条 外国法律的适用将损害中华人民共和国社会公共利益的，适用中华人民共和国法律。

第六条 涉外民事关系适用外国法律，该国不同区域实施不同法律的，适用与该涉外民事关系有最密切联系区域的法律。

第九条 涉外民事关系适用的外国法律，不包括该国的法律适用法。

第十条 涉外民事关系适用的外国法律，由人民法院、仲裁机构或者行政机关查明。当事人选择适用外国法律的，应当提供该国法律。

不能查明外国法律或者该国法律没有规定的，适用中华人民共和国法律。

第十一条 自然人的民事权利能力，适用经常居所地法律。

第十二条 自然人的民事行为能力，适用经常居所地法律。

自然人从事民事活动，依照经常居所地法律为无民事行为能力，依照行为地法律为有民事行为能力的，适用行为地法律，但涉及婚姻家庭、继承的除外。

第十四条 法人及其分支机构的民事权利能力、民事行为能力、组织机构、股东权利义务等事项，适用登记地法律。

3.《民事诉讼法》

第二百五十九条 在中华人民共和国领域内进行涉外民事诉讼，适用本编规定。本编没有规定的，适用本法其他有关规定。

4.《涉外民事关系法律适用法解释》

第四条 中华人民共和国法律没有明确规定当事人可以选择涉外民事关系适用的法律，当事人选择适用法律的，人民法院应认定该选择无效。

第六条 当事人在一审法庭辩论终结前协议选择或者变更选择适用的法律的，人民法院应予准许。

各方当事人援引相同国家的法律且未提出法律适用异议的，人民法院可以认定当事人已经就涉外民事关系适用的法律做出了选择。

第八条 有下列情形之一，涉及中华人民共和国社会公共利益、当事人不能通过约定排除适用、无需通过冲突规范指引而直接适用于涉外民事关系的法律、行政法规的规定，人民法院应当认定为涉外民事关系法律适用法第四条规定的强制性规定：

(一)涉及劳动者权益保护的；

(二)涉及食品或公共卫生安全的；

(三)涉及环境安全的；

(四)涉及外汇管制等金融安全的；

(五)涉及反垄断、反倾销的；

(六)应当认定为强制性规定的其他情形。

第九条　一方当事人故意制造涉外民事关系的连结点，规避中华人民共和国法律、行政法规的强制性规定的，人民法院应认定为不发生适用外国法律的效力。

第十五条　人民法院通过由当事人提供、已对中华人民共和国生效的国际条约规定的途径、中外法律专家提供等合理途径仍不能获得外国法律的，可以认定为不能查明外国法律。

根据涉外民事关系法律适用法第十条第一款的规定，当事人应当提供外国法律，其在人民法院指定的合理期限内无正当理由未提供该外国法律的，可以认定为不能查明外国法律。

典型案例

1. 中化国际（新加坡）有限公司与蒂森克虏伯冶金产品有限责任公司国际货物买卖合同纠纷案①

（1）案号

最高人民法院（2013）民终字第35号

（2）案情

2008年4月11日，中化国际（新加坡）有限公司（以下简称中化新加坡公司）与蒂森克虏伯冶金产品有限责任公司（以下简称德国克虏伯公司）签订了购买石油焦的《采购合同》，约定合同应当根据美国纽约州当时有效的法律订立、管辖和解释。中化新加坡公司按约支付了全部货款，但德国克虏伯公司交付的石油焦HGI指数仅为32，与合同中约定的HGI指数典型值为36～46不符。中化新加坡公司因此认为德国克虏伯公司构成根本违约，请求判令解除合同，要求德国克虏伯公司返还货款并赔偿损失。

（3）裁判理由及意义

最高人民法院认为，本案为国际货物买卖合同纠纷，双方当事人均为外国公司，案件具有涉外因素。《涉外法律适用法解释》第二条规定："涉外民事关系法律适用法实施以前发生的涉外民事关系，人民法院应当根据该涉外民事关系发

① 参见《中华人民共和国最高人民法院公报》2015年第8期（总第226期）。

生时的有关法律规定确定应当适用的法律;当时法律没有规定的,可以参照涉外民事关系法律适用法的规定确定。”案涉《采购合同》签订于2008年4月11日,在《涉外民事关系法律适用法》实施之前,当事人签订《采购合同》时的《民法通则》第一百四十五条规定:“涉外合同的当事人可以选择处理合同争议所适用的法律,法律另有规定的除外。涉外合同的当事人没有选择的,适用与合同有最密切联系的国家的法律。”本案双方当事人在合同中约定应当根据美国纽约州当时有效的法律订立、管辖和解释,该约定不违反法律规定,应认定有效。由于本案当事人营业地所在国新加坡和德国均为《联合国国际货物销售合同公约》缔约国,美国亦为《联合国国际货物销售合同公约》缔约国,且在一审审理期间双方当事人一致选择适用《联合国国际货物销售合同公约》作为确定其权利义务的依据,并未排除《联合国国际货物销售合同公约》的适用,江苏省高级人民法院适用《联合国国际货物销售合同公约》审理本案是正确的。而对于审理案件中涉及的问题《联合国国际货物销售合同公约》没有规定的,应当适用当事人选择的美国纽约州法律。《〈联合国国际货物销售合同公约〉判例法摘要汇编》并非《联合国国际货物销售合同公约》的组成部分,不能作为审理本案的法律依据,但在如何准确理解《联合国国际货物销售合同公约》相关条款的含义方面,其可以作为适当的参考资料。

本案的裁判启示是,若国际货物买卖合同的当事各方所在国为《联合国国际货物销售合同公约》的缔约国,应优先适用该公约的规定,该公约没有规定的内容,适用合同中约定适用的法律。国际货物买卖合同中当事人明确排除适用《联合国国际货物销售合同公约》的,则不应适用该公约。

2. 德国亚欧交流有限责任公司与绥芬河市青云经贸有限公司合作协议纠纷案①

(1)案号

最高人民法院(2006)民四终字第8号

(2)案情

2004年6月,绥芬河市青云经贸有限公司(以下简称青云公司)与德国亚欧交流有限责任公司(以下简称德国亚欧公司)在山东省青岛市签订了合作协议,

① 参见《中华人民共和国最高人民法院公报》2007年第6期(总第128期)。

约定双方就“德国科隆中国商品批发市场D座”的招商代理项目进行合作。该协议第八条第四项约定“甲乙双方如因本协议及本协议涉及项目产生纠纷,由双方协商解决,协商不成时,由协议签署地法院管辖仲裁”;第五项约定“甲乙双方因本协议产生的纠纷,解决依据的法律为中国法律”。2005年1月,青云公司与德国亚欧公司在中国黑龙江省绥芬河市签署《“德国科隆中国商品批发市场D座”合作协议的补充协议》一份,就有关合作项目的上午考察签证和进场费等问题进行了约定。2005年10月,青云公司向黑龙江省高级人民法院提起诉讼,请求解除上述协议并判定德国亚欧公司返还进场费、赔偿项目运作费用等。德国亚欧公司提出管辖权异议,认为本案系涉外案件,涉案协议的履行地、被告住所地、争议涉及的不动产所在地及协议约定的管辖地均不在黑龙江省,黑龙江高级人民法院没有管辖权,请求将本案移送至有管辖权的法院审理或驳回起诉。

(3)裁判理由及意义

一审黑龙江省高级人民法院认为,因合作协议产生的纠纷应由协议签署地法院管辖。本案双方当事人在山东省青岛市签订合作协议后,又在黑龙江省绥芬河市签订合作协议的补充协议,该补充协议属于合作协议的组成部分,故青岛市和绥芬河市均属合作协议的签署地。因此,本案纠纷黑龙江省高级人民法院有管辖权。二审最高人民法院认为,管辖权异议属于程序问题,解决程序问题应当适用法院地法,即《民事诉讼法》。1991年《民事诉讼法》第二百四十四条规定:“涉外合同或者涉外财产权益纠纷的当事人,可以用书面协议选择与争议有实际联系的地点的法院管辖。”因此,本案双方当事人在合作协议中选择协议签订地法院管辖,符合法律规定,该管辖条款应认定为有效。根据约定,合作协议签订地法院即青岛市的人民法院对合作纠纷拥有管辖权。原审法院驳回管辖权异议理由有误,本案并非当事人之间协定的协议存在多个签字地点应当如何认定协议签订地的问题,而应当是当事人选择了管辖法院后该管辖条款是否有效以及当事人是否变更了管辖条款的问题。尽管当事人间后续在其他地点对合作协议进行了补充,但补充协议并没有就管辖条款进行任何修改。在合作协议选择管辖法院条款有效的情况下,原审法院依据所谓补充协议的签订地对合作协议纠纷行使管辖权没有事实和法律依据,原审裁定应予撤销。

本案的裁判启示是,程序问题应当适用法院地法,管辖权异议属于程序问题,合作协议中约定的管辖条款应为有效。尽管在签订合作协议之后,双方当事人又在其他地点签订了补充协议,但补充协议并未对管辖条款进行修改,仍应以原合作协议中的管辖条款作为确立管辖法院的依据。

3. 意大利科玛克股份公司与上海迅维机电设备有限公司买卖合同纠纷案

(1)案号

上海市高级人民法院(2011)沪高民二(商)终字第18号

(2)案情

上海迅维机电设备有限公司(以下简称为迅维公司)自2006年8月至2007年12月,委托案外人上海对外经济贸易实业浦东有限公司(以下简称为浦东公司)与意大利科玛克股份公司(以下简称为科玛克公司)在上海签订合同,进口科玛克公司产品,迅维公司进口最后一批货物时间为2008年2月4日。2006年8月14日、2007年2月14日,科玛克公司分别向迅维公司出具了内容相同的授权书,载明:“公司在此证明,迅维公司已被指定为科玛克公司产品授权经销商/代理商,负责洗地吸干机、扫地机、磨光机及真空吸尘器的销售与服务。科玛克公司保证,按照授权经销商/代理商的要求,向其提供全面的技术支持和零部件等,以确保顾客充分满意。科玛克公司将尽所能,在未来与迅维公司扩大合作并建立强有力的长期商业合作。”

2008年1月8日,科玛克公司向其产品的中国用户出具说明函,载明:“科玛克公司在此证明其指定位于北京凯堡清洁设备有限公司(以下简称为凯堡公司)科玛克公司为中国唯一被授权销售地面清洗机、地面清扫机、单擦机和真空吸尘器的经销商。公司保证对经销商的各项要求提供全面的技术协助及配件供应等。”2008年1月21日,科玛克公司向其客户上海易初莲花超市有限公司出具说明函,载明:“从2008年1月1日起,凯堡公司……将成为科玛克公司在中国的独家进口商……迅维公司将不再是科玛克公司产品的指定进口商。迅维公司仍然可以向凯堡公司购买产品设备和配件……凯堡公司曾经努力将迅维公司纳入销售网络,遗憾的是迅维公司对此不感兴趣,这意味着迅维公司可能随即开始销售其他品牌的产品。”

科玛克公司发出上述说明函时,迅维公司仍有部分进口产品未销售。此外,自2008年3月至2009年9月,3家公司以迅维公司与科玛克公司终止了产品代理关系为由,将向迅维公司购买的部分产品退回。迅维公司遂提起诉讼,请求法院判令其向科玛克公司退货,并主张科玛克公司返还货款、赔偿利润损失及仓储费用。

(3)裁判理由及意义

一审法院认为:第一,关于原告和被告间的法律关系。从原告和被告之间的交易流程来看,原告委托浦东公司向被告进口货物,买卖合同由浦东公司与被告直接签订,原告收到货物后支付货款,被告再以授权书的形式指定原告为产品授权经销商/代理商,故原告和被告间为买卖合同关系。第二,关于本案纠纷应适用的准据法。根据《联合国国际货物销售合同公约》的规定,该公约适用于营业地在不同缔约国的当事人之间订立的货物销售合同。本案当事人营业地分别位于中国和意大利,两国均是《联合国国际货物销售合同公约》缔约国,故本案应当适用《联合国国际货物销售合同公约》。第三,关于被告取消授权的行为。根据《联合国国际货物销售合同公约》的规定,双方当事人确立的任何习惯性做法,对当事人均有约束力。原告和被告在2006年至2007年存在连续的买卖合同关系,被告每年出具相应的授权书,双方构成了较为紧密的买卖关系,被告出具授权书的行为可认为是交易中的习惯做法。被告解除授权的行为,影响了原告在国内销售剩余存货,并导致原告与多家经销商的经销关系终止,该行为违反了诚实信用原则以及《联合国国际货物销售合同公约》的规定。第四,关于被告应当承担的民事责任。《联合国国际货物销售合同公约》仅规定买方在三种情形下有权主张退货,但该公约第7条第2项规定,公约未尽问题应依公约一般原则、各国国际私法规则处理。本案被告取消授权的行为,无法通过实际履行、减少价款等救济方式得以弥补,故依据诚信原则,原告有权要求被告接受退货,并返还货款、海关费、关税、报关费等费用。同时,根据《联合国国际货物销售合同公约》规定,一方当事人违约的,守约方可以要求损害赔偿,损害赔偿额应与守约方遭受的包括利润在内的损失额相等,且不得超过违约方订立合同时的预见。本案被告明知原告进口货物是为了在国内转售,应能预见到取消授权的行为将给原告造成损失,故判决赔偿原告预期利润损失及利息损失。

科玛克公司不服判决,提起上诉。二审法院认为:第一,上诉人与被上诉人间为货物买卖合同关系,上诉人出具授权书的行为不能改变当事人间法律关系性质。第二,上诉人取消授权的行为导致被上诉人大量库存产品无法继续销售,已售出的产品亦遭退货,违反了诚实信用原则,应当对此承担相应责任。二审法院据此驳回上诉,维持原判。

本案的裁判启示是,《联合国国际货物销售合同公约》于1988年1月1日起对我国生效后，如国际货物买卖纠纷属于该公约调整范围的，我国应直接适用该公约审理。根据该公约规定，当事人间确立的习惯做法对当事人有约束力，一方违反习惯做法并导致对方损害的，守约方有权主张救济。从法理及诚实信用角度看，一方违反习惯做法时，守约方具有合理情由的，有权主张退货、赔偿损失、赔付利息。

学术观点

实践中，除经法律冲突规范指引而适用的实体法规范，还应当注意强制性规范的直接适用。对于中国法院而言，根据《涉外民事关系法律适用法》认定强制性规范，主流认为应当以关涉重大公益作为国际强制性规范的必要条件。第一，判断某一规范是否关涉重大公益，应综合考虑该规范所属领域的特点、规范的目的、内容、实施方式、法律效力及其所体现的政策等因素。第二，某一强制性规范的公益意义可能会随时间的推移而有所改变。例如，与反贿赂、反垄断、环境治理、文物保护等具有稳定性的长期政策不同，外汇管制等领域的政策在社会经济转型期可能会作出相对频繁的调整。当某一强制性规范的公益意义因该规范所体现政策的调整而有所变化时，该规范的冲突法强制性就有必要重新考量。第三，尽管国际强制性规范以关涉重大公益为要件，但这并不意味着只有纯粹的公法规范才能成为国际强制性规范。某些国际强制性规范可能同时关涉公益与私益，而对于此类规范的性质，传统公私法二分认识论难以作出清晰界定。第四，某些实体法强制性规范通过向（往往弱势的）一方当事人倾斜而实现双方利益的平衡，构成保护性实体法规范（以下简称保护性规范）。依比较法经验，保护性规范不应一律排除在强制性规范的范畴外。某一保护性规范是否具有冲突法强制性，在个案中需由法官立足本国政策具体判断。需要指出的是，尽管弱者保护是《涉外民事关系法律适用法》的重要理念之一，但是对弱者个体私益的关怀并非强制性规范制度所要解决的问题。仅当某一保护性规范具有更广泛而深刻的公益意义时，该规范才具有冲突法上的强制性。对于不构成国际强制性规范的保护性规范，应通过完善有关多边冲突规范来确保该规范在特定情形下的适用。[①]

---

① 参见肖永平、龙威狄：《论中国国际私法中的强制性规范》，载《中国社会科学》2012年第10期。

（二）准据法的确定

1. 合同类案件的准据法

涉外、涉港澳台合同纠纷的当事人可以选择合同争议所适用的法律。当事人在合同中约定的准据法，只要不违反我国法律的强制性规定，应当作为处理案件争议的实体法律。当事人在合同中未事先约定准据法的，法院可以在审理过程中征询当事人的意见，当事人可以在一审法庭辩论终结前作出选择；如当事人无法达成一致意见的，法院应根据最密切联系原则确定合同纠纷的准据法。

《涉外民事关系法律适用法》与其他法律对同一涉外民事关系法律适用规定不一致的，适用《涉外民事关系法律适用法》的规定，但《票据法》《海商法》《民用航空法》等商事领域法律的特别规定以及知识产权领域法律的特别规定除外。

审查要点

1. 当事人选择法律的时间和方式

意思自治原则在合同类案件准据法选择中占有重要地位，法院应首先根据当事人选择的法律确定准据法。承办法官应在庭前初步判断案件的准据法，如果当事人事先未约定的，应及时征询当事人意见，准据法的确定应尽量在庭审前完成。当事人选择适用法律的意见，应以书面形式记录在案。倘若当事人在一审法庭辩论终结前协议选择或者变更选择适用的法律的，人民法院应予准许。

当事人若在合同中约定选择适用外国法律的，应当提供该国法律。当事人若在法院指定期限内无正当理由未提供外国法律的，视为不能查明外国法律，应适用中华人民共和国法律。

2. 合同类案件中最密切联系地判断标准

在合同领域，双方当事人互负履行义务，如果一方当事人的履行义务最能体现该合同不同于其他类型合同的本质特征，合同应适用与该当事人或其履行有关的准据法。将意思自治原则结合特征性履行理论，使意思自治原则的适用具有一定确定性与可操作性。在现代合同关系中，一方支付货币，另一方提供商品或服务的合同关系最为常见。在该类合同关系中，因支付货币成了大多数合同的共同特征，此时“非金钱履行”最能体现该类合同的特征。而对于双方的履行义务均为支付货币的合同，仍应从最密切联系说的本意出发，寻找特征性履行方。①

相关规定

1.《涉外民事关系法律适用法》

第四十一条 当事人可以协议选择合同适用的法律。当事人没有选择的，适用履行义务最能体现该合同特征的一方当事人经常居所地法律或者其他与该合同有最密切联系的法律。

2.《涉外民事关系法律适用法解释》

第三条 涉外民事关系法律适用法与其他法律对同一涉外民事关系法律适用规定不一致的，适用涉外民事关系法律适用法的规定，但《票据法》《海商法》《民用航空法》等商事领域法律的特别规定以及知识产权领域法律的特别规定除外。

第五条 一方当事人以双方协议选择的法律与系争的涉外民事关系没有实际联系为由主张选择无效的，人民法院不予支持。

典型案例

1.“沈阳神羊游乐园有限公司与马来西亚进出口银行有限公司金融借款合同纠纷案”

(1)案号

最高人民法院(2017)最高法民终636号

(2)案情

2007年5月29日，马来西亚进出口银行有限公司(以下简称马来西亚进出口银行)与沈阳神羊游乐园有限公司(以下简称神羊公司)签订一份贷款协议，其中第2.1项约定，马来西亚进出口银行向神羊公司提供贷款7000万美元。第

① 参见马志强：《最密切联系原则在中国的立法完善——前瞻〈民法典〉编纂中的涉外篇》，载《当代法学》2016年第6期。

17.21 项约定,(a)以马来西亚法律作为本协议的管辖法律,应根据马来西亚法律进行解释,如果马来西亚法律不适用或者不具有执行力,各方应将争议适用中国法律或其他马来西亚进出口银行认可的适用法律,所有担保文件所适用的法律与上述情形相同;(b)各方不可撤销的同意马来西亚法院具有非排他管辖权,有权对任何诉讼或程序进行审理和判决,也有权处理任何由本贷款协议和其他担保文件所引起或与上述协议和文件有关的争议;(f)向有管辖权的马来西亚法院提起诉讼不得限制马来西亚进出口银行对借款方在其他任何管辖地提起法律诉讼程序的权利,并且马来西亚进出口银行在任何一个或者多个管辖地提起法律诉讼并不排斥其在任何其他管辖地提起法律诉讼程序的权利。后来,马来西亚进出口银行向神羊公司发放了贷款协议约定的7000万美元贷款,而神羊公司并未按照约定还款,故马来西亚进出口银行向辽宁省高级人民法院起诉,请求判令神羊公司支付本金及利息。一审法院判决神羊公司支付贷款的本金及利息,神羊公司不服一审判决,认为一审法院适用中国法错误,向最高人民法院上诉。

(3)裁判理由及意义

最高人民法院认为,关于本案的法律适用问题。根据《涉外民事关系法律适用法》第四十一条的规定,当事人可以协议选择合同适用的法律。本案所涉《贷款协议》第17.21(a)项明确约定,"以马来西亚法律作为本协议的管辖法律,应根据马来西亚法律进行解释,如果马来西亚法律不适用或者不具有执行力,各方应将争议适用中国法律或其他进出口银行认可的适用法律,所有担保文件所适用的法律与上述情形相同"。一审期间,神羊公司虽主张双方在贷款协议中选择适用马来西亚法律,但其并未根据要求向一审法院提供马来西亚法律。《涉外民事关系法律适用法》第十条第一款规定,"当事人选择适用外国法律的,应当提供该国法律"。《涉外法律适用法解释》第十七条第二款规定,"根据涉外民事关系法律适用法第十条第一款的规定,当事人应当提供外国法律,其在人民法院指定的合理期限内无正当理由未提供该外国法律的,可以认定为不能查明外国法律"。《涉外民事关系法律适用法》第十条第二款规定,"不能查明外国法律或者该国法律没有规定的,适用中华人民共和国法律"。据此,一审法院认为,神羊公司有义务向法院提供其主张适用的马来西亚法律而没有提供,且没有正当理由,故判决适用中华人民共和国法律审理本案。在二审庭审过程中,神羊公司明确表示,双方约定马来西亚法律、中华人民共和国法律都可以适用,但同意以中华人民共和国法律为准。因此,神羊公司关于本案应当适用马来西亚法律进行审理的上诉理由不能成立。

本案的裁判启示是,根据《涉外民事关系法律适用法》及司法解释的规定,当事人可以协议选择合同适用的法律,协议选择适用外国法律的,应当提供该国法律。在合理期限内未提供的,应认定为不能查明该国法律,此时,应当适用中华人民共和国法律。据此,涉外金融借款合同的当事人主张适用外国法律但在法定期限内未予提供的,人民法院判决适用中华人民共和国法律审理案件的,并无不当。

2."先进氧化铁颜料有限公司与 HOP 投资有限公司居间合同纠纷案"

(1)案号

江苏省高级人民法院(2010)苏商外终字第 0059 号

(2)案情

2006 年 12 月,无锡市黑珍珠氧化铁有限公司(以下简称黑珍珠公司)向先进氧化铁颜料有限公司(以下简称先进公司)转让其在中外合资经营企业上海宝齐氧化铁有限公司(以下简称宝齐公司)10% 的股权。HOP 投资有限公司(以下简称 HOP 公司)作为中介方和先进公司、黑珍珠公司在无锡签订协议一份,约定先进公司在股权转让完成后向 HOP 公司支付中介费 30 万美元。协议签订后,黑珍珠公司与先进公司在 2006 年 12 月 28 日签订了《股权转让协议》,并于 2007 年 7 月 17 日经上海市外国投资工作委员会批复同意转让,已于 2007 年 8 月 15 日办理完毕股权变更手续,但先进公司至今未按约支付中介费 30 万美元。据此,HOP 公司请求法院判令先进公司支付中介费 30 万美元及相应利息,并负担本案诉讼费用。

(3)裁判理由及意义

关于法律适用问题,一审、二审法院均认为,本案系涉外商事纠纷,双方当事人在合同中未约定准据法,而涉案居间合同因转让中外合资经营企业股权而起,股权转让事实及变更登记手续均发生在我国境内,故涉案居间合同明显与我国有更密切联系,根据最密切联系原则确定我国法律为准据法,符合法律规定。

关于涉案协议效力问题,先进公司认为,HOP 公司作为外国企业未在中国核准登记注册,其在中国境内从事居间服务属于非法经营行为,违反我国《企业法人登记管理条例》的强制性规定,故涉案居间协议应属无效。对此,一审、二审法院均认为，我国《合同法》第五十二条第（五）项规定的"强制性规定"，是指效力性强制性规定，即只有违反了与合同效力有关的强制性规定，才会导致合同无效，而《企业法人登记管理条例》第三条第二款不属于效力性强制性规定。第一，该条款规定本身并没有关于违反的后果是导致合同无效的有关内容。第二，从该条例的制定目的来看，其主要是确认企业法人资格，保障企业合法权益，取缔非法经营。该条例第三条第二款限制的是交易主体的行为资格，涉及的是一种管理性规定，违反该规定并不能导致合同无效。第三，根据《外商投资产业指导目录》的规定，HOP公司从事的居间服务，并不属于我国限制或禁止外国投资者经营的产业，不会影响到国家的经济安全。涉案居间合同认定为有效合同并不会损害国家利益或社会公共利益。

在合同当事人未约定准据法的情况下，应当根据最密切联系原则确立准据法。合同效力直接关系到当事人之间的权利义务，而强制性规范为效力性强制性规范或是管理性强制性规范又决定了合同的有效与否。在合同违反的强制性规范仅为管理性规范时，不宜认定为合同无效。

学术观点

最密切联系原则一向受到我国国际私法立法的青睐。2011年生效的《涉外民事关系法律适用法》更是在以往的基础上进一步发展了最密切联系原则，利用它来填补法律空白（第二条第二款）、处理外国法适用中的区际冲突（第六条）、确定自然人的属人法（第十九条）以及解决涉外合同的法律适用问题（第四十一条），等等。在涉外合同领域，最密切联系条款存续时间最久，延续性也最好。此方面的立法始于1985年《涉外经济合同法》第五条第一款，随后又得到1986年《民法通则》第一百四十五条第二款、1999年《合同法》第一百二十六条第一款以及《涉外民事关系法律适用法》第四十一条等多部法律法规和司法解释的一再肯定。并且，由于合同纠纷在我国涉外民商事案件中的比重最大，涉外合同最密切联系条款也就相应地成为使用率最高的最密切联系条款。正因为存续时间长且运用频密，该条款下的司法裁量权滥用问题表现得最为充分。针对此弊，《涉外民事关系法律适用法》第四十一条收编了以往作为司法解释出现的特征性履行规定。但是，从目前的情况来看，该条在驾驭裁量权方面仍不够理想。

1. 裁量权擅用。裁量权擅用,是指在法律禁止的情况下行使裁量权。对于某些涉外合同,我国国际私法已就法律适用问题作出其他规定,这也就间接禁止了在此类规则的管辖范围内行使最密切联系原则下的自由裁量权。就我国现行法而论,这种规定主要有 3 类:(1)指定适用法院地法的规则。例如,3 类特殊的涉外合同即在我国境内履行的中外合资经营企业合同、中外合作经营企业合同以及中外合作勘探开发自然资源合同必须适用我国法律。此外,还有一些合同与重大社会公共利益密切相关并受到我国强制性规范的约束。对于此类合同应该根据《涉外民事关系法律适用法》第四条直接适用我国法。(2)针对特殊类型合同的规则。对于劳务合同、消费合同等特殊合同的法律适用,法律设有特别规定。法官在处理涉及此类合同的争议时,应根据特别规定选择准据法。(3)当事人意思自治条款。根据《涉外民事关系法律适用法》第四十一条的规定,当事人可以协议选择合同适用的法律。只要选法的协议合法、有效,法院就应该尊重当事人意愿,适用双方选择的法律。对受上述 3 类规则管辖的合同,法官不得动用最密切联系授予的自由裁量权,否则即为本书所谓权力的擅用。

2. 裁量权错用。裁量权错用,是指在应该援引合同最密切联系条款行使裁量权的场合,权力的行使未能谨守条款的具体规定。根据《涉外民事关系法律适用法》第四十一条的规定,对于当事人没有就法律适用达成协议的合同纠纷,"适用履行义务最能体现该合同特征的一方当事人经常居所地法律或者其他与该合同有最密切联系的法律"。该条关于最密切联系的规定,其实包含着 3 层含义:(1)以适用与合同有最密切联系法域的法律为原则。(2)在决定最密切联系法域时,优先考虑义务履行最能体现合同特征的一方当事人的经常居所地,即通说所谓"特征性履行地"。这其实包含了立法者对合同最密切联系法域的推定。(3)如果立法者的推定落空,即另有其他法域与合同的联系较特征性履行地更为密切,则应该适用其他法域的法律。可见,最密切联系条款对自由裁量权的导向和行使过程有具体、明确的规定,即以发现最密切联系法域为权力导向,以先考虑立法推定、后考虑推定之外的法域为权力行使程序。如果法官不遵守以上规定,就应视为对裁量权的错用。①

---

① 参见王艺:《涉外合同最密切联系条款下的裁量权滥用及其控制》,载《法商研究》2015 年第 2 期。

2. 侵权类案件的准据法

侵权行为发生后，当事人可以协议选择适用法律。当事人在案件审理中就适用法律达成一致意见的，可以据此确定案件的准据法；如当事人无法达成一致意见的，首先应适用双方共同经常居所地法律，当事人无共同经常居所地的，则适用侵权行为地法律。侵权行为地的法律包括侵权行为实施地法律和侵权结果发生地法律。两者不一致时，法院可以选择适用。

考察当事人是否选择了解决侵权纠纷的准据法，在纠纷发生后至一审辩论终结前均可选择。如果当事人存在共同居所地，则共同居所地法的适用优先于侵权行为地法。

审查要点

1. 侵权行为地的认定方式

侵权行为地虽为一场所意义的概念，但在涉外侵权案件中，往往较难判定侵权行为地。将构成侵权之诉的事实进行分类，可分析出侵权行为地的两个子概念，一为侵权行为实施地，二为损害结果发生地。① 根据最高人民法院意见，侵权结果地应理解为侵权行为直接产生的结果发生地，不能以权利人认为受到损害就认为其住所地就是侵权结果发生地。②

2. 涉及网络支付行为案件中侵权行为地等的认定

如果涉及网络支付的行为，如期货交易等，信息网络侵权行为实施地可包括实施被诉侵权行为的计算机等信息设备所在地，侵权结果发生地包括被侵权人住所地。

相关规定

1.《涉外民事关系法律适用法》

第四十四条　侵权责任，适用侵权行为地法律，但当事人有共同经常居所地

---

① 参见宋晓：《侵权冲突法一般规则之确立——基于罗马Ⅱ与中国侵权冲突法的对比分析》，载《法学家》2010 年第 3 期。

② 参见最高人民法院(2013)民提字第 16 号民事裁定书。

的,适用共同经常居所地法律。侵权行为发生后,当事人协议选择适用法律的,按照其协议。

2.《民事诉讼法解释》

第二十五条 信息网络侵权行为实施地包括实施被诉侵权行为的计算机等信息设备所在地,侵权结果发生地包括被侵权人住所地。

典型案例

美国美森轮船有限公司与宁波布莱莲特国际贸易有限公司财产损害赔偿纠纷案

(1)案号

上海市高级人民法院(2009)沪高民四(海)终字第143号

(2)案情

原告宁波布莱莲特国际贸易有限公司(以下简称布莱莲特公司)与美国Cutiepiebaby Inc.订立销售合同,委托宁波致远国际货物有限公司(以下简称致远货运)安排货物出运事宜。涉案货物价值101,136.49美元,由被告美国美森轮船有限公司(以下简称美森公司)承运,被告委托宁波船务代理有限公司(以下简称宁波船代)代理签发了编号为MATS2146927000的提单。原告认为,货物出运后,被告在原告仍持有正本提单的情况下将货物交付给收货人,造成原告经济损失。被告的无单放货行为侵害了原告作为提单持有人的合法权利,应承担赔偿责任,请求判令被告赔偿贷款损失人民币690,691,32元(按2008年11月27日美元与人民币的汇率中间价1∶6.8292折算)。

(3)裁判理由及意义

本案中,双方当事人争议焦点为:涉案侵权纠纷的法律适用及被告责任认定。法院认为,本案系涉外侵权之诉。根据法律规定,侵权行为的损失赔偿,适用侵权行为地法律。侵权行为地包括侵权行为实施地和侵权结果发生地,如果两者不一致时,人民法院可以选择适用。本案中,美森公司确认其无正本提单将货物放给记名收获人,故侵权行为发生地在美国;布莱莲特公司是涉案提单载明的托运人和提单持有人,其系中国法人,美森公司无正本提单放货侵害其货物所有权,故侵权行为结果地发生在中国。而且本案提单在中国境内签发,涉案海上货物运输合同关系在中国建立，较侵权行为发生地美国而言，中国与本案具有更密切的联系。布莱莲特公司要求选择中国法律作为解决涉案纠纷的准据法，符合我国法律规定，应予准许。

关于原告损失，鉴于原告提供的销售确认书、商业发票、报关单上显示的货物价值均相互印证，认定原告的货款损失为101，136.49美元。关于汇率，原告请求以1美元∶6.8292元人民币折算货物损失，因原告起诉之日即2008年12月4日美元与人民币的汇率中间价是1∶6.8502，故原告以低于起诉之日美元与人民币的汇率折算货款损失的请求可予支持。

本案的裁判启示是，法院明确侵权行为的损失赔偿应当适用侵权行为地法律。侵权行为地包括侵权行为实施地和结果发生地。本案中，结合最密切联系原则，法院选择侵权结果发生地中国法律作为准据法。事实上，法官最熟悉本国的实体法，适用法院地迅速准确，节约了司法成本，并有助于保证办案质量、提高工作效率。但是，倘若法院地法过多地被适用，从长远来说不利于我国与他国之间国际金融的交流。因此，法院地法的适用必须得到公平合理的定位和规划，方能促进国际贸易与金融稳定发展。

学术观点

2011年4月1日，《涉外民事关系法律适用法》正式施行。该法第四十四条（学理上所称的侵权一般冲突规则）中的核心连结点“侵权行为地”的含义一直悬而未决，亟待澄清。在限地侵权中，侵权行为实施地与侵权结果发生地均在同一法域，追问“侵权行为地”并无实益。在隔地侵权中，侵权行为实施地与侵权结果发生地分离，且分别位于不同的法域，如果该案件不适用《涉外民事关系法律适用法》或其他特别立法中的侵权特别冲突规则，又不受该法第四十四条特殊连结点的指定，这时必须适用侵权行为地法，判定“侵权行为地”具体所指则为首要任务。在《涉外民事关系法律适用法》实施之前，《民法通则意见》第一百八十七条曾对“侵权行为地”作出过复义化的解释，即“侵权行为地”既包括“侵权行为实施地”，又包括“侵权结果发生地”，这两个连结点所指定的法域的法律不相同时，人民法院可以择一适用。《民法通则意见》虽然肯定“侵权行为地”包括了两种含义，但是并没有指明两个法域的法律不一致时，应如何进行法律选择，将问题留给法官自由裁量。在未对司法实践做详尽探究的情况下,无法由此认为司法实践中存在一条关于“侵权行为地”界定的习惯规则。事实上,确定“侵权行为地”的含义本质上是一个法律解释问题,不能脱离法律规则体系而孤立地论证某一观点的合理性。

从比较法的经验来看,“侵权行为地”的不同界定方式背后具有不同的利益和政策考量。侵权一般冲突规则只能针对较为常见且主要的隔地侵权类型对“侵权行为地”作一个常态化的界定。其他侵权类型对“侵权行为地”的界定如有不同的利益和政策考量,需要由立法另行设置侵权特别冲突规则抑或通过例外条款授权法官在个案中矫正“侵权行为地”的常态化界定。因此,理想状态下的侵权冲突法体系应当由侵权一般冲突规则、特别侵权冲突规则与例外条款构成,三者相互配合形成一个严密的规则体系。《涉外民事关系法律适用法》缺失了一些重要的侵权特别冲突规则,也未设置例外条款,故体系上存在重大缺陷。我国侵权冲突法体系的这一缺陷,决定了对“侵权行为地”的解释不宜盲目借鉴单义化的解释模式,也不宜借鉴复义化的界定并以“有利于受害人”原则指导选法的解释模式。此种立法缺陷还直接影响到了法律解释工作的进一步展开。企图通过法解释的方法,利用最密切联系原则指导侵权一般冲突规则中“侵权行为地”的界定,有其难以克服的理论与实践障碍,收效极其有限。如前所述,保护受害人抑或保护环境、保护劳工、促进司法经济等利益或政策考量无法在最密切联系的判断中予以体现,应诉诸立法解决问题。具体来说,可以从三个方面入手:第一,应当引入一条一般例外条款;第二,侵权一般冲突规则中的“侵权行为地”宜界定为“侵权直接结果发生地”;第三,补充一些必要的侵权特别冲突规则。①

(三)特 殊 问 题

1. 违反强制性规定的合同效力问题

我国《民法典》规定了违反法律、行政法规的强制性规定或者违背公序良俗的民事法律行为无效,这既是判断无效民事法律行为的标准,也是判断无效合同

① 参见林强:《涉外侵权法律选择中的侵权行为地界定——从侵权一般冲突规则的解释切入》,载《现代法学》2018 年第 4 期。

的新标准。能导致合同无效的强制性规定被限制在法律和行政法规范围内，但其中存在“效力性强制性规定”和“管理性强制性规定”的区分。违反效力性强制性规定的，法院应认定合同无效；违反管理性强制性规定的，法院应当根据具体情形认定其效力。

法院在审理合同纠纷案件中，应当审慎判断“强制性规定”的性质，特别要在考量强制性规定所保护的法益类型、违法行为的法律后果以及交易安全保护等因素的基础上认定其性质，并在裁判文书中充分说明理由。

审查要点

1. 效力性强制性规定和管理性强制性规定的认定标准

根据《全国法院民商事审判工作会议纪要》的规定，下列强制性规定，应当认定为“效力性强制性规定”：强制性规定涉及金融安全、市场秩序、国家宏观政策等公序良俗的；交易标的禁止买卖的，如禁止人体器官、毒品、枪支等买卖；违反特许经营规定的，如场外配资合同；交易方式严重违法的，如违反招投标等竞争性缔约方式订立的合同；交易场所违法的，如在批准的交易场所之外进行期货交易。关于经营范围、交易时间、交易数量等行政管理性质的强制性规定，一般应当认定为“管理性强制性规定”。

根据原《合同法司法解释二》的精神，在判断效力性规定与管理性规定的分别时，首先，应从强制性规定的立法目的进行判断，如果其目的是实现管理的需要而设置，并非针对行为内容本身，则可认为不属于效力性强制性规定。例如，《商业银行法》第三十九条规定的商业银行资产负债比例，即属于管理性的强制性规范，体现了中国人民银行强化对商业银行的审慎监管，商业银行进行的民事活动如违反该条规定，中国人民银行应按照《商业银行法》的规定进行处罚，但不影响其从事民事活动的主体资格，也不影响其签订的借款合同的效力。其次，从强制性规定的调整对象来判断该规定是否为效力性强制性规定。一般而言，效力性强制性规范针对的都是行为内容，而管理性强制性规范很多时候单纯限制的是主体的行为资格。比如，《公司法》第十二条有关公司经营范围的规定、《企业破产法》第二十四条有关管理人资格的规定和《城市房地产管理法》第五十八条有关房地产中介需取得营业执照的规定。上述两个方面的判断并不足以概括全部，还要结合合同无效的其他因素考虑。例如，《保险法》和《证券法》有关保险业与证券业从业资格的规定，虽然调整的是主体资格，但其立法目的不仅是管理需要，而且涉及公共利益和市场秩序，因此，应确定为效力性强制性规定，而不能简单地看作管理性强制性规定。①

2. 应当办理批准等手续却未办理的合同效力问题

根据我国相关法律、行政法规的规定，不少涉外合同应当经过审批机关批准。未办理批准等手续影响合同生效的，不影响合同中履行报批等义务条款以及相关条款的效力。应当办理申请批准等手续的当事人未履行义务的，对方可以请求其承担违反该义务的责任。

相关规定

1.《民法典》

第一百五十三条 违反法律、行政法规的强制性规定的民事法律行为无效。但是，该强制性规定不导致该民事法律行为无效的除外。

违背公序良俗的民事法律行为无效。

第五百零二条 依法成立的合同，自成立时生效，但是法律另有规定或者当事人另有约定的除外。

依照法律、行政法规的规定，合同应当办理批准等手续的，依照其规定。未办理批准等手续影响合同生效的，不影响合同中履行报批等义务条款以及相关条款的效力。应当办理申请批准等手续的当事人未履行义务的，对方可以请求其承担违反该义务的责任。

依照法律、行政法规的规定，合同的变更、转让、解除等情形应当办理批准等手续的，适用前款规定。

2. 最高人民法院《全国法院民商事审判工作会议纪要》

30.【强制性规定的识别】 ……人民法院在审理合同纠纷案件时，要依据

① 参见董万程、王继君：《〈民法总则〉中的效力性强制性规定立法问题研究》，载《法律适用》2017 年第 11 期。转引自沈德咏等主编：《最高人民法院关于合同法司法解释(二)理解与适用》，人民法院出版社 2009 年版，第 112 ~ 113 页。

《民法总则》第153条第1款和合同法司法解释(二)第14条的规定慎重判断“强制性规定”的性质,特别是要在考量强制性规定所保护的法益类型、违法行为的法律后果以及交易安全保护等因素的基础上认定其性质,并在裁判文书中充分说明理由。下列强制性规定,应当认定为“效力性强制性规定”:强制性规定涉及金融安全、市场秩序、国家宏观政策等公序良俗的;交易标的禁止买卖的,如禁止人体器官、毒品、枪支等买卖;违反特许经营规定的,如场外配资合同;交易方式严重违法的,如违反招投标等竞争性缔约方式订立的合同;交易场所违法的,如在批准的交易场所之外进行期货交易。关于经营范围、交易时间、交易数量等行政管理性质的强制性规定,一般应当认定为“管理性强制性规定”。

典型案例

“集胜贸易有限公司与重庆华兴产业股份有限公司其他合同纠纷案”

(1)案号

最高人民法院(2014)民四终字第9号

(2)案情

2004年2月29日,集胜贸易有限公司(以下简称集胜公司)与重庆华兴产业股份有限公司(以下简称华兴公司)签订《合作协议书》,约定双方共同开发重庆渝北高新园K-5-1号地块。协议签署后,双方成立了合资公司,集胜公司按照协议陆续投入资金人民币2512.42万元用于该项目的开发。但出于各种原因,双方未能继续合作开发该项目。经协商,双方于2008年3月24日签订《终止及清算协议》,约定在保证集胜公司利益的基础上终止合作关系,由华兴公司自行开发该地块并归还集胜公司项目开发款。但是,《终止及清算协议》签订至今,华兴公司未向集胜公司支付任何款项。集胜公司诉至法院,请求华兴公司立即支付拖欠款项及违约金等。

(3)裁判理由及意义

关于法律适用问题,本案中,集胜公司系香港特别行政区法人,应参照适用《民事诉讼法》涉外民事诉讼程序进行审理。涉外合同的签订地、履行地、华兴公司住所地、标的物所在地等都在重庆,故本案应当适用中华人民共和国法律。

关于《终止及清算协议》效力问题,华兴公司辩称,该协议违反《外资企业法实施细则》第二十五条“经审批机关批准，外国投资者也可以用其从中国境内举办的其他外商投资企业获得的人民币利润出资”以及《外汇管理条例》第十六条“境外机构、境外个人在境内直接投资，经有关主管部门批准后，应当到外汇管理机关办理登记”等规定，因而协议应为无效。一审、二审法院均认为，根据《合同法司法解释二》第十四条、《合同法》第五十二条第(五)项规定的“强制性规定”，是指效力性强制性规定。《外资企业法实施细则》第二十五条以及《外汇管理条例》第十六条等规定均属于行政管理性规范，并不影响民事合同的效力，故涉案《终止及清算协议》有效。

本案的裁判启示是，合同效力直接关系当事人之间的权利义务，而强制性规范为效力性强制性规范或是管理性强制性规范又决定了合同的有效与否。在协议违反的强制性规范仅为管理性规范时，不宜认定为合同无效。在准据法选择方面，倘若当事人没有选择合同适用的法律，应适用履行义务最能体现合同特征的一方当事人经常居所地法律或者其他与该合同有最密切联系的法律。

学术观点

《民法总则》制定过程中，一度采取了有关“效力性强制性规定”的概念，草案三审稿第一百五十五条规定：“违反法律、行政法规的效力性强制性规定或者违背善良风俗的民事法律行为无效。”但审议过程中有意见认为，“效力性强制性规定”的概念比较模糊，建议换一种更加明确的方式，因此才有了《民法总则》第一百五十三条第一款的规定：“违反法律、行政法规的强制性规定的民事法律行为无效，但是该强制性规定不导致该民事法律行为无效的除外。”从《民法总则》第一百五十三条第一款的表述看，有两个“强制性规定”，其中前一个强制性规定指的就是效力性强制性规定，后一个强制性规定是管理性强制性规定。可见，《民法总则》第一百五十三条第一款尽管在表述上与《合同法》有所不同，但其精神内核并没有变，区分效力性强制性规定与管理性强制性规定仍然有其积极意义。《民法总则》第一百五十三条第一款的规定被《民法典》完全采纳形成了第一百五十三条第一款。

至于《全国法院民商事审判工作会议纪要》第三十条在《民法典》施行后其精神是否继续适用，鉴于最高人民法院在指定该纪要时，对《民法总则》第一百五十三条第一款规定的“法律、行政法规的强制性规定”如何理解进行了充分研究，而《民法典》完全吸收了《民法总则》该条规定的内容，因此，《全国法院民商事审判工作会议纪要》第三十条的精神在《民法典》施行后应当继续适用。①

2. 外币及利息计算问题

中国人民银行发布的《关于改革外币存贷款利率管理体制的通知》（银发〔2000〕267 号）第一条规定：“放开外币贷款利率。各种外币贷款利率及其计结息方式由金融机构根据国际金融市场利率的变动情况以及资金成本、风险差异等因素自行确定。”因而，我国允许当事人对外币贷款利率及其计算方式自行确定。

审查要点

1. 人民币兑主要外币的汇率确定

人民币兑主要外币的中间价按中国人民外汇交易中心公布的确定，其他外汇则以其与美元的汇率进行套算。

2. 利息的币种确认方式

利息的币种应与债务支付的币种相一致，当事人就债务支付的币种形成明确合意，也意味着对由此产生的利息币种具有合理预期，除非受诉法院地法律存在强制性规定，否则应尊重当事人对债务支付币种的合意选择。

3. 利息计算标准

对于外币利息，当事人合同中对于逾期利息的利率有约定的，以约定的利率为准。中国银行未发布相应外币利率的，向当事人进行释明，以当事人协商一致的利率为准。中国银行对相应币种未发布相应利率且当事人无法达成一致的，根据上海市高级人民法院条线意见，可以某日的该币种某期限内的伦敦银行同业拆借利率（London Inter Bank offered Rate，LIBOR）为基础适当上浮 1.5% ~ 2%。

---

① 参见最高人民法院民法典贯彻实施工作领导小组主编：《中华人民共和国民法典总则编理解与适用（下）》，人民法院出版社 2020 年版，第 754 ~ 774 页。

相关规定

《最高人民法院关于在涉外民商事案件审理中如何确定人民币兑主要外币汇率的请示的复函》(2010 年)

根据中国人民银行2006年1月3日发布的《关于进一步完善银行间即期外汇市场的公告》,自2006年1月4日起,中国人民银行授权中国外汇交易中心于每个工作日上午9时15分对外公布当日人民币对美元、欧元、日元和港币汇率中间价,作为当日银行间即期外汇市场以及银行柜台交易汇率的中间价。因此,2006年1月4日之前人民币兑主要外币的汇率(中间价)按中国人民银行公布的确定;2006年1月4日之后人民币兑主要外币的中间价按中国人民外汇交易中心公布的确定,其他外汇则以其与美元的汇率进行套算。

典型案例

1. 中国葛洲坝集团股份有限公司与被告意大利裕信银行股份有限公司上海分行独立保函纠纷案

(1)案号

上海金融法院(2018)沪74民初1419号

(2)案情

2018年2月12日,中国葛洲坝集团股份有限公司(以下简称葛洲坝公司)与位于意大利的 Cooperativa Muratori & Cementisti-C. M. C. Di Ravenna Societa' Cooperativa(以下简称 CMC 公司)签订了一份《分包合同》,约定由原告葛洲坝公司将科威特南穆特拉住房基础设施建设项目中的部分工程分包给 CMC 公司。双方并约定,作为合同生效的一项条件,CMC 公司应当向原告出具一份不可撤销的无条件履约保函,履约保函的金额应为分包合同总价的10%。被告意大利裕信银行股份有限公司上海分行(以下简称裕信银行上海分行)根据 CMC 公司的申请,于2018年3月5日向作为受益人的原告开立了编号为 G560 的履约保函(以下简称 G560 号保函)。根据该保函,保函开立人在收到受益人的书面要求5日内,将向受益人支付任何总额不超过9,887,598.89科威特第纳尔的款项,而受益人无须就其要求或者具体数额提供证据或者说明理由,即使上述申请人或其代表提出异议。CMC 公司在履行《分包合同》的过程中出现违约情形,并毫无根据地终止《分包合同》,导致工程建设陷入停顿。鉴于 CMC 公司的上述重大违约行为,原告决定按照 G560 号保函的约定进行索赔,故于 2018 年 11 月 26 日向被告发出要求付款的通知。被告在保函约定的最后支付时间向原告回函,声称因外国法律的原因不能支付保函项下款项,明确表示拒绝履行保函项下的付款义务。随后,原告诉至上海金融法院,要求被告偿付保函项下的本金及利息损失。在原告提起本案诉讼后,于 2019 年 4 月 2 日收到被告支付的 G560 号保函项下本金金额,原告据此撤回关于保函项下本金的诉请。但原告认为,根据保函以及双方约定适用的 URDG758,被告应当在 2018 年 12 月 5 日前支付保函项下款项,现被告迟延至 2019 年 4 月 2 日才履行支付义务,属于逾期支付,故被告仍应承担相应的违约责任,即向原告赔偿因其迟延履行造成的利息损失。

(3)裁判理由及意义

关于利息应按何币种作为计息基数,按何种利率标准进行计算的问题,原告主张将本案系争保函项下金额,按起诉日汇率换算为人民币,并以换算后的人民币金额为基数,按照中国人民银行公布的同期贷款利率为标准计收。被告则主张,被告的付款是以科威特第纳尔为货币单位,故因付款迟延而产生的利息,也应当以科威特第纳尔为货币单位计算,且利率标准应适用存款利率而非贷款利率。被告主张,本案应当适用科威特中央银行公布的同期存款利率。

上海金融法院认为,利息的币种应与债务支付的币种相一致,当事人就债务支付的币种形成明确合意,也意味着对由此产生的利息币种具有合理预期,除非受诉法院地法律存在强制性规定,否则应尊重当事人对债务支付币种的合意选择。按照 URDG758 第二十一条之规定,付款的货币为保函中指明的货币。本案系争保函中,双方当事人约定的付款货币是科威特第纳尔,最终被告的付款行为也是以科威特第纳尔完成,且最终付款行为在我国境外完成。按照《中国人民银行法》第十六条之规定,对于我国境内的公共或私人债务,人民币是法定货币,任何单位和个人不得拒收。而对于支付地不在我国境内的跨境资金流动,我国法律允许当事人约定币种进行支付,并未作出强制性规定。而且,在原告、被告双方未对一方违约情况下以何种币种承担违约责任进行明确约定的情况下,以科威特第纳尔作为计息基数相比原告主张的人民币币种而言,更符合原告、被告双方的预期以及国际金融惯例,于法有据,故本案中的利息损失之币种应以科威特第纳尔为货币单位计算。鉴于科威特第纳尔并非国际通行货币,外币之债的利率应以该货币发行国的央行公布利率为宜。本案中,原告与被告均为从事跨境交易的商业主体,计算原告的利息损失应考量商业主体通常的融资成本,宜以银行贷款利率作为参照。如果采纳存款利率标准,将出现所赔偿的利息损失无法覆盖原告实际资金成本的问题,甚至会产生鼓励违约方以低于金融市场价格占用守约方资金,从不法行为中获益的不良导向。故本案应以贷款利率标准而非存款利率标准计算原告的利息损失。

跨境贸易的支付以货币为计量单位,货币一般包括本国货币和外国货币。本案中,法院判令利息币种应与债务支付的币种相一致,这主要出于尊重当事人意思自治的角度出发。有鉴于当事人已就债务支付的币种形成合意,则可以预期双方当事人对由此债务产生的利息币种也存在合理预期。倘若当事人为金融机构时,鉴于商事行为旨在筹措资金,考虑到融资成本问题,法院应以银行贷款利率而非存款利率计算利息,方能正确引导市场行为,促进涉外金融贸易稳定发展,使判决达成法律效果和社会效果的统一。

2. 云南惠嘉进出口有限公司与汇丰银行(中国)有限公司昆明分行金融借款合同纠纷案

(1)案号

最高人民法院(2018)最高法民终151号

(2)案情

汇丰银行银行(中国)有限公司昆明分行(以下简称汇丰银行)与云南惠嘉进出口有限公司(以下简称惠嘉进出口公司)于2014年7月24日签订《银行授信》,约定汇丰银行向惠嘉进出口公司提供非承诺性银行授信,在额度范围内,汇丰银行依照授信函的具体条款和条件给予惠嘉进出口公司相应授信。在“特别授信条款”下中约定,违约利息在外币海外代付项下“逾期未还的(包括经贷款人要求支付而未支付的)款项将被征收违约利息,违约利率为年利率10%,或由贷款人不时决定的更高利率,并在贷款人要求支付时立即支付”。2014年7月28日,惠嘉集团签署《有限责任保证》,吴某某等人签署《个人和合伙人的共同连带保证》,约定惠嘉集团、吴某某等人分别为惠嘉进出口公司承担连带保证责任,每个保证人担保债务最高额为3190万美元。

惠嘉进出口公司根据前述协议,向汇丰银行申请5笔《不可撤销跟单信用证的申请》,且为此签订对应的《保证金存款质押》协议,同意将保证金存入汇丰银行指定账户,作为上述债务担保。据此,汇丰银行开具了5笔不可撤销跟单信用证,惠嘉进出口公司签署对应的信用证《到单指令》,确认汇丰银行信用证议付行开出的信用证,并承诺在确定时间内向汇丰银行支付相应款项并赎单。自2014年6月5日起,惠嘉进出口公司在本案信用证项下,向汇丰银行发出6笔《海外代付申请书》。后因惠嘉进出口公司未依约归还海外代付贷款,汇丰银行为惠嘉进出口公司垫付上述款项。据此,汇丰银行诉请法院判决惠嘉进出口公司归还垫付本金、利息,吴某某等人承担连带保证责任。

(3)裁判理由及意义

针对违约利息标准及起息日如何确定的问题,最高人民法院认为,汇丰银行与惠嘉进出口公司签订的《海外代付申请书》中明确约定,利率为在LIBOR基础上加3%(年利率),双方签订合同中亦有对起息日作出约定。根据中国人民银行《关于改革外币存贷款利率管理体制的通知》的规定,我国已明确放开外币贷款利率,各种外币贷款利率及其结息方式由金融机构根据国际金融市场利率的变动情以及资金成本、风险差异等因素自行确定。故汇丰银行与惠嘉进出口公司之间关于融资利息、违约利息及相关起息日约定有效,应遵照执行,相关主体也应承担连带保证责任。

学术观点

1. 外币折算的法律适用问题

无论债务用何种货币表示,在货币贬值时,债务人是否及在何种程度上应通过重新估价而向债权人增加支付,都应由支配产生债务之交易的法律决定。在判定债务以何种货币计付时属于实体问题,正因如此,对于债务币种的确定,一般均规定在民法等实体法之中。

2. 诉讼时债权币种的选择问题

如果在合同中约定以人民币表示的债务,则内地债权人在内地法院诉讼时不允许选择其他币种。当债权人为境外当事人时,法院是否支持其要求债务人以其本国货币偿还债务,实务中有不同的看法。

如果合同约定以某一外币计价,债权人面临的选择亦非常有限,即其只能在约定的外币和人民币之间择一,如允许债权人任意选择币种,无法避免债权人借此谋取不当的汇率收益。如果约定的外币非该债权人所在国货币，一般情况下法院也不会允许债权人选择自己国家的货币。但实践中对债务人是否可以选择偿还债务的货币的认识并不一致。如当事人在合同中约定以人民币结算，但在具体支付款项时，按照当时人民币和港币的汇率折算成港币支付给债务人。现债权人要求债务人返还约定的人民币数额，而债务人则主张按照履约当时收到的港币数额偿还。支持债权人者有之，同意债务人意见的也大有人在。笔者认为，且不论何方违约，合同约定的币种为人民币，从我国法院立场判断，并非外币之债，虽然当时债权人支付的为外币，但其等值于合同约定的人民币的数额。如果允许债务人选择以当时所收到的外币数额偿还，在外币贬值时，汇率风险实际由债权人承担，债务人赚取了汇率差价。还有一个最主要的理由是不能满足合同约定，超出当事人的预期。当然，债务人同意按照实际支付日的汇率将人民币折算为相应数额的港币偿还债务则不违背合同要求。

3. 外币兑换日的确定问题

在确定的时间内，外币与本币的兑换比率可能发生较大的变化，因此一笔应收外币账款或应付外币账款的期限结构对外汇风险的大小具有正面影响，即时间差直接决定外汇风险的大小，时间越长，汇率波动的可能性就越大，汇率风险就越大，反之，可能性越小。时间点是影响外币之债汇率风险的最直接外在表象，故债权人追索外币之债时会提及几个重要的时间节点：应支付之日、起诉之日、判决确定支付之日以及实际履行之日等，这些时间节点与外币兑换日有直接关系。目前，一些国家和地区较为普遍采用的兑换日期包括违约日规则、支付日规则和联邦规则等。英国法院认为可以外国货币判决损害赔偿以及外币兑换汇率为支付之日的汇率。加拿大普通法院一般判决外币兑换日期应为支付之日或损失发生之日。美国采用判决日或违约日原则，做法并不统一。而法国对于外币兑换日享有极大的自由裁量权。我国法院对外币兑换日的确定没有固定的标准，结论主要取决于债权人的诉求。当事人为了最大限度争取自己的利益，在诉讼中将根据汇率走势在上述时间节点中选择兑换日。再以内地债权人为例，如起诉时人民币对结算货币升值，债权人可能请求以债务应支付之日的汇率折算成人民币偿还；如起诉时人民币对结算货币贬值，债权人则会请求以起诉之日的汇率折算成人民币要求债务人偿还。一般在违约诉讼中，坚持有利于守约方的原则，赋予守约方以选择权，无须僵化地采用固定、单一的时点作为折算标准。

在这一问题上，除了当事人的选择权之外，法官也有较大的自由裁量权。如果债权人选取的外币兑换日没有任何合理理由或依据，债务人又提出异议，法官可以确定他认为合理的外币兑换日，如违约日与判决支付日这段时间外国货币与人民币汇率比已贬值，可能倾向于外币兑换采用违约日原则，如果外国货币在该同一期间与人民币相比已升值，则往往采用起诉日或判决支付日。当债权人选取的外币兑换日有利于债务人时，法官将视为债权人放弃了部分实体权利，可能会采用该债权人主张的兑换日。在我国司法实践中，不能忽视的还有起诉之日。但无论自由裁量的幅度如何，都必须考量确定的兑换日与纠纷之间的关联性以及是否足以弥补债权人的汇率损失，且二者不可偏废。至于判决确定支付日与实际履行之日的汇率损失责任，应由被执行人承担，避免由被执行人任意选择实际履行日。[①]

---

① 参见杜以星：《外币之债汇率损失的承担——从一起涉外海上货物运输合同纠纷案说起》，载《法律适用（司法案例）》2018 年第 14 期。

二、域外法的查明

（一）域外法的查明途径

1. 域外法的查明主体

（1）人民法院、仲裁机构或者行政机关：涉外民事关系适用的外国法律，由人民法院、仲裁机构或者行政机关查明；

（2）当事人：当事人选择适用外国法律的，由当事人查明，当事人有义务提供其选择的外国法。

2. 域外法的查明途径

查明域外法，包括但不限于下列途径：

（1）法官调查：法官可以通过对境外法律数据库、法学论著或其他资源的研究来查明域外法，或采用国内法院有关该域外法的先例；

（2）当事人提供：当事人在协议选择某一域外法时，有义务提供其选择的域外法；

（3）中外法律专家提供：人民法院可以向精通某域外法的资深学者、法律专家咨询，由专家提供对域外法内容的专业意见；

（4）网络查询：通过互联网外国政府官方网站，查找或确定相关法律的具体内容；

（5）法律查明服务机构提供；

（6）已对中华人民共和国生效的国际条约规定的途径；

（7）中外使领馆提供：如果可以确定域外法具体名称，则可以通过中外使领馆查找该域外法的具体内容，或者确定当事人提供的域外法版本的准确性；

（8）其他合理途径。

审查要点

域外法查明机构

当事人在进行域外法查明的过程中，人民法院根据当事人请求，可将相关域外法查明机构的名称或查询平台提供给当事人自行选择，并为当事人获得相关咨询信息提供便利。

最高人民法院国际商事法庭官方公布的5个域外法查明中心如下：

(1)西南政法大学中国—东盟法律研究中心

(2)中国政法大学外国法查明研究中心

(3)武汉大学外国法查明研究中心

(4)华东政法大学外国法查明研究中心

(5)深圳市蓝海法律查明和商事调解中心

上海市高级人民法院官方合作的域外法查明中心为：华东政法大学外国法查明中心。

相关规定

1.《涉外民事法律关系法律适用法》

第十条　涉外民事关系适用的外国法律，由人民法院、仲裁机构或者行政机关查明。当事人选择适用外国法律的，应当提供该国法律。

不能查明外国法律或者该国法律没有规定的，适用中华人民共和国法律。

2.《涉外法律适用法解释》

第十七条　人民法院通过由当事人提供、已对中华人民共和国生效的国际条约规定的途径、中外法律专家提供等合理途径仍不能获得外国法律的，可以认定为不能查明外国法律。

根据涉外民事关系法律适用法第十条第一款的规定，当事人应当提供外国法律，其在人民法院指定的合理期限内无正当理由未提供该外国法律的，可以认定为不能查明外国法律。

3.《最高人民法院关于设立国际商事法庭若干问题的规定》

第八条　国际商事法庭审理案件应当适用域外法律时，可以通过下列途径查明：

（一）由当事人提供；

（二）由中外法律专家提供；

（三）由法律查明服务机构提供；

（四）由国际商事专家委员提供；

（五）由与我国订立司法协助协定的缔约对方的中央机关提供；

（六）由我国驻该国使领馆提供；

（七）由该国驻我国使馆提供；

（八）其他合理途径。

通过上述途径提供的域外法律资料以及专家意见，应当依照法律规定在法庭上出示，并充分听取各方当事人的意见。

4. 最高人民法院《第二次全国涉外商事海事审判工作会议纪要》

51. 涉外商事纠纷案件应当适用的法律为外国法律时，由当事人提供或者证明该外国法律的相关内容。当事人可以通过法律专家、法律服务机构、行业自律性组织、国际组织、互联网等途径提供相关外国法律的成文法或者判例，亦可同时提供相关的法律著述、法律介绍资料、专家意见书等。

当事人对提供外国法律确有困难的，可以申请人民法院依职权查明相关外国法律。

典型案例

陈某某与方以某等股权转让纠纷案

（1）案号

福建省宁德市中级人民法院（2015）宁民初字第540号

（2）案情

2010年10月20日，金安亦新蒙古有限责任公司（以下简称金新公司）在蒙古国成立，注册资金为12,960万图格里克即10万美元。2012年11月15日，金新公司独资2728万图格里克设立蒙古国奥日其楞敖德有限责任公司（以下简称奥德公司）。自2014年6月22日起至今，金新公司的股东为方以某、郑某某，二人分别持有该公司70%和30%股权。2013年5月，方以某、方亦某、陈某某先后订立合作勘查开发协议、补充协议书、股权转让协议书(以下简称三份协议),约定方以某将持有的奥德公司的70%股份以人民币100万元的对价转让给陈某某并办理股权变更手续。陈某某支付股权转让款后,上述股权至今未变更至陈某某名下。

基于上述事由,陈某某起诉请求:①判令三份协议约定的股权转让目标公司由奥德公司变更为金新公司;②判令三被告立即履行按上述变更后的三份协议约定的义务,立即向蒙古国公司登记部门办理金新公司70%股权变更登记给陈某某的相关手续。

(3)裁判理由及意义

福建省宁德市中级人民法院经审理认为:本案系涉外股权转让纠纷,标的物为金新公司的股权,金新公司的登记地位于蒙古国。根据《涉外民事关系法律适用法》第十四条规定,公司股东权利义务等事项,适用登记地法律。据此,本案适用蒙古国法律。诉讼中,宁德市中级人民法院以陈某某提供的《蒙古国商法汇编》等国内出版物为线索,结合具体案情,委托中国政法大学外国法查明研究中心提供蒙古国法律关于合同的效力、重大误解、可变更合同、外国投资、有限责任公司股东股权转让、股权变更登记等相关规定。该中心受理后,以法律查明意见书的形式提供了《蒙古国民法典》《蒙古国公司法》等法律,并对有关语词、条文进行了解释,另在分析本案焦点问题的基础上,就本案法律适用发表了结论性意见。宁德市中级人民法院听取了当事人对法律查明意见书的意见。鉴于当事人对法律查明意见书中查明的蒙古国法律的内容无异议,宁德市中级人民法院经审核后对查明的蒙古国法律予以确认并依法予以适用。

学术观点

法院在选择外国法查明途径时,应力求实现合法性和合理性的高度统一,尽可能以最低成本获得最高收益。通过由中外法律专家提供的途径查明时,应保证专家提供的外国法既足以令法院裁判个案,又不影响审判权专属于法院的属性。外国法查明的专门机构有必要建章立制,对委托查明外国法进行规范。①

---

① 参见孙雯:《通过专家途径查明外国法的运作》,载《人民司法(案例)》2017年第32期。

(二)域外法的审查认定

人民法院应当听取各方当事人对应当适用的外国法律的内容及其理解与适用的意见,当事人对该外国法律的内容及其理解与适用均无异议的,人民法院可以予以确认;当事人有异议的,由人民法院审查认定。

域外法审查认定的步骤如下:

(1)法官释明

当事人选择适用域外法的,法官应向当事人进行释明,告知双方当事人均负有提供义务,要求当事人在人民法院指定的期限内提交,并办理相关的公证、认证手续。对于法律关系较复杂的案件,还可要求当事人提供当地律师的法律意见书作为参考。

(2)形式审查

审查当事人提供的域外法是否具备完整的公证、认证手续,是否附有经专业翻译机构翻译的中文译本等。

(3)交换质证

一方当事人提供的域外法应交对方当事人进行质证,质证的内容应包括该域外法内容的真实性和有效性,以及与案件争议有关的成文法条文及判例理由的理解与适用等。

人民法院依职权取得的相关域外法,包括有关的官方证明或法律专家意见书等,应交由双方当事人进行质证。

(4)对域外法内容的认定

经质证,当事人对域外法内容、效力及其理解与适用均无异议的,可以确定为案件审理的法律依据;当事人有异议的,人民法院应针对异议内容进行审查认定,认定过程中可以参考法律专家的意见。

审查要点

1. 适用公共秩序保留的情形

在审理涉外商事案件中,如果应适用外国或者有关地区的法律,人民法院应当审查该外国或者地区的法律是否违反我国的社会公共利益。如果该外国或地区的法律违反了我国的社会公共利益,则应当排除该外国或者地区的法律的适用。一般在违反了我国法律的基本原则或者国家主权、安全,违反了我国的善良风俗和基本道德准则的情况下,可以适用公共秩序保留。

2. 涉台案件有关问题

涉台案件要按照最高人民法院《关于审理涉台民商事案件法律适用问题的规定》执行,在涉台民商事案件审理中可以适用台湾地区相关规定,但适用台湾地区相关规定不得违反“一个中国”原则,违反国家法律基本原则和社会公共利益的,不予适用。

3. 涉法律专家有关问题

法律专家的考量依据有:教育背景、专业资质、研究领域、著作成果等。

当事人委托法律专家出具法律意见或作为有专门知识的人出庭,应交由双方当事人进行质证,若双方当事人对外国法的内容仍存有争议的,人民法院可考虑另行委托法律专家出具法律意见或作为有专门知识的人出庭,并经双方当事人质证后,最终由合议庭审查认定。

4. 涉数据库有关问题

对于法官需要自行查询研究,或者需要进行核实的,可登录最高人民法院国际商事法庭官方网站列明的数据库进行检索。

相关规定

1.《涉外民事关系法律适用法》

第五条　外国法律的适用将损害中华人民共和国社会公共利益的,适用中华人民共和国法律。

2.《最高人民法院关于设立国际商事法庭若干问题的规定》

第八条　国际商事法庭审理案件应当适用域外法律时,可以通过下列途径查明:

(一)由当事人提供;

(二)由中外法律专家提供;

(三)由法律查明服务机构提供;

(四)由国际商事专家委员提供;

(五)由与我国订立司法协助协定的缔约对方的中央机关提供;

(六)由我国驻该国使领馆提供;

(七)由该国驻我国使馆提供;

(八)其他合理途径。

通过上述途径提供的域外法律资料以及专家意见,应当依照法律规定在法庭上出示,并充分听取各方当事人的意见。

3. 最高人民法院《关于审理涉台民商事案件法律适用问题的规定》

第三条 根据本规定确定适用有关法律违反国家法律的基本原则或者社会公共利益的,不予适用。

4. 最高人民法院《第二次全国涉外商事海事审判工作会议纪要》

52. 当事人提供的外国法律经质证后无异议的,人民法院应予确认。对当事人有异议的部分或者当事人提供的专家意见不一致的,由人民法院审查认定。

5. 最高人民法院《民事审判第四庭涉外商事海事审判实务问题解答(一)》(2008年)

第四十二条 如何对待中外法律专家提供的外国法?答:查明外国法时,通过法律专家提供是一种途径。对中外法律专家应做广义理解,并应注重中外法律专家提供的外国法是否准确。对中外法律专家提供的外国法,人民法院在审理有关涉外商事案件中仍需要进行质证。

第四十三条 什么情况下可以适用公共秩序保留?答:在审理涉外商事案件中,如果应适用外国或者有关地区的法律,人民法院应当审查该外国或者地区的法律是否违反我国的社会公共利益。如果该外国或地区的法律违反了我国的社会公共利益,则应当排除该外国或者地区的法律的适用。一般在违反了我国法律的基本原则或者国家主权、安全,违反了我国的善良风俗和基本道德准则的情况下,可以适用公共秩序保留。

典型案例

赛奥尔航运有限公司(SEoIL Shipping Co.,Ltd)与唐山港陆钢铁有限公司错误申请海事强制令损害赔偿纠纷案

(1)案号

天津市高级人民法院(2012)津高民四终字第4号

(2)案情

天津市高级人民法院审理查明,2009年8月1日,赛奥尔公司与案外人印度LMJ International Ltd(以下简称LMJ公司)签订租船确认书。约定:由赛奥尔公司提供新韩公司所属的"阿瑞娜"轮承运铁矿砂,运费为25美元/公吨,提单由船长授权的装货港代理Bon Voyage Shipping & Logistics(以下简称BVSL公司)签发;如果运费已经支付,则船东没有权利留置货物。2009年8月17日和10月13日,"阿瑞娜"轮船长两次授权BVSL公司依大副收据签发提单。2009年10月13日,BVSL公司未经赛奥尔公司的保护代理GAC Shipping(India) Pvt Ltd公司(以下简称GAC公司)确认,签发了H/P/01号"运费已付"提单。同日,赛奥尔公司与LMJ公司签订补充协议。"阿瑞娜"轮于当日离港起运。

2009年10月20日,LMJ公司以电汇方式支付赛奥尔公司海运费710,978欧元。2009年10月23日,LMJ公司指定卸货港为中国曹妃甸港。2009年10月27日,LMJ公司开出受益人为赛奥尔公司的信用证,金额为340,922.50美元,议付条件包括运费发票和"阿瑞娜"轮驶达目的港且已经卸货的文件。2009年11月17～25日,H/P/01号提单因新加坡法院发布信用证止付禁令而被扣押在银行。

2009年11月22日,LMJ公司与案外人通茂国际有限公司(Express Well International Lmt,以下简称通茂公司)签订贸易合同,之后交付H/P/01号提单。

2009年11月24日,"阿瑞娜"轮抵达中国曹妃甸港,赛奥尔公司以LMJ公司拖欠运费和滞期费为由行使留置权,并将留置通知送达LMJ公司和港陆公司,留置通知明确"因租船人未能依照题述日期为2009年8月1日的租约支付船东340,922.50美元的未付运费及在装货港产生的总额为951,438.64美元的滞期费,船东已经决定……行使留置权"。同日,LMJ公司将卸货港由中国曹妃甸港变更为中国天津港。2009年12月1日至7日,"阿瑞娜"轮将涉案货物卸在中国天津港后离港。2009年12月29日，通茂公司与港陆公司签订涉案货物的贸易合同，之后通茂公司向港陆公司交付H/P/01号提单。

2010年1月25日，赛奥尔公司与案外人新好实业有限公司（以下简称新好公司）签订涉案货物买卖合同，之后赛奥尔公司向新好公司交付PP/CHN/01号提单。2010年6月23日，赛奥尔公司通知新好公司解除上述合同。2010年2月5日，涉案货物由中国矿产有限责任公司以PP/CHN/01号提单向天津海关报关。2010年2月24日，原审法院依港陆公司的申请作出海事强制令，要求赛奥尔公司将涉案货物交付港陆公司。2010年6月，涉案货物由港陆公司实际提取。

赛奥尔公司以港陆公司侵犯其留置权为由诉至法院，要求港陆公司赔偿经济损失3,752,500美元及相应利息（利息损失从2010年2月24日起至实际支付之日止，按照银行同期贷款利率计算）；港陆公司承担本案诉讼费用。

原审法院另查明，在英国法下，船东行使独立于合同的法定留置权包括：船东追偿运费、共同海损分摊和船东保护货物付出的费用。除此三种情形，船东行使留置权应基于合同的明确约定，包括亏舱费、滞期费以及滞留损失等。

（3）裁判理由及意义

天津市高级人民法院认为，本案为错误申请海事强制令损害赔偿纠纷。赛奥尔公司与港陆公司于本案中一致选择适用中华人民共和国法律审查港陆公司申请海事强制令是否构成侵权，适用英国法审查赛奥尔公司是否享有留置权。依据《涉外民事关系法律适用法》第三条"当事人依照法律规定可以明示选择涉外民事关系适用的法律"、第四十四条"侵权责任，适用侵权行为地法律，但当事人有共同经常居所地的，适用共同经常居所地法律。侵权行为发生后，当事人协议选择适用法律的，按照其协议"之规定，本案适用中华人民共和国法律审查港陆公司申请海事强制令是否构成侵权，适用英国法审查赛奥尔公司是否享有留置权。

关于赛奥尔公司对其主张的滞期费能否享有留置权的法律依据问题。《涉外民事关系法律适用法》第十条规定："涉外民事关系适用的外国法律，由人民法院、仲裁机构或者行政机关查明。当事人选择适用外国法律的，应当提供该国法律。"天津市高级人民法院认为，在英国法下，《海上货物运输法》以及相关著作、判例均应适用。赛奥尔公司虽于原审期间提交了从网络下载的相关英国判例的复印件，但该判例仅表明在船东与租船人有明确约定的情况下，船东可就滞期费享有留置权，而不能证明在英国法下船东就滞期费必然享有留置权。港陆公司虽提供了有关英国法的相关证据，但不足以查明本案应适用的英国法的具体内容，故天津市高级人民法院在当事人所提供材料的基础上，对英国法下船东享有留置权的规定作了进一步查明。综合天津市高级人民法院调取的约翰·F. 威尔逊(John F. Wilson)教授最新版《海上货物运输》及其他英国法律专家斯蒂芬·基尔文(Stephen Girvin)、艾伦·亚伯拉·莫卡特(Alan Abraham Mocatta)爵士、迈克尔·J. 马克斯狄尔(Michael J. Mustill)爵士以及斯图尔特·C. 博伊德(Stewart C. Boyd)在相关法律著作中阐述的法律意见，能够认定在英国普通法下，船东对滞期费请求不能行使留置权，除非当事人对此有其他约定。本案中，赛奥尔公司提交的LMJ公司标准格式租约中记载的船名为"SUMY"轮，而涉案船舶名称为"阿瑞娜"轮，二者并不具有关联性，故LMJ公司的标准格式租约及标准租约中约定的金康租约不能作为认定赛奥尔公司依约享有留置权的依据。本案事实亦表明，BVSL公司就涉案货物已签发了"运费已付"提单，LMJ公司依约支付了海运费，根据赛奥尔公司与LMJ公司2009年8月1日订立的租船确认书第二十八条内容之约定，在LMJ公司已经支付完毕运费的前提下，赛奥尔公司无权就滞期费用行使留置权。综上，赛奥尔公司提出其享有留置权的主张，因缺乏事实和法律依据，天津市高级人民法院不予支持。

学术观点

1. 对当事人提供的外国法的认定

《涉外法律适用法解释》第十八条对于法院审查确认当事人提供的外国法规定："人民法院应当听取各方当事人对应当适用的外国法律的内容及其理解与适用的意见，当事人对该外国法律的内容及其理解与适用均无异议的，人民法院可以予以确认；当事人有异议的，由人民法院审查认定。"司法实践中对于当事人提供的外国法，均作为当事人提供的证据在开庭审理时组织质证，如前所述，当事人提供的外国法多以法律意见书的形式出现，该法律意见书的形式(是否经过公证认证)、出具人员的身份以及法律意见书对于外国法律的阐述程度等因素均对证据的采纳造成影响，当事人对法律意见书提出的异议还常见于认为系出具人对法律的理解，而不是法律本身。在(2013)甬海法商初字第507号案中，被告为其主张的委内瑞拉法律提供了法律意见书并由出具法律意见书的外籍证人出庭陈述,原告对此质证认为:"首先,作为证人出庭的外籍律师的相关身份证明都未经过公证,由于该部分证据仅有西班牙语,被告没有提供中文和英文翻译,因此对原件内容都不清楚,也看不出其中陈述到了哪些内容,无法确认证人的身份,在证人的律师身份未经公证认证的情况下,证人出具的书面意见及在庭审中的陈述,均不能作为证据使用。其次,从内容来看,法律意见书中查询不到是哪一法律、哪条条款规定到委内瑞拉港口的货物规定必须交付海关或者港口当局。交付货物,要么根据合同约定,要么根据法律规定,要么根据港口习惯,委内瑞拉法律规定这三种情况下把货物交付给收货人都是可以的,并没有必须交付给海关或港口的强制规定。第三,从法律意见书列举的法条中,可以看出货物到海关办理通关手续时要有正本提单,而不是说货物到达委内瑞拉指定的港口后可以无单放货。"最终法院认为,没有经过公证认证的有效证据证明出具法律意见的证人身份,对其法律意见书及庭审证词不予认定,可见法院对当事人举证证明外国法的程度提出了较高标准的要求。当案件涉及适用的外国法的为判例法时,则对当事人提供的法律意见书提出了更高要求,如(2012)甬海法温商初字第266号、第267号案,涉案抵押合同明确约定适用英国法并按照英国法解释,但法院认为原告提供英国律师法律意见不能确定其完整性和准确性,法院亦难以查明,最终适用了中华人民共和国法律。总体而言,实践中法律意见书的采纳率较低,受限于法官对该外国法律了解的程度,对外国法所做的多数为针对法律意见书本身的形式审查,即材料及人员身份是否经过公证认证等程序以证明正当、合法性,以及材料的内容是否属于完整明确、逻辑周详的阐述。

2. 对依职权查明的外国法的认定

对于法院依职权查明的外国法,实践中采用类似法院依职权调取的证据的方式,向双方当事人出示,听取双方的意见后予以确认。由于所查明的外国法并不如一般证据,一般证据多数是对事实的反映,而外国法更具有概念性、学术性,法官受限于客观条件,并不能确保所查明的外国法是否真实、准确,故应经过听取双方当事人意见的方式,确保采用程序的正当性。宁波海事法院适用外国法的案例及天津市高级人民法院的做法,均就查明的外国法内容听取当事人的意见,也将其作为适用理由在裁判文书中载明。如天津市高级人民法院审理的错误申请海事强制令损害赔偿纠纷一案,上诉人以一审判决法律适用错误(一审采纳港陆公司提供的英国法律书籍作为审查实体问题的法律依据)作为上诉理由之一提起上诉,二审审理过程中,二审法院就其通过公开渠道查询的英国法内容听取了双方当事人的意见,并在裁判文书中详细载明了当事人的意见及二审法院的认证意见。①

(三)域外法查明不能

域外法查明不能是指当事人或法官在进行了域外法的查明行为之后,仍无法得知域外法的确切内容。以下情形均可认定不能查明域外法:

(1)当事人应当提供外国法律,其在人民法院指定的合理期限内无正当理由未提供该外国法律的;

(2)人民法院通过由当事人提供、已对中华人民共和国生效的国际条约规定的途径、中外法律专家提供等合理途径仍不能获得外国法律的。

案件准据法确定为某一域外法,但当事人未能提供,人民法院依职权亦未能查明的,适用我国法律;如果仅查明了域外法的部分内容,则未能查明的部分适用我国法律的相关规定。

审查要点

人民法院应积极采取多种方式查明域外法

《涉外民事关系法律适用法》第十条第二款是对适用域外法而最终不能查明的兜底条款。但实践中,人民法院应积极采取多种方式,尽其合理努力多途径查明域外法,而不应轻易地以不能查明为由适用我国法律,只有在现有条件下确属查明不能的,才发生适用我国法律的效果。

相关规定

1.《涉外民事法律关系法律适用法》

第十条第二款　不能查明外国法律或者该国法律没有规定的,适用中华人

① 参见胡建新等:《关于外国法查明及适用问题的调查分析——以宁波海事法院审判实践为例》,载《中国海商法研究》2019年第1期。

民共和国法律。

2. 最高人民法院《第二次全国涉外商事海事审判工作会议纪要》

53. 外国法律的内容无法查明时,人民法院可以适用中华人民共和国法律。

典型案例

印度 GMR 卡玛朗加能源公司与印度国家银行班加罗尔分行信用证欺诈纠纷案

(1)案号

最高人民法院(2019)最高法民终 413 号

(2)案情

2008 年 8 月 27 日,山东电建与能源公司签订合同,约定:由山东电建作为承包商,在印度奥里萨(Orissa)邦德肯纳尔(Dhenkanal)区卡玛朗加(Kamalanga)村承建一座 1050MW 的燃煤火电厂。合同标明的签署日期为 2008 年 8 月 28 日。合同共分为 4 份协议,均约定:山东电建提供以能源公司为受益人的预付款保函和履约保函,协议还对能源公司索赔保函项下款项的条件作出了约定。

根据山东电建的申请,浦发银行济南分行于 2011 年 12 月 8 日开立了以工行山东省分行为受益人的预付款反担保函。2011 年 12 月 9 日,工行山东省分行依据该预付款反担保函,开立了以印行上海分行为受益人的预付款反担保函。2011 年 11 月,印行上海分行开立了以印行班加罗尔分行受益人的预付款反担保函。印行班加罗尔分行以能源公司为受益人开立了相应的预付款保函。

根据山东电建的申请,浦发银行济南分行于 2013 年 4 月 28 日开立了 3 份以印行上海分行为受益人的履约反担保函。同日,印行上海分行开立了以印行班加罗尔分行受益人的 3 份履约反担保函。印行班加罗尔分行相应开立了以能源公司为受益人的 3 份履约保函。

2014 年 10 月 16 日,能源公司向山东电建发函并出具发票,称山东电建迟延完成可靠性性能测试,《土建工程和设计、安装、试验和调试协议》项下的迟延损害赔偿金为 3,956,694,728.66 卢比,其向山东电建主张合同价款的 10%,即 1,274,052,889 卢比;《境内供应协议》项下的迟延损害赔偿金为 402,463,308.62 卢比,其向山东电建主张合同价款的 10%,即 160,663,084 卢比;其向山东电建主张《境外供应协议》项下的迟延损害赔偿金人民币315,149,562.40元。

印行班加罗尔分行开立的预付款保函,累计最高金额为20,611,788.60美元。2014年11月3日,能源公司要求印行班加罗尔分行支付其中的11,688,378.24美元。同日,能源公司还要求印行班加罗尔分行支付3份履约担保函项下的全部款项。

2014年11月12日印度时间12:24:22(北京时间为14:54:22),印行班加罗尔分行向能源公司付款2,905,117,705卢比,付款方式为RTGS。印度时间16:33:35(北京时间为19:03:35)印行班加罗尔分行向能源公司付款2,887,516,400卢比,付款方式为全国电子资金转账(National Electronic Funds Transfer,NEFT)系统。2014年11月12日,印行上海分行向印行班加罗尔分行付款。印行上海分行于2014年11月12日向浦发银行济南分行、工行山东省分行索兑。

2014年11月12日,就山东电建与能源公司、印行班加罗尔分行保函临时禁令一案,印度奥里萨邦高等法院作出裁定,要求当事人对包括本案所涉保函在内的12份银行保函维持现状。

山东电建遂起诉至法院,要求浦发银行济南分行、工行山东省分行、印行上海分行终止支付预付款反担保函项下款项,浦发银行济南分行、印行上海分行终止支付履行反担保函项下款项,一审法院针对3个争议焦点进行分析并判决支持原告部分诉请。后一审被告印度GMR卡玛朗加能源公司、印度国家银行班加罗尔分行、印度国家银行上海分行提出上诉。

(3)裁判理由及意义

针对外国法的查明,二审法院认为:山东电建以保函欺诈为由向一审法院提起诉讼,本案为保函欺诈纠纷。能源公司、印行班加罗尔分行住所地以及涉案工程均在印度共和国,故本案属于涉外案件。在二审庭审中,能源公司主张对于保函欺诈的问题应适用印度共和国法律,对反担保函项下的款项是否终止支付适用中华人民共和国法律无异议。其他当事人对本案适用中华人民共和国法律解决争议均无异议。根据《独立保函若干问题的规定》第二十二条"涉外独立保函欺诈纠纷,当事人就适用法律不能达成一致的,适用被请求止付的独立保函的开立人经常居所地法律;独立保函由金融机构依法登记设立的分支机构开立的,适用分支机构登记地法律;当事人有共同经常居所地的,适用共同经常居所地法律"的规定，有关反担保函欺诈认定的标准应适用中华人民共和国法律，有关印行班加罗尔分行开立的保函欺诈认定的标准，应适用印行班加罗尔分行经常居住地法律，即印度共和国法律。本案中，能源公司没有就一审判决适用中华人民共和国法律提出上诉，二审审查期间也没有提供印度共和国法律的相关规定，法院亦无法查明，故根据《涉外民事关系法律适用法》第十条规定，适用中华人民共和国法律。

学术观点

域外法查明认定标准的合理性原则，即有关域外法的资料允许法官正常地完成将域外法适用到案件事实的过程即可。这意味着，法官在其掌握的有关资料的基础上可以作出判决，反过来从判决结果的角度来看，法官作出的判决书中，有清楚的从域外法出发对案件事实进行裁判的说理论证过程。如果在案件审理过程中，法官从其掌握的有关资料来看，其无法完成裁判任务，作出符合有关标准的判决，则其可以认定外国法无法查明。①

① 参见肖芳：《论外国法的查明——中国法视角下的比较法研究》，北京大学出版社2010年版，第132页。

三、常见类型金融案件的审理

（一）涉外、涉港澳台金融借款合同纠纷

金融借款合同，是指借款人与金融机构之间订立的、向金融机构借款并承诺到期返还借款本金并支付一定数额利息的合同。为担保债务人按期、足额地履行债务，当事人通常会在主合同中约定额外的担保措施（如约定单独的担保条款，或以保证人身份在主合同中签字或盖章），或另行订立保证、质押、抵押合同，以充分保障债权人的权益。在金融借款合同的履约过程中，金融机构一次性发放借款，或在最高额授信项下依借款人的申请分次发放借款后即完成合同义务。由于可以从相对较高的资金占用利息中盈利，金融机构通常不具有违约的动机，此类纠纷通常由借款人未按照借款合同约定还本付息，或担保人未按照担保合同约定承担担保责任引发。相比股权融资及发行债券等融资工具，借款融资在操作上更加便捷，且成本相对较低，是最常用的直接融资措施，金融借款合同纠纷也因此成为数量最多的金融民商事案件。当债权人（出借人）、债务人（借款人）或担保人中一方或几方具有涉外、涉港澳台因素时，构成涉外、涉港澳台金融借款合同纠纷。

涉外、涉港澳台金融借款合同纠纷的基本审理思路为：首先，审查涉外、涉港澳台案件的要素，排除约定仲裁；其次，确定法院是否对该案件享有司法管辖权；最后，将案涉担保法律关系一并纳入审查范围，分别确定借款合同与担保合同适用的准据法。如案涉借款合同适用我国法律，则应重点关注金融机构主张的期内利息、罚息及复利的金额及计算方式是否合理，在借款人的用资成本畸高或上限不确定时，应予以适当调整，以平衡债权人与债务人的利益，对债权人进行合理保护。

审查要点

1. 管辖权的审查

在审查涉外、涉港澳台金融借款合同纠纷的管辖权时，应当参照《第二次全国涉外商事海事审判工作会议纪要》第二条之规定，涉及外国独资银行、独资财务公司、合资银行、合资财务公司、外国银行分行的商事纠纷案件，均适用涉外民商事案件的诉讼管辖。由于银行充当了大多数金融借款合同的出借人，应当注意上述外资银行为主体的金融借款纠纷案件。该纪要所列明的上述外资金融机构虽未包含外国银行代表处，但实为应有之义。同样，该纪要虽未明确涉及外商独资银行分行、中外合资银行分行的案件管辖问题，但结合《外资银行管理条例》第三十条之规定，外商独资银行、中外合资银行的分支机构在总行授权范围内开展业务，其民事责任由总行承担。外商独资银行及中外合资银行的分行因不具备独立法人资格，其与相关主体之间因订立及履行金融借款合同、担保合同引发的纠纷，应按涉及外资金融机构的商事纠纷确定管辖。

在审查管辖权时，主合同或者担保合同约定了仲裁条款的，人民法院对约定仲裁条款的合同当事人之间的纠纷无管辖权。债权人一并起诉债务人和担保人的，应当根据主合同确定管辖法院。债权人依法可以单独起诉担保人且仅起诉担保人的，应当根据担保合同确定管辖法院。此外，当金融借款合同存在抵押情况时，依据民事诉讼法的有关规定，对于域外被告提起的诉讼，如果被告在域内有可供扣押财产的，则可供扣押财产所在地法院享有对案件的管辖权。

2. 准据法的确定

在确定涉外、涉港澳台金融借款合同纠纷的准据法时，首先尊重当事人在合同中选择适用的法律。但是，如果当事人约定准据法的目的是规避我国强制性或者禁止性法律规范，可以认定不适用该境外法律而适用我国法律。此外，当涉及外汇管制等金融安全时，我国法律对涉外民事关系有强制性规定的，直接适用该强制性规定。在当事人未进行选择时，应当结合金融借款合同的签订地、履行地、贷款人的住所地等因素确定争议适用的准据法，如贷款人系外资银行的境内分支机构，则通常认定我国法律系与案涉争议有最密切联系的法律，应以我国法律作为解决实体争议的准据法。

鉴于金融借款通常附有担保措施，在确定纠纷适用的准据法时，应当对借款合同与担保合同进行分别审查,即金融借款合同、担保合同的当事人可以分别对主合同和从合同约定准据法,两种约定均有效,借款合同中对准据法的约定不影响担保合同当事人对准据法另行选择的权利。

3. 借款人的用资成本畸高时的调整

在订立金融借款合同时,当事人通常依据意思自治原则约定了借款利息、罚息、复利的利率及相应的计息方式。中国人民银行于 2003 年发布《关于人民币贷款利率有关问题的通知》,规定对逾期或未按合同约定用途使用借款的贷款,从逾期或未按合同约定用途使用贷款之日起,按罚息利率计收利息,直至清偿本息为止。对不能按时支付的利息,按罚息利率计收复利。对出借人有关罚息及复利中合理的主张,法院一般应予支持。最高人民法院于 2017 年发布的《最高人民法院关于进一步加强金融审判工作的若干意见》规定,当金融机构主张的用资成本畸高时,法院应进行审查,并调整至不超过年利率 24%。[①]

4. 对贷款机构披露实际利率的义务审查

当涉外金融借款合同纠纷的准据法系我国法律时,应注意审查贷款机构是否已经履行对借款人如实披露实际利率的义务。以上海金融法院首次适用《民法典》审结的(2020)沪 74 民终 1024 号金融借款合同纠纷案为例,贷款人在与借款人订立借款合同时,应当采用通俗易懂的方式明确告知实际利率,或者明确告知能够反映实际利率的利息计算方式。如果贷款人以格式条款方式约定利率,还应当采取合理方式提请借款人注意该条款,并按照借款人的要求,对该条款予以说明。若因贷款实际利率计算方法与其披露的名义利率不符,且无合理原因,导致借款人没有注意或者理解借款合同的实际利率及其不合理性,那么应当认为双方就该实际利率超过名义利率的部分未达成合意,贷款人无权主张按照该利率计算利息。

5. 对外担保的合同效力审查

在审理涉外、涉港澳台金融借款合同纠纷案件时,应将对外担保合同的法律

---

① 2021 年 1 月 1 日起施行《最高人民法院关于审理民间借贷案件适用法律若干问题的规定》规定,民间借贷合同的出借人和借款人约定的利率超过合同成立时一年期贷款市场报价利率 4 倍的,法院不予支持。在此背景下,对于金融借款合同的利率是否调整,应根据后续相关法律、司法解释等规定进行处理。其中,《最高人民法院关于新民间借贷司法解释适用范围问题的批复》已明确小额贷款公司等 7 类地方金融组织不适用新民间借贷司法解释。

效力一并纳入审查范围。按照担保当事各方的注册地,跨境担保分为内保外贷、外保内贷和其他形式跨境担保。其中,内保外贷又称对外担保,是指担保人注册地在境内、债务人和债权人注册地均在境外的跨境担保。已废止的相关司法解释曾规定,未经国家有关主管部门批准或者登记对外担保的,担保合同无效。之所以将批准或登记作为对外担保合同的生效要件,是因为如将外债风险大量转移给国内金融机构和企业,势必会加重我国企业的用资成本和经营风险,影响我国的金融秩序稳定和社会公共利益。但随着我国涉外金融贸易业务的发展,对外担保合同的登记生效要件现已被取消。国家外汇管理局已明确,自 2014 年 6 月 1 日起跨境担保的登记或备案等手续不作为效力性规定,而转为管理性规定。据此,当事人是否履行了相关登记备案手续,已不再影响对外担保合同的效力。但是,在审查对外担保合同效力时,国家机关仍不能作为担保人,国家机关或政府职能部门提供的担保仍应当认定为无效。

6. 涉外、涉港澳台商业保理合同与涉外、涉港澳台金融借款合同的识别

《民法典》首次将"商业保理合同"列为有名合同,对保理合同的定义、内容、构成要件、形式要求等事项进行了规定。商业保理与金融借款系进行资金融通的重要工具,两者在目的、功能及规制路径上具有相似性,故实践中容易产生商业保理纠纷与金融借款纠纷交叉混同、法律关系识别混乱的情形。对此,应当注意保理合同必须以存在真实的商品采购交易及对应的应收账款为前提,应收账款转让是保理区别于其他金融业务的重要特征。如不存在真实应收账款而签订保理合同并放款,属于"名为保理,实为借贷"的情形,该保理合同因构成通谋虚伪意思表示而无效,而当事人真实的意思表示系达成隐藏的借款合同,应当认定借款合同有效。

相关规定

1.《民法典》

第四百九十六条 格式条款是当事人为了重复使用而预先拟定,并在订立合同时未与对方协商的条款。

采用格式条款订立合同的,提供格式条款的一方应当遵循公平原则确定当事人之间的权利和义务,并采取合理的方式提示对方注意免除或者减轻其责任等与对方有重大利害关系的条款，按照对方的要求，对该条款予以说明。提供格式条款的一方未履行提示或者说明义务，致使对方没有注意或者理解与其有重大利害关系的条款的，对方可以主张该条款不成为合同的内容。

2.《涉外法律适用法解释》

第十条　有下列情形之一，涉及中华人民共和国社会公共利益、当事人不能通过约定排除适用、无需通过冲突规范指引而直接适用于涉外民事关系的法律、行政法规的规定，人民法院应当认定为涉外民事关系法律适用法第四条规定的强制性规定：

（一）涉及劳动者权益保护的；

（二）涉及食品或公共卫生安全的；

（三）涉及环境安全的；

（四）涉及外汇管制等金融安全的；

（五）涉及反垄断、反倾销的；

（六）应当认定为强制性规定的其他情形。

3.《最高人民法院关于适用〈中华人民共和国民法典〉有关担保制度的解释》

第二十一条　主合同或者担保合同约定了仲裁条款的，人民法院对约定仲裁条款的合同当事人之间的纠纷无管辖权。

债权人一并起诉债务人和担保人的，应当根据主合同确定管辖法院。

债权人依法可以单独起诉担保人且仅起诉担保人的，应当根据担保合同确定管辖法院。

4.《最高人民法院关于审理民间借贷案件适用法律若干问题的规定》

第二十六条　出借人请求借款人按照合同约定利率支付利息的，人民法院应予支持，但是双方约定的利率超过合同成立时一年期贷款市场报价利率四倍的除外。

前款所称"一年期贷款市场报价利率"，是指中国人民银行授权全国银行间同业拆借中心自2019年8月20日起每月发布的一年期贷款市场报价利率。

5.《最高人民法院关于新民间借贷司法解释适用范围问题的批复》

一、关于适用范围问题。经征求金融监管部门意见，由地方金融监管部门监管的小额贷款公司、融资担保公司、区域性股权市场、典当行、融资租赁公司、商业保理公司、地方资产管理公司等七类地方金融组织,属于经金融监管部门批准设立的金融机构,其因从事相关金融业务引发的纠纷,不适用新民间借贷司法解释。

6.《外资银行管理条例》

第二条 本条例所称外资银行,是指依照中华人民共和国有关法律、法规,经批准在中华人民共和国境内设立的下列机构:(一)1 家外国银行单独出资或者1 家外国银行与其他外国金融机构共同出资设立的外商独资银行;(二)外国金融机构与中国的公司、企业共同出资设立的中外合资银行;(三)外国银行分行;(四)外国银行代表处。

前款第一项至第三项所列机构,以下统称外资银行营业性机构。

第三十条 外商独资银行、中外合资银行的分支机构在总行授权范围内开展业务,其民事责任由总行承担。

7.《跨境担保外汇管理规定》(2014 年)

第二十五条 境内机构提供或接受除内保外贷和外保内贷以外的其他形式跨境担保,在符合境内外法律法规和本规定的前提下,可自行签订跨境担保合同。除外汇局另有明确规定外,担保人、债务人不需要就其他形式跨境担保到外汇局办理登记或备案。

第二十九条 外汇局对跨境担保合同的核准、登记或备案情况以及本规定明确的其他管理事项与管理要求,不构成跨境担保合同的生效要件。

8.最高人民法院《第二次全国涉外商事海事审判工作会议纪要》

265.涉及外资金融机构(包括外国独资银行、独资财务公司、合资银行、合资财务公司、外国银行分行)的商事纠纷案件,其诉讼管辖按照《涉外民商事案件诉讼管辖规定》办理。

9.《最高人民法院关于进一步加强金融审判工作的若干意见》(2017 年)

2.严格依法规制高利贷,有效降低实体经济的融资成本。金融借款合同的借款人以贷款人同时主张的利息、复利、罚息、违约金和其他费用过高,显著背离实际损失为由,请求对总计超过年利率24%的部分予以调减的,应予支持,以有效降低实体经济的融资成本。规范和引导民间融资秩序,依法否定民间借贷纠纷案件中预扣本金或者利息、变相高息等规避民间借贷利率司法保护上限的合同条款效力。

典型案例

1. 威海富海华液体化工有限公司与中国长城资产管理股份有限公司山东省分公司金融借款合同纠纷案

(1)案号

最高人民法院(2018)最高法民终168号

(2)案情

上诉人威海富海华液体化工有限公司(以下简称富海华公司)因与被上诉人中国长城资产管理股份有限公司山东省分公司(以下简称长城公司山东分公司)以及一审被告程某、中企联合融资担保有限公司、何某、王某、张某金融借款合同纠纷一案,不服山东省高级人民法院(2016)鲁民初44号民事判决,向最高人民法院提起上诉。

(3)裁判理由及意义

法院认为:本案涉及金融借款及担保法律关系。借款合同当事方长城公司山东分公司与富海华公司均为我国境内注册的企业法人,借款合同不具有涉外因素,应适用中华人民共和国法律。王某系美利坚合众国公民,王某为保证人的《自然人保证合同》为涉外担保法律关系。《涉外民事关系法律适用法》第四十一条规定:“当事人可以协议选择合同适用的法律。当事人没有选择的,适用履行义务最能体现该合同特征的一方当事人经常居所地法律或者其他与该合同有最密切联系的法律。”自然人保证合同的当事方未选择合同争议应适用的法律,但该合同的签订地、履行地均在中华人民共和国境内,中华人民共和国法律是与本案合同有最密切联系的法律,故本案应以中华人民共和国法律作为解决本案实体争议的准据法。

2. 沈阳神羊游乐园有限公司与马来西亚进出口银行有限公司金融借款合同纠纷案

(1)案号

最高人民法院(2017)最高法民终636号

(2)案情

2007年5月29日,马来西亚进出口银行有限公司(以下简称马来西亚进出口银行)与沈阳神羊游乐园有限公司(以下简称神羊公司)签订一份贷款协议,其中第2.1项约定,马来西亚进出口银行向神羊公司提供贷款7000万美元。第17.21项约定,(a)以马来西亚法律作为本协议的管辖法律,应根据马来西亚法律进行解释,如果马来西亚法律不适用或者不具有执行力,各方应将争议适用中国法律或其他马来西亚进出口银行认可的适用法律,所有担保文件所适用的法律与上述情形相同;(b)各方不可撤销的同意马来西亚法院具有非排他管辖权,有权对任何诉讼或程序进行审理和判决,也有权处理任何由本贷款协议和其他担保文件所引起或与上述协议和文件有关的争议;(f)向有管辖权的马来西亚法院提起诉讼不得限制马来西亚进出口银行对借款方在其他任何管辖地提起法律诉讼程序的权利,并且马来西亚进出口银行在任何一个或者多个管辖地提起法律诉讼并不排斥其在任何其他管辖地提起法律诉讼程序的权利;马来西亚进出口银行全部向神羊公司发放了贷款协议约定的7000万美元贷款,而神羊公司并未按照约定还款,马来西亚进出口银行向辽宁省高级人民法院起诉,请求判令神羊公司支付本金及利息。一审法院判决神羊公司支付贷款的本金及利息,神羊公司不服一审判决,认为一审法院适用中国法错误,向最高人民法院上诉。

(3)裁判理由及意义

法院认为:本案二审争议焦点包括:①本案是否应适用中华人民共和国法律进行审理;②《重组协议》是否有效变更了《贷款协议》的约定;③一审法院对神羊公司欠款数额及其利息的计算是否正确;④马来西亚法院判决是否影响神羊公司在本案中应承担的还款责任;⑤一审判决是否存在违反法定程序的情形。

关于神羊公司欠款数额及其利息的计算问题:根据查明的事实,神羊公司仅向马来西亚进出口银行支付了前24期利息及部分第25期利息,其余贷款本金及其他利息均未支付,构成违约。马来西亚进出口银行向一审法院提交了计算利息的总账表,对截至2015年8月19日一审第一次开庭审理时的利息及违约利息进行了计算,神羊公司在一审庭审过程中对此明确表示没有异议。

对于2015年8月20日之后的违约利息,一审法院以马来西亚进出口银行通知神羊公司贷款到期后核定的贷款年利率上浮2%,即7.4596%计算。马来西亚进出口银行核定的贷款年利率是以2012年7月5日新加坡银行间同业拆借利率为基数计算的资金成本加约定年利率得出,符合贷款协议的约定。对于神羊公司主张的存入马来西亚进出口银行的保证金和利息7,852,366.83美元,以及已付的前24期利息和部分第25期利息,一审法院在计算神羊公司欠款时均已扣除。一审法院对神羊公司欠款数额及其利息的计算是正确的。神羊公司该项上诉理由不能成立。

神羊公司主张其缴纳的税金应从欠款中扣除,理由是贷款协议关于神羊公司承担税金的约定因违反法律而无效。对此,神羊公司并未提交任何证据予以证明,其主张缺乏事实依据。神羊公司如认为马来西亚进出口银行应向其支付所交税金,可另寻法律途径解决。

3. 奥宏玛航运(香港)有限公司等与交通银行股份有限公司香港分行船舶营运借款合同纠纷案

(1)案号

浙江省高级人民法院(2017)浙民终716号

(2)案情

奥宏玛航运(香港)有限公司(以下简称奥宏玛公司)为2010年在香港注册的公司,陈某等系奥宏玛公司股东。2011年,交通银行股份有限公司香港分行(以下简称交通银行香港分行)向该公司提供贷款,奥宏玛公司以其当前和未来全部财产、资产和业务的固定和浮动抵押提供担保,陈某等人提供无限连带担保。2015年11月1日起,奥宏玛公司停止还款,贷款发生逾期。2017年,交通银行香港分行以奥宏玛公司未支付结欠本金、利息、罚金等费用为由提起诉讼,要求陈某等承担连带清偿责任。陈某等人辩称,未经国家有关主管部门批准或者登记对外担保的,担保合同无效。涉案对外担保合同未经主管机关批准或登记,故担保协议无效。

(3)裁判理由及意义

法院认为,《担保法解释》第六条第一款认定涉外担保合同无效的依据为外债风险大量转移给国内金融机构和企业,加大了中方的筹资成本和风险,损害了国家利益。对此,中国人民银行于1996年发布的《境内机构对外担保管理办法》第十七条作出了相应的规定,“担保人未经批准擅自出具对外担保,其对外出具的担保合同无效”。但随着涉外金融贸易业务的发展,我国已取消涉外担保合同的登记生效要件,国家外汇管理局2014年发布的《跨境担保外汇管理规定》第二十九条规定,“外汇局对跨境担保合同的核准、登记或备案情况以及本规定明确的其他管理事项与管理要求,不构成跨境担保合同的生效要件”,因而涉案涉外担保合同不因未经登记而被强制认定为无效合同。

4. 广东省天河羊毛衫织造厂等与香港上海汇丰银行有限公司借款合同纠纷案

(1)案号

广东省广州市中级人民法院(2016)粤01民终14763号

(2)案情

2014年5月20日,香港上海汇丰银行有限公司(以下简称汇丰银行)向广东省天河羊毛衫织造厂(以下简称天河公司)出具《授信函》,记载:……授信和授信金额:授信类型为进口授信,授信金额为300万港元……适用法律与司法管辖权:本授信函(包括附件)受到香港特别行政区法律管辖并根据香港特别行政区法律进行解释。贵公司遵守香港特别行政区法院的非排他管辖权。2012年3月12日,天河织造厂签署《担保书》;2012年11月28日,段某签署《担保书》,上述《担保书》均记载:其作为担保人对客户天河公司在汇丰银行提供的银行授信承担连续担保……管辖法律和管辖权:本担保书受中华人民共和国法律管辖并应按中国法律解释。2015年5月28日,株洲粤港针织品有限公司(以下简称粤港针织品公司)向汇丰银行出具《担保函》。截至2015年8月17日,天河公司欠款本金为2,310,537.57港元,利息61,248.29港元。后天河公司违约,2015年4月20日,汇丰银行向天河公司亲自递交及以挂号信寄送方式寄送信函;2015年4月21日,汇丰银行分别向段某、天河织造厂以快递及挂号信寄送信函。

(3)裁判理由及意义

一审法院认为:关于本案适用的准据法的问题,虽然汇丰银行和天河公司之间的《授信函》约定适用香港特别行政区的法律,但是汇丰银行同意本案适用中华人民共和国法律。天河织造厂、粤港针织品公司、段某认为该主合同应适用香港特别行政区法律但并未提供香港特别行政区的法律,一审法院也不能查明香港特别行政区的法律,本案的主合同《授信函》应适用中华人民共和国法律。另外,天河织造厂、粤港针织品公司、段某出具的《担保书》中均明确适用中华人民共和国法律,故本案应适用内地法律作为准据法。

二审法院认为,本案当事人汇丰银行和天河公司为在香港特别行政区注册成立的公司，故本案为涉港借款合同纠纷。本案主合同即《授信函》约定受香港特别行政区法律管辖，该主合同的当事人汇丰银行虽然在本案一审过程中陈述其同意主合同适用内地法律，但该主合同另一当事人天河公司并未到庭，亦未与汇丰银行就更改《授信函》约定适用的法律另行达成一致意见，故汇丰银行不能单方改变已经选择的法律。本案《授信函》为汇丰银行出具，且汇丰银行住所地亦在香港特别行政区，汇丰银行有义务针对《授信函》提供香港特别行政区法律。一审法院适用内地法律作为该《授信函》准据法是适用法律不当，法院予以纠正。另外，各担保书均约定适用内地法律管辖，本案各担保合同应适用内地法律作为解决争议的准据法。

首先，根据汇丰银行提供的法律意见书，依照香港特别行政区法律，案涉《授信函》合法有效，3 位上诉人上诉认为《授信函》已经失效没有依据，法院不予支持。

其次，《合同法》第五十二条规定，违反法律、行政法规的强制性规定，合同无效。《合同法司法解释一》第四条规定，合同法实施以后，人民法院确认合同无效，应当以全国人大及其常委会制定的法律和国务院制定的行政法规为依据，不得以地方性法规、行政规章为依据。《外汇管理条例》第十九条虽然规定了提供对外担保应经过外汇管理部门的批准，但并未直接规定未经批准的对外担保无效。而国家外汇管理局作为上述行政法规规定的对外担保审批部门，出台《跨境担保外汇管理规定》并在第二十九条规定，外汇局对跨境担保合同的核准、登记或备案情况以及本规定明确的其他管理事项与管理要求，不构成跨境担保合同的生效要件。一审法院根据上述规定认定3 位上诉人出具的担保合同不因未履行批准登记手续而无效，上诉人认为该认定违反了上述《合同法》及司法解释关于认定合同无效不得以行政规章为依据的规定，显属对上述法律规定的误解，法院不予采纳。至于上诉人段某提供的个人对外担保，亦未违反法律和行政法规的强制性规定，一审认定该担保有效有理，法院予以维持。

学术观点

由于历史的原因，长期以来，我国银行业的信贷业务主要采用双边贷款方式。这种单干的方式不仅不能适应市场对大额资金交易的需求，而且风险的高度集中也不利于银行的风险管理。客观上,银团贷款业务模式的出现是银行业对市场风险的一种能动性防御反应,因为“银团贷款具有分散贷款风险、避免同业恶性竞争、不附带某种限制性条件、筹资时间较短、费用比较合理等优势”。虽然在对银团贷款业务没有专门性规范之前,当事人仍可从原《民法通则》《合同法》及其他民事法律中找到应有的法律支撑点,但是我国关于银团贷款的他律与自律规定的意义是重大的。它至少表现在两个方面:一是法哲学方面。它宣扬了私权行使的社会共同利益的原则,“它意味着在分配和行使个人权利时决不可以超越的外部界限,否则全体国民就会蒙受严重损害”。二是他律与自律的相融表明我国银团贷款业务的推进走的是一条以全面风险管理为重点的制度化路线。在中国银行业国际化的进程中,《银团贷款暂行办法》《商业银行集团客户授信业务风险管理指引》,及中国银行业协会的一些自律性约定对于培育我国银行业之间的团队合作精神及普及银团贷款的业务流程起到了不可低估的作用。此外,银团贷款与交易专业委员会对相关合同的格式化处理对于弱化风险、降低交易成本的积极作用也是不言而喻的。然而,规范与实践是两个不同的概念,规范体系的确立与演进的成功并不能成为蒙蔽我们对其进行批判与反思的理由。而且,中国银行业从政治角色向商业角色的不完全转型,传统计划经济所遗留的瑕疵更是一再告诫我们,必须从批判、否定与质疑的角度来审视我国对银团贷款的他律与自律监管的有效性问题。事实的发展也证明了这一看法:虽然双管齐下的制度化建设为我国银团贷款的可持续发展奠定了可预期的规则平台,但是与国际银团贷款市场相比,我国在这方面的发展仍然是相当落伍,市场十分狭小。

《跨境担保外汇管理规定》的前身是《境内机构对外担保管理办法》。后者被中国人民银行 2014 年第 13 号公告废止。虽然《外汇管理条例》第十九条仍使用对外担保的说法,但其细化规定实际上已变为《跨境担保外汇管理规定》。就概念而言,对外担保与跨境担保有一定的重合,例如,内保外贷既属于对外担保,也属于跨境担保。根据《跨境担保外汇管理规定》第九条、《跨境担保外汇管理操作指引》第四部分第七条第四款的规定,担保银行签订内保外贷业务合同后应办理登记,即通过数据接口程序或其他方式向外汇管理局报送相关数据;未办理登记的,将依据《外汇管理条例》第四十八条予以处罚。又据《担保法解释》第六条的规定,未经国家有关主管部门批准或登记对外担保的,担保合同无效。据此,如果担保银行未依法办理内保外贷登记,可能产生两个法律后果:一是行政处罚,二是合同无效。多数观点认为,《担保法解释》上述规定的本意在于吸收《境内机构对外担保管理办法》关于批准和登记的规定。因为后者作为中国人民银行的部门规章,按照《合同法司法解释一》第四条的精神,是无权对合同效力作出规定的,因此将其有关规定纳入《担保法》司法解释,使之成为认定担保合同效力的法律依据,符合当时实行外汇管制政策的需要。然而,时移则法易,随着《境内机构对外担保管理办法》的废止以及我国外汇管理思路的调整,《担保法解释》的上述规定似已失去继续适用的必要性。在新的制度框架下,登记宜作为管理性强制规定,不宜再作为效力性强制规定。《跨境担保外汇管理规定》第二十九条对该观点予以了肯定,但仍有待于《担保法解释》作出相应的调整。无论怎样,境内银行办理内保外贷或其他有登记要求的跨境担保业务时,应主动履行有关手续,避免法律风险与合规风险。①

(二)涉外、涉港澳台信用证纠纷

自2008年全球性金融危机爆发以来,国际贸易中大宗商品价格迅速回落,部分企业和银行资金流动性不足,经济形势的变化导致信用证案件数量大幅度增长。信用证纠纷具有系列诉讼案件多、涉及刑事犯罪调查多、涉及问题政策性和专业性强、案件处理结果影响大等特点。② 人民法院对此类案件应当审慎处理。

1. 准据法的适用

涉外、涉港澳台信用证纠纷的当事人可以选择信用证纠纷所适用的法律。

(1)当事人约定适用相关国际惯例或者其他规定的,从其约定。《跟单信用证统一惯例》是国际商会推荐银行界采用并为后者广泛知晓并经常遵守的条例,目前的最新版本为UCP600。当事人可以约定《跟单信用证统一惯例》的适用,也可以约定对其适用予以修改或排除。当事人没有约定选择信用证关系应适用的法律,适用国际商会《跟单信用证统一惯例》或者其他相关国际惯例。国际商会

① 参见赵鑫:《掌握银行涉外担保业务的原理》,载《中国外汇》2016年第14期。

② 参见郑鄂主编:《中国涉外商事审判研究》第1辑,法律出版社2010年版,第25页。

中国国家委员会在国际商会中代表中国的国家地位，负责推广国际商会经贸规则的适用在涉外商事案件的适用，审判实践中遇有专业性疑难问题，可向该会进行咨询。

（2）如当事人没有就信用证关系中国际惯例未规定部分选择应适用的法律，适用履行义务最能体现该合同特征一方当事人经常居所地法律或者其他与该合同有最密切联系的法律，即信用证受益人经常居所地法律。在信用证关系中，受益人的义务是提交相符单据，开证行的义务是在确定交单相符时承付，即受益人只要提交相符单据即可获得信用证项下的款项。因此，受益人履行交付相符单据的义务最能体现信用证关系的特征。

（3）除非当事人对法律适用另有约定，因申请开立信用证而产生的欠款纠纷、委托开立信用证纠纷和因此产生的担保纠纷以及信用证项下融资产生的纠纷应当适用中华人民共和国相关法律。

2. 信用证案件中的审单原则

如信用证关系当事人没有另外约定，人民法院应当按照国际商会《跟单信用证统一惯例》以及国际商会确定的相关标准，认定单据与信用证条款、单据与单据之间是否在表面上相符。

（1）“表面上相符”原则标准并非“镜像”标准，信用证项下单据与信用证条款之间、单据与单据之间在表面上不完全一致，但并不导致相互之间产生歧义的，不应认定为不符点。

（2）开证申请人决定是否接受不符点，并不影响开证行最终决定是否接受不符点。开证行和开证申请人另有约定的除外。开证行拒绝接受不符点时，受益人以开证申请人已接受不符点为由要求开证行承担信用证项下付款责任的，人民法院不予支持。

（3）如果开证行或保兑行未能按照《跟单信用证统一惯例》（UCP600）第十六条“不符单据及不符点的放弃与通知”的规定作出拒付通知，将无权宣称单据未能构成相符提示。若开证行在拒付通知中对于不符点未予明确，即使其在庭审中提出的不符点能够成立，其之前的拒付也不能构成有效拒付。拒付通知的表述应该足够准确，且需描述理由，仅仅指定不符点类型是不够的。

3. 信用证欺诈的认定与处理

（1）凡存在以下情形，应当认定为信用证欺诈：①受益人伪造单据或者提交记载内容虚假的单据；②受益人恶意不交付货物或者交付的货物无价值；③受益人和开证申请人或者其他第三方串通提交假单据，而没有真实的基础交易；④其他进行信用证欺诈的情形。

开证申请人、开证行或者其他利害关系人发现存在信用证欺诈情形，并认为将会给其造成难以弥补的损害时，可以向有管辖权的人民法院申请中止支付信用证项下款项。人民法院认定存在信用证欺诈的，应当裁定中止支付或者在实体审理阶段判决终止支付信用证项下款项。

（2）信用证欺诈构成信用证独立原则的例外，基础合同关系发生的其他纠纷和委托开证法律关系中的欺诈不适用信用证欺诈例外规则。

（3）以下情形分别构成信用证欺诈例外规则的例外：①开证行的指定人、授权人已按照开证行的指令善意地进行了付款；②开证行或者其指定人、授权人已对信用证项下票据善意地作出了承兑，包括通过环球同业银行金融电讯协会（Society for Worldwide Interbank Financial Telecommunications，SWIFT）系统发出的承兑电文；③保兑行善意地履行了付款义务；④议付行善意地进行了议付。

人民法院即使认定存在信用证欺诈的，如构成信用证欺诈例外规则的例外情形，不得裁定中止支付或者判决终止支付信用证项下款项。

（4）但确立信用证欺诈例外规则的例外情形，其目的在于保护善意第三人。在存在信用证欺诈的情况下，即使开证行或者其指定人、授权人已经对信用证项下票据善意地作出了承兑，而如果没有善意第三人存在，亦不属于信用证欺诈例外的例外情形，人民法院在符合其他相关条件的情况下仍然可以裁定中止支付信用证项下款项。

4. 通知行的准确通知义务

（1）通知行负有准确通知信用证或其修改的条款和条件的义务，对违反该项义务给受益人所造成的损害需承担相应的赔偿责任。参考《跟单信用证统一惯例》（UCP600）第九条“信用证及修改的通知”规定，如通知行在通知信用证或其修改时系基于合理的理由确信该信用证或其修改的表面真实性，应当认定通知行已经履行上述义务。

(2)目前,中国法律以及国际惯例对通知行错误通知的责任范围没有明确规定。如果通知行与受益人之间没有合同关系,人民法院应当依据侵权损害赔偿原则确定通知行的损害赔偿责任。

(3)通知行错误通知信用证或其修改的责任范围仍应受到信用证独立性原则的限制。信用证关系中的各有关当事人处理的仅是单据,而不是与单据有关的货物、服务或其他行为。因此,通知行违反义务所应承担的责任范围应当仅限于信用证项下的直接损失。发生在基础合同关系或其他法律关系项下的损失,不属于通知行应当预见的范围,通知行赔偿损失的范围不超过信用证项下未付款金额及利息。

审查要点

1. 严格把握信用证欺诈例外规则的适用

人民法院在根据当事人的申请作出中止支付信用证项下款项裁定的过程中,应当严格把握《信用证若干问题的规定》关于裁定中止支付信用证项下款项应当具备的条件的规定。

在实践中,存在必要单据有欺诈性描述的情况。其中就倒签提单这一问题,《最高人民法院关于连云港口福食品有限公司与韩国中小企业银行信用证纠纷一案的请示的复函》(〔2003〕民四他字第33号)指出:“倒签提单并不必然构成信用证欺诈,也并不必然导致银行可以以此为由拒付信用证项下的款项,应当分别情形处理。如果倒签提单的行为是出于受益人进行欺诈的主观恶意,即使倒签提单的行为是承运人所为,倒签提单作为一种欺诈手段,应当被认为构成信用证欺诈,银行可以据以拒付信用证项下的款项;如果倒签提单并非出于受益人的主观恶意,开证申请人的利益也并未因倒签提单的行为遭受实际损害,则不应认为构成信用证欺诈,银行不能以倒签提单为由拒付信用证项下的款项。”

2. 严格把握信用证案件的特殊程序规定

(1)人民法院收到中止支付信用证项下款项申请后,必须在48小时内作出裁定;裁定中止支付的,应当立即开始执行。人民法院作出中止支付信用证项下款项的裁定,应当列明申请人、被申请人和第三人。当事人有异议的,可以在裁定书送达之日起10日内向上一级人民法院申请复议。

为防止止付申请人滥用权利，给信用证项下权利人造成资金占用损失，止付申请人应当提供可靠、充分的担保。对于缺乏可靠、充分的担保的止付申请，人民法院不应予以受理。

实践中，存在部分法院以采取普通财产保全措施并向相关银行发“协助执行通知书”的方式代替作出中止支付信用证项下款项的裁定。对于此种程序性错误，应当予以避免。

(2)人民法院必须经过实体审理，认定构成信用证欺诈并且不存在例外情形，才能在信用证欺诈案件中判决终止支付信用证项下款项。如信用证欺诈案件进入实体审理阶段，人民法院必要时可以将信用证纠纷与基础交易纠纷一并审理。当事人以基础交易欺诈为由起诉的，可以将与案件有关的开证行、议付行或者其他信用证法律关系的利害关系人列为第三人，人民法院也可以依上述利害关系人申请或者依职权追加利害关系人为第三人参加诉讼。

如当事人已根据基础交易合同约定的争议解决条款，将基础交易合同争议提交仲裁的，在基础交易合同争议的仲裁裁决作出前，人民法院对信用证欺诈案件进行实体审理的，可根据具体情况裁定是否中止诉讼。

相关规定

1.《民法典》

第一千一百六十五条　行为人因过错侵害他人民事权益造成损害的，应当承担侵权责任。

依照法律规定推定行为人有过错，其不能证明自己没有过错的，应当承担侵权责任。

2.《涉外民事关系法律适用法》

第四十一条　当事人可以协议选择合同适用的法律。当事人没有选择的，适用履行义务最能体现该合同特征的一方当事人经常居所地法律或者其他与该合同有最密切联系的法律。

3.《信用证若干问题的规定》

第二条　人民法院审理信用证纠纷案件时，当事人约定适用相关国际惯例或者其他规定的，从其约定；当事人没有约定的，适用国际商会《跟单信用证统一惯例》或者其他相关国际惯例。

第四条 因申请开立信用证而产生的欠款纠纷、委托开立信用证纠纷和因此产生的担保纠纷以及信用证项下融资产生的纠纷应当适用中华人民共和国相关法律。涉外合同当事人对法律适用另有约定的除外。

第六条 人民法院在审理信用证纠纷案件中涉及单证审查的，应当根据当事人约定适用的相关国际惯例或者其他规定进行；当事人没有约定的，应当按照国际商会《跟单信用证统一惯例》以及国际商会确定的相关标准，认定单据与信用证条款、单据与单据之间是否在表面上相符。

信用证项下单据与信用证条款之间、单据与单据之间在表面上不完全一致，但并不导致相互之间产生歧义的，不应认定为不符点。

第七条 开证行有独立审查单据的权利和义务，有权自行作出单据与信用证条款、单据与单据之间是否在表面上相符的决定，并自行决定接受或者拒绝接受单据与信用证条款、单据与单据之间的不符点。

开证行发现信用证项下存在不符点后，可以自行决定是否联系开证申请人接受不符点。开证申请人决定是否接受不符点，并不影响开证行最终决定是否接受不符点。开证行和开证申请人另有约定的除外。

开证行向受益人明确表示接受不符点的，应当承担付款责任。

开证行拒绝接受不符点时，受益人以开证申请人已接受不符点为由要求开证行承担信用证项下付款责任的，人民法院不予支持。

第八条 凡有下列情形之一的，应当认定存在信用证欺诈：

（一）受益人伪造单据或者提交记载内容虚假的单据；

（二）受益人恶意不交付货物或者交付的货物无价值；

（三）受益人和开证申请人或者其他第三方串通提交假单据，而没有真实的基础交易；

（四）其他进行信用证欺诈的情形。

第九条 开证申请人、开证行或者其他利害关系人发现有本规定第八条的情形，并认为将会给其造成难以弥补的损害时，可以向有管辖权的人民法院申请中止支付信用证项下的款项。

第十条 人民法院认定存在信用证欺诈的，应当裁定中止支付或者判决终止支付信用证项下款项，但有下列情形之一的除外：

（一）开证行的指定人、授权人已按照开证行的指令善意地进行了付款；

（二）开证行或者其指定人、授权人已对信用证项下票据善意地作出了承兑；

（三）保兑行善意地履行了付款义务；

（四）议付行善意地进行了议付。

第十一条 当事人在起诉前申请中止支付信用证项下款项符合下列条件的，人民法院应予受理：

（一）受理申请的人民法院对该信用证纠纷案件享有管辖权；

（二）申请人提供的证据材料证明存在本规定第八条的情形；

（三）如不采取中止支付信用证项下款项的措施，将会使申请人的合法权益受到难以弥补的损害；

（四）申请人提供了可靠、充分的担保；

（五）不存在本规定第十条的情形。

当事人在诉讼中申请中止支付信用证项下款项的，应当符合前款第（二）、（三）、（四）、（五）项规定的条件。

4.《最高人民法院关于适用〈中华人民共和国民法典〉有关担保制度的解释》

第六十条 在跟单信用证交易中，开证行与开证申请人之间约定以提单作为担保的，人民法院应当依照民法典关于质权的有关规定处理。

在跟单信用证交易中，开证行依据其与开证申请人之间的约定或者跟单信用证的惯例持有提单，开证申请人未按照约定付款赎单，开证行主张对提单项下货物优先受偿的，人民法院应予支持；开证行主张对提单项下货物享有所有权的，人民法院不予支持。

在跟单信用证交易中，开证行依据其与开证申请人之间的约定或者跟单信用证的惯例，通过转让提单或者提单项下货物取得价款，开证申请人请求返还超出债权部分的，人民法院应予支持。

前三款规定不影响合法持有提单的开证行以提单持有人身份主张运输合同项下的权利。

典型案例

1. 无锡湖美热能电力工程有限公司与新加坡星展银行信用证纠纷案①

(1)案号

最高人民法院(2017)最高法民终327号

(2)案情

2013年6月10日,新加坡星展银行(以下简称星展银行)以无锡湖美热能电力工程有限公司(以下简称湖美公司)为受益人开立了即期付款信用证。2013年11月29日,湖美公司向星展银行提示付款,但星展银行以原产地证明第9栏所列FOB价格(离岸价格,Free on Board)与发票显示CIF价格(到岸价格,Cost Insurance and Freight)相同,构成不符点为由予以拒付。湖美公司向江苏省高级人民法院提起诉讼,认为星展银行提出的拒付理由不能成立,请求判令星展银行支付信用证项下全部款项及迟延支付款项利息。江苏省高级人民法院作出(2014)苏商外初字第0004号判决,支持了湖美公司的诉讼请求。星展银行不服江苏省高级人民法院(2014)苏商外初字第0004号判决,向最高人民法院提起上诉。

(3)裁判理由及意义

本案的争议焦点为,案涉信用证项下单据是否存在不符点。

最高人民法院认为,《跟单信用证统一惯例》(UCP600)第十六条关于审单标准虽然确立了"表面上"相符的严格相符标准,但并未要求丝毫不差,只要单据与信用证要求以及单据与单据之间并不矛盾,即应当认定交单相符,开证行即应予付款。《信用证若干问题的规定》第六条与《跟单信用证统一惯例》(UCP600)第十四条规定就审单标准而言体现的精神是一致的。

本案中,受益人湖美公司向开证行星展银行提交了原产地证明,由于上述原产地证书系格式文本,当事人无法就其中的栏目名称进行修订。第9栏中的"(FOB)"是栏目名称自带内容,该表述不应被理解为国际贸易术语项下货物的FOB价格。首先,该表述不符合国际贸易术语的基本格式。根据《国际贸易术语解释通则(2010)》的规定,FOB是"船上交货(……指定装运港)"的简称。本案

① 参见《中华人民共和国最高人民法院公报》2018年第11期(总第265期)。

中的"(FOB)"表述后缺乏"(……指定装运港)",明显不符合国际贸易术语的格式要求。其次,根据《国际贸易术语解释通则(2010)》规定,国际贸易术语项下的FOB价格与CIF价格构成明显不同,且无法简单套用某种公式或者以其他形式相互转化。上述原产地证书格式表格服务于中国—东盟自由贸易区内的国际贸易,中国—东盟自由贸易区内的国际贸易不可能仅仅允许当事人使用FOB价格而排除其他价格。如果将表格第9栏中的"(FOB)"理解为国际贸易术语项下货物的FOB价格,明显不符合市场需求。综上,将上述原产地证书表格第9栏中的"(FOB)"理解为国际贸易术语项下的FOB价格,不符合常理。对该"(FOB)"的合理理解应当是指引性的,即指引当事人在此栏中填入相应的货物价格。

本案基础合同约定的货物价格是"CIF印度尼西亚杜迈",信用证金额为8,938,290.98美元,受益人湖美公司为符合信用证要求,在原产地证书第9栏中直接填写了8,938,290.98美元。本案所涉原产地证明第7栏中已经填写有"合同HWM12-002下用于PTDABIOLEO2X90T/H+15MW电站的一套电厂设备,CIF印度尼西亚杜迈"等信息,加上第9栏填写的"USD:8938290.98",能够相互印证,且能够与信用证以及信用证要求的其他单据商业发票记载的货物价格相互印证。更重要的是,第8栏"原产地标准"填写有"WO"(指出口国完全生产的产品),足以表达该单据的功能。也就是说,尽管本案所涉原产地证书上第9栏数据与信用证及其单据要求的CIF价格数据一致,但单据之间并不矛盾,不会导致对该单据的理解产生歧义。因此,不应以此认定构成不符点。

2. 上海久茂对外贸易有限公司与澳大利亚和新西兰银行(中国)有限公司上海分行等信用证欺诈纠纷案

(1)案号

最高人民法院(2013)民申字第1399号

(2)案情

2008年9月10日,上海久茂对外贸易有限公司(以下简称久茂公司)与宁波保税区盛通国际贸易有限公司(以下简称盛通公司)、余姚市鸿昌塑化贸易有限公司(以下简称鸿昌公司)签订《委托代理进口合同》。同日,久茂公司根据委托,与香港联创资源有限公司(以下简称联创公司)签订买卖合同购买电解铜。2008年9月12日,中国工商银行股份有限公司上海市分行(以下简称工行上海分行)根据久茂公司申请,开立自由议付信用证,信用证受益人为联创公司。

2008年9月16日和18日,澳大利亚和新西兰银行(中国)有限公司上海分行(以下简称澳新银行上海分行)向工行上海分行分两次递交了信用证项下的全套单据,并分别索汇2,851,765.95美元和634,949.20美元。

之后,久茂公司获悉盛通公司法定代表人俞某某以及曾任职于盛通公司的相关人员涉嫌信用证诈骗接受宁波和上海等地公安调查。根据公安调查,自2006年起,浙江宝诚不锈钢制造有限公司(以下简称宝诚公司)法定代表人史某、盛通公司法定代表人俞某某等人为获得融资,根据职员的建议并由其介绍注册代理机构,在境外设立了联创公司等多家离岸公司作为出口商,并均在澳新银行上海分行开户,再由史某、俞某某等人控制的宝诚公司、盛通公司等多家境内关联公司作为进口委托方,通过外贸代理协议委托进口代理商向联创公司等离岸关联公司"自买自卖"电解铜。

久茂公司认为,盛通公司与联创公司之间不存在真实的基础交易关系,双方通过伪造提交虚假单据骗取信用证项下款项,构成信用证欺诈;澳新银行上海分行在明知信用证欺诈的情形下仍为史明等人的欺诈行为提供便利,其并非善意第三人。故久茂公司向上海市第一中级人民法院起诉,请求判令终止支付工行上海分行开立的信用证项下款项。一审、二审法院均认定本案构成信用证欺诈,且澳新银行上海分行的议付为非善意,判令终止支付信用证项下的款项。澳新银行上海分行向最高人民法院申诉请求再审。

(3)裁判理由及意义

最高人民法院认为,本案中,虽然工行上海分行通过SWIFT电文方式向澳新银行上海分行表示承兑,构成了信用证项下有效的付款承诺,但还是要考察澳新银行上海分行的议付是否善意。判断是否存在信用证欺诈例外的例外情形,应当根据信用证项下各方当事人之间的法律关系以及信用证交易中是否存在善意第三人来确定。根据查明的事实,澳新银行上海分行职员直接参与了本案信用证融资套现方式的设计,并介绍史某、俞某某等人在境外注册联创公司等多家离岸公司,澳新银行上海分行在明知史某、俞某某等控制的这些关联公司进行的是没有真实交易基础的"自买自卖"业务,却仍然对此采取放任态度,并为史某、俞某某等人实现非法融资目的创造并提供了便利条件。澳新银行上海分行在为多家离岸公司开户时,没有要求客户面签,而是采用邮递的方式将空白的开户资料直接寄给盛通公司,在签署沉默保兑协议时,均是将相关的格式合同寄给盛通公司;该行也明知这些离岸公司提交的信用证项下单据、向其提交的申请、所发的指令实际均是由盛通公司或利恒万通公司的人员所为;在议付环节中,未严格比对离岸公司印章,并默认了史某、俞某某等人大量重复提交的仓单,导致史某、俞某某等人顺利完成了套现。而且相关事实亦由两份生效判决予以确认,澳新银行上海分行亦未能提供证据推翻两份生效判决认定的事实。

据此,最高人民法院认为,澳新银行上海分行利用了信用证独立抽象性原则的保护,对虚构的基础交易采取放任态度,导致本案信用证欺诈严重后果的发生,从澳新银行上海分行的主观意识与客观行为上分析,均不能认定为善意议付,澳新银行上海分行不能成为本案信用证关系中的善意第三人,本案不存在《信用证若干问题的规定》第十条规定的信用证欺诈例外的例外情形。

3. 脉织控股集团有限公司与交通银行股份有限公司信用证纠纷案

(1)案号

上海市高级人民法院(2017)沪民终408号

(2)案情

交通银行股份有限公司(以下简称交通银行)作为通知行向受益人脉织控股集团有限公司(以下简称脉织公司)通知了一份由美国国民银行(Bank Leumi USA)(开证行)开立的不可撤销跟单信用证。脉织公司与交通银行先后收到邮件寄送的修改件,为核实修改件的真实性,交通银行向开证行发送SWIFT电文进行询问。开证行在回复中确认系争两份信用证(原文用语为“L/C'S”)的真实性,并请通知行尽快通知到受益人。之后,交通银行向脉织公司通知了修改件。脉织公司根据修改后的信用证办理货物出口运输手续并委托招商银行股份有限公司温州分行(交单行)向开证行交单请付。开证行以单证不符为由拒付,并表示未对信用证进行过修改。脉织公司出口的货物因信用证遭拒付被滞留目的港,无法办理退运或转港手续,后诉至法院,请求判令交通银行对其货款损失承担赔偿责任。

(3)裁判理由及意义

根据《跟单信用证统一惯例》(UCP600)的规定,通知行仍负有审核信用证表面真实性的义务,其确认表面真实性应基于合理理由。以密押SWIFT电文(环球同业银行金融电讯协会的电文系统)向开证行求证属于合理有效的审核方式。SWIFT电文内容有歧义时,应当根据电文发送背景和目的判断通知行的理解是否合理。交单行、议付行对同一电文内容的理解可用于横向比较通知行的理解是否合理。

随着“一带一路”倡议持续推进以及我国对外开放步伐不断加快,作为跨境交易支付重要手段的国际信用证业务,将伴随跨境交易规模的扩大而广泛应用。相较 UCP500 而言,UCP600 就信用证通知不再使用“合理审慎”的表述,在实践中引发了“通知行是否仍需审核以及如何审核信用证表面真实性”的争论,本案即为其中的典型代表。由于 UCP600 要求通知行“确信表面真实性”基于合理理由,因此其仍负有相应的审核义务,审核的方式应当符合行业惯例,同时尽到“一个理性银行信用证业务人员运用与其专业知识及普通常识能够做到的注意和谨慎”。SWIFT 电文系统是国际银行间数据交换的标准语言,也是电开信用证的最主要方式,因此,以加密 SWIFT 电文求证信用证的真实性属于合理的审核方式。电文传输常使用省略语,难免会发生歧义,此时需以通知行视角为出发点,结合发文目的和背景作合理解释。同一信用证业务中的其他银行对同一电文的理解,可以横向比较通知行的理解是否合理。本案裁判所阐释的司法裁量原则,回应了信用证实务中关于通知行审核义务的争论,为通知行规范审核行为提供了有益借鉴,为国际信用证业务的健康发展提供了良好的司法保障。

学术观点

关于《跟单信用证统一惯例》(UCP600)条文的效力,如果把其本身看作信用证中的一个特殊条款,其将与信用证的其他条款一起构成一个完整的信用证安排。因此,在同一个信用证安排下,整体而言,《跟单信用证统一惯例》(UCP600)与信用证的其他条款处于同一个层次,不存在必然的效力位阶上的区分,究竟是《跟单信用证统一惯例》(UCP600)条文优先,还是其他条款优先,视具体情况而定。例如,信用证条款禁止转运,但根据《跟单信用证统一惯例》(UCP600)第二十三条第 c(ii)款的规定,即使信用证禁止转运,注明将要或可能转运的空运单仍可接受,此时 UCP600 条文效力优于信用证条款。但如果上述信用证还明确规定排除适用 UCP600 第二十三条第 c(ii)款的规定,在这种情况下,空运单就必须满足信用证不可转运的规定,信用证条款优于《跟单信用证统一惯例》(UCP600)条文。[①]

---

① 参见林建煌:《品读 UCP600》,厦门大学出版社 2008 年版,第 4 页。

(三)涉外、涉港澳台独立保函纠纷

独立保函作为新型担保制度在国际经贸往来中发挥着重要作用,随着我国"一带一路"倡议的推进,独立保函纠纷案件成为涉外、涉港澳台司法审判中的热点问题。在此背景下,《独立保函若干问题的规定》发布,明确了独立保函的识别、独立保函的欺诈和救济措施、独立保函纠纷的管辖权和法律适用等问题。在审理涉外、涉港澳台独立保函案件时,可同时参考《联合国独立保函与备用信用证公约》相关基本原理。

1. 独立保函的性质认定

(1)独立保函的出具主体

独立保函的开立人范围限定于银行或非银行金融机构。根据《中国人民银行法》等相关规定,银行业金融机构一般是指商业银行、农村信用合作社、农村合作银行等吸收公众存款的金融机构以及政策性、开发性银行。非银行金融机构一般是指金融资产管理公司、信托公司、财务公司、金融租赁公司以及经国务院银行业监督管理机构批准设立的其他金融机构。

(2)独立保函的形式要件

独立保函,是指银行或非银行金融机构作为开立人,以书面形式向受益人出具的,同意在受益人请求付款并提交符合保函要求的单据(是指独立保函载明的受益人应提交的付款请求书、违约声明、第三方签发的文件、法院判决、仲裁裁决、汇票、发票等表明发生付款到期事件的书面文件)时,向其支付特定款项或在保函最高金额内付款的承诺。

保函应至少载明以下内容才可被认定具有独立性:

①载明见索即付;

②载明适用国际商会《见索即付保函统一规则》等独立保函交易示范规则;

③载明据以付款的单据以及最高金额;

④根据保函文本内容,开立人的付款义务独立于基础交易关系及保函申请法律关系,其仅承担相符交单的付款责任。

审查要点

1. 严格把握独立保函的出具主体

根据《独立保函若干问题的规定》中对独立保函所作的定义，开具独立保函的主体要求系指银行或非银行金融机构。从该规定的精神出发，即要求开具独立保函的主体具有从事金融业务的专业性，故对“非银行金融机构”的外延(对象)把握需要参考《中国人民银行法》等相关法律法规的规定，实质性地考虑从事具有金融属性业务的机构是否均属于非银行金融机构。

2. 严格把握独立保函的形式要件

保函具有从属性或独立性的依据仍系《独立保函若干问题的规定》，该规定已明确独立保函具有“载明见索即付”“载明适用国际商会《见索即付保函统一规则》等独立保函交易示范规则”等特点，故在判定案涉保函是否为独立保函时应严格参照《独立保函若干问题的规定》的文件精神。值得注意的是，对于受益人提交单据是否“符合保函要求”时宜作形式审查，即根据“保函要求”标准属于“表明发生付款到期事件的书面文件”可认定系“符合保函要求的单据”。

相关规定

1.《独立保函若干问题的规定》

第一条 本规定所称的独立保函，是指银行或非银行金融机构作为开立人，以书面形式向受益人出具的，同意在受益人请求付款并提交符合保函要求的单据时，向其支付特定款项或在保函最高金额内付款的承诺。

前款所称的单据，是指独立保函载明的受益人应提交的付款请求书、违约声明、第三方签发的文件、法院判决、仲裁裁决、汇票、发票等表明发生付款到期事件的书面文件。

独立保函可以依保函申请人的申请而开立，也可以依另一金融机构的指示而开立。开立人依指示开立独立保函的，可以要求指示人向其开立用以保障追偿权的独立保函。

第三条 保函具有下列情形之一，当事人主张保函性质为独立保函的，人民法院应予支持，但保函未载明据以付款的单据和最高金额的除外：

（一）保函载明见索即付；

（二）保函载明适用国际商会《见索即付保函统一规则》等独立保函交易示范规则；

（三）根据保函文本内容，开立人的付款义务独立于基础交易关系及保函申请法律关系，其仅承担相符交单的付款责任。

当事人以独立保函记载了对应的基础交易为由，主张该保函性质为一般保证或连带保证的，人民法院不予支持。

当事人主张独立保函适用担保法关于一般保证或连带保证规定的，人民法院不予支持。

2. 最高人民法院《全国法院民商事审判工作会议纪要》

54.【独立担保】 从属性是担保的基本属性，但由银行或者非银行金融机构开立的独立保函除外。独立保函纠纷案件依据《独立保函若干问题的规定》处理。需要进一步明确的是：凡是由银行或者非银行金融机构开立的符合该司法解释第1条、第3条规定情形的保函，无论是用于国际商事交易还是用于国内商事交易，均不影响保函的效力。银行或者非银行金融机构之外的当事人开立的独立保函，以及当事人有关排除担保从属性的约定，应当认定无效。但是，根据“无效法律行为的转换”原理，在否定其独立担保效力的同时，应当将其认定为从属性担保。此时，如果主合同有效，则担保合同有效，担保人与主债务人承担连带保证责任。主合同无效，则该所谓的独立担保也随之无效，担保人无过错的，不承担责任；担保人有过错的，其承担民事责任的部分，不应超过债务人不能清偿部分的三分之一。

典型案例

1. 深圳市融乐通投资担保有限公司与深圳市旭生骏鹏建筑工程有限公司保证合同纠纷案

（1）案号

广东省深圳市中级人民法院（2017）粤03民终10556号

（2）案情

2013年8月，深圳市旭生骏鹏建筑工程有限公司（承包人）与深圳市国盛源药业有限公司(发包人)签订《深圳市建设工程施工(单价)合同》,约定:深圳市国盛源药业有限公司将位于深圳市坪山新区台商工业园B号路的深圳市国盛源综合楼发包予深圳市旭生骏鹏建筑工程有限公司。同月,深圳市融乐通投资担保有限公司向深圳市旭生骏鹏建筑工程有限公司出具《不可撤销支付保函》,该保函内容如下:"深圳市旭生骏鹏建筑工程有限公司(受益人):鉴于深圳市国盛源药业有限公司(被保证人)已与贵方签订了深圳市国盛源综合楼工程的施工合同(下称合同),工期自2013年8月18日至2014年9月18日。我方接受被保证人的委托,在此向受益人提供不可撤销的工程款支付保证:一、本保证担保的最高担保金额为3,688,888元;二、本保证担保的保证期间自2013年8月18日至2015年9月30日;三、在本保证担保的保证期间内,我方将在收到受益人经法定代表人或其授权委托代理人签字并加盖公章的书面索赔通知后30个工作日内,不争辩、不挑剔、不可撤销地向受益人支付索赔款,直至本保证担保的最高担保金额……"自2014年5月至2015年6月,深圳市国盛源药业有限公司向深圳市旭生骏鹏建筑工程有限公司支付工程款合计920万元。2015年7月,深圳市旭生骏鹏建筑工程有限公司向深圳市融乐通投资担保有限公司发出《索赔函》,要求深圳市融乐通投资担保有限公司按照《不可撤销支付保函》载明的最高担保金额3,688,888元支付索赔款。后深圳市旭生骏鹏建筑工程有限公司、深圳市融乐通投资担保有限公司发生争议并诉诸法院。

一审法院认为,深圳市融乐通投资担保有限公司既非银行性质,亦非非银行金融机构,故其出具的《不可撤销支付保函》不属于独立保函;二审法院认为,一审判决认定事实清楚,适用法律正确,审判程序合法,应予维持。

(3)裁判理由及意义

本案中,一审法院认为,"自2016年12月1日起施行的《独立保函若干问题的规定》已明确出具独立保函的主体系银行或非银行金融机构,本案中,融乐通公司单位既非银行性质,亦非非银行金融机构,故融乐通公司出具的《不可撤销支付保函》显然不属于独立保函,该《不可撤销支付保函》不产生独立担保的法律后果,仍属于从属性的担保责任"。二审法院支持原判。

本案的裁判意义在于表明,对于《独立保函若干问题的规定》中的"非银行金融机构"不可作最广义的理解,该规定将独立保函的开具主体限缩为"银行或非银行金融机构"即系考虑到出具主体应当具有相当的业务资质,并非所有从事具有金融属性业务的机构均可直接被认定为该规定下的“非银行金融机构”。结合《中国银保监会非银行金融机构行政许可事项实施办法》的规定，非银行金融机构一般包括经银保监会批准设立的金融资产管理公司、企业集团财务公司、金融租赁公司、汽车金融公司、货币经纪公司、消费金融公司、境外非银行金融机构驻华代表处等机构，又根据《融资性担保公司管理暂行办法》等规范性文件的规定，仅持牌的融资性担保公司属于中国银保监会认定的非银行金融机构，非融资性担保公司则不属于非银行金融机构。

2. 中国电力工程有限公司与中国能源建设集团山西电力建设第三有限公司信用证纠纷案

(1)案号

最高人民法院(2018)最高法民终417号

(2)案情

2012年2月，中国电力工程有限公司中标印度尼西亚苏门答腊SUMSEL(苏姆赛尔)－52×150MW坑口燃煤电厂项目，并与业主印尼PT. POWERSUMSEL公司签订工程总承包合同。2012年12月，中国电力工程有限公司与中国能源建设集团山西电力建设第三有限公司签订施工承包合同。该合同第二部分第三章“工程款”第3.2条中约定“为保障合同的履行，乙方应在本合同签订后15日内向甲方提供经甲方确认的无条件不可撤销的银行履约保函，该履约保函必须是由甲方可接受的银行开具，履约保函为本合同总金额的10%”(合同的甲方为中国电力工程有限公司，乙方为中国能源建设集团山西电力建设第三有限公司)。在合同履行过程中，双方先后签订了7份补充合同。2016年7月，中国建设银行股份有限公司太原二营盘支行向中国电力工程有限公司出具履约保函。保函内容为：本保函作为贵方中国电力工程有限公司(受益人)与中国能源建设集团山西电力建设第三有限公司(申请人)于2015年7月3日就施工承包合同所签订之补充合同7的履约保函。该行承诺有资格开立本保函。该行已接受申请人的请求，愿意向受益人出具无条件的、不可撤销的、见索即付的独立银行保函。因此，该行及其法定继承人与受让人，根据本保函无条件地、见索即付地、不可撤销地按受益人要求向受益人支付总金额不超过125,973,392.6元的一笔或数笔款项：“1. 在本保函有效期内，只要受益人确定申请人未履行合同中规定的义务，包括双方就合同条款达成的变更、修改和补充义务，我行在收到受益人书面通知后，无论申请人是否提出异议，我行即在3个工作日内无条件地将受益人提出的、不超过保函总金额的款项，按受益人要求的方式支付给受益人。本支付无须受益人提供任何证据，且无须申请人知晓或同意。2. 本保函项下的任何支付应为免税和净值。本保函项下任何付款不包括或不扣除由任何单位因任何原因征收的或将征收的税费、关税、手续费及代扣费用。3. 本保函构成我行对受益人直接和独立的责任，不因合同的无效而无效。申请人与受益人发生任何纠纷，或申请人提出任何抗辩和异议，均不影响我行按本保函无条件且无追索的支付款项。4. 我行进一步同意对受益人与申请人之间的合同文件内容的任何变更、修改或补充均不能免除我行在此保函项下的责任，同时我行也放弃任何此类变更、修改或补充必须通知我行的权利。5. 受益人索赔通知必须以书面形式提出，并由法定代表人或授权委托人签字并加盖单位公章。索赔文件必须在保函有效期内送达我行。（我行认可的邮寄送达地址为：山西省太原市，SWIFT 地址为：PCBCCNBJIXA。）6. 本保函自开立之日起生效，有效期至2017年7月14日。如果在本保函到期前一个月，申请人的合同义务尚未完成，则受益人有权要求申请人或我行按受益人要求将保函予以延长。如果申请人或我行在本保函到期前15日予以拒绝或者没有予以延长，则受益人在保函到期前有权没收保函项下的全部金额。7. 因本保函发生的任何纠纷均应提交中国国际经济贸易仲裁委员会按照该委员会仲裁规则进行仲裁，仲裁地点在北京。仲裁结果是终局性的并具有约束力。8. 本保函适用《见索即付保函统一规则》（国际商会第758号出版物）。”由于中国能源建设集团山西电力建设第三有限公司未履行合同中规定的义务，中国银行股份有限公司北京海淀支行于2017年3月以受中国电力工程有限公司委托的名义向中国建设银行股份有限公司太原二营盘支行邮寄发送了保函复印件与中国电力工程有限公司出具的《履约保函索赔通知》，后双方就保函的性质等问题发生争议并诉诸法院。

就保函的性质认定问题，最高人民法院二审判决认为，该份案涉保函“已经明确载明受益人请求付款时应当提交的单据，是由受益人法定代表人或授权委托人签字并加盖单位公章的书面索赔通知……一审判决认定案涉保函不是独立保函，没有事实及法律依据”。

（3）裁判理由及意义

二审法院认为，案件的争议焦点之一即案涉保函是否为独立保函。本案中，在案涉保函已明确载明了基础合同的当事人、签订时间及合同名称的情况下，足以认定案涉保函的基础合同是2015年7月3日签订的补充合同7，一审法院认定案涉保函未明确指明开立保函所依据的基础合同，缺乏事实依据。

案涉保函在首部即载明中国建设银行股份有限公司太原二营盘支行“愿意向受益人出具无条件的、不可撤销的、见索即付的独立银行保函”，并“根据本保函无条件地、见索即付地、不可撤销地按受益人要求向受益人支付总金额不超过125,973,392.6元的一笔或数笔款项”。前述条款表明中国建设银行股份有限公司太原二营盘支行作出了向中国电力工程有限公司提供见索即付的独立银行保函的明确意思表示，并载明了最高金额。案涉保函第一条载明“我行在收到受益人书面通知后，无论申请人是否提出异议，我行即在3个工作日内无条件地将受益人提出的、不超过保函总金额的款项，按受益人要求的方式支付给受益人”。第三条载明“本保函构成我行对受益人直接和独立的责任，不因合同的无效而无效。申请人与受益人发生任何纠纷，或申请人提出任何抗辩和异议，均不影响我行按本保函无条件且无追索的支付款项”。前述条款表明案涉保函具有明确的独立性表述，中国建设银行股份有限公司太原二营盘支行作为开立人承担保函项下的付款责任，独立于基础交易关系，不受基础交易关系与保函申请关系的影响。

根据《独立保函若干问题的规定》第一条第二款的规定，单据是指独立保函载明的受益人应提交的付款请求书、违约声明、第三方签发的文件、法院判决、仲裁裁决、汇票、发票等表明发生付款到期事件的书面文件。案涉保函第一条载明“我行在收到受益人书面通知后，我行即在3个工作日内无条件地将受益人提出的、不超过保函总金额的款项，按受益人要求的方式支付给受益人。本支付无须受益人提供任何证据，且无须申请人知晓和同意”。第五条载明“受益人索赔通知必须以书面形式提出，并由法定代表人或授权委托人签字并加盖单位公章”。由此可见，案涉保函已经明确载明受益人请求付款时应当提交的单据，是由受益人法定代表人或授权委托人签字并加盖单位公章的书面索赔通知，除此之外无须受益人提供任何证据。一审判决以案涉保函未能明确指明书面通知包括的内容或单据的名称为由，认定案涉保函未载明据以付款的单据，没有事实依据。

基于前述，二审法院认为，案涉保函载明见索即付，适用国际商会《见索即付保函统一规则》，开立人的付款义务独立于基础交易关系及保函申请法律关系，同时也载明了据以付款的单据与最高金额。根据《独立保函若干问题的规定》第三条第一款的规定,案涉保函应认定为独立保函。

本案的裁判意义在于表明:(1)开立人对受益人提交的付款凭据进行形式审查即可满足开具独立保函的前提要件,同时不宜对《独立保函若干问题的规定》规定中的非穷尽列举事项作机械化理解,如该规定对受益人应当提交的单据类型虽进行了列举,可并未就此限制所需单据类型,所需单据类型主要取决于保函载明的付款要求而非文件形式本身。本案中保函载明的付款条件虽仅提及"受益人书面通知",可并不影响将之认定为有效独立保函。(2)独立保函在内容上仍应承载《独立保函若干问题的规定》第三条规定的要素,人民法院在判定相关包含是否具备前述要素时应进行实质审查。(3)人民法院在作裁判时应当把握好形式审查与实质审查的适用对象与裁判语境。

学术观点

目前,审判实践中相关纠纷涉及的均为银行等金融机构开立的独立保函,故《独立保函若干问题的规定》仅调整银行与非银行金融机构开立的独立保函。非金融企业、其他组织以及个人出具的保函类型复杂,既有以营利为目的的商事担保,也有无偿的民事担保,其开立具有独立保函性质的担保是否可以参照处理,还是按照从属性保证处理,有待今后审判实践出现相关案例后再予考虑。[①]

司法实践中,对传统担保的审理经验较为丰富,但对国内独立保函的适用标准还不太成熟。《独立保函若干问题的规定》第一条第一款规定体现了独立保函如下法律特征:

1. 独立保函的要式性。独立保函必须以书面形式出具。

2. 开立人付款义务的单务性、独立性及单据性。独立保函是开立人同意在一定条件下向受益人承担付款责任的单方允诺,受益人并无对待给付义务。开立人的付款义务是附条件的,所附条件是受益人请求付款并提交符合保函要求的单据。单据是决定开立人是否能否付款的唯一依据。独立保函独立于基础交易法律关系,开立人仅处理单据,并不受基础交易法律关系与独立保函申请法律

---

① 参见张勇健、沈红雨:《〈关于审理独立保函纠纷案件若干问题的规定〉的理解和适用》,载《人民司法(应用)》2017年第1期。

关系的有效性、履行、变更等情况的影响。

3. 开立人抗辩权的单一性。开立人并不享有先诉抗辩权、基础交易中债务人的抗辩权等。除法定情形外，开立人只能以受益人提交单据与独立保函文本规定不符为由提出抗辩。

4. 付款金额的确定性。独立保函须载明最高付款金额或可确定的金额。同时，《独立保函若干问题的规定》第三条第一款规定了三类能够认定开立人具有提供独立保函意思表示的情形，此外，独立保函必须记载两项要素：一是据以付款的单据；二是最高金额。若这两项要素缺失，开立人要在单据之外确定基础交易的履行情况，也就无从保证独立保函的独立性与跟单性。该条第二款则强调独立保函记载对应的基础交易这一事实本身时，并不影响开立人付款义务的独立性与跟单性，故仍应认定为独立保函的性质。总的来说，区分一份保函究竟是独立保函还是担保法规定的保证，关键在于文本是否为开立人设定了相符交单情形下的独立付款义务，而不在于是否使用关于保证责任的个别措辞。笔者认为，开立人作为专业金融机构，应以条款清晰表明保函的性质。①

2. 独立保函纠纷中的欺诈与止付

(1)基础交易审查中的"有限与必要原则"

《独立保函若干问题的规定》第十八条赋予了人民法院在审理保函欺诈纠纷时审查认定基础交易事实的职权："人民法院审理独立保函欺诈纠纷案件或处理止付申请，可以就当事人主张的本规定第十二条的具体情形，审查认定基础交易的相关事实。"在审判实务中，人民法院对基础交易审查应坚持有限与必要原则，可以根据案件的具体情况决定是否审查基础交易相关事实，而不是必须审查基础交易的相关事实。

如当事人已根据基础交易合同约定的争议解决条款，将基础交易合同争议提交仲裁的，在基础交易合同争议的仲裁裁决作出前，人民法院对独立保函案件进行实体审理的，可根据具体情况裁定是否中止诉讼。

(2)独立保函纠纷中的"欺诈例外"

根据《独立保函若干问题的规定》第十二条的规定："具有下列情形之一的，

---

① 参见罗娜：《国内商事行为中独立保函的司法认定》，载《人民司法(案例)》2018 年第 29 期。

人民法院应当认定构成独立保函欺诈:(一)受益人与保函申请人或其他人串通,虚构基础交易的;(二)受益人提交的第三方单据系伪造或内容虚假的;(三)法院判决或仲裁裁决认定基础交易债务人没有付款或赔偿责任的;(四)受益人确认基础交易债务已得到完全履行或者确认独立保函载明的付款到期事件并未发生的;(五)受益人明知其没有付款请求权仍滥用该权利的其他情形。"就该规定第十二条第一款第(五)项而言,其作为一项兜底性规定,仍然涉及对独立保函对应基础交易关系的审查,人民法院应结合对基础交易关系作有限审查的原则、商事交易中的诚实信用与反欺诈原则,合理使用自由裁量权作出有效裁决。

《独立保函若干问题的规定》第十八条规定:"人民法院审理独立保函欺诈纠纷案件或处理止付申请,可以就当事人主张的本规定第十二条的具体情形,审查认定基础交易的相关事实。"该规定中的"本规定第十二条的具体情形"并非仅指第十二条前四项所规定的情形,该条第(五)项所规定的情形亦当然是第十二条的具体情形。而为审慎认定构成独立保函欺诈,第十二条第(三)项、第(四)项所规定的情形须有关于基础交易的法院判决或仲裁裁决以及受益人确认,可前述规定并不意味着第十二条第(五)项所规定的情形也必须以法院判决、仲裁裁决、受益人确认为依据。由于开立人对独立保函项下的单据仅作表面审查,而单据较多源于受益人自身,因此独立保函制度存在欺诈风险,独立保函的独立性原则亦不能对抗诚实信用与反欺诈原则的适用。当通过诚实信用与反欺诈原则足以论证受益人存在明知其没有付款请求权仍滥用该权利的情形时,人民法院可直接适用《独立保函若干问题的规定》第十二条第一款第(五)项、第十八条规定作出裁决。

(3)独立保函纠纷的止付标准

根据《独立保函若干问题的规定》第十四条以及第二十条的规定,法院裁定开立人中止付款、判决开立人终止付款所依据的欺诈情形分别要达到"高度可能性"和"排除合理怀疑"的证明标准。

"排除合理怀疑",是指法院在认定构成独立保函欺诈,并且不存在"止付申请人提供了足以弥补被申请人因止付可能遭受损失的担保"情形,应当判决开立人终止支付独立保函项下被请求的款项。

"高度可能性",是指从本证和反证的相互比较的角度出发对盖然性规则进行描述。在诉讼证明的过程中,对待证事实负有举证责任的当事人所进行的证明活动为本证,不负有举证责任的当事人提供证据对本证进行反驳的证明活动为反证。本证证明活动的目的在于使法官对待证事实的存在与否形成内心确信,这种内心确信应当满足证明评价的最低要求即法定的证明标准。而反证的证明活动,其目的在于动摇法官对于本证所形成的内心确信,使其达不到证明评价的最低要求。因此,对于反证而言,其证明的程度要求相比本证要低,只需要使待证事实陷于真伪不明即可。该条对于本证与反证的证明标准和要求的规定非常明确,对待证事实负有举证责任的当事人所进行的本证,需要使法官的内心确信达到高度可能性即高度盖然性的程度才能被视为完成证明责任;反证则只需要使本证的对待证事实的证明陷于真伪不明的状态,即达到目的。反证只需要将本证使法官形成的内心确信拉低到高度盖然性证明标准之下即实现目的。①

根据《独立保函若干问题的规定》第十四条的规定:"人民法院裁定中止支付独立保函项下的款项,必须同时具备下列条件:(一)止付申请人提交的证据材料证明本规定第十二条情形的存在具有高度可能性;(二)情况紧急,不立即采取止付措施,将给止付申请人的合法权益造成难以弥补的损害;(三)止付申请人提供了足以弥补被申请人因止付可能遭受损失的担保。止付申请人以受益人在基础交易中违约为由请求止付的,人民法院不予支持。开立人在依指示开立的独立保函项下已经善意付款的,对保障该开立人追偿权的独立保函,人民法院不得裁定止付。"

审查要点

1."有限与必要原则"的理解与适用

人民法院在审理独立保函及与独立保函相关的反担保案件时,对基础交易的审查,应当坚持有限原则与必要原则,审查的范围应当限于受益人是否明知基础合同的相对人并不存在基础合同项下的违约事实或者不存在其他导致独立保函付款的事实。否则,对基础合同的审查将会动摇独立保函"见索即付"的制度价值。在有限审查的原则下,人民法院可对受益人是否具有初步证据进行审查,而此种审查往往以形式审查为主,如受益人提供的证据足以表明受益人有理由

① 参见沈德咏主编:《最高人民法院民事诉讼法司法解释理解与适用(上)》,人民法院出版社2015年版,第356~360页。

认为对方违约，而申请人又未能提供相反证据的，则据此可排除受益人明知其没有付款请求权仍滥用该权利的保函欺诈行为。

2.“双重权利滥用标准”的理解与适用

在转开独立保函的情形下，存在独立保函和保障追偿权的独立保函即反担保函两份独立保函，此时，必须符合双重权利滥用才能构成两份独立保函独立性原则的例外情形。因此，止付申请人除需证明受益人欺诈外，还必须证明开立人付款并非善意，即开立人明知受益人欺诈仍向受益人付款并转而依据反担保函向指示人请求付款。①

相关规定

1.《独立保函若干问题的规定》

第六条 受益人提交的单据与独立保函条款之间、单据与单据之间表面相符，受益人请求开立人依据独立保函承担付款责任的，人民法院应予支持。

开立人以基础交易关系或独立保函申请关系对付款义务提出抗辩的，人民法院不予支持，但有本规定第十二条情形的除外。

第十二条 具有下列情形之一的，人民法院应当认定构成独立保函欺诈：

（一）受益人与保函申请人或其他人串通，虚构基础交易的；

（二）受益人提交的第三方单据系伪造或内容虚假的；

（三）法院判决或仲裁裁决认定基础交易债务人没有付款或赔偿责任的；

（四）受益人确认基础交易债务已得到完全履行或者确认独立保函载明的付款到期事件并未发生的；

（五）受益人明知其没有付款请求权仍滥用该权利的其他情形。

第十四条 人民法院裁定中止支付独立保函项下的款项，必须同时具备下列条件：

（一）止付申请人提交的证据材料证明本规定第十二条情形的存在具有高度可能性；

① 张勇健、沈红雨：《〈关于审理独立保函纠纷案件若干问题的规定〉理解与适用》，载《人民司法（应用）》2017年第1期。

（二）情况紧急，不立即采取止付措施，将给止付申请人的合法权益造成难以弥补的损害；

（三）止付申请人提供了足以弥补被申请人因止付可能遭受损失的担保。

止付申请人以受益人在基础交易中违约为由请求止付的，人民法院不予支持。

开立人在依指示开立的独立保函项下已经善意付款的，对保障该开立人追偿权的独立保函，人民法院不得裁定止付。

第十八条　人民法院审理独立保函欺诈纠纷案件或处理止付申请，可以就当事人主张的本规定第十二条的具体情形，审查认定基础交易的相关事实。

第二十条　人民法院经审理独立保函欺诈纠纷案件，能够排除合理怀疑地认定构成独立保函欺诈，并且不存在本规定第十四条第三款情形的，应当判决开立人终止支付独立保函项下被请求的款项。

典型案例

1. 上海船用柴油机研究所与巴基斯坦法蒂玛能源公司、中国建设银行股份有限公司上海市分行复议申请中止支付保函项下款项纠纷案

（1）案号

上海金融法院（2020）沪74财保7号

（2）案情

2013年12月，七一一研究所与法蒂玛公司就电站建造项目分别签订了《施工合同》《离岸供货合同》《项目桥接协议》。2014年1月，应七一一研究所的申请，第三人建行上海分行以法蒂玛公司作为受益人开立了8份见索即付独立保函，共计金额达2.4亿元人民币。在履约过程中，七一一研究所先后10次主动申请延长保函期限，到期日均延至2019年4月1日。2019年3月27日，法蒂玛公司向建行上海分行提出索兑电文，要求兑付保函项下款项，七一一研究所认为根据两家公司签订的《关于120兆瓦联合发电项目的建造合同》第11.9条“最终验收证书申请”的约定，其在2018年5月3日发送邮件催促法蒂玛公司出具最终验收证书，但法蒂玛公司既未予拒绝，亦未予签发，应视为法蒂玛公司已出具最终验收证书，证明七一一所已经按合同完成了义务，法蒂玛公司属明知没有付款请求权而索兑保函构成保函欺诈,故七一一研究所以法蒂玛公司构成保函欺诈为由向上海金融法院起诉要求中止支付全部涉案独立保函项下款项。经审理,上海金融法院先后驳回了七一一研究所保函中止支付申请及复议申请。

(3)裁判理由及意义

申请人的复议申请难以支持。主要理由如下:第一,关于构成独立保函欺诈的情形及独立保函中止支付的证明标准问题。根据《最高人民法院关于审理独立保函纠纷案件若干问题的规定》第十二条的规定:"具有下列情形之一的,人民法院应当认定构成独立保函欺诈:(一)受益人与保函申请人或其他人串通,虚构基础交易的;(二)受益人提交的第三方单据系伪造或内容虚假的;(三)法院判决或仲裁裁决认定基础交易债务人没有付款或赔偿责任的;(四)受益人确认基础交易债务已得到完全履行或者确认独立保函载明的付款到期事件并未发生的;(五)受益人明知其没有付款请求权仍滥用该权利的其他情形。"同时,该规定第十四条第一款第(一)项规定,人民法院裁定中止支付保函项下款项的条件之一为申请人提交的证据材料证明前述第十二条的情形存在具有高度可能性。本案中申请人主张根据第十二条第(五)项的情形,以被申请人明知没有付款请求仍滥用该权利为理由申请保函止付。因此本案审查重点在于,目前申请人提供的证据是否达到证明被申请人明知没有付款请求权仍滥用该权利这一情形的存在具有高度可能性的证明标准。第二,申请人提交的证据是否达到相应证明标准问题。申请人认为,根据申请人和被申请人签订的《关于120兆瓦联合发电项目的建造合同》第11.9条"最终验收证书申请"的约定,承包商(即申请人)在工程质保期届满前至少14日向雇主(被申请人)提出签发最终验收证书的申请。雇主应在收到承包商申请后28日内,向承包商签发最终验收证书,或拒绝承包商申请并说明理由。如果在上述28日期间内,雇主未能签发最终验收证书,或者拒绝承包商的申请,最终验收证书应视为在上述期限的最后一日签发。因申请人在2018年5月3日发送邮件催促被申请人出具最终验收证书,但被申请人既未予拒绝,亦未予签发,申请人认为应视为被申请人已出具最终验收证书,被申请人属明知没有付款请求权而索兑保函构成保函欺诈。上海金融法院认为,申请人虽于2018年5月3日发送邮件催促被申请人开具最终验收证书,但现有证据表明,此后申请人又3次申请案涉保函延期,这一做法与上述合同约定不符,申请人亦无法提供证据对此作出合理解释。综上,申请人目前提供的证据未达到证明被申请人明知没有付款请求权仍滥用该权利这一情形的存在具有高度可能性的证明标准。此外,本案独立保函约定适用国际商会《见索即付保函统一规则》第758号出版物,原裁定错误表述为国际商会《见索即付保函统一规则》第458号出版物,上海金融法院依法予以纠正。

上海金融法院根据案件的情况向国资委发送司法建议,国资委对上海金融法院司法建议高度重视,结合案件及司法建议,起草《关于防范独立保函纠纷风险的提示函》,于2019年7月25日下发全部中央企业,要求对存在风险进行梳理排查,进一步规范独立保函管理,做好相关法律风险防范工作。

上述司法建议还分别收到抄送单位上海市经济和信息化委员会、上海市国有资产监督管理委员会就该司法建议书出具的书面回复。上海市国有资产监督管理委员会表示该司法建议书对于加强国有企业境外经营法律风险防范具有重要的指导意义,并将司法建议书在全部监管企业中转发。

2. 中机新能源开发有限公司与华西能源工业股份有限公司保证合同纠纷案

(1)案号

最高人民法院(2017)最高法民申4879号

(2)案情

中机新能源开发有限公司作为总承包商承建了业主JEG的危地马拉电站项目。2008年11月,华西能源工业股份有限公司与中机新能源开发有限公司签订《锅炉供货和服务合同》,约定由华西能源工业股份有限公司向中机新能源开发有限公司提供危地马拉JAGUAR2×150MW电站项目所需的480t/h循环流化床锅炉设备、技术资料和技术服务等(以下简称该项目)。2010年2月,业主JEG、承包商中机新能源开发有限公司、分包商华西能源工业股份有限公司签订《分包商承诺协议》,其中约定按照EPC合同如承包商违约造成业主终止EPC合同,包括但不限于在分包合同下承包商重大违约造成分包商终止合同,则业主有权介入分包合同代替承包商和转让分包合同;一旦发出介入通知,分包商应全力执行,应对业主或其指定人负责以替代对承包商负责。2010年6月,华西能源工业股份有限公司向中国建设银行股份有限公司自贡分行出具《保函(备用信用证)申请书》,请求中国建设银行股份有限公司自贡分行为该项目服务合同提供履约保函。同月,双方签订《出具保函协议》,约定由中国建设银行股份有限公司自贡分行为华西能源工业股份有限公司出具以中机新能源开发有限公司为受益人、币种为人民币、保证金额为2565万元整的保函。后中国建设银行股份有限公司自贡分行向中机新能源开发有限公司出具《履约保函》,保函称:鉴于华西能源工业股份有限公司(以下简称被担保人)于2008年11月25日与中机新能源开发有限公司签订了尾号为P003的危地马拉JAGUAR2×150MW电站项目480t/h循环流化床锅炉供货和服务合同,根据合同,被担保人应出具履约保函;应被担保人华西能源工业股份有限公司的申请,开立以中机新能源开发有限公司为受益人、金额为人民币2565万元的履约保函。保函承诺:"我行作为担保人在此无条件地、不可撤销地承诺:一旦接到贵公司要求索赔的第一次书面通知时,不需被担保人的同意,即在五个银行工作日内按本保函的规定支付不超过上述保函金额的款项至贵公司指定的账户,无需贵公司出具证明或陈述理由。本保函是担保人无条件、不可撤销的直接义务。在向我行提出要求前,我行将不要求贵公司首先向被保证人索要上述款项。我行同意,合同的任何修改、变更或补充,都不能免除我行按本保函所应承担的义务,有关上述修改、变更或补充也无须通知我行。本保函自开立日生效,有效期截止到2013年12月30日,贵公司的索赔通知应在上述日期或之前到达我行上述地址。本保函适用中华人民共和国法律并按中华人民共和国法律解释。"2013年11月,业主JEG向华西能源工业股份有限公司发出业主行使介入权通知,称承包商中机新能源开发有限公司做了违约行为导致业主可以根据EPC合同行使解除权,业主介入成为承包商并且承担分包合同转让的权利现在已经生效,业主特此选择行使解除权,介入成为承包商并且承担分包合同转让,分包合同继续有效,华西能源工业股份有限公司应当向业主承担责任以代替向承包商的责任。2013年12月,中国建设银行股份有限公司自贡分行收到中机新能源开发有限公司发出的索赔通知,称因华西能源工业股份有限公司未能完全履行尾号为P003的合同约定,要求中国建设银行股份有限公司自贡分行收此索赔通知后在5个银行工作日向中机新能源开发有限公司指定的账户通过电汇方式支付人民币2565万元。华西能源工业股份有限公司称其按照《锅炉供货和服务合同》约定,根据业主JEG向其发出的业主行使介入权通知,已向业主JEG交付全部货物并提供了技术资料和技术服务,合同项下业主JEG应支付给华西能源工业股份有限公司的货款已全部付清。前述相关方因此诉诸法院。

一审法院认为,前述履约保函不属于独立保函;二审法院则认为,前述履约保函属于独立保函,中机新能源开发有限公司的行为属于独立保函欺诈;再审法院则支持二审法院的判决。

(3)裁判理由及意义

一审法院认为,本案争议的履约保函系中国建设银行股份有限公司自贡分行应华西能源工业股份有限公司请求为担保《锅炉供货和服务合同》的按约履行而出具,系《锅炉供货和服务合同》的从合同。业主JEG、中机新能源开发有限公司、华西能源工业股份有限公司三方签订的《分包商承诺协议》约定,承包商违约造成业主终止EPC合同,则业主有权介入分包合同代替承包商,一旦发出介入通知,分包商应全力执行,对业主或其指定人负责以代替对承包商负责。2013年11月,华西能源工业股份有限公司接业主JEG发出的《业主行使介入权通知》,至此《锅炉供货和服务合同》的一方权利主体变更为业主JEG,华西能源工业股份有限公司应向业主JEG履行合同义务。依照《合同法》《担保法》规定,合同权利转移的,与该合同有关的从权利一并转移,因此履约保函项下的保证债权亦转移至业主JEG。保证债权依法律规定转移后,中机新能源开发有限公司向建行发出索赔通知时已不是主合同的权利主体,也不应是从合同《履约保函》的权利人,无权要求中国建设银行股份有限公司自贡分行履行保证责任。华西能源工业股份有限公司已经按照合同要求交付锅炉设备并提供技术资料、技术服务,业主JEG亦接受货物及服务并支付货款,《锅炉供货和服务合同》已履行完毕,担保目的已实现,履约保函的合同权利与合同义务终止。

二审法院认为,前述履约保函为独立保函,由于开立人对独立保函项下的单据仅作表面审查,而单据较多源于受益人自身,因此独立保函制度存在欺诈风险。诚实信用与反欺诈是商业活动应普遍遵守的原则,独立保函虽具有独立性,但也不能对抗该原则的适用,因此欺诈是独立保函独立性的唯一例外。根据《独立保函若干问题的规定》第十二条及第十八条规定,人民法院有权也有必要对中机新能源开发有限公司与华西能源工业股份有限公司之间基础交易合同的履行情况进行有限度的审查,以判断中机新能源开发有限公司有无行使索赔权的正当理由及其索赔申明是否进行了虚假陈述,在此限度内审查基础交易合同的履行情况并不与保函独立性相冲突。虽然案涉《锅炉供货和服务合同》系中机新能源开发有限公司与华西能源工业股份有限公司之间的基础合同关系,但中机新能源开发有限公司、华西能源工业股份有限公司与业主共同签订的《分包商承诺协议》系针对《锅炉供货和服务合同》的履行而签订,并对业主的介入权作出了特别约定,故华西能源工业股份有限公司、中机新能源开发有限公司在履行《锅炉供货和服务合同》时,均受《分包商承诺协议》的约束。在《锅炉供货和服务合同》履行过程中,业主 JEG 于 2013 年 11 月向华西能源工业股份有限公司发出介入通知。《分包商承诺协议》中并未约定华西能源工业股份有限公司接受业主介入的条件。换言之,华西能源工业股份有限公司基于《分包商承诺协议》的约定,对业主的介入是否具有正当性不具有审查义务,也没有权利审查业主的介入权是否正当,一旦接到介入通知,只能接受业主的介入权,而向业主履行《锅炉供货和服务合同》项下的义务。华西能源工业股份有限公司在业主 JEG 介入后,直接向业主履行《锅炉供货和服务合同》项下的义务,并无不当。受益人是基础交易的债权人,其应当对自己是否享有索赔权进行客观、理性的判断,依据诚实信用原则行使索赔权。如果根据一般理性人的通常认知标准,能够做出受益人的索赔没有事实基础和可信依据的判断,则可认定受益人系明知没有付款请求权仍滥用该权利,此时受益人的行为构成独立保函欺诈。本案中,中机新能源开发有限公司作为三方签订的《分包商承诺协议》的当事人之一,按照理性第三人的通常判断和认识能力,应当明知华西能源工业股份有限公司依据该协议约定,负有无条件接受业主方的介入,并直接向业主履行《锅炉供货和服务合同》项下的合同义务。换言之,在业主行使《分包商承诺协议》约定介入权的情况下,中机新能源开发有限公司应当明知华西能源工业股份有限公司向业主履行《锅炉供货和服务合同》项下的合同义务符合三方约定,自己基于华西能源工业股份有限公司直接向业主履行《锅炉供货和服务合同》项下的合同义务的事实,主张华西能源工业股份有限公司存在违约行为,与三方《分包商承诺协议》的约定相矛盾,缺乏事实依据,有违诚信原则。故中机新能源开发有限公司据此提出的独立保函索赔请求,属于滥用权利,构成独立保函欺诈。

再审法院认为,《独立保函若干问题的规定》第十八条规定:“人民法院审理独立保函欺诈纠纷案件或处理止付申请,可以就当事人主张的本规定第十二条的具体情形,审查认定基础交易的相关事实。”该规定中的“本规定第十二条的具体情形”并非仅指第十二条前四项所规定的情形,该条第五项所规定的情形亦当然是第十二条的具体情形,二审法院据此审查认定基础交易的相关事实,并无不当。《独立保函若干问题的规定》第十二条规定:“具有下列情形之一的,人民法院应当认定构成独立保函欺诈:(一)受益人与保函申请人或其他人串通,虚构基础交易的;(二)受益人提交的第三方单据系伪造或内容虚假的;(三)法院判决或仲裁裁决认定基础交易债务人没有付款或赔偿责任的;(四)受益人确认基础交易债务已得到完全履行或者确认独立保函载明的付款到期事件并未发生的;(五)受益人明知其没有付款请求权仍滥用该权利的其他情形。"为审慎认定构成独立保函欺诈,第十二条第(三)项、第(四)项所规定的情形必须由关于基础交易的法院判决或仲裁裁决认定或者受益人确认,但并不意味着第十二条第(五)项所规定的情形也必须以法院判决、仲裁裁决、受益人确认为依据。二审法院通过审查基础交易的相关事实,认定中机新能源开发有限公司明知其没有付款请求权仍行使该权利,符合第十二条第(五)项规定的情形,构成独立保函欺诈,该认定并无不当。

本案的裁判意义在于表明,诚实信用与反欺诈是商业活动应普遍遵守的原则,独立保函的独立性原则虽属于交易原则,可仍不能对抗诚实信用与反欺诈原则的适用。换言之,欺诈属于"刺破"独立保函独立性的例外情形。进一步来看,由于在实务中,保函欺诈的情形纷繁复杂,《独立保函若干问题的规定》第十二条第(五)项所规定的情形并不一定需参考该规定第十二条第(三)项、第(四)项以法院判决、仲裁裁决、受益人确认为依据。

3. 印度 GMR 卡玛朗加能源公司与印度国家银行班加罗尔分行信用证欺诈纠纷案

(1)案号

最高人民法院(2019)最高法民终 413 号

(2)案情

2008 年 8 月,中国电建集团山东电力建设有限公司与印度 GMR 卡玛朗加能源公司签订协议,约定:由中国电建集团山东电力建设有限公司作为承包商,在印度奥里萨邦德肯纳尔区卡玛朗加村承建一座 1050MW 的燃煤火电厂。2010 年 5 月,中国电建集团山东电力建设有限公司与印度 GMR 卡玛朗加能源公司签署协议,约定增加 4 号机组,对签订于 2008 年 8 月的协议进行了变更。中国电建集团山东电力建设有限公司与印度 GMR 卡玛朗加能源公司约定:中国电建集团山东电力建设有限公司提供以印度 GMR 卡玛朗加能源公司为受益人的履约保函。双方还对印度 GMR 卡玛朗加能源公司索赔保函项下款项的条件作出了约定。根据中国电建集团山东电力建设有限公司的申请，中国建设银行股份有限公司山东省分行于2010年8月16日开立了以印度国家银行上海分行为受益人、金额为18,548,351美元的尾号为0141号的履约反担保函。

2010年8月18日，印度国家银行上海分行依据尾号为0141号的履约反担保函开立了以印度国家银行班加罗尔分行为受益人、金额为18,548,351美元的06610FG000042号履约反担保函。印度国家银行班加罗尔分行依据印度国家银行上海分行06610FG000042号履约担保函开立了以印度GMR卡玛朗加能源公司为受益人、金额为18,548,351美元的尾号5107的号履约保函，该保函的到期日为2014年12月31日。根据中国电建集团山东电力建设有限公司的申请，2010年8月16日中国建设银行股份有限公司山东省分行开立了以印度国家银行上海分行为受益人、金额为8,317,004美元的尾号为0105的履约反担保函。2010年8月18日，印度国家银行上海分行依据反担保函开立了以印度国家银行班加罗尔分行为受益人、金额为8,317,004美元的尾号为0043号的履约反担保函。印度国家银行班加罗尔分行依据印度国家银行上海分行的尾号为0043号的履约反担保函相应开立了以印度GMR卡玛朗加能源公司为受益人、金额为8,317,004美元的尾号为5108号的履约保函，该保函的到期日为2014年12月31日。根据中国电建集团山东电力建设有限公司的申请，2010年8月16日中国建设银行股份有限公司山东省分行开立了以印度国家银行上海分行为受益人、金额为69,227美元的尾号为0123号的履约反担保函。2010年8月18日，印度国家银行上海分行依据履约反担保函开立了以印度国家银行班加罗尔分行为受益人、金额为69,227美元的尾号为0044法人履约反担保函。印度国家银行班加罗尔分行依据反担保函相应开立了以印度GMR卡玛朗加能源公司为受益人，金额为69,227美元的尾号为5110号的履约保函，该保函的到期日为2014年12月31日。前述银行间的各反担保函均约定适用URDG(《见索即付保函统一规则》)。前述印度国家银行班加罗尔分行开立的以印度GMR卡玛朗加能源公司为受益人的3份履约保函中，尾号5107的号履约保函载明，保函涉及的协议为印度GMR卡玛朗加能源公司与中国电建集团山东电力建设有限公司于2008年8月28日的《境外供应协议》以及2010年5月31日的第三次变更；尾号为5108号的履约保函载明，保函涉及的协议为印度GMR卡玛朗加能源公司与中国电建集团山东电力建设有限公司于2008年8月28日的《土建工程和设计、安装、试验和调试协议》以及2010年5月31日的第二次变更；尾号为5110号的履约保函载明，保函涉及的协议为印度GMR卡玛朗加能源公司与中国电建集团山东电力建设有限公司于2008年8月28日的《境外供应协议》以及2010年5月31日的第二次变更。前述3份保函均载明：印度国家银行班加罗尔分行是本保函项下的担保人，在无其他限制条件的前提下，在此不可撤销地和无条件地保证和承诺，在收到印度GMR卡玛朗加能源公司的符合协议的书面付款请求时（upon your written request in accordance with the Agreement），向印度GMR卡玛朗加能源公司支付任何一笔或多笔金额，前述一笔或多笔款项不超过本保函及其后续变更后保函的累计最高金额；印度国家银行班加罗尔分行在收到印度GMR卡玛朗加能源公司书面付款要求后，不需提供此付款要求所需的条件、理由或原因的证据（包括这种付款要求是符合协议的任何证据），立即支付书面付款要求的款项，即使中国电建集团山东电力建设有限公司或任何其他第三方提出任何争议、索赔、要求或反对，且无权进行抵销或反索赔；印度国家银行班加罗尔分行无条件地确认，任何印度GMR卡玛朗加能源公司要求该行向其支付的不超过本保函中的累计最高金额的款项，对中国电建集团山东电力建设有限公司应支付给印度GMR卡玛朗加能源公司的金额而言，都应是最终的、有约束力的和确凿的证据；印度国家银行班加罗尔分行在此放弃接受本保函的通知以及可能适用的任何责任的通知的权利；除了关于前述书面付款要求的情况外，该行放弃陈述、要求付款、抗议、任何类型通知的权利；即使中国电建集团山东电力建设有限公司在任何法院、法庭、相关仲裁庭或其他的诉讼或法律程序中提起的任何争议悬而未决，该行在本保函下的责任是绝对的和明确的；该担保应是担保期间的一种持续性担保，因此它应涵盖根据协议中国电建集团山东电力建设有限公司应不时向印度GMR卡玛朗加能源公司支付的任何到期款项，直至到期日为止，且在未经印度GMR卡玛朗加能源公司事先书面同意的情况下，不能由于任何中间的责任免除、中国电建集团山东电力建设有限公司的还款或者任何印度GMR卡玛朗加能源公司与中国电建集团山东电力建设有限公司的结算而解除本担保。2014年12月4日，印度GMR卡玛朗加能源公司致函印度国家银行班加罗尔分行，请求将该案所涉3份保函展期，并称，如在到期日前未能展期，则该函将被视为印度GMR卡玛朗加能源公司在保函下提起的索赔。后印度国家银行班加罗尔分行就印度国家银行上海分行开立的3份反担保函提出索兑，印度国家银行上海分行就中国建设银行股份有限公司山东省分行开立的3份反担保函提出索兑。中国电建集团山东电力建设有限公司以自身无违约行为,印度GMR卡玛朗加能源公司明知没有付款请求权仍滥用该权利为由向法院提起独立保函欺诈之诉。

在确认适用中国法后,一审法院认为,印度GMR卡玛朗加能源公司未提交证据证明中国电建集团山东电力建设有限公司在履行基础合同时违约及存在其他导致印度GMR卡玛朗加能源公司有权索兑案涉保函的情形,其索兑案涉保函属于明知没有付款请求权仍然滥用该权利。二审法院认为,中国电建集团山东电力建设有限公司是否应当承担违约责任,印度GMR卡玛朗加能源公司对保函项下索赔的数额是否已被其索赔的其他保函金额覆盖等问题均超出了保函欺诈的审查范围。

(3)裁判理由及意义

在确认适用中国法后,一审法院认为,"本案中的三份保函为履约保函,涉及的基础合同为《保证和协调协议》《境内供应协议》《境外供应协议》《土建工程和设计、安装、试验及调试协议》及《印度GMR项目4号机商务合同》等"。一审法院因此认定印度GMR卡玛朗加能源公司未提交证据证明中国电建集团山东电力建设有限公司在履行基础合同时违约及存在其他导致印度GMR卡玛朗加能源公司有权索兑案涉保函的情形,其索兑案涉保函属于明知没有付款请求权仍然滥用该权利。

二审法院援引《独立保函若干问题的规定》第六条及第十四条规定,并认为"上述规定体现的是独立保函'见索即付'的制度价值,维护独立保函'先赔付、后争议'的商业功能。出具独立保函的银行只负责审查受益人提交的单据是否符合保函条款的规定并有权自行决定是否付款,担保行的付款义务不受委托人与受益人之间基础交易项下抗辩权的影响。因此,人民法院对基础交易的审查,应当坚持有限原则与必要原则。该案基础合同的争议正在仲裁审理阶段,基础交易的债务人是否负有付款或赔偿责任应由仲裁裁决认定"。基于前述,二审法院认为,中国电建集团山东电力建设有限公司是否应当承担违约责任,印度GMR卡玛朗加能源公司对保函项下索赔的数额是否已被其索赔的其他保函金额覆盖等问题均超出了保函欺诈的审查范围。

本案的裁判意义在于表明,在保函欺诈之诉中,受益人应对其申请支付保函款项的初步证据进行举证,而证明受益人构成保函欺诈的举证责任则在于申请人一方，且证明标准或证明重点应在于受益人"为索赔提交内容虚假或者伪造的单据"或"索赔请求完全没有事实基础和可信依据"，而非以基础交易关系或独立保函申请关系对付款义务提出抗辩。

4. 安徽省外经建设（集团）有限公司与东方置业房地产有限公司及第三人哥斯达黎加银行、中国建设银行股份有限公司安徽省分行保函欺诈纠纷案①

（1）案号

最高人民法院（2017）最高法民再134号

（2）案情

2010年1月16日，被告东方置业房地产有限公司（以下简称东方置业公司）与承包方原告安徽省外经建设（集团）有限公司（以下简称外经集团公司）、施工方安徽外经建设中美洲有限公司（以下简称外经中美洲公司）在哥斯达黎加共和国圣何塞市签订了哥斯达黎加湖畔华府项目施工合同（以下简称施工合同）。合同签订后，外经集团公司于2010年5月26日向中国建设银行股份有限公司安徽省分行（以下简称建行安徽省分行）提出申请，并以第三人哥斯达黎加银行（Banco de Costa Rica）作为转开行，向受益人东方置业公司开立履约保函。2010年5月28日，哥斯达黎加银行开立编号为G051225的履约保函，担保人为建行安徽省分行，委托人为外经集团公司，受益人为东方置业公司，担保金额为200.8万美元。保函为"无条件的、不可撤销的、必需的、见索即付的保函"，保证事项为"哥斯达黎加湖畔华府项目"，有效期至2011年10月12日，后延期至2012年2月12日。建行安徽省分行同时向哥斯达黎加银行开具编号为34147020000289的反担保函，承诺自收到哥斯达黎加银行通知后20日内支付保函项下的款项。反担保函载明"无条件的、不可撤销的、随时要求支付的"，并约定"遵守国际商会出版的458号《见索即付保函统一规则》"。

案涉施工合同履行过程中，建筑师于2012年1月23日出具项目工程检验报告，认定施工项目存在施工不良、品质低劣且需要修改或修理的情形。因就施工质量问题产生争议，外经中美洲公司于2012年2月7日以东方置业公司拖欠应支付之工程款及相应利息为由，向哥斯达黎加建筑师和工程师联合协会争议解决中心提交仲裁请求，请求仲裁庭裁决解除合同并裁决东方置业公司赔偿其损

---

① 参见《中华人民共和国最高人民法院公报》2018年第3期（总第257期）。

失。2月8日,东方置业公司向哥斯达黎加银行提交索赔声明、违约通知书、违约声明、项目工程检验报告等保函兑付文件,要求执行保函。2月10日,哥斯达黎加银行向建行安徽省分行发出电文,称东方置业公司提出索赔,要求支付G051225号银行保函项下款项。2月12日,哥斯达黎加行政诉讼法院第二法庭应外经中美洲公司申请下达临时保护措施禁令,裁定哥斯达黎加银行暂停执行G051225号履约保函。

2012年2月23日,外经集团公司向安徽省合肥市中级人民法院提起保函欺诈纠纷诉讼,同时申请中止支付G051225号保函、34147020000289号保函项下款项。外经集团公司认为,在双方基础合同项下的付款义务尚在仲裁阶段,且哥斯达黎加法院已下发暂停支付禁令的情况下,东方置业公司仍然向哥斯达黎加银行申请执行上述保函,违反了诚实信用原则,是对保函独立性原则的滥用,构成欺诈。合肥市中级人民法院裁定中止支付G051225号保函及34147020000289号保函项下款项。3月6日,哥斯达黎加共和国行政诉讼法院第二法庭判决外经中美洲公司申请预防性措施败诉,解除了临时保护措施禁令。3月20日,应哥斯达黎加银行的要求,建行安徽省分行延长T34147020000289号保函的有效期。3月21日,哥斯达黎加银行向东方置业公司支付了G051225号保函项下款项。

2013年7月9日,哥斯达黎加建筑师和工程师联合协会作出仲裁裁决,仲裁裁决书中对于工程质量问题亦有相关表述,即"第十九期进度款未被监理和业主审查通过""事实表明,承包商已多次收到工程项目不达标或有瑕疵的通知,该工程项目,承包商必须自行改善或由其他次级分包商加以修正,楼盘的外部水泥粉墙工程问题尤为突出。在履行合同期间,直到18号工程时,并未发现有业主扣押承包商工程保证金之情况"。该仲裁裁决认定东方置业公司在履行合同过程中严重违约,裁决终止施工合同,东方置业公司向外经中美洲公司支付1号至18号工程进度款共计800,058.45美元及利息;第19号工程因未获得开发商验收,相关工程款请求未予支持;因G051225号保函项下款项已经支付,不支持外经中美洲公司退还保函的请求。哥斯达黎加建筑师和工程师联合协会仲裁裁决作出后,东方置业公司向哥斯达黎加共和国最高法院第一法庭请求确认案涉裁决无效。2015年5月21日,哥斯达黎加共和国最高法院第一法庭作出裁决,驳回东方置业公司上述请求。

2014年4月9日,合肥市中级人民法院作出(2012)合民四初字第00005号民事判决，认定东方置业公司针对G051225号履约保函的索赔行为构成欺诈，判令建行安徽省分行终止向哥斯达黎加银行支付编号为34147020000289的银行保函项下200.8万美元的款项。东方置业公司上诉后，安徽省高级人民法院认定独立保函欺诈成立，并判决驳回上诉，维持原判。

最高人民法院提审本案后，作出（2017）最高法民再134号民事判决，认定：外经集团公司不能证明东方置业公司存在独立保函欺诈情形，以及哥斯达黎加银行明知东方置业公司存在独立保函欺诈情形仍然违反诚信原则予以付款的情形，外经集团公司主张止付本案独立保函及独立反担保函项下款项没有事实依据，判决撤销一审、二审判决，驳回外经集团公司的诉讼请求。

（3）裁判理由及意义

认定构成独立保函欺诈对基础交易进行审查时，应坚持有限及必要原则，审查范围应限于受益人是否明知基础合同的相对人并不存在基础合同项下的违约事实，以及是否存在受益人明知自己没有付款请求权的事实。受益人在基础合同项下的违约情形，并不必然影响其按照独立保函的规定提交单据并进行索款的权利。认定独立反担保函项下存在欺诈时，止付申请人不仅需要证明独立保函项下的受益人存在欺诈事实，还需要证明独立保函的开立人付款并非善意，即独立保函开立人明知受益人欺诈仍向受益人付款，并转而依据反担保函请求付款。

5. 保乐力加（中国）贸易有限公司与交通银行股份有限公司上海市分行独立保函纠纷案

（1）案号

上海金融法院（2018）沪74民初132号

（2）案情

2017年9月18日，交通银行股份有限公司上海市分行（以下简称交通银行上海分行）为上海浦星贸易有限公司（以下简称浦星公司）就浦星公司与保乐力加（中国）贸易有限公司（以下简称保乐力加公司）2017年7月1日签订的《分销协议》项下货款出具涉案保函。交通银行上海分行承诺，就上述货款在收到保乐力加公司索赔文件后，在人民币60,000,000元（以下币种均为人民币）范围内无条件向保乐力加公司支付索赔金额。保乐力加公司根据《分销协议》约定供应货物，并经浦星公司检验签收，但浦星公司未能按时支付货款。

2018年5月4日,保乐力加公司根据涉案保函约定,向交通银行上海分行提交保函索赔文件,要求交通银行上海分行履行保函项下担保义务,支付浦星公司应付欠付货款60,000,000元。

交通银行上海分行认为,涉案保函与主合同相关,内容明显受制于《分销协议》,系《分销协议》项下的从权利,故不具备独立性,不符合独立保函的特点;且保乐力加公司未得交通银行上海分行书面同意修改《分销协议》及其附件内容,故交通银行上海分行在保函项下的保证责任解除。保乐力加公司提出索赔时仅提供了相应的订单及出仓单,未满足涉案保函记载的索赔文件要求,交通银行上海分行有理由拒付。

保乐力加公司因索赔未果,遂诉至法院,要求交通银行上海分行支付相应款项及利息。上海金融法院于2018年12月18日作出(2018)沪74民初132号民事判决,交通银行上海分行应支付保乐力加公司60,000,000元,以及以60,000,000元为基数,自2018年5月16日起按中国人民银行同期人民币贷款利率计算至实际清偿之日止的利息。交通银行上海分行不服一审判决,向上海市高级人民法院提起上诉。上海市高级人民法院于2020年4月25日作出(2019)沪民终107号终审民事判决:驳回上诉,维持原判。

(3)裁判理由及意义

本案系一起涉保函性质的纠纷。对于保函性质的识别,应综合考察保函条款内容的实质性,探究当事人真意。涉案保函载明了据以付款的单据和最高金额,并系交通银行上海分行作为开立人采用书面形式向受益人保乐力加公司出具的,同意在保乐力加公司请求付款并提交符合保函要求的单据时,在保函最高金额内向保乐力加公司支付款项的承诺。交通银行上海分行的付款义务、条件、金额、保函有效期限均独立于基础交易关系及保函申请法律关系,也与基础交易项下债务人的抗辩事由无关,其仅承担交单相符时的付款责任,故涉案保函性质为独立保函。而且本案不存在独立保函的欺诈情形,保函开立人应依约承担付款责任。

涉案《分销协议》是一份框架性协议,其项下每次具体交易的产品删除或增加、价格修订、数量调整等,均是保乐力加公司依照《分销协议》约定,有权作出的依单方意思表示即可发生法律效力的行为,并非对作为框架性协议的《分销协议》本身进行修改或变更。

交通银行上海分行和保乐力加公司对何为“修改合同或其项下附件”存在不同理解，因涉案保函系交通银行上海分行出具的格式合同，作为专业金融机构，其对保函文本及据以开立保函的贸易文件应当具备专业的认知和审核能力，勤勉并审慎地审查相关文件后缮制独立保函条款是交通银行上海分行的义务。保乐力加公司对独立保函记载的信赖利益应当受到法律保护。

法院在认定是否构成表面相符时，应当根据独立保函载明的审单标准进行审查。虽保乐力加公司索赔时提交的出仓单与独立保函条款之间表面上不完全一致，但在其已提交相关文件情况下，应认定其未导致歧义产生且构成表面相符，交通银行上海分行应当承担付款责任。

独立保函具有交易担保、资信确认、融资支持等重要功能，已经成为中国企业“走出去”和“一带一路”建设过程中必不可少的常见金融担保工具。独立性是独立保函的核心价值，本案判决从独立保函的本质出发，考察开立人、受益人各自的合同地位及风险、利益负担，体现了独立保函风险分配和平衡的理念。在独立保函业务不断发展的背景下，充分尊重《见索即付保函统一规则》(URDG758)等国际金融惯例，依法、审慎处理独立保函纠纷案件，正确把握保函欺诈要件和证明标准，有助于保障独立保函功能，减少滥用司法救济的可能性，规范保函止付案件的处理，避免不当止付案件，促进国际贸易发展。

学术观点

《独立保函若干问题的规定》第十八条规定，人民法院审理独立保函欺诈纠纷案件或处理止付申请，可以审查认定基础交易的相关事实，但这种审查不是无限度的。独立保函欺诈是独立保函独立性原则的唯一例外，法院在审查独立保函欺诈纠纷案件过程中，突破保函法律关系的限制对基础法律关系进行审查，虽然具有理论及实务依据，但秉持怎样的审查标准以及划定怎样的审查限度，是司法实践中首先应当解决的问题。对基础交易的审查应当坚持有限原则与必要原则，审查的范围应当限于受益人是否明知基础合同的相对人并不存在基础合同项下的违约事实或者不存在其他导致独立保函付款的事实。也就是说，法院审查的方向应是受益人是否欺诈而非基础合同是否违约。其审查范围应严格限于与欺诈有关的事项，不应超出欺诈范围对基础合同是否违约作出认定。否则，对基础合同的审查将会动摇独立保函见索即付的制度价值。①

《独立保函若干问题的规定》在借鉴《联合国独立保函与备用信用证公约》等国际规则的基础上,明确了独立保函欺诈五种的情形,包括:(1)受益人与保函申请人或其他人串通,虚构基础交易的;(2)受益人提交的第三方单据系伪造或内容虚假的;(3)法院判决或仲裁裁决认定基础交易债务人没有付款或赔偿责任的;(4)受益人确认基础交易债务已得到完全履行或者确认独立保函载明的付款到期事件并未发生的;(5)受益人明知其没有付款请求权仍滥用该权利的其他情形。其中,第1项、第2项与第5项可归类为受益人违反诚信原则、滥用付款请求权的情形,其关注点在于受益人是否主观上明知其没有付款请求权。在探知受益人的主观意图时,实践中有法院倾向于采取一般理性人的判断标准,即根据一般理性人的通常认知标准,如果能够作出受益人的索赔没有任何事实基础与可信依据的判断,则可以认定受益人存在滥用付款请求权,构成独立保函欺诈的情形。②

(四)涉外、涉港澳台融资租赁合同纠纷

国际融资租赁因其独特的融资和融物双重属性,现已是国际经济活动的重要领域,现有的租赁对象包含多种机器设备、飞机、轮船、医疗器械等高价值物品。我国在20世纪80年代正式引进融资租赁的交易形式,并组建国际性的租赁公司积极开拓融资租赁业务,融资租赁业务总量呈高速增长趋势。在法律规则方面,《民法典》吸收了原《合同法》、《融资租赁合同解释》的诸多内容,将进一步规范和引领我国融资租赁行业的持续健康发展。

审查要点

1. 准据法的确定

当事人可以协议选择涉外、涉港澳台融资租赁合同适用的法律,当事人没有

---

① 参见杨弘磊、许英林:《独立保函欺诈的认定规则》,载《人民司法》2019年第29期;刘应民、张亮:《独立担保制度研究——以见索即付保函与备用信用证为视角》,中国社会科学出版社2017年版,第213页。

② 参见李金红:《独立保函的独立性及欺诈例外》,载《人民司法》2019年第28期。

选择的，适用履行义务最能体现融资租赁合同特征的一方当事人经常居所地法律或者其他与该合同有最密切联系的法律。

2. 涉外、涉港澳台因素的审查

在我国的司法实践中，对融资租赁涉外、涉港澳台因素的界定，系从整个融资租赁交易的全过程观察融资租赁交易，具有出租人和承租人为不同国家的主体，或承租人和出租人营业地分属不同的国家，或融资租赁合同的签订地、合同履行地或租赁物所在地之一涉外、涉港澳台等情形的融资租赁即属于涉外、涉港澳台融资租赁。

根据《国际融资租赁公约》第二条、第三条的规定，该公约适用于：(1)出租人与承租人营业地要位于不同国家的融资租赁；(2)供货协议与租赁协议要受同一缔约国的法律调整；(3)对营业地的确认，如供货协议或租赁协议的一方当事人有一个以上的营业地时，应将与该协议履行关系最密切的那个营业地为营业地，并应照顾当事人各方在订立协议前所了解或摄像的情况；(4)公约适用一次或多次转租行为；(5)公约不适用个人或家庭为目的的交易；(6)供货协议或租赁协议中任何一方当事人，同意排除该公约的适用则公约不适用。

3.《国际融资租赁公约》中约定的各方当事人的主要权利义务

(1)基于承租人破产情形下租赁物的所有权

出租人对设备的物权应可有效地对抗承租人的破产受托人和债权人，包括已经取得扣押或执行令状的债权人。“破产受托人”包括清算人、管理人或被指定为债权人全体的利益而管理承租人的财产的其他人。如根据适用法律规定，只有符合有关公告的规定时出租人对设备的物权才能有效地对抗前款所指的人，则只有在符合上述规定时，这些权利才能有效地对抗该人。前述所说的适用法律，具体有：①如系经注册的船舶，以所有权人名义注册所在国(为本项目的，光船租船人不视为所有权人)；②如系根据 1944 年 12 月 7 日在芝加哥制定的《国际民用航空公约》登记的航空器，依此规定登记的所在国；③如系通常由一国移至另一国类型的其他设备，包括飞机引擎，承租人主营业地所在国；④如系任何其他设备，设备所在国。出租人对设备的物权不影响享有以下权利的任何债权人的优先权：①非由于扣押或执行令状而产生的，双方同意或不同意的对设备的留置权或担保利益；②根据国际私法规则确定的适用法律特别是在船舶或航空器方面所取得的任何扣留、扣押或处置的权利。

(2)出租人对租赁物不承担瑕疵担保责任

除公约或租赁协议另有规定外,出租人不应对承租人承担设备方面的任何责任,除非承担人由于依赖出租人的技能和判断以及出租人干预选择供应商或设备规格而受到损失。《民法典》第七百四十七条对此有相类似的规定,租赁物不符合约定或者不符合使用目的的,出租人不承担责任。但是,承租人依赖出租人的技能确定租赁物或者出租人干预选择租赁物的除外。

(3)出租人保证承租人对租赁物的占有和使用

《国际融资租赁公约》第八条第二款明确规定了承租人的平静占有使用权。在租赁期间内,承租人若受到对租赁物享有合法权利的人(包括出租人自身)的干扰,只要该干扰不是由于承租人自身的行为或原因所导致,出租人应当就此承担违约责任,赔偿承租人的损失。如果该优先所有权、权利或要求是因为出租人的故意或严重过失的行为或不行为所造成的,当事人不得减损前款规定或变更其效力。《民法典》第七百四十八条对此也有规定,出租人应当保证承租人对租赁物的占有和使用,因出租人的原因造成无正当理由收回租赁物、无正当理由妨碍、干扰承租人对租赁物的占有和使用、因出租人的原因致使第三人对租赁物主张权利不当影响承租人对租赁物占有和使用的其他情形,承租人有权请求出租人赔偿损失。

(4)供应商的义务

供应商根据供应协议所承担的义务亦应及于承租人,如同承租人是该协议的当事人而且设备是直接交付给承租人一样。但是,供应商不应因为同一损害同时对出租人和承租人负责。承租人无权不经出租人同意终止或撤销供应协议。《民法典》第七百三十九条规定,出租人根据承租人对出卖人、租赁物的选择订立的买卖合同,出卖人应当按照约定向承租人交付标的物,承租人享有与受领标的物有关的买受人的权利。第七百四十四条规定了出租人的义务,既出租人根据承租人对出卖人、租赁物的选择订立的买卖合同,未经承租人同意,出租人不得变更与承租人有关的合同内容。

(5)出租人迟延交付与瑕疵交付的情形

《国际融资租赁公约》中规定,在设备未交付、交付迟延或设备与供应协议不符时:(1)对出租人,承租人有权拒收设备或终止租赁协议;(2)出租人有权提供符合供应协议规定的设备对违约做出补救,如同承租人已经同意按照与供应协议相同的条款从出租人那里购买设备一样。《民法典》第七百四十条规定，出卖人违反向承租人交付标的物的义务，有下列情形之一的，承租人可以拒绝受领出卖人向其交付的标的物：①标的物严重不符合约定；②未按照约定交付标的物，经承租人或者出租人催告后在合理期限内仍未交付。同时《融资租赁合同解释》第八条也明确了出租人在租赁物选择时起到决定作用的、干预选择租赁物或擅自变更已选定租赁物的，对瑕疵交付的租赁物应承担法律责任。

(6)承租人违约的后果

在承租人违约时，出租人可以收取未付的到期租金以及利息和损害赔偿。如果承租人的违约是实质性的，出租人在租赁协议有此规定时也可以要求加速支付未到期租金，或者终止租赁协议并在终止协议之后收回对设备的占有，并且收取将使出租人处于如同承租人根据租赁协议的条款履行协议时出租人本应取得的地位的损害赔偿。在违约可以补救的情况下，除非出租人已经通知承租人给予承租人一个对违约作出补救的合理机会，否则出租人不得行使其加速收取租金或终止租赁协议的权利。如果出租人未能采取一切合理措施减轻其损失，则出租人不得就这部分损失收取损害赔偿。

《民法典》规定，承租人应当按照约定支付租金。承租人经催告后在合理期限内仍不支付租金的，出租人可以请求支付全部租金；也可以解除合同，收回租赁物。《融资租赁合同解释》第五条规定，有下列情形之一，出租人有权请求解除融资租赁合同：①承租人未按照合同约定的期限和数额支付租金，符合合同约定的解除条件，经出租人催告后在合理期限内仍不支付的；②合同对于欠付租金解除合同的情形没有明确约定，但承租人欠付租金达到两期以上，或者数额达到全部租金15%以上，经出租人催告后在合理期限内仍不支付的；③承租人违反合同约定，致使合同目的不能实现的其他情形。

4.《民法典》及相关司法解释中各方的权利义务

(1)虚构租赁物导致合同无效

当事人以虚构租赁物的方式订立的融资租赁合同无效。确定的租赁物是开展融资租赁业务的必要条件，虚构租赁物的直接导致租赁合同无效。

(2)出租人未取得行政许可不影响合同效力

融资租赁合同的效力问题，实践中存在租赁物的经营许可对合同效力的影响。应当认为，融资租赁公司作为出租人，是以融物的方式向承租人提供融资，租赁物的经营使用与其没有直接关系,法律、行政法规要求租赁物经营使用者取得行政许可的,只要承租人取得许可就可以达到监管目的,不应以出租人未取得许可为由认定融资租赁合同无效。

(3)承租人拒绝受领标的物的情形

出卖人违反承租人交付标的物的义务,当出现标的物存在质量瑕疵或出卖人未按照合同约定交付租赁物,且催告后仍未交付时,承租人可以拒绝受领出卖人交付的标的物,并及时通知出租人。但因承租人不当拒绝受领标的物,从而直接影响出租人的利益导致出租人利益损害,承租人应当对出租人的损害赔偿。

(4)承租人拒付租金时出租人的权利救济

在合同履行过程中,承租人未按时支付租金、迟付、少付等情况,出租人可以进行催告,要求承租人在期限内履行。承租人在期限内仍不支付租金,出租人可以要求合同加速到期,承租人支付全部租金,此时合同并未解除,承租人在租赁期限届满前仍享有占有、使用租赁物的权利;或出租人要求解除合同,收回租赁物。

(5)象征性价款推定租赁期限届满后租赁物的归属

在传统融资租赁法律关系中,租赁期限届满租赁物的归属有约定按约定,未约定的归出租人所有。在实务中,大多数租赁期限届满后承租人只需要支付象征性的价款即可获得租赁物的所有权。

(6)涉公益设施的融资租赁合同

以公益为目的的非营利性学校、幼儿园、医疗机构、养老机构等提供担保的,人民法院应当认定担保合同无效,但在购入或者以融资租赁方式承租教育设施、医疗卫生设施、养老服务设施和其他公益设施时,出卖人、出租人为担保价款或者租金实现而在该公益设施上保留所有权的行为有效。

相关规定

1.《民法典》

第七百三十五条 融资租赁合同是出租人根据承租人对出卖人、租赁物的选择,向出卖人购买租赁物,提供给承租人使用,承租人支付租金的合同。

第七百三十六条 融资租赁合同的内容一般包括租赁物的名称、数量、规格、技术性能、检验方法，租赁期限，租金构成及其支付期限和方式、币种，租赁期限届满租赁物的归属等条款。

第七百三十七条　当事人以虚构租赁物方式订立的融资租赁合同无效。

第七百三十八条　依照法律、行政法规的规定，对于租赁物的经营使用应当取得行政许可的，出租人未取得行政许可不影响融资租赁合同的效力。

第七百三十九条　出租人根据承租人对出卖人、租赁物的选择订立的买卖合同，出卖人应当按照约定向承租人交付标的物，承租人享有与受领标的物有关的买受人的权利。

第七百四十条　出卖人违反向承租人交付标的物的义务，有下列情形之一的，承租人可以拒绝受领出卖人向其交付的标的物：

（一）标的物严重不符合约定；

（二）未按照约定交付标的物，经承租人或者出租人催告后在合理期限内仍未交付。

承租人拒绝受领标的物的，应当及时通知出租人。

第七百五十一条　承租人占有租赁物期间，租赁物毁损、灭失的，出租人有权请求承租人继续支付租金，但是法律另有规定或者当事人另有约定的除外。

第七百五十二条　承租人应当按照约定支付租金。承租人经催告后在合理期限内仍不支付租金的，出租人可以请求支付全部租金；也可以解除合同，收回租赁物。

第七百五十七条　出租人和承租人可以约定租赁期限届满租赁物的归属；对租赁物的归属没有约定或者约定不明确，依据本法第五百一十条的规定仍不能确定的，租赁物的所有权归出租人。

第七百五十八条　当事人约定租赁期限届满租赁物归承租人所有，承租人已经支付大部分租金，但是无力支付剩余租金，出租人因此解除合同收回租赁物，收回的租赁物的价值超过承租人欠付的租金以及其他费用的，承租人可以请求相应返还。

当事人约定租赁期限届满租赁物归出租人所有，因租赁物毁损、灭失或者附合、混合于他物致使承租人不能返还的，出租人有权请求承租人给予合理补偿。

第七百五十九条　当事人约定租赁期限届满，承租人仅需向出租人支付象征性价款的，视为约定的租金义务履行完毕后租赁物的所有权归承租人。

第七百六十条 融资租赁合同无效,当事人就该情形下租赁物的归属有约定的,按照其约定;没有约定或者约定不明确的,租赁物应当返还出租人。但是,因承租人原因致使合同无效,出租人不请求返还或者返还后会显著降低租赁物效用的,租赁物的所有权归承租人,由承租人给予出租人合理补偿。

2.《最高人民法院关于适用〈中华人民共和国民法典〉有关担保制度的解释》

第一条 因抵押、质押、留置、保证等担保发生的纠纷,适用本解释。所有权保留买卖、融资租赁、保理等涉及担保功能发生的纠纷,适用本解释的有关规定。

第六条 以公益为目的的非营利性学校、幼儿园、医疗机构、养老机构等提供担保的,人民法院应当认定担保合同无效,但是有下列情形之一的除外:

(一)在购入或者以融资租赁方式承租教育设施、医疗卫生设施、养老服务设施和其他公益设施时,出卖人、出租人为担保价款或者租金实现而在该公益设施上保留所有权;

(二)以教育设施、医疗卫生设施、养老服务设施和其他公益设施以外的不动产、动产或者财产权利设立担保物权。

第五十六条 买受人在出卖人正常经营活动中通过支付合理对价取得已被设立担保物权的动产,担保物权人请求就该动产优先受偿的,人民法院不予支持,但是有下列情形之一的除外:

(一)购买商品的数量明显超过一般买受人;

(二)购买出卖人的生产设备;

(三)订立买卖合同的目的在于担保出卖人或者第三人履行债务;

(四)买受人与出卖人存在直接或者间接的控制关系;

(五)买受人应当查询抵押登记而未查询的其他情形。

前款所称出卖人正常经营活动,是指出卖人的经营活动属于其营业执照明确记载的经营范围,且出卖人持续销售同类商品。前款所称担保物权人,是指已经办理登记的抵押权人、所有权保留买卖的出卖人、融资租赁合同的出租人。

第六十五条 在融资租赁合同中,承租人未按照约定支付租金,经催告后在合理期限内仍不支付,出租人请求承租人支付全部剩余租金,并以拍卖、变卖租赁物所得的价款受偿的,人民法院应予支持;当事人请求参照民事诉讼法"实现担保物权案件"的有关规定,以拍卖、变卖租赁物所得价款支付租金的,人民法院应予准许。

出租人请求解除融资租赁合同并收回租赁物，承租人以抗辩或者反诉的方式主张返还租赁物价值超过欠付租金以及其他费用的，人民法院应当一并处理。当事人对租赁物的价值有争议的，应当按照下列规则确定租赁物的价值：

（一）融资租赁合同有约定的，按照其约定；

（二）融资租赁合同未约定或者约定不明的，根据约定的租赁物折旧以及合同到期后租赁物的残值来确定；

（三）根据前两项规定的方法仍然难以确定，或者当事人认为根据前两项规定的方法确定的价值严重偏离租赁物实际价值的，根据当事人的申请委托有资质的机构评估。

3.《融资租赁合同解释》

第五条　有下列情形之一，出租人请求解除融资租赁合同的，人民法院应予支持：

（一）承租人未按照合同约定的期限和数额支付租金，符合合同约定的解除条件，经出租人催告后在合理期限内仍不支付的；

（二）合同对于欠付租金解除合同的情形没有明确约定，但承租人欠付租金达到两期以上，或者数额达到全部租金百分之十五以上，经出租人催告后在合理期限内仍不支付的；

（三）承租人违反合同约定，致使合同目的不能实现的其他情形。

第八条　租赁物不符合融资租赁合同的约定且出租人实施了下列行为之一，承租人依照民法典第七百四十四条、第七百四十七条的规定，要求出租人承担相应责任的，人民法院应予支持：

（一）出租人在承租人选择出卖人、租赁物时，对租赁物的选定起决定作用的；

（二）出租人干预或者要求承租人按照出租人意愿选择出卖人或者租赁物的；

（三）出租人擅自变更承租人已经选定的出卖人或者租赁物的。

承租人主张其系依赖出租人的技能确定租赁物或者出租人干预选择租赁物的，对上述事实承担举证责任。

第十一条　出租人依照本解释第五条的规定请求解除融资租赁合同，同时请求收回租赁物并赔偿损失的，人民法院应予支持。

前款规定的损失赔偿范围为承租人全部未付租金及其他费用与收回租赁物价值的差额。合同约定租赁期间届满后租赁物归出租人所有的，损失赔偿范围还应包括融资租赁合同到期后租赁物的残值。

第十二条 诉讼期间承租人与出租人对租赁物的价值有争议的，人民法院可以按照融资租赁合同的约定确定租赁物价值；融资租赁合同未约定或者约定不明的，可以参照融资租赁合同约定的租赁物折旧以及合同到期后租赁物的残值确定租赁物价值。

承租人或者出租人认为依前款确定的价值严重偏离租赁物实际价值的，可以请求人民法院委托有资质的机构评估或者拍卖确定。

典型案例

1. 日立金融（香港）有限公司与香港顺合国际有限公司、江苏鼎瑞精密机械有限公司、常州顺合机械有限公司等金融资租赁合同纠纷案

（1）案号

江苏省常州市中级人民法院（2014）常商外初字第1号

（2）案情

2012年4月13日，原告日立金融（香港）有限公司作为出租人，被告香港顺合国际有限公司作为承租人，双方签订编号为6020241的融资租赁协议一份，该协议约定原告以融资租赁方式将租赁设备出租给被告香港顺合国际有限公司，原告已将该租赁设备交付给被告香港顺合国际有限公司，并且根据被告香港顺合国际有限公司的指示将该设备存放在被告鼎瑞公司位于常州市新北区河海西路201号的生产场地内供被告江苏鼎瑞精密机械有限公司使用。融资租赁协议第32.1条规定，本融资租赁协议受香港之法律管辖；第32.2条规定，阁下须服从我国香港特别行政区法院的非专属司法管辖权。

（3）裁判理由及意义

关于法院是否有管辖权，江苏省常州市中级人民法院认为原告日立公司及被告香港顺合公司均系在我国香港特别行政区成立的公司，故本案应参照《民事诉讼法》第四编和《涉外民商事案件诉讼管辖规定》确定管辖。本案中，当事人在融资租赁协议中约定服从我国香港特别行政区法院的非专属司法管辖，该约定并未排除其他法院的管辖权。《民事诉讼法》第二百六十五条规定，因合同纠纷，对在中华人民共和国领域内没有住所的被告提起的诉讼，诉讼标的物所在地、合同履行地法院享有管辖权。涉案融资租赁合同项下的设备的使用地在江苏省常州市，故江苏省常州市中级人民法院对本案依法享有管辖权。关于本案适用的准据法，根据《合同法》第一百二十六条之规定，涉外合同的当事人可以选择合同争议所适用的法律。根据《最高人民法院关于审理涉外民事或商事合同纠纷案件法律适用若干问题的规定》第三条之规定，当事人选择或者变更选择合同争议应适用的法律，应当以明示的方式进行。本案中，涉案融资租赁协议、权益确认书、担保合同均对法律适用进行了明确约定。江苏省常州市中级人民法院将根据我国有关法律规定审查该约定的效力。

关于涉案融资租赁协议的法律适用问题。当事人在融资租赁协议中选择适用我国香港特别行政区法律处理合同争议，该约定并未违反我国强制性或禁止性法律规定，故应合法有效，故涉案融资租赁协议所涉的争议应适用香港特别行政区法律。关于香港特别行政区法律的查明，原告已经提交律师于2011年12月2日出具的法律意见书，江苏省常州市中级人民法院以此作为香港特别行政区法律查明的方式。

关于权益确认书的法律适用。因出租人原告日立公司（丁方）、承租人香港顺合公司（甲方）、使用人鼎瑞公司（乙方）三方共同签订的权益确认书中约定权益确认书受中华人民共和国法律管辖，该约定并未违反我国强制性或禁止性法律规定，故应合法有效，故与该确认书有关的争议应当以中华人民共和国内地法律作为准据法。

关于涉案担保合同的法律适用。涉案担保协议中虽约定适用香港特别行政区法律，但由于我国实行外汇管制制度，且《担保法解释》第六条规定，未经国家有关主管部门批准或者登记对外担保的，对外担保合同无效。因此，涉案担保合同中关于法律适用的约定违反了我国的相关强制性法律规定，故前述约定内容应为无效。根据《最高人民法院关于审理涉外民事或商事合同纠纷案件法律适用若干问题的规定》第六条规定，当事人规避中华人民共和国法律、行政法规的强制性规定的行为，不发生适用外国法律的效力，故涉案担保合同的相关争议不再适用香港特别行政区法律，而直接适用中华人民共和国内地法律。

2. 东莞市森悦塑胶模具有限公司与苏州邑富融资租赁有限公司融资租赁合同纠纷案

(1)案号

广东省东莞市中级人民法院(2017)粤19民终819号

(2)案情

上诉人东莞市森悦塑胶模具有限公司(以下简称森悦公司)与被上诉人苏州邑富融资租赁有限公司(以下简称邑富公司)不服广东省东莞市第三人民法院(2016)粤1973民初11554号民事判决,向广东省东莞市中级人民法院提起上诉,请求:①撤销原审判决第一项并改判;②本案一审、二审全部诉讼费由邑富公司承担。具体事实和理由:①森悦公司一直忠实、积极履行《融资租赁合同》约定的义务,但邑富公司交付的机器设备存在质量问题,邑富公司应就此承担相应责任。案涉租赁物"精密数控电火花成形机床"交付给森悦公司后一直存在质量问题,导致森悦公司无法生产,损失巨大。而《融资租赁合同》是邑富公司提供的,其中的合同条款几乎免除了邑富公司的所有义务,明显有失公平。邑富公司作为两台"精密数控电火花成形机床"的所有权人,至少应当协助森悦公司与设备制造商协商如何处理案涉租赁物的质量问题,但邑富公司一直不予配合、拒绝履行相关协助义务。正因邑富公司迟迟未履行协助义务,森悦公司才推迟支付租金。邑富公司若按照约定协助处理案涉租赁物的质量问题,森悦公司同意支付剩余租金。由于邑富公司怠于履行自己的义务,延迟付款的违约金不应由森悦公司承担。②根据《融资租赁合同》第十五条"联系方式"第二款的规定,森悦公司已经支付了大部分的租金给邑富公司,邑富公司应当按照合同约定向森悦公司开具租金发票并邮寄给森悦公司,否则森悦公司有权拒绝付款。邑富公司迟延履行合同约定义务,应承担相应责任。原审判决由森悦公司承担违约金不合理。

(3)裁判理由及意义

广东省东莞市中级人民法院认为:东莞市森悦塑胶模具有限公司法定代表人林某某为新加坡共和国居民,本案为涉外融资租赁合同纠纷。原审法院对本案行使管辖权及适用中华人民共和国法律处理案涉争议符合法律规定,各方亦未提出异议,广东省东莞市中级人民法院对此予以确认。根据《民事诉讼法》第一百六十八条之规定,广东省东莞市中级人民法院仅对森悦公司上诉请求的有关事实及适用法律进行审查。本案二审的争议焦点为:森悦公司是否应承担迟延付款违约金。

森悦公司迟延支付租金的事实有邑富公司提交的通知函、交通银行电子回单、森悦公司迟延利息表等证据证明,且森悦公司、林某某、童某某对此无异议,广东省东莞市中级人民法院对此予以确认。案涉《融资租赁合同》第十一条及《购买合同》第五条第八点约定案涉租赁物为森悦公司自行选定,邑富公司作为出租方无须就租赁物的质量问题承担责任。同时,本案双方并未约定邑富公司协助处理相关质量问题及寄送发票为森悦公司支付租金的前置义务,况且森悦公司并无租赁物存在质量问题的证据。案涉《融资租赁合同》《保证合同》《购买合同》是双方的真实意思表示,亦不违反法律、行政法规的强制性规定,邑富公司依据上述合同主张森悦公司支付迟延付款违约金合法有据,广东省东莞市中级人民法院予以支持。

3. 仲利国际租赁有限公司与漳州鑫炎环保产业有限公司融资租赁合同纠纷案

(1)案号

福建省厦门市中级人民法院(2017)闽02民初188号

(2)案情

2014年4月24日,仲利租赁公司与鑫炎环保公司签订《买卖合同》,由仲利租赁公司向鑫炎环保公司购买本案讼争的租赁物。同日,双方签订《租赁合同》,约定仲利租赁公司将上述租赁标的物出租给鑫炎环保公司,租赁物成本为1,000,000元(含增值税),使用地点漳州糖厂内。当日,鑫炎环保公司出具《租赁物交付与验收证明书》,证明涉案租赁合同项下的设备清单中所有设备已交付给承租人,承租人已对所有设备进行了其所认为必要的所有测试,认为一切完全满意并予以验收。在租赁期间,承租人承诺将遵守上述租赁合同的任何条款之约定。同日,吴某某出具《保证书》,承诺就讼争租赁合同项下承租人鑫炎环保公司对仲利租赁公司所负债务,包括租金、延付利息、违约金、费用等其他应付款项承担不可撤销的连带保证责任。

仲利租赁公司依约向鑫炎环保公司交付租赁物后,鑫炎环保公司仅支付1~19期的租金共计729,750元,自2016年12月30日起未再支付租金,全部未付租金总额为539,520元。仲利租赁公司遂诉至福建省厦门市中级人民法院。

(3) 裁判理由及意义

福建省厦门市中级人民法院认为:本案被告吴某某为菲律宾籍居民,本案为涉外融资租赁合同纠纷案,当事人在租赁合同及保证合同中均约定适用中华人民共和国法律,由于合同履行地、被告住所地均在中华人民共和国境内,该约定符合最密切联系地法律原则,福建省厦门市中级人民法院予以准许。

原告仲利租赁公司与被告鑫炎环保公司签订的《租赁合同》系双方当事人的真实意思表示,内容不违反法律行政法规的规定,应确认为有效,双方当事人均应依约履行。合同签订后,仲利租赁公司依约将租赁物交予鑫炎环保公司使用,鑫炎环保却自 2015 年 12 月 30 日起未再依约履行支付租金的义务,其行为已构成违约,依约定承租人仲利租赁公司可以终止租赁合同,请求返还租赁物。2016 年 1 月,仲利租赁公司取回租赁物,租赁物经处理后回收的价值为 90,000 元。根据 2014 年《融资租赁合同解释》第二十二条的规定,仲利租赁公司请求赔偿全部未付租金与收回租赁物价值差额的损失有法律依据,福建省厦门市中级人民法院予以支持。根据《租赁合同》第十二条的约定,对未付租金总余额部分,鑫炎环保公司还需支付按照年利率 20% 的违约金,因此仲利租赁公司有关违约金的诉求有合同依据,福建省厦门市中级人民法院予以支持。吴某某向仲利租赁公司出具保证书,自愿就鑫炎环保公司对仲利租赁公司所负债务提供连带责任保证,依法应对仲利租赁公司承担带清偿责任。

学术观点

1996 年 5 月,最高人民法院在总结法院审判经验的基础上,参考有关国际公约和国际惯例,发布了《融资租赁合同解释》,较为系统地规定了融资租赁合同的定义、效力的认定及处理、索赔权的行使以及融资租赁合同中的保证问题,使各级法院在审理此类案件时有章可循,并对此后的融资租赁合同专门立法提供了积极的理论和实践准备。但是,最高人民法院的司法解释权本应建立在对施行法的解释基础上,由于当时的法律并无关于融资租赁合同的规定,该司法解释缺少相应的法律根据。1999 年《合同法》公布施行,改变了融资租赁交易无法可依的状况。该法充分参考了统一私法协会 1988 年《国际融资租赁公约》的规定,设专章将融资租赁作为有名合同,从私法角度明确了融资租赁三方当事人之间的权利义务分配，第一次从法律层面明确了融资租赁的概念，赋予融资租赁合同法律地位，对该行业的发展具有里程碑式的意义。但是，基于当时融资租赁业的发展状况，在违约救济、租赁物取回、风险承担、承租人在供货合同中的权利等方面，该法或者没有设计，或者只作了指引性的规定。可以看出，我国关于融资租赁的立法正在逐渐完善，但也存在一些问题，无法涵盖融资租赁交易的所有法律特征，对交易部分只作了原则性规定，缺乏可操作性。①

（五）涉外、涉港澳台证券纠纷

1. 外国人隐名代持境内公司发行人股权纠纷案件的审理

外国人隐名代持境内公司股权，除非其属于法律法规所禁止的情形，不因其外国人身份而导致代持协议必然无效。上市公司在证券发行过程中应当如实披露股份权属情况，禁止发行人的股权存在隐名代持情形。隐名代持证券发行人股权的协议因违反公共秩序而无效。股权代持产生的投资收益应根据公平原则，考虑对投资收益的贡献程度以及对投资风险的承受程度等进行合理分配。

相关规定

《民法典》

第一百五十三条　违反法律、行政法规的强制性规定的民事法律行为无效。但是，该强制性规定不导致该民事法律行为无效的除外。

违背公序良俗的民事法律行为无效。

典型案例

杉浦某某与龚某股权转让案

(1)案号

上海金融法院(2018)沪74民初585号

① 参见欧阳振远、吴思颖：《涉外融资租赁合同纠纷法律问题研究》，载《法律适用》2011年第3期。

(2)案情

原告杉浦某某系日本国公民,被告龚某系中国公民。双方于2005年签订《股份认购与托管协议》,约定杉浦某某以人民币4.36元/股的价格向龚某购买甲公司股份88万股,并委托龚某管理,龚某根据杉浦某某的指示处分股份,对外则以自己名义行使股东权利,将收益及时全部交付给杉浦某某。甲公司于2017年在上海证券交易所首次公开发行股票并上市,在发行上市过程中,龚某作为股东曾多次出具系争股份清晰未有代持的承诺。2018年,甲公司向全体股东按每10股派发现金红利人民币4元,用资本公积按每10股转增4股的比例转增股本。之后,龚某名下的股份数量增加至123.2万股。之后双方对《股份认购与托管协议》的效力和股份收益分配发生纠纷,杉浦某某请求判令龚某交付涉案股份的收益,或者按照股份市值返还投资款并赔偿2018年红利损失。

另查明,甲公司所处的软件产品开发、生产行业均不属于限制或禁止外商投资的产业领域。甲公司原持有涉及国家秘密的计算机信息系统集成资质。在甲公司上市前,根据国家保密局《涉密信息系统集成资质管理办法》和补充规定,已将涉密资质剥离至全资子公司。

上海金融法院于2019年4月30日作出(2018)沪74民初585号民事判决,判令:龚某向杉浦某某支付2017年现金红利人民币352,000元(扣除应缴纳税费)的70%;杉浦某某可与龚某协商,对龚某名下123.2万股甲公司股票进行出售,若协商不成,杉浦某某可申请对上述股票进行拍卖、变卖,上述股票出售、拍卖、变卖所得款项中优先支付杉浦某某投资款人民币3,836,800元,若所得款项金额超过投资款金额,超过部分的70%归杉浦某某所有,剩余部分归龚某所有。宣判后,双方当事人均未上诉,判决已发生法律效力。

(3)裁判理由及意义

外国人委托中国人代持内资公司股份的行为,并不必然导致实际出资人与名义持有人两者之外的其他法律关系的变更,不属于需要经外商投资审批机关批准才能生效的合同。根据2004年及之后多次修订的《外商投资产业指导目录》,标的公司所处行业不属于国家限制或禁止外商投资的产业领域,本案投资行为不违反我国关于外商投资准入的禁止性规定。

我国民法规定,违背公序良俗的民事法律行为无效。公序良俗的概念具有较大弹性,在具体案件中应审慎适用,避免过度克减民事主体的意思自治。公序良俗包括公共秩序和善良风俗。证券领域的公共秩序应先根据该领域的法律法规予以判断,在上位法律无明确规定的情况下,判断某一下位规则是否构成公共秩序时,应从实体正义和程序正当两个层面进行考察。证券发行人应当如实披露股份权属情况,禁止发行人股份存在隐名代持情形,系由《证券法》和《首次公开发行股票并上市管理办法》明确规定,关系以信息披露为基础的证券市场整体法治秩序和广大投资者合法权益,在实体和程序两个层面均符合公共秩序的构成要件,因此属于证券市场中应当遵守、不得违反的公共秩序。隐名代持证券发行人股权的协议违反公共秩序而无效。

股权代持协议被认定无效后,投资收益不属于合同订立前的原有利益,不适用恢复原状的法律规定,应适用公平原则,根据对投资收益的贡献程度以及对投资风险的承受程度等情形,即"谁投资,谁收益"与"收益与风险相一致"进行合理分配。名义持有人与实际投资人一致表示,以系争股票拍卖、变卖后所得向实际投资人返还投资款和支付股份增值收益,属于依法处分自身权利的行为,不违反法律法规的禁止性规定,可予支持。

2019 年 3 月 15 日颁布的《外商投资法》确立了对负面清单之外的外商投资给予国民待遇,同时保留了关于外商投资金融行业和金融市场的原有规定。本案事实涉及外国人委托中国人隐名代持内资上市公司的股权,既涉及外国人投资准入问题,又涉及上市公司在证券发行过程中股权的隐名代持效力问题。裁判围绕证券市场公共秩序认定和股份代持无效后收益分配原则等问题的论证说理,在维护金融市场公共秩序的同时,依法保护外国人投资权益,尊重当事人意愿,以标的股票变现所得进行分配的方式,有效解决了投资收益因上市公司股价波动而难以固定的问题,得到了双方当事人的认可,为同类案件妥善解决提供有益借鉴。

2. 沪港通跨境股票权益纠纷案件的审理

依据证监会《沪港股票市场交易互联互通机制试点若干规定》第十三条的规定,投资者依法享有通过沪港通买入的股票的权益。内地投资者通过港股通买入的股票应当记录在中国证券登记结算公司在香港中央结算公司开立的证券账户。中国证券登记结算公司应当以自己的名义,通过香港中央结算公司行使对该股票发行人的权利。中国证券登记结算公司行使对该股票发行人的权利,应当通过内地证券公司事先征求内地投资者的意见,并按照其意见办理。中国证券登记结算公司出具的股票持有记录,是港股通投资者享有该股票权益的合法证明。

关于沪港通中的法律适用,依据《沪港股票市场交易互联互通机制试点若干规定》第三条的规定,沪港通遵循两地市场现行的交易结算法律法规,相关交易结算活动遵守交易结算发生地的监管规定及业务规则,上市公司遵守上市地的监管规定及业务规则,证券公司或经纪商遵守所在国家或者地区监管机构的监管规定及业务规则,该规定另有规定的除外。

内地投资者通过港股通买入股票,如就该股票与股票发行人、控股股东、实际控制人、中介机构等发生股票权益纠纷,该纠纷不适用《证券法》;如涉及股票虚假陈述责任,不适用《最高人民法院关于审理证券市场因虚假陈述引发的民事赔偿案件的若干规定》。

H股发行人的公司章程对港股通机制下内地投资者具有约束力。如该股票发行人同时也是上海交易所上市公司,其公司章程关于境外上市外资股股东的特别规定对港股通机制下内地投资者具有约束力。

相关规定

1.《证券法》

第二条 在中华人民共和国境内,股票、公司债券、存托凭证和国务院依法认定的其他证券的发行和交易,适用本法;本法未规定的,适用《公司法》和其他法律、行政法规的规定。

政府债券、证券投资基金份额的上市交易,适用本法;其他法律、行政法规另有规定的,适用其规定。

资产支持证券、资产管理产品发行、交易的管理办法,由国务院依照本法的原则规定。

在中华人民共和国境外的证券发行和交易活动,扰乱中华人民共和国境内市场秩序,损害境内投资者合法权益的,依照本法有关规定处理并追究法律责任。

2.《最高人民法院关于审理证券市场因虚假陈述引发的民事赔偿案件的若干规定》

第三条　因下列交易发生的民事诉讼，不适用本规定：

（一）在国家批准设立的证券市场以外进行的交易；

（二）在国家批准设立的证券市场上通过协议转让方式进行的交易。

典型案例

黄某某与中德证券有限责任公司等证券虚假陈述责任纠纷案

（1）案号

最高人民法院（2020）最高法民申 1763 号

（2）案情

原告黄某某向云南省昆明市中级人民法院起诉被告中德证券有限责任公司（以下简称中德证券）、西藏紫光卓远股权投资有限公司（以下简称西藏紫光公司）、沈阳机床（集团）有限责任公司（以下简称沈机公司）、沈机集团昆明机床股份有限公司（以下简称昆机公司），请求法院判令四被告就证券虚假陈述承担连带赔偿责任。一审法院驳回原告黄某某的起诉后，黄某某向云南省高级人民法院上诉。云南省高级人民法院驳回黄某某的上诉后，黄某某向最高人民法院申请再审。

（3）裁判理由及意义

最高人民法院认为，本案黄某某主张证券虚假陈述损失赔偿系基于其购买的昆明机床公司在香港联合交易所上市的 H 股股票。香港联合交易所不属于国家批准设立的证券市场，相关证券交易不属于发生在中华人民共和国境内的交易。黄某某基于《证券法》及《最高人民法院关于审理证券市场因虚假陈述引发的民事赔偿案件的若干规定》相关规定提起本案诉讼，没有事实和法律依据，一审、二审法院裁定驳回黄某某的起诉并无不当。沪港通是沪港股票市场通过建立技术连接，使内地和香港特别行政区投资者可以通过当地证券公司或经纪商买卖规定范围内对方交易所上市股票的交易互联互通机制，黄某某使用沪港通不改变案涉证券交易发生在香港联合证券交易所的实质。同时，昆明机床公司在香港联合证券交易所公告的《公司章程》第二百七十四条规定："本公司遵从下述争议解决规则:(一)凡境外上市外资股股东与公司之间,境外上市外资股股东与公司董事、监事、总经理或者其他高级管理人员之间,境外上市外资股股东与内资股股东之间,基于公司章程、公司法及其他法律、行政法规规定的权利义务发生的与公司事务有关的争议或者权利主张,有关当事人应当将此类争议或者权利主张提交仲裁解决……(二)申请仲裁者可以选择中国国际经济贸易仲裁委员会按其仲裁规则进行仲裁,也可以选择香港国际仲裁中心按其证券仲裁规则进行仲裁。申请仲裁者将争议或者权利主张提交仲裁后,对方必须在申请者选择的仲裁机构进行仲裁。"上述章程内容对黄某某具有约束力,黄某某应当依约申请仲裁。

3. 存托凭证案件的审理

《证券法》将存托凭证纳入了法定证券的范围,现阶段在我国市场上可以发行的存托凭证品种分别为红筹企业 CDR 和在上海证券交易所主板发行上市的沪伦通 CDR。目前,已有红筹企业 CDR 在上海证券交易所科创板上市交易,但我国尚未有存托凭证相关的司法实践。结合《证券法》以及证监会相关部门规章,如下法律问题应当予以注意。

(1)存托凭证案件的管辖问题

《最高人民法院关于上海金融法院案件管辖的规定》第三条规定,在上海证券交易所科创板上市公司的证券发行纠纷、证券承销合同纠纷、证券上市保荐合同纠纷、证券上市合同纠纷和证券欺诈责任纠纷等第一审民商事案件,由上海金融法院管辖。存托凭证在科创板上市交易的,上海金融法院对其上述五类证券纠纷有专属管辖权,对涉存托凭证的其他类型证券纠纷是否有管辖权则视具体案情而定。

由于存托协议明确了存托凭证所代表的境外基础证券权益,以及境外基础证券发行人、存托人、存托凭证持有人三方权利义务,存托凭证持有人与基础证券发行人之间、存托凭证持有人与存托人之间可能就存托协议发生合同纠纷。证监会《存托凭证发行与交易管理办法(试行)》中关于存托协议争议解决条款内容规定,存托协议应约定诉讼管辖法院为中国境内有管辖权的人民法院。

存托凭证案件中存在一类特殊案件,即境外基础证券发行人未经披露与存托人修改存托协议所引发的纠纷,其案由的确定会影响到管辖权的确定。存托协议的重大修改,既是境外基础证券发行人强制披露的信息,也涉及存托协议作为合同的履行。因此,对于发行人未经披露与存托人修改存托协议这一事实,存托凭证持有人既可能基于发行人信息披露失实起诉,也可能基于发行人、存托人违反存托协议约定起诉。其中,就涉科创板存托凭证的此类纠纷,如当事人提起证券侵权诉讼,则其管辖法院是上海金融法院;如当事人提起合同违约诉讼,则该案件由存托协议约定的管辖法院审理。此外,此类案件案由的确定还会影响到被告适格问题。由于存托人并非存托凭证信息披露义务主体,所以存托人虽是合同违约诉讼中的适格被告,但如被起诉为证券虚假陈述责任案件被告则不适格。

(2)存托凭证案件的法律适用

《涉外民事关系法律适用法》第三十九条规定:有价证券,适用有价证券权利实现地法律或者其他与该有价证券有最密切联系的法律。存托凭证属于有价证券,有价证券权利实现地应当是交易所所在地。在中国上市交易的存托证券,应当适用中国法律规定。《存托凭证发行与交易管理办法(试行)》第二条第二款进一步明确,存托凭证的发行和交易,适用《证券法》《关于开展创新企业境内发行股票或存托凭证试点的若干意见》《存托凭证发行与交易管理办法(试行)》以及中国证监会的其他规定。

此外,根据《存托凭证发行与交易管理办法(试行)》中关于存托协议争议解决条款内容的规定,存托协议应约定适用中国法律,如存托凭证参与人之间就存托协议发生纠纷,人民法院应当适用中国法律。

(3)存托凭证的信息披露

存托凭证的信息披露应当遵守《证券法》《关于开展创新企业境内发行股票或存托凭证试点的若干意见》及证监会规定与证券交易所业务规则,原则上依照现行上市公司信息披露制度进行。其中,证监会《存托凭证发行与交易管理办法(试行)》就存托凭证信息披露的责任主体、披露内容、披露方式等作了相应特别规定。

在责任主体方面,存托凭证的信息披露义务人为境外基础证券发行人及其控股股东、实际控制人。证监会《关于商业银行担任存托凭证试点存托人有关事项规定》第六条则明确,商业银行担任存托人的,不是存托凭证的信息披露义务人。境外基础证券发行人的董事、监事、高级管理人员应当忠实、勤勉地履行职责，保证境外基础证券发行人所披露的信息真实、准确、完整，其中董事和高级管理人员应当对招股说明书、定期报告签署书面确认意见。

在披露内容方面，包括公开发行文件、定期报告、重大事件和应当及时披露的事项等。

强制披露的公开发行文件不仅有招股说明书、上市公告书，还包括存托协议、托管协议等文件。公开发行文件和定期报告应当明示披露差异部分：①公司法律、章程内容的差异，发行人应当在招股说明书中，充分披露境外注册地公司法律制度及其公司章程或者章程性文件的主要规定与《公司法》等法律制度的主要差异，以及该差异对存托凭证在中国境内发行、上市和对投资者保护的影响；②特殊公司结构上的差异，发行人具有股东投票权差异、企业协议控制架构或者类似特殊安排的，应当在招股说明书等公开发行文件显要位置充分、详细披露相关情况特别是风险、公司治理等信息，并以专章说明依法落实保护投资者合法权益规定的各项措施，应当在定期报告中披露相关情形及其对中国境内投资者带来的重大影响和风险。

临时报告应当及时披露可能对基础证券、存托凭证及其衍生品种交易价格产生较大影响的重大事件，具体包括《证券法》相关规定和证监会《上市公司信息披露管理办法》第二十二条规定的重大事件。上述规定中涉及持有公司5%以上股份的披露要求，适用于持有或者通过持有境内外存托凭证而间接持有境外基础证券发行人发行的股份合计达到5%以上。《上市公司信息披露管理办法》第二十二条第二款第九项规定的主要资产包括境外基础证券发行人境内实体运营企业的主要资产。

应当及时进行披露的事项包括如下6项：存托人、托管人发生变化；存托的基础财产发生被质押、挪用、司法冻结或者发生其他权属变化；对存托协议作出重大修改；对托管协议作出重大修改；对股东投票权差异、企业协议控制架构或者类似特殊安排作出重大调整；证监会规定的其他情形。

在披露方式方面：一是要求存托凭证信息披露义务人应当保证其在境外市场披露的信息同步在境内市场披露；二是要求信息披露文件应当使用中文，文件内容应当与信息披露义务人在境外市场提供的文件或者所披露的文件的内容一致，如内容不一致则以中文文件为准；三是要求境外基础证券发行人应当在中国境内设立证券事务机构，聘任熟悉境内信息披露规定和要求的信息披露境内代表,负责存托凭证上市期间的信息披露与监管联络事宜;四是允许信息披露义务人根据证监会和交易所相关规定免予披露或者暂缓披露特殊信息,代之以及时披露免予或者暂缓披露上述信息的原因和律师事务就此出具的法律意见。

相关规定

1.《证券法》

第二条 在中华人民共和国境内,股票、公司债券、存托凭证和国务院依法认定的其他证券的发行和交易,适用本法;本法未规定的,适用《中华人民共和国公司法》和其他法律、行政法规的规定。

政府债券、证券投资基金份额的上市交易,适用本法;其他法律、行政法规另有规定的,适用其规定。

资产支持证券、资产管理产品发行、交易的管理办法,由国务院依照本法的原则规定。

在中华人民共和国境外的证券发行和交易活动,扰乱中华人民共和国境内市场秩序,损害境内投资者合法权益的,依照本法有关规定处理并追究法律责任。

第八十条 发生可能对上市公司、股票在国务院批准的其他全国性证券交易场所交易的公司的股票交易价格产生较大影响的重大事件,投资者尚未得知时,公司应当立即将有关该重大事件的情况向国务院证券监督管理机构和证券交易场所报送临时报告,并予公告,说明事件的起因、目前的状态和可能产生的法律后果。

前款所称重大事件包括:

(一)公司的经营方针和经营范围的重大变化;

(二)公司的重大投资行为,公司在一年内购买、出售重大资产超过公司资产总额百分之三十,或者公司营业用主要资产的抵押、质押、出售或者报废一次超过该资产的百分之三十;

(三)公司订立重要合同、提供重大担保或者从事关联交易,可能对公司的资产、负债、权益和经营成果产生重要影响;

(四)公司发生重大债务和未能清偿到期重大债务的违约情况;

(五)公司发生重大亏损或者重大损失;

(六)公司生产经营的外部条件发生的重大变化;

(七)公司的董事、三分之一以上监事或者经理发生变动,董事长或者经理无法履行职责;

(八)持有公司百分之五以上股份的股东或者实际控制人持有股份或者控制公司的情况发生较大变化,公司的实际控制人及其控制的其他企业从事与公司相同或者相似业务的情况发生较大变化;

(九)公司分配股利、增资的计划,公司股权结构的重要变化,公司减资、合并、分立、解散及申请破产的决定,或者依法进入破产程序、被责令关闭;

(十)涉及公司的重大诉讼、仲裁,股东大会、董事会决议被依法撤销或者宣告无效;

(十一)公司涉嫌犯罪被依法立案调查,公司的控股股东、实际控制人、董事、监事、高级管理人员涉嫌犯罪被依法采取强制措施;

(十二)国务院证券监督管理机构规定的其他事项。

公司的控股股东或者实际控制人对重大事件的发生、进展产生较大影响的,应当及时将其知悉的有关情况书面告知公司,并配合公司履行信息披露义务。

2.《涉外民事关系法律适用法》

第三十九条 有价证券,适用有价证券权利实现地法律或者其他与该有价证券有最密切联系的法律。

3.《最高人民法院关于上海金融法院案件管辖的规定》

第三条 在上海证券交易所科创板上市公司的证券发行纠纷、证券承销合同纠纷、证券上市保荐合同纠纷、证券上市合同纠纷和证券欺诈责任纠纷等第一审民商事案件,由上海金融法院管辖。

学术观点

《证券法》第二条第四款对该法的域外适用效力,予以了明确。但关于我国法院对涉外证券纠纷进行司法管辖的法律基础,学术界存在一定的分歧。

一种观点认为,依据文义解释,应当认为《证券法》第二条第四款确认了超出国境适用范围的执法管辖权和司法管辖权:一方面,人民法院作为司法机关所采取的受理和审理证券纠纷案件的措施属于“依照本法有关规定处理”;另一方面,对于就境外证券违法行为所欲追究的“法律责任”,可以在《证券法》“法律责任”专章中进行对接,包括民事责任。① 但第二条第四款宽泛的字面表述容易造成域外管辖的滥用,有观点主张可借鉴美国证券法域外管辖“效果标准”的规定以限缩、完善《证券法》域外管辖,要求仅当中国境内的影响为跨境欺诈行为的实质、直接、可预见的结果时,方可有权主张对欺诈行为行使管辖权,具体而言:“实质性”要求需要有享有利益的境内投资者受有损失,且跨境证券欺诈行为是针对中国境内投资者进行的;“直接性”要求则可以借鉴侵权法中的相当因果关系理论进行理解;“可预见性”则是要求行为人必须能够预见到欺诈行为在中国境内产生的影响。②

另一种观点则认为,应当区分《证券法》的域外适用效力与我国法院对于涉外证券诉讼案件的管辖权问题,我国法院受理案件的管辖权必须严格按照《民事诉讼法》的规定确定,其中对于涉外侵权行为,只要被告在我国境内有住所或经常居所,或代表机构,或可供扣押的财产,或合同的签订或履行在我国境内,或涉及的标的物在我国境内,我国法院就可以行使管辖权。③ 而《证券法》的域外适用效力主要是公法层面的,因为《证券法》绝大部分内容是关于证券监管的公法内容,主要是用对证券活动的行政监管和追责。在私人诉讼上,《证券法》虽规定了证券内幕交易和操纵市场等行为应当依法承担民事赔偿责任,但并非直接适用《证券法》,而是适用《侵权责任法》等内容。因此,在涉外证券侵权案件中,并非依据域外效力条款直接适用《证券法》,而需要按照《涉外民事关系法律适用法》第四十四条的规定适用“侵权行为地法律”。④

关于《证券法》第二条第四款的司法理解与适用,有待于今后实践的发展与明确。而存托凭证基础证券发行人的虚假陈述法律责任可能成为证券法域外效

① 参见郭峰等:《中华人民共和国证券法制度精义与条文评注》,中国法制出版社 2020 年版,第 85 页。

② 参见张迈:《瑞幸咖啡财务造假,中国证监会可否进行处罚?——且看〈证券法〉域外管辖条款的适用限度》,载微信公众号“北京大学金融法研究中心”2020 年 4 月 13 日 https://mp.weixin.qq.com/s/tQU2YSyyvXd6eiVxEb2q9A。

③ 参见杜涛:《美国证券法域外管辖权:终结还是复活?——评美国联邦最高法院 Morrison 案及〈多德——弗兰克法〉第 929P(b)条》,载《证券法苑》2012 年第 2 期。

④ 参见爱建证券课题组等:《论我国证券监管机构的域外管辖权——以科创板开放红筹企业上市为视角》,载《证券市场导报》2020 年第 3 期。

力适用的重点。我国对于存托凭证基础证券发行人行使管辖权可以借鉴“目的性利用”理论,即如果基础证券发行人积极参与存托的发行,“目的性利用”中国资本市场获得了包括但不限于获得融资、扩大投资者基础、提高知名度等利益,则应当受到中国法的规制。① 不同于运用证券法域外效力的思路,有观点认为,针对存托凭证的管辖权问题,需要充分借助存托协议,一方面,应当对于存托协议的意思自治范围以中国法为基础进行限定,防止境外基础证券发行人规避国内证券监管;另一方面,如将存托协议视为合同,基础证券发行人与存托人之间就证券虚假陈述赔偿责任成立不真正连带责任,通过存托人向发行人跨境追偿,以此解决国际管辖权分配的问题。②

此外,也有观点认为,在我国证券域外管辖制度尚未完全确立的制度背景下,应当通过强化存托凭证存托人的信息披露责任,倒逼存托人加强对外国公司经营情况的跟进和对于投资者的风险提示以加强投资者保护。国外证券监管的实践已经证明,存托人具有实施自益行为的巨大空间,其中包括利用代理投资者投票来帮助外国公司管理层实施控制权保持、未持有基础证券而签发存托凭证进行不当卖空等,“存托人无责任”的监管思路催生存托人实施自益行为的道德风险。③

而关于涉及《证券法》域外适用案件的管辖法院,相关司法解释予以了明确。《最高人民法院关于北京金融法院案件管辖的规定》第二条以及《最高人民法院关于上海金融法院案件管辖的规定》第二条分别规定北京金融法院和上海金融法院有权管辖在我国境外上市的境内公司及境外公司损害境内投资者合法权益的证券、期货纠纷,以及境外其他金融产品和金融服务的提供者损害境内个人或者机构合法权益的金融纠纷。上述规定形成了由上海金融法院和北京金融法院两家金融法院对该类案件实施集中管辖的制度安排;至于管辖协调问题,则根据民诉法相关规则,由当事人提起诉讼时自行选择确定管辖法院;当事人同时向北京和上海两家金融法院起诉的,案件由最先立案的法院管辖;如两家金融法院发

① 参见吴维锭:《论中国存托凭证投资者保护机制的完善——从虚假陈述民事责任角度切入》,载《南方金融》2019 年第 11 期。

② 参见黄勇、严文斌:《CDR 视角下的风险探究——从 ADR 到 CDR 如何更为稳健》,载《河北法学》2019 年第 4 期。

③ 参见冯果、薛亦飒:《中国存托凭证存托人“自益行为”的规制进路——以〈证券法〉的规制逻辑为基础展开》,载《清华法学》2020 年第 6 期。

生管辖争议,可以就个案报请共同上级人民法院即最高人民法院指定管辖。①

(六)涉外、涉港澳台场外金融衍生品纠纷

1. 准据法的适用

《涉外民事关系法律适用法》第八条规定,涉外民事关系的定性,依法院地法律。根据我国法律规定,场外衍生品的本质是一种金融合约,即当事人之间系无名合同法律关系。当事人在诉讼中也多选择合同关系作为请求权基础。

在场外金融衍生品纠纷案件准据法的确定中,首先,应当尊重意思自治,审查当事人之间是否存在有效的选择法律协议。实践中,当事人事先约定适用英格兰法或美国纽约州法较为多见。其次,在当事人未明确选择适用法律,且在一审法庭辩论终结前仍未达成一致意见的情况下,应根据最密切联系原则确定准据法。合同的特征履行地在我国境内的,可以确定我国法律作为准据法。

2. 审理原则

(1)正确适用法律原则

目前,我国在场外衍生品方面并没有专门立法,可以适用的法律、行政法规包括《民法典》《外汇管理条例》等。原银监会(现为银保监会)颁布的《银行业金融机构衍生产品交易业务管理暂行办法》虽是部门规章,但可以作为审查金融机构是否尽到己方义务的参考,并且,违反该规章中涉及金融安全、市场秩序、国家宏观政策等公序良俗的内容的,应当认定合同无效。此外,银行业、证券业、期货业行业协会还分别制定了业内自律性管理规范。

国际掉期与衍生品协会(International Swaps and Derivatives Association, ISDA)自1985年成立以来,其制定的整套标准化文件为场外衍生品交易提供了适用于国际市场的标准化合约,已成为市场主体从事交易的重要依据。ISDA协议所确立的单一协议制度、履约保障制度、净额结算制度等相关规则在国际衍生品交易中被广泛采用,并为交易参与方所熟知,成为国际通行的交易规则。因

① 参见人民法院新闻传媒总社:《完善案件管辖范围　充分发挥金融司法职能——最高法民二庭负责人就修改〈最高人民法院关于上海金融法院案件管辖的规定〉答记者问》,载中华人民共和国最高人民法院网2021年4月22日 http://www.court.gov.cn/zixun-xiangqing-297961.html。

此，如果当事人共同签订了ISDA协议，前述规则应作为国际惯例加以适用。

（2）尊重意思自治原则

对于场外衍生品纠纷案件的审理，在合同合法有效的前提下，应以合同条款作为判断案件管辖、法律适用、权利义务内容、违约责任和争议解决方式的依据。

实践中，当事人往往先行签订ISDA主协议（Master Agreement，MA），再据此开展交易。当前应用较多的是1992年版和2002年版ISDA主协议。主协议的内容包括主协议正文、主协议附件（Schedule）和交易确认书（Transaction Confirmations）。其中，附件是对主协议正文条款所作的修改和补充，当附件内容与主协议正文不一致时，以附件为准。交易确认书是对每项具体交易的交易条款进行确认，当确认书内容与主协议正文、附件不一致时，以交易确认书为准。

（3）商业风险自担原则

在案件审理中，对于当事人关于衍生品交易显失公平的抗辩，司法应以诚实信用原则和商业合理性原则为基础，秉持审慎态度，不轻易介入交易结构公平性的判断。衍生品交易是合同当事人对未来的不确定性进行博弈，在金融机构对产品交易结构、蕴含风险进行充分揭示的情况下，当事人应对交易过程中可能产生的收益或亏损有一定预期，并在此基础上自主作出商业判断，自行承担商业风险。同时，作为风险管理工具，衍生交易下的盈亏与现货交易中的损益之间存在对冲关系，故也不应在个案中仅从涉案衍生品交易本身的盈亏判断合同的公平性。

3. 审查要点

在场外衍生品纠纷案件审理中，除以合同条款为依据，审查合同义务的全面履行之外，还应当注意审查：（1）交易主体的资质；（2）缔约过程中适当性审查义务的履行；（3）持续风险披露义务的履行；（4）提前终止净额的计算。

（1）交易主体的资质

场外衍生品交易系特许经营业务，我国对该类业务的经营适用严格的市场准入管理制度。当前，我国场外衍生品市场主要包括以商业银行为主导的银行间场外市场，以证券公司为主导的柜台交易市场和以期货风险管理公司为主导的大宗商品类场外市场。未经许可经营场外衍生品交易业务的，应作合同无效处理。

具体而言，原银监会颁布的《银行业金融机构衍生产品交易业务管理暂行办法》规定，银行业金融机构经银监会审批后方能开办衍生产品交易业务，其取得的资格分为基础类和普通类。基础类资格是指只能从事套期保值类衍生产品交易，即银行业金融机构主动发起，为规避自有资产、负债的信用风险、市场风险或流动性风险而进行的衍生产品交易；普通类资格指除基础类资格可以从事的衍生产品交易之外，还可以从事非套期保值类衍生产品交易，包括由客户发起，银行业金融机构为满足客户需求提供的代客交易和银行业金融机构为对冲前述交易相关风险而进行的交易等。换言之，银行业金融机构只有取得普通类资格，才能与除金融机构之外的市场主体客户之间进行场外衍生品交易。

外资银行营业性机构开办衍生产品交易业务，应向当地银监局提交由授权签字人签署的申请材料，经审查同意后，报中国银监会审批；外国银行拟在中国境内两家以上分行开办衍生产品交易业务，可由外资法人机构总部或外国银行主报告行统一向当地银监局提交申请材料，经审查同意后，报中国银监会审批。外国银行分行申请开办衍生产品交易业务，必须获得其总行（地区总部）的正式授权，且其母国应具备对衍生产品交易业务进行监管的法律框架，其母国监管当局应具备相应的监管能力。

中国证券业协会于2013年3月发布了《证券公司金融衍生品柜台交易业务规范》（2013年3月15日发布），据此，取得柜台交易业务资格的证券公司可以开展衍生品交易业务。2018年5月，证券业协会发出《关于进一步加强证券公司场外期权业务自律管理的通知》，强化场外期权业务自律管理，将证券公司分为一级交易商和二级交易商，未能成为交易商的证券公司不得与客户开展场外期权业务。

中国期货业协会于2012年12月发布了《期货公司设立子公司开展以风险管理服务为主的业务试点工作指引》，据此，期货公司可以设立风险管理服务子公司开展场外衍生品业务，设立该类子公司实行备案制。

（2）金融机构的适当性审查义务

基于投资者适当性的要求，监管机构已明确禁止部分金融机构与自然人开展场外衍生品业务。例如，根据《证券公司金融衍生品柜台交易业务规范》的规定，证券公司开展衍生品交易业务的交易对手方应限于机构。中国期货业协会也于2017年9月27日发布了《关于加强风险管理公司场外衍生品业务适当性管理的通知》,要求风险管理公司不得再与自然人客户开展场外衍生品交易业务。当前,场外衍生品市场的参与者以机构投资者为主。

但是,鉴于场外衍生品交易的复杂性和其自身所隐含的高风险,即便是机构投资者,金融机构在缔约时也应评估交易对手的适合度,与有真实需求背景的客户进行与其风险承受能力相适应的衍生产品交易。在案件审理中,应由金融机构举证证明其履行了了解客户、了解产品、将适当的产品销售给适合的投资者等义务,未能尽到举证责任的,应当对投资者的损失承担赔偿责任。

(3)金融机构的风险披露义务

金融机构作为信息优势方,在合同缔结和履约过程中应当履行信息披露及风险提示义务。在案件审理中,应由金融机构举证证明客户是否已经完全理解涉案交易的产品结构、基本交易条款、与交易相关的风险以及对最差可能情况具有足够的承受能力等,使客户在充分了解衍生品交易的特性及风险的前提下作出是否进入交易的判断。金融机构不得以任何方式向客户承诺收益。在交易履行阶段,金融机构也同样负有持续信息披露义务,应当及时向客户提供已交易的衍生产品的市场信息,定期将与客户交易的衍生产品的市值重估结果以评估报告、风险提示函等形式向客户披露。

(4)提前终止净额结算条款

①提前终止净额的性质

当事人对具体违约责任触发交易提前终止的合约安排实质上属于继续性合同的约定解除。在违约事件下,提前终止净额计算包括终止款项和未付款项两部分,其中未付款项的清偿属于对已发生并确定之债务的履行,而提前终止款项即为交易违约方在合同解除后对非违约方应承担的违约责任,也就是赔偿非违约方因交易提前解除而遭受之损失。根据《民法典》第五百八十四条的规定,违约损失赔偿范围包括可得利益,但不得超过订立合同时预见到或应当预见到的违约损失。因此,若交易中采用了 ISDA 主协议相关规定,则应当认为交易各参与方对协议中所列违约责任的承担具有一定的预期,该种责任承担方式与我国法律并不相悖。

②提前终止净额的计算

提前终止净额的计算方式是 1992 年版 ISDA 主协议和 2002 年版 ISDA 主协议主要区别之一。在案件审理中,应注意区分当事人签订的协议版本分别判断。

其中,1992 年版采用损失法(Loss)或市场报价法(Market Quotation)作为计算基础,当事人可自行选择。2002 年版则采用终止款项法(Close-out Amount),是指为取得与被终止交易的重大条款相同的经济效果而进行替代交易,由此所产生的损失或成本金额(以正数表示),或由此而得到的收益(以负数表示)。此外,在最终支付上,1992 年版主协议中,当事人可以选择适用"脱身条款"(Walk Away),即在终止净额计算结果是负数的情况下,守约方无须向违约方支付。2002 年版则不存在该条款,无论何方盈亏,均须按净额支付。

相关规定

《民法典》

第一百一十九条　依法成立的合同,对当事人具有法律约束力。

第五百七十七条　当事人一方不履行合同义务或者履行合同义务不符合约定的,应当承担继续履行、采取补救措施或者赔偿损失等违约责任。

第五百七十八条　当事人一方明确表示或者以自己的行为表明不履行合同义务的,对方可以在履行期限届满前请求其承担违约责任。

第五百八十四条　当事人一方不履行合同义务或者履行合同义务不符合约定,造成对方损失的,损失赔偿额应当相当于因违约所造成的损失,包括合同履行后可以获得的利益;但是,不得超过违约一方订立合同时预见到或者应当预见到的因违约可能造成的损失。

典型案例

1. 渣打银行(中国)有限公司与张家口联合石油化工有限公司金融衍生品种交易纠纷案

(1)案号

上海金融法院(2020)沪 74 民终 533 号

(2)案情

2011 年 9 月 15 日,渣打银行(中国)有限公司(以下简称渣打银行)与张家口联合石油化工有限公司(以下简称张家口石化公司)签订 ISDA2002 主协议及其附件。2014 年 3 月 7 日,双方签订《布伦特原油—买入绩效互换》及对应的《交易确认书》,约定就布伦特原油开展互换交易。同日,渣打银行就布伦特原油价格跌破执行价格的亏损风险等向张家口石化公司进行说明,张家口石化公司最终确认进行系争交易。相关协议签订后,渣打银行与张家口石化公司依约履行了4期互换交易。2014年5月28日、2014年9月17日,渣打银行与张家口石化公司的授权交易员通话,就系争交易向其提示油价下跌风险。张家口石化公司均表示了解且希望按原约定3月交易条款执行。2014年11月11日,张家口石化公司出具《关于终止布伦特原油—买入绩效互换的函》,要求提前终止协议,否认2014年11月10日后互换交易的效力,并表示不再承担11月10日后的损失。2014年11月27日,渣打银行向张家口石化公司发出《提前终止通知》,指定2014年12月2日为主协议项下所有未完成交易的提前终止日。2014年12月3日,渣打银行向张家口石化公司发出《提前终止金额计算报告》及其附件,要求张家口石化公司支付提前终止款项加上到期应付的利息。

因索赔未果,渣打银行诉至法院,要求张家口石化公司支付互换交易项下欠付的提前终止款项1,328,560.97美元及律师费人民币20万元。上海金融法院认为,张家口石化公司的行为构成违约,在参考第三方市场报价平均数的基础上,最终判决支持张家口石化公司向渣打银行支付提前终止款项1,305,777.97美元,驳回渣打银行关于律师费的诉讼请求。

上海市浦东新区人民法院作出(2019)沪0115民初25676号民事判决,判令:①张家口石化公司于判决生效之日起10日内支付渣打银行互换交易项下欠付的提前终止款项1,305,777.97美元,自2014年12月2日起至2018年10月31日止的利息58,571.55美元,以及自2018年11月1日起至实际清偿日的利息[以原告取得有关资金之须支付资金成本(以年利率计)加1%为利率],以上款项按判决时银行间外汇市场人民币汇率美元对人民币中间价计算后以人民币支付;②驳回渣打银行其他诉讼请求。

张家口石化公司不服,提起上诉。二审中,渣打银行自愿放弃关于利息的诉讼请求,上海金融法院于2020年10月30日作出(2020)沪74民终533号民事判决,判令:①维持上海市浦东新区人民法院(2019)沪0115民初25676号民事判决第二项;②将上海市浦东新区人民法院(2019)沪0115民初25676号民事判决第一项变更为:上诉人张家口联合石油化工有限公司应于本判决生效之日起10日内支付被上诉人渣打银行(中国)有限公司1,305,777.97美元,该款项按二审判决作出之日银行间外汇市场人民币汇率美元对人民币中间价计算后以人民币支付。

(3)裁判理由及意义

本案争议焦点主要有三个:①涉案交易协议是否成立并有效;②张家口石化公司向渣打银行发函终止协议是否构成违约;③终止净额结算条款的性质及如何计算。

关于涉案主协议及相关交易条款效力问题,渣打银行在缔约过程中已履行了相应的客户审查及风险提示义务,张家口石化公司应对交易过程中可能产生的收益或亏损有一定的预期,并在此基础上自主作出商业判断,关于对冲现货交易中的损益,不能从涉案交易本身的盈亏来判断合同的公平性。故涉案交易条款均系双方当事人的真实意思表示,且内容不违反法律和行政法规的效力性强制性规定,也不存在其他导致合同无效的事由,故上述合同合法有效,当事人理应恪守。

关于违约责任及违约的后果问题,有相对人的意思表示的解释,应当按照所使用的词句,结合相关条款、行为的性质和目的、习惯以及诚信原则,确定意思表示的含义。现双方当事人对实际履行的协议为3月的交易条款并无争议,故张家口石化公司向渣打银行出具此函应理解为要求终止3月的交易条款。而根据主协议约定,任何一方取消、否认、放弃或拒绝全部或部分之主协议、由该方签订和交付之任何确认书或由此等确认书证明之任何交易,或对主协议、上述确认书或交易之有效性提出异议,构成该方之违约事件。渣打银行据此确定双方之间互换交易的提前终止日并要求张家口石化公司支付提前终止款项及其利息的主张,具有合同依据。

关于提前终止款项的法律性质和金额的确定问题,在掉期交易中,交易双方对具体违约责任触发交易提前终止的合约安排,实质上属于继续性合同的约定解除。违约事件下提前终止应付额包括终止款项和未付款项两部分,其中未付款项的清偿属于对已发生并确定之债务的履行,而提前终止款项即为交易违约方在合同解除后对非违约方应承担的违约责任,也就是赔偿非违约方因交易提前解除而遭受之损失。ISDA主协议作为国际惯例和国内行业规则在衍生品交易实践中被广泛采用并为交易参与方所熟知。因此,若交易协议中实际采用了ISDA主协议的相关规定,则应当认为交易各参与方对协议中所列违约责任的承担具有一定的预期。在张家口石化公司要求提前终止交易后，为确定合同约定的提前终止款项金额，渣打银行向行业内数家第三方机构咨询了有关替代交易的报价，并结合其他市场信息计算出了提前终止款项金额，该询价方法具有合理性。

本案系上海市首例石油掉期合约纠纷，系因2014年国际石油价格暴跌，客户为止损提前解除合约而引发。本案审理中，法院充分遵循金融衍生品交易的国际惯例及金融衍生品交易的自身特性，作出如下认定：第一，衍生品交易是合同当事人对未来的不确定性进行博弈，在金融机构对产品交易结构、蕴含风险进行充分揭示的情况下，当事人应对交易过程中可能产生的收益或亏损有一定的预期，并在此基础上自主作出商业判断，由此订立的交易协议应系双方当事人真实意思表示。当事人要求终止交易符合协议约定构成该方之违约事件的，金融机构有权依据协议享有违约事件发生后提前终止的权利。第二，当事人对具体违约责任触发交易提前终止的合约安排实质上属于继续性合同的约定解除。在违约事件下，提前终止净额计算包括终止款项和未付款项两部分，其中未付款项的清偿属于对已发生并确定之债务的履行，而提前终止款项即为交易违约方在合同解除后对非违约方应承担的违约责任，也就是赔偿非违约方因交易提前解除而遭受之损失。ISDA主协议中的终止净额结算条款与我国法律并不相悖。第三，法院在对违约责任进行认定时，应以我国法律为基本依据，同时充分考量ISDA主协议相关约定及金融衍生品交易的自身特性，并以诚实信用原则和商业合理性原则为基础，计算提前终止款项的相应市场公允价值。

2. 花旗银行（中国）有限公司广州分行与广西柳工机械股份有限公司金融衍生品交易纠纷案

（1）案号

广东省高级人民法院（2014）粤高法民二终字第60号

（2）案情

广西柳工机械股份有限公司（以下简称柳工公司）拟到波兰投资，为规避汇率波动风险提前锁定美元兑兹罗提的汇率，遂于2011年4月19日与花旗银行（中国）有限公司广州分行（以下简称花旗银行广州分行）签订《非承诺性短期循环融资协议》《风险披露声明》等文件，就美元/兹罗提普通外汇远期买卖交易等事宜进行约定。后因兹罗提兑美元出现大幅贬值，按照柳工公司选择的方案约定,柳工公司应向花旗银行广州分行支付共计8,969,098.96美元的差额。经花旗银行广州分行多次催讨,柳工公司仍未偿付上述款项。花旗银行广州分行遂向法院起诉要求柳工公司支付相应款项及罚息。

(3)裁判理由及意义

本案为全国首例法院全额支持外资银行场外金融衍生品交易项下付款请求的案例。法院经审理认为,场外外汇短期交易合同并非要式合同,不属于强制要求签署单独金融衍生品协议的交易。本案中,双方虽未签署独立的衍生品交易合同,但签订了融资协议等一系列书面文件。从协议内容可知,衍生品交易也是在协议约定范围内,且双方均具备进行金融衍生品交易的资质,案涉合同并无法定的无效情形并已实际履行,故双方间形成衍生品交易合同关系,遂判决柳工公司向花旗银行广州分行支付合同项下付款差额8,969,098.96美元和罚息。

学术观点

衍生(品)合约与通常的买卖合同或互易合同相比,最大的区别在于"当前订约,未来履行",即合同的全部条款都已经谈判妥当,但合同的履行、标的物的实际交付在未来的某个时日或时段进行。这也是衍生品合约最核心的特征。"当前订约,未来履行"并非仅仅意味着订约与履约时间上的分离,它带来了合同功能的根本性改变:从旨在促进交易的一纸法律文书变身为具有可交易性的金融商品。这一转变源于从"当前订约,未来履行"中派生出来的如下特征:第一,衍生品合约不仅设定权利义务,更直接产生盈亏;第二,衍生品合约的可计价性便利了合约的转让,从而使衍生品合约转化为金融商品;第三,衍生品合约意味着当事人之间的"对赌"。①

有相当数量的当事人在ISDA协议中约定由此引发的争议交由英格兰、威尔士法院或美国纽约州法院管辖。伦敦政治经济学院法学院的乔安妮·P.布雷斯韦特的《场外衍生品、法院和监管改革》②一文对所有英国法院涉及ISDA协议的

① 参见刘燕、楼建波:《金融衍生交易的法律解释——以合同为中心》,载《法学研究》2012年第1期。

② See Joanne P. Braithwaite, *OTC Derivatives, the Courts and Regulatory Reform*, Capital Markets Law Journal, Vol. 7, (2012), p. 364 - 385.

判决进行了研究，通过数据的分析表明，法院在很多情形下都能为衍生品市场的参与者提供救济措施，同时也展示了法院判决如何维持普通法，增加市场透明度。乔安妮·P.布雷斯韦特认为，G20会议以后对衍生品市场的改革可能会破坏目前法院在该市场中发挥的作用，这个因素应当在监管改革中作为评估的一部分予以充分考虑。这篇论文部分原文摘录如下：

Because OTC derivatives are privately negotiated between seller and buyer, they proceed without the benefit of the infrastructure provided by a regulated exchange. This infrastructure includes central counterparty clearing services, which, as discussed below, help to address counterparty risk. Furthermore, investors in OTC derivatives enjoy fewer statutory protections than investors in other types of financial products, such as debt or equity securities. As a result, participants in the OTC markets rely on various private law techniques, such as novation, netting, set off and collateralization, to regulate their relationships. In practice, this deployment of private law is facilitated by the widespread use of standard form documentation, by far the most important example of which is published by the International Swaps and Derivatives Association (ISDA).

...

However, while cases requiring the courts to interpret the MA terms have been the most high profile of the past few years, analysis presented below shows that OTC derivatives disputes involve a diverse range of legal issues and, as a result, the courts have a much more extensive role to play within these markets than is usually acknowledged.

...

After the G20's statement, international and national legislators soon started work on sweeping programmes of regulation aimed at the OTC markets. At the time of writing, the USA has pulled ahead of the EU in terms of implementation, as reforms to OTC derivatives market infrastructure were included in Title VII of the Dodd-Frank Act, which was signed into law on 21 July 2010. Currently in the USA, numerous regulatory bodies are in the process of detailing how these framework rules will work in practice. Meanwhile, in the EU, the European Council and Parliament have agreed a version of the draft European Markets Infrastructure Regulation (EMIR), which will lay down the framework EU rules reforming the OTC market infrastructure. At the same time, the Joint Committee of the European Supervisory Authorities is consulting on the 'technical standards' which will flesh out these new rules. Similar initiatives are in progress in other jurisdictions, including Hong Kong, Japan, Singapore and South Korea...

(七)涉外、涉港澳台保险纠纷

1. 上市公司董监高责任险案件的审理

董监高责任保险承保基于公司董事和高级职员疏忽、不告知情况以及在一定限度内的其他过失对其提起诉讼的情况。这类保险的范围包括对处理案件过程中所支付的费用以及判决确定的债务及和解中支付的款项提供的赔偿,但根据监管要求不得包括刑事罚金和行政罚款等。① 为了保护中小投资者的利益,许多国家的公司法、证券法对董事、监事、高管人员的责任不断加重,这样一来导致公司管理层的风险不断加大,决策时有可能畏缩不前。而董监高责任保险,有效地将董事、监事及高级管理人员在履职过程中发生的风险责任转嫁给保险公司,缓解了管理层的后顾之忧,能够起到优化公司治理结构的作用。因此,此类保险获得了蓬勃发展。

证监会《上市公司治理准则》第二十四条规定,经股东大会批准,上市公司可以为董事购买责任保险,责任保险范围由合同约定,但董事因违反法律法规和公司章程规定而导致的责任除外。但相较境外董监高责任险而言,一方面,我国境内公司此类保险的投保率低,主要涉及B股与H股,以"A+H"方式在中港两地上市的公司投保率大约为90%;另一方面,我国关于董事责任保险的成文规定数量较少、效力层级较低、概括性较强,具体规则尚不明确。目前,我国关于上市公司董监高责任险的司法实践较为稀少,考虑到境内企业投保率低而境外上市企业对此险种需求更大,今后上市公司董监高责任险案件可能以涉外案件为主。

---

① 《责任保险业务监管办法》第六条规定:"责任保险应当承保被保险人给第三者造成损害依法应负的赔偿责任。保险公司应当准确把握责任保险定义,厘清相关概念及权利义务关系,严格界定保险责任,不得通过责任保险承保以下风险或损失:(一)被保险人故意制造事故导致的赔偿责任;(二)刑事罚金、行政罚款;(三)履约信用风险;(四)确定的损失;(五)投机风险;(六)银保监会规定的其他风险或损失。"

审查要点

1. 董监高责任险中投保人告知义务的理解与适用

在保险实务中,保险公司在遭遇数额较大的索赔之后,有时候会竭尽全力寻找投保单中的不精确之处,以便以投保人未尽告知义务为由进行抗辩。但如果保险人在接受投保人投保时能够轻易发现投保单中的虚假陈述问题,以此进行抗辩有违诚实信用原则。保险人承保审核投保材料时有审慎注意的义务。董监高责任保险属于相对高端的保险产品,保险公司在承保前应当进行必要的核保流程,对目标公司的财务状况、并购等情况做一定了解和评估,由此判断分析是否承保以及确定保费的高低。对国内保险公司来说,承保境外企业的相关险种事实上会面临较高的风险,但并不因此而降低其审慎注意的义务。如果缺乏相应能力,则无须冒险承保,否则应自担风险。

即使投保人在投保单中填写不实,但投保人在投保过程中已通过其他方式使保险人获得相关真实信息且后者与投保单的不一致经过基本尽职调查便可发现,或者相关真实信息作为市场公开信息能够直接通过信息披露平台获取,此种情况下如保险人未尽审慎注意义务,不应认定投保人未尽如实告知义务故保险人有权解除合同。特别是在共同保险的情况下,如共保人并未尽职核保,单纯追随首席承保人的决定而决定承保,由此可以推断投保人披露信息的正确与否在客观上并未对共保人是否决定承保产生影响。

2. 董监高责任险中的索赔发生期及影响

以董事责任保险人承担保险责任的基础为标准,可以将该险种分为事故发生型董事责任保险和索赔发生型董事责任保险。事故发生型董事责任保险,是指以保险事故发生在保单的有效期间内作为保险人赔偿保险金前提条件的保险,至于第三人向被保险人提出的索赔请求是否发生在保单的有效期间之内则在所不问。为解决无法预测第三人何时索赔给保险精算带来的困难,以及被保险人职业过失侵权行为持续存在而保险人发生变更时赔付主体难以确定的问题,保险公司发展出了索赔发生型保险,即以第三人向被保险人提出索赔请求的时间发生在保单的有效期间内作为保险人赔偿保险金前提条件的保险。

在索赔发生型董事责任保险中,第三人索赔的时间构成关键性的因素,被索赔时被保险人亦应及时告知保险人。由于该类型保险保障期及其扩展期限相对较短，第三人选择索赔时间的不同，会触发不同的保单去理赔。而且索赔必须是新发生，如果涉及的是先前的赔偿请求或者情况，则保险公司专门约定为责任免除情形。因此，第三人索赔是否应认定为先前索赔触发先前的保单进而保险人免责，构成了此类保险纠纷中的重要争议。人民法院审理此类案件应当重点审查保险条款中关于赔偿请求的约定，以便确定案件中是否存在新的赔偿请求及其发生时间。

相关规定

1.《保险法》

第十六条　订立保险合同，保险人就保险标的或者被保险人的有关情况提出询问的，投保人应当如实告知。

投保人故意或者因重大过失未履行前款规定的如实告知义务，足以影响保险人决定是否同意承保或者提高保险费率的，保险人有权解除合同。

前款规定的合同解除权，自保险人知道有解除事由之日起，超过三十日不行使而消灭。自合同成立之日起超过二年的，保险人不得解除合同；发生保险事故的，保险人应当承担赔偿或者给付保险金的责任。

投保人故意不履行如实告知义务的，保险人对于合同解除前发生的保险事故，不承担赔偿或者给付保险金的责任，并不退还保险费。

投保人因重大过失未履行如实告知义务，对保险事故的发生有严重影响的，保险人对于合同解除前发生的保险事故，不承担赔偿或者给付保险金的责任，但应当退还保险费。

保险人在合同订立时已经知道投保人未如实告知的情况的，保险人不得解除合同；发生保险事故的，保险人应当承担赔偿或者给付保险金的责任。

保险事故是指保险合同约定的保险责任范围内的事故。

2.《最高人民法院关于适用〈中华人民共和国保险法〉若干问题的解释（二）》

第六条　投保人的告知义务限于保险人询问的范围和内容。当事人对询问范围及内容有争议的，保险人负举证责任。

保险人以投保人违反了对投保单询问表中所列概括性条款的如实告知义务

为由请求解除合同的,人民法院不予支持。但该概括性条款有具体内容的除外。

第八条 保险人未行使合同解除权,直接以存在保险法第十六条第四款、第五款规定的情形为由拒绝赔偿的,人民法院不予支持。但当事人就拒绝赔偿事宜及保险合同存续另行达成一致的情况除外。

典型案例

万得汽车技术股份有限公司与中国人民财产保险股份有限公司上海市分公司等责任保险合同纠纷案

(1)案号

上海市第二中级人民法院(2013)沪二中民六(商)初字第S26号

(2)案情

万得汽车技术股份有限公司(以下简称万得公司)是一家依照美国内华达州法律于2000年6月8日成立的公司,万得公司曾在美国纳斯达克上市。在2007年至2011年,基于经营需要,万得公司多次向美亚财产保险有限公司深圳分公司(以下简称美亚深圳分公司)单独购买董监事及高级管理人员责任保险。2011~2012年,中国人民财产保险股份有限公司上海市分公司(以下简称人保上海分公司)、富邦财产保险有限公司(以下简称富邦公司)、中银保险有限公司上海分公司(以下简称中银上海分公司)、民安财产保险有限公司上海分公司(以下简称民安上海分公司)以及美亚深圳分公司作为保险人共同对万得公司承保了上述保险,其中美亚深圳分公司为首席承保人,其他4家公司为共保人,万得公司及其相关董监事及高级管理人员为被保险人,保险期间为2011年4月3日至2012年4月2日。

自美国时间2011年5月31日起,陆续有美国股民在美国法院对万得公司及其相关管理人员提起民事诉讼(包括证券集团诉讼和股东衍生诉讼),指称万得公司及其相关管理人员违反了美国联邦证券法等相关法律,侵犯了美国股民的权利,并向万得公司及其相关管理人员提出经济赔偿要求。万得公司根据保单规定向首席承保人申报发生保险事故,并持续将有关美国诉讼程序的进展情况包括和解谈判、调解的情况向保险人进行了通报。首席承保人美亚深圳分公司已经审核并同意了万得公司和美国当事人之间的和解协议并按照保险合同中载明的承保比例33.33%支付了保险赔偿金，但4家共保人均拒绝理赔。

4家共保人主张万得公司在投保时违反了如实告知义务。万得公司填写《投保申请书》时，在有关"过去五年是否参与并购、收购或股权结构变动""过去五年内是否曾重编财务报表""其财务报表是否遵守美国一般公认会计原则""是否存在已经知悉的任何可能导致赔偿请求之行为、疏漏、事件或情形"这些问题上均勾选了"否"。据调查，这些陈述与事实不符。

(3)裁判理由及意义

上海市第二中级人民法院认为：①万得公司在过去5年确实存在并购、曾重编财务报表、不符合美国一般公认会计准则、未遵循萨班斯法案等情况，对此万得公司在《投保申请书》中的回答与真实情况不符，违反了如实告知义务。至于"是否接受监管机构调查或被要求提供信息"的询问，纳斯达克警告函要求万得公司尽快递交10－K表即年度报表，该函本身并不构成保单所定义的"调查""被要求提供信息"或者是"已经知悉的可能导致赔偿请求的事件"。万得公司对该问题并未违反如实告知义务。但与此同时，万得公司提供了大量财务资料给4家共保公司。这些报表均能体现万得公司近年度存在并购收购、报表重述的具体情况。大致浏览这些财务资料，即可发现万得公司在《投保申请书》中的回答与财务资料的不一致。除此之外，万得公司作为在美国纳斯达克上市的公司，其年报、季报均在美国证监会网站上公开发布，保险公司在核保时亦可轻易取得。更重要的是，万得公司在回复"承保前提条件"时还提及"公司12个月内存在并购情况……2008年及2009年度的财务报表进行过重述……但对公司财务运营产生的影响都是积极的"，这些都为4家共保公司所知悉。因此，法院认为，万得公司虽在《投保申请书》中作了不实陈述，但对相关真实信息并未刻意隐瞒。相关重要信息已经通过多种方式到达各保险人，各保险人无须耗费多少成本即可核查清楚，但保险人未予核查。故不能认为万得公司违反保险法上的如实告知义务。②本保单属于索赔发生型董事责任险类型，适用于保险期间内首次向被保险人提出的赔偿请求。纳斯达克警告函不能视为保单约定的"赔偿请求"的定义。故本次事故出险时间并非为接到纳斯达克的警告函的2011年3月23日。③首席承保人批单中以首席承保人意见为准的条款，是保险人对自身权利作出的安排，有利于各方更好地协调和运作共保关系，提高保险事故处理的效率，法律对此并未禁止，应为有效，不能随意反悔。综上，一审法院判决，以

3,467,500美元为基数,4家共保公司按比例(人保上海分公司为33.33%,富邦公司为20%,民安上海分公司为6.67%,中银上海分公司为6.67%)向万得公司支付保险赔偿金及相应利息。

2. 再保险合同中同一命运原则的适用

再保险合同具有明显的国际性,我国加入世贸组织后在保险业上首先开放的就是再保险业务。在实务中,原保险人和再保险人通常不是同一个国家的保险公司,通过跨国承保原保险人的风险得以分散到本国之外,避免风险集中。

同一命运条款是再保险合同的重要内容,其一般表述为再保险合同由双方本着最大诚信原则订立,合同双方承诺以最大诚信为原则处理与再保险合同有关的所有事宜,对于再保险合同适用范围内的保单或责任,分入公司在业务承保和理赔方面与分出公司共命运。

根据保险监管规则,再保险遵循同一命运原则,人民法院对涉及再保险案件的审理应当结合该原则进行,除非再保险合同就相关事项另有明确约定。

据此,原保险人和再保险人在利益和义务上有着共同命运,凡是有关保险费收取、赔款支付、法律诉讼或者申请仲裁等事宜,原保险人在维护双方共同利益的前提下,有权单独处理,因此产生的一切费用由双方按比例承担。

审判要点

1. 再保险人能否直接向第三者行使代位求偿权

(1)目前一致认为应对《保险法》第六十条规定的保险人作扩大解释,将再保险人包括在内,再保险人在其理赔范围内享有代位求偿权。而关于再保险人应当以何种方式行使代位求偿权,存在一定分歧。有一种观点认为,如认可再保险人享有代位求偿权,则其在给付保险金之后可以直接向第三者行使代位求偿权。但倾向性观点认为,基于同一命运原则,再保险人不应直接向第三者行使代位求偿权,而应由原保险人对第三者行使代位求偿权后再摊回给再保险人。再保险是对保险人的保险,其当事人是再保险人和原保险人,投保人系与原保险人而非再保险人之间成立保险合同关系,只能向原保险人主张保险金的赔偿和给付,再保险人也不得向原保险投保人要求支付保费。考虑到再保险合同的独立性，代位求偿权不应由再保险人直接向第三者行使，而应遵循同一命运原则，由原保险人以自己的名义作为再保险人受托人来行使，其后原保险人再将所得交付给再保险人。①

(2)保险代位求偿权纠纷司法实践中出现了相关案例，②第三者(保险事故责任人)主张原保险人针对案涉保险进行了再保险，故原保险人行使保险代位追偿权时应扣除通过再保险已经获赔的部分。最高人民法院在二审中驳回了该第三者的上诉请求，认为基于保险合同与再保险合同的相对独立性，原保险人在向第三者行使保险代位求偿权时，并不需要扣除已经获取的再保险赔偿。此外，在该案中最高人民法院认为，在法律、行政法规、司法解释对再保险人是否可直接向第三者行使代位追偿权的情形没有明确规定的情况下，应尊重体现同一命运原则的保险业主管部门及行业协会的规范性意见及惯常做法。

(3)上海市高级人民法院民事审判第五庭《关于审理保险代位求偿权纠纷案件若干问题的解答(一)》认为，在保险代位求偿权纠纷中，法院无须审查再保险合同的签订和履行情况。

2. 再保险人以保险事故发生后未参与查勘定损为由拒绝承担再保险责任

原保监会《财产保险公司再保险管理规范》第三章第一节第六条明确规定，赔款摊回适用"共命运"原则，即在分出公司根据保险条款尽职厘定损失的前提下，分出公司的理赔决定自动适用于再保险接受人。根据同一命运原则，再保险人承担再保险责任不以原保险人告知保险事故发生和再保险人直接参与现场查勘、定损为前提，除非当事人在再保险合同中另有明确约定。

原保险人履行原保险合同时，应当尽职厘定损失，不得存在欺诈或恶意串通等行为。如再保险人有证据证明原保险人存在上述行为，保险事故的赔付不适用同一命运原则。

---

① 参见最高人民法院民事审判第二庭编著:《最高人民法院关于保险法司法解释(四)理解与适用》，人民法院出版社2018年版，第139页。

② 参见(2018)最高法民终1334号现代财产保险(中国)有限公司等与成道建设(中国)有限公司案。

相关规定

《保险法》

第二十八条 保险人将其承担的保险业务，以分保形式部分转移给其他保险人的，为再保险。

应再保险接受人的要求，再保险分出人应当将其自负责任及原保险的有关情况书面告知再保险接受人。

第二十九条 再保险接受人不得向原保险的投保人要求支付保险费。

原保险的被保险人或者受益人不得向再保险接受人提出赔偿或者给付保险金的请求。

再保险分出人不得以再保险接受人未履行再保险责任为由，拒绝履行或者迟延履行其原保险责任。

第六十条 因第三者对保险标的的损害而造成保险事故的，保险人自向被保险人赔偿保险金之日起，在赔偿金额范围内代位行使被保险人对第三者请求赔偿的权利。

前款规定的保险事故发生后，被保险人已经从第三者取得损害赔偿的，保险人赔偿保险金时，可以相应扣减被保险人从第三者已取得的赔偿金额。

保险人依照本条第一款规定行使代位请求赔偿的权利，不影响被保险人就未取得赔偿的部分向第三者请求赔偿的权利。

典型案例

国泰财产保险有限责任公司江苏分公司苏州营销服务部与永安财产保险股份有限公司陕西分公司再保险合同纠纷案

(1)案号

最高人民法院(2016)最高法民申2934号

(2)案情

2011年11月28日，国泰财产保险有限责任公司江苏分公司苏州营销服务部(以下简称国泰保险苏州服务部)与永安财产保险股份有限公司陕西分公司(以下简称永安保险陕西分公司)签订再保险合同，永安保险陕西分公司对国泰保险苏州服务部在后者与案外人中国太平洋财产保险股份有限公司中山中心支公司(以下简称太平洋保险中山公司)共保协议项下的共保份额提供再保险服务。共保协议承保的保险事故发生后,永安保险陕西分公司拒绝承担再保险责任,与国泰保险苏州服务部发生纠纷。一审法院判决永安保险陕西分公司承担再保险责任,永安保险陕西分公司不服一审判决向陕西省高级人民法院上诉。陕西省高级人民法院驳回上诉后,永安保险陕西分公司向最高人民法院申请再审,其理由之一是:如本案保险合同成立,案涉保险业务应为共保关系,而非再保险关系。从共保关系的权利义务角度出发,国泰保险苏州服务部未履行《保险法》所规定义务,在保险事故发生后,未及时通知永安保险陕西分公司,侵犯了后者在保险事故发生后的知情权和参与查勘定损的权利。在永安保险陕西分公司未行使相关权利之前,不具备赔付的前提条件。

(3)裁判理由及意义

最高人民法院在认定永安保险陕西分公司与国泰保险苏州服务部之间成立再保险法律关系的基础上,认为再保险接受人与原保险的投保人、被保险人、受益人之间,不存在直接的权利义务关系,不享有原保险合同约定的原保险人的合同权利。原保监会《财产保险公司再保险管理规范》第三章第一节第六条规定:"赔款摊回适用'共命运'原则,即在分出公司根据保险条款尽职厘定损失的前提下,分出公司的理赔决定自动适用于再保险接受人。"可见,除非当事人在再保险合同中明确约定,否则,在保险事故发生后,再保险接受人因并非原保险合同的当事人,其承担再保险责任,并不以其直接参与现场查勘、定损为前提。而且,本案中,永安保险陕西分公司未提交证据证明太平洋保险中山公司、国泰保险苏州服务部在履行原保险合同中的现场查勘、施救、委托公估、定损、协商减少保险理赔款、支付保险赔偿金及委托公估、审计的行为,存在欺诈或恶意串通等行为。因此,二审判决根据当事人之间的再保险合同的约定,参考再保险业务的行业规范和惯例,判令永安保险陕西分公司承担总保险金额20%份额的再保险责任,并无不当。永安保险陕西分公司主张其因未在保险事故发生后被及时通知以及未对保险事故进行查勘定损而不应承担再保险责任,于法无据,不应支持。

3. 出口信用保险合同纠纷案件的审理

(1)法律适用问题

出口信用保险并非普通商业保险,具有特殊性,《保险法》对出口信用保险合同的法律适用问题没有作出明确规定。根据《最高人民法院关于审理出口信用保险合同纠纷案件适用相关法律问题的批复》的规定，鉴于出口信用保险的特殊性，人民法院审理出口信用保险合同纠纷案件，可以参照适用保险法的相关规定；出口信用保险合同另有约定的，从其约定。

(2)出口信用保险合同的独立性问题

实践中，因保险人以不存在真实贸易关系而拒赔产生大量的纠纷。在被保险人与境外买方间不存在真实合法有效出口销售合同的情形下，通常保险人不承担赔付责任，但开始出现被保险人起诉以出口销售合同无效主张退还保险费的案件。

当被保险人与境外主体签订的销售合同，以合法形式掩盖非法目的而构成无效合同时，出口信用保险的合同效力并不必然受此影响。在财产保险合同中，不以投保人对保险标的具有保险利益为保险合同生效的要件。《保险法》第十二条第二款要求被保险人在保险事故发生时应对保险标的具有保险利益；该法第四十八条明确，保险事故发生时，被保险人对保险标的不具有保险利益则不得向保险人请求赔偿保险金，即保险利益存否不必然导致保险合同效力变化。

(3)纠纷先决条款的效力问题

纠纷先决条款要求，被保险人就境外买方因贸易纠纷拒付货款或拒收货物索赔时，应当先行就贸易纠纷进行诉讼或者仲裁，否则保险人不予定损核赔。目前，我国关于纠纷先决条款的司法实践相对有限，但上海、广东、四川、浙江等地高级人民法院判决均认可该条款的效力。

根据《最高人民法院关于审理出口信用保险合同纠纷案件适用相关法律问题的批复》的规定，审查纠纷先决条款的效力应适用《民法典》第四百九十七条、《保险法》第十九条。纠纷先决条款既未排除被保险人索赔等依法享有的权利，亦未排除保险人依法应承担的赔付义务，如被保险人通过诉讼或仲裁确定了对境外买方享有的债权，保险人即应向被保险人赔付，投保人的投保目的并未落空。而且在实践中，出口信用保险合同通常约定了诉讼或仲裁成本的分担。被保险人先行支付了有关贸易纠纷的诉讼或仲裁成本后，在被保险人胜诉且损失属承保范围时，该费用由保险人与被保险人按权益分摊。因此，在存在必要诉讼费用分摊的约定的前提下，纠纷先决条款并未不合理加重被保险人责任。

纠纷先决条款体现了出口贸易的特殊性，符合公平原则。出口信用保险承保的是被保险人与境外买方间的贸易风险，在出口贸易中因被保险人或其承运人导致的迟延履行、货物本身或者海损引起的质量瑕疵等并不鲜见，如果被保险人与境外买方存在上述贸易纠纷，被保险人的损失金额便处于不确定的状态。如果被保险人不先行诉讼或仲裁以确定损失，便会加重保险人的责任，使保险人承担难以代位追偿的风险。而且，纠纷先决条款是以买卖双方存在贸易纠纷为前提，属于特定情形下的定损理赔原则，并不会赋予保险人任意拒赔的权利。

审判要点

1. 保险人就纠纷先决条款的提示和明确说明义务

目前就这一问题，我国司法实践存在分歧。一种观点①认为，纠纷先决条款赋予了保险人暂时性抗辩权，能够暂时阻却被保险人请求权的行使，暂时性地免除了保险人给付保险赔款的义务，性质上讲仍然是属于免责条款，故根据《保险法》第十七条第二款的规定，保险人就该条款必须履行提示和明确说明义务。另一种观点②则认为，纠纷先决条款并不会使保险人终局性免责，一旦被保险人获得生效的仲裁裁决或法院判决，保险人仍需按照保险合同的约定进行赔付。因此，该条款并不属于《保险法》第十七条第二款规定的免除保险人责任的条款，不存在未作提示和明确说明对投保人不发生效力的情形。

2. 纠纷先决条款适用情形的认定

纠纷先决条款的适用前提是，买方拒付货款或拒绝接受货物必须是因贸易双方存在纠纷所致。如果保险条款名词解释对贸易纠纷没有进行解释，那么按照通常理解，贸易发生纠纷的情形主要是贸易双方对交易标的的数量、质量、价格、交货时间、交货地点、付款时间等发生争议，拒付货款或拒绝收货本身并非贸易纠纷。出口信用保险合同纠纷案件中保险人抗辩买卖双方存在贸易纠纷的，

---

① 参见(2017)粤01民终14922号中国出口信用保险公司广东分公司、广州市文来制衣有限公司信用保险合同纠纷案。广东高院在后续的审判监督程序中认可了纠纷先决条款为免责条款，参见(2018)粤民申4161号。同样认可该类条款为免责条款的，如(2019)川民再242号中国出口信用保险公司四川分公司、四川得月科技种业有限公司进出口信用保险合同纠纷案。

② 参见(2019)粤民再67号中国出口信用保险公司广东分公司、李某某进出口信用保险合同纠纷案；(2020)浙民再109号中国出口信用保险公司宁波分公司、宁波世纪华瑞进出口有限公司进出口信用保险合同纠纷案。

人民法院可以从证据优势的角度来认定是否存在贸易纠纷。至于境外买方拒付货款或者拒收货物的理由是否成立，属于审理贸易纠纷的诉讼或仲裁所要解决的问题，而非认定是否存在贸易纠纷的依据。

相关规定

1.《民法典》

第四百九十七条 有下列情形之一的，该格式条款无效：

(一)具有本法第一编第六章第三节和本法第五百零六条规定的无效情形；

(二)提供格式条款一方不合理地免除或者减轻其责任、加重对方责任、限制对方主要权利；

(三)提供格式条款一方排除对方主要权利。

2.《保险法》

第十二条 人身保险的投保人在保险合同订立时，对被保险人应当具有保险利益。

财产保险的被保险人在保险事故发生时，对保险标的应当具有保险利益。

人身保险是以人的寿命和身体为保险标的的保险。

财产保险是以财产及其有关利益为保险标的的保险。

被保险人是指其财产或者人身受保险合同保障，享有保险金请求权的人。投保人可以为被保险人。

保险利益是指投保人或者被保险人对保险标的具有的法律上承认的利益。

第十九条 采用保险人提供的格式条款订立的保险合同中的下列条款无效：

(一)免除保险人依法应承担的义务或者加重投保人、被保险人责任的；

(二)排除投保人、被保险人或者受益人依法享有的权利的。

第四十八条 保险事故发生时，被保险人对保险标的不具有保险利益的，不得向保险人请求赔偿保险金。

3.《最高人民法院关于审理出口信用保险合同纠纷案件适用相关法律问题的批复》

对出口信用保险合同的法律适用问题，保险法没有作出明确规定。鉴于出口信用保险的特殊性，人民法院审理出口信用保险合同纠纷案件，可以参照适用保险法的相关规定；出口信用保险合同另有约定的，从其约定。

典型案例

1. 中国航空技术上海有限公司与中国出口信用保险公司上海分公司财产保险合同纠纷案

（1）案号

上海市第二中级人民法院（2018）沪02民终10680号

（2）案情

中国航空技术上海有限公司（以下简称中航上海公司）与中国出口信用保险公司上海分公司（以下简称中信保上海分公司）于2007年6月13日签订《短期出口信用保险综合保险单》，约定中航上海公司向中信保上海分公司投保出口信用保险。2009年4月，中航上海公司开始代理案外人上海美梭羊绒纺织品有限公司向"永旺株式会社""东丽株式会社"出口羊绒纱线，就相关出口业务向中信保上海分公司申报并结算相关保险费。2009年4月至2013年1月，中航上海公司为其与"永旺株式会社"出口贸易支付保险费累计1,006,577.57美元，为与"东丽株式会社"出口贸易支付保险费累计309,929.76美元。自2013年2月起，中航上海公司未能自两家日本买方处收回相关款项，后中航上海公司向中信保上海分公司提出理赔申请，中信保上海分公司于2013年11月拒赔。2015年8月25日，上海市高级人民法院作出（2015）沪高刑终字第97号刑事裁定书，认定案外人黄某某等人冒充境外买家，利用上海美梭羊绒纺织品有限公司等虚构出口贸易骗取国家出口退税款。中航上海公司因此知晓其与"永旺株式会社""东丽株式会社"的出口贸易合同不真实、不合法，遂向中国出口信用保险公司上海分公司主张退还涉及其与"永旺株式会社""东丽株式会社"相关贸易的保险费1,316,507.30美元，中信保上海分公司予以拒绝。

中航上海公司向上海市静安区人民法院起诉，要求判令中信保上海分公司退还涉及其与两家日本买方相关贸易的保险费1,316,507.30美元、赔偿利息损失。

（3）裁判理由及意义

本案争议焦点为：中航上海公司与案外人所签销售合同的效力，是否影响其与中信保上海分公司签订保险合同的效力。法院认为，中航上海公司与案外人所签销售合同，以合法形式掩盖非法目的，系无效合同，但不必然影响保险合同效力。

在财产保险合同中，不以投保人对保险标的具有保险利益为保险合同生效的要件。《保险法》第十二条第二款要求被保险人在保险事故发生时应对保险标的具有保险利益；该法第四十八条明确，保险事故发生时，被保险人对保险标的不具有保险利益则不得向保险人请求赔偿保险金，即保险利益存否不必然导致保险合同效力变化。中航上海公司从事出口贸易，并向中信保上海分公司投保短期出口信用保险，保险标的系中航上海公司就保险期间内所有出口贸易回收货款的利益，而非自具体、特定的进口商处收取货款的利益。因此，中航上海公司从事出口贸易，即对保险合同项下的保险标的（回收货款）具有保险利益。中航上海公司与中信保上海分公司签订的《短期出口信用保险综合保险单》系双方真实意思表示，依法成立并生效，中航上海公司以保险合同无效而要求中信保上海分公司返还保险费的诉讼请求，于法无据。

本案是一起因出口销售合同无效，出口信用综合险投保人要求保险人退还保险费的财产保险合同纠纷。出口信用保险是各国政府推动本国出口和对外投资、保障本国出口商和投资者权益、由国家财政提供保险风险基金的政策性保险业务，在促进国家对外经济贸易与海外投资增长、支持企业“走出去”等方面，发挥越来越重要的作用。实践中，保险人以不存在真实贸易关系而拒赔产生大量的纠纷。在被保险人与特定买方间不存在真实合法有效出口销售合同的情形下，通常保险人不承担赔付责任。但在此情况下，被保险人起诉以出口销售合同无效主张退还保险费的案件较为鲜见。本案裁判结果明确了在短期出口信用综合险业务中，投保人无权以出口销售合同无效为由要求退还保险费，符合出口信用保险行业的客观规律，填补了该类纠纷处理的规则空白，有利于促成实现出口信用保险助力我国企业贸易出口与海外投资的政策目标。

2. 依芙乐国际贸易（上海）有限公司与中国出口信用保险公司上海分公司保险合同纠纷案

(1) 案号

上海市高级人民法院(2011)沪高民五(商)再提字第1号

(2) 案情

2007年8月22日，依芙乐国际贸易（上海）有限公司（以下简称依芙乐公司)与中国出口信用保险公司上海分公司(以下简称出口信用保险公司)签订保险合同,约定由出口信用保险公司对依芙乐公司出口美国的纺织品给予出口信用保险,保单有效期为2007年7月30日至2008年7月29日。保险条款第二条约定:在本保单有效期内,被保险人按销售合同规定的条件出口货物后,因下列风险引起的直接损失,在被保险人按照本保单规定足额缴纳保险费并符合本保单所规定的其他条件下,保险人按本保单规定承担保险责任:……商业风险,包括……买方拖欠还款,指买方收到货物后,违反销售合同的约定,超过应付款日仍未支付货款……第二十一条约定:对有付款担保或存在贸易纠纷的合同,保险人定损核赔的原则是……因贸易纠纷引起买方拒付货款或者拒绝接受货物,除非保险人书面同意,被保险人应先进行仲裁或者诉讼,在被保险人获得仲裁裁决或者法院判决并申请执行之前,保险人均不予定损核赔……

在保险合同有效期内,依芙乐公司依约向出口信用保险公司进行每笔业务的出口申报并支付了保险费。但美国买方莎戈尼公司一直未能向依芙乐公司偿付货款。2008年4月9日,依芙乐公司以12笔业务因买方不付款出险向出口信用保险公司提出保险理赔,但是出口信用保险公司以本案中依芙乐公司和美国买方存在贸易纠纷等理由不予定损核赔,因而双方发生纠纷,诉至上海市浦东新区人民法院。依芙乐公司一审败诉后向上海市第一中级人民法院提起上诉。上海市第一中级人民法院作出(2010)沪一中民六(商)终字第194号,支持了依芙乐公司的上诉请求。上海市人民检察院提起抗诉,上海市高级人民法院对本案进行再审。

(3)裁判理由及意义

本案的争议焦点之一为,出口信用保险公司是否应直接对依芙乐公司的保险事故进行定损理赔。上海高级人民法院认为,保险条款第二条规定了因买方破产、无力偿债、买方拖欠货款等具体商业风险以及政治风险引起的直接损失,保险人应承担保险责任,该条款属于保险责任的一般性规定,而保险条款第二十一条第(二)项规定的是特定情形下(因贸易纠纷引起买方拒付货款或者拒绝接受货物)的定损理赔原则。由此可见,上述两个条款在内容上虽均涉及保险责任及理赔问题,有一定的关联性,但是在内容和体例上分属的是不同层面的法律问题,两者并无冲突,亦未构成对被保险人的不公平。因此,本案应区分不同情况,分别适用上述不同的条款。即如果不存在贸易纠纷,出口信用保险公司应当直接定损理赔;如存在贸易纠纷,则依芙乐公司应先行仲裁或者诉讼,再由出口信用保险公司定损理赔。

综合一审、二审已经查明的事实,上海市高级人民法院认为,从证据优势的角度,依芙乐公司主张买方莎戈尼公司无力偿债以及拖欠货款的依据充分,而出口信用保险公司主张的依芙乐公司与买方莎戈尼公司存在贸易纠纷的依据不足。因此,本案应直接适用保险条款第二条的约定,由出口信用保险公司直接定损理赔。

学术观点

关于再保险的同一命运条款,我国保险法律法规并未就此进行专门规范,监管规定也较为原则性,实务中保险业界关于该条款的适用也没有达成有效共识,出现了如下问题:(1)诚实信用原则判断标准形式化,导致原保险公司仅从形式上满足诚实信用原则即可适用同一命运条款进而怠于管理保险业务;(2)原保险责任认定仅关注理赔行为是否合理,不判断理赔是否超出了保险保障的范畴,导致再保险的理赔责任扩大;(3)在再保险责任认定中,出现了超出合同生效期限或超越业务范围的理赔要求,引发原保险公司与再保险公司之间的争议。①

而在出口信用保险方面,当前我国司法实践中对于纠纷先决条款的效力基本趋于认同。在我国,该条款通常表述为,“对因贸易纠纷引起买方拒付货款的索赔,除非保险人书面同意,被保险人应先进行仲裁或在买方所在国家(地区)进行诉讼,在被保险人获得已生效仲裁裁决或者法院判决并申请执行之前,保险人均不予定损核赔”。②

对此,有观点③认为,关于在买方所在地诉讼的约定和先行申请执行的约定均属于纠纷先决条款中的不合理因素,应当在承认该条款整体有效的情况下,通过修正的合同解释的方法排除不合理因素。其中,在买方所在地诉讼的约定排除了被保险人选择其他国家(地区)法院的可能性,而《民事诉讼法解释》第五百三十一条第一款允许涉外合同的当事人选择被告住所地、合同履行地、合同签订

① 参见刘文骥:《再保险合同共命运条款的理解与适用》,载《保险理论与实践》2019 年第 6 期。
② 参见《中国出口信用保险公司短期出口信用保险中小企业综合保险条款 2.0》第十四条。
③ 参见梁鹏:《出口信用保险纠纷先决条款的效力》,载《北京仲裁》2019 年第 1 期。

地、原告住所地、标的物所在地、侵权行为地等与争议有实际联系地点的外国法院管辖,故上述约定属于因排除被保险人依法享有的权利而无效的合同内容;先行申请执行的约定因不合理加重了被保险人责任而无效,因为纠纷先决条款的合理性在于,保险人并非出口贸易当事人而难以核定损失,由被保险人先行仲裁或诉讼确定承保债权数额更符合公平原则,故被保险人在该条款项下的合理责任仅在于确定债权数额。

第三部分　涉外、涉港澳台金融民商事法院判决以及仲裁裁决的承认、认可与执行

一、承认与执行外国法院判决

我国承认与执行外国民商事判决的法律依据，主要包括《民事诉讼法》等国内法以及签署的双边司法协助条约。目前，我国尚未加入专门规定如何承认与执行外国民商事判决的国际条约。根据国际法优于国内法的原则及相关法律规定，在对外国民事判决的承认与执行中，如果该外国与我国共同参加了同一含有司法协助内容的国际条约或者双方签署了双边司法协助条约的，优先适用该国际条约或者双边司法协助条约。反之，则仅适用中国《民事诉讼法》有关涉外民事诉讼程序的特别规定。

审查要点

1. 承认与执行外国法院判决的条件

(1)该外国法院判决已经生效或具有执行力

该外国判决应当是由该国法院或有审判权的其他机关按照其内国法所规定的程序，对诉讼案件中的程序问题和实体问题作出了具有约束力且已经是发生法律效力的判决或裁定。

(2)作出判决的外国法院对案件具有管辖权

在管辖权审查方面应注意把握如下要点：该外国民商事判决不得违反我国专属管辖规定；当事人若协议外国法院管辖应符合我国民事诉讼法规定，对于缺乏缔结管辖协议的行为能力、管辖协议违反我国规定而被认定为无效或应予撤销时，均应认定该外国法院无管辖权；当事人没有就同一争议达成书面仲裁协议。

(3)败诉一方当事人的诉讼权利得到了保障

败诉方是否适当地行使了辩论权,是否被给予足够的时间应诉,是否被合法传唤等,均属于审查当事人诉讼权利是否得到充分保障的要点。若出现在有关诉讼程序中败诉方基于除自身失误之外的原因而未能适当地行使辩护权,就可以认定该有关的诉讼程序不具备公正性,可以此为由拒绝承认与执行该外国法院判决。

(4)不存在相冲突的判决

对同一争议在我国没有已决的平行诉讼。若我国法院已经就同一争议作出判决或者认可和执行其他国家和地区法院就同一争议作出的判决,则不应得到承认与执行。

2. 对当事人诉讼权利的保护

(1)依照判决作出国法律判断合法送达情况

无论是根据我国缔约或参加的国际条约,还是依照互惠原则判断无条约关系的外国法院判决,都应依据判决作出国法律判断有无合法送达。需要注意的是,判决作出国的合法送达标准不应低于我国诉讼法所要求的合法传唤的最低标准。例如,判决作出国法律允许传真、电子邮件送达,且采取发信主义,则与我国诉讼法所采用的到达主义规则相冲突。如当事人确未收悉诉讼通知而未能参加诉讼,则即使满足判决作出国合法送达的法律标准,此时仍应认定未满足合法传唤的要求。

(2)向我国境内的送达不得违反我国诉讼法的强制性规定

我国加入《海牙送达公约》时,明确反对外国法院向位于我国领域内的当事人以邮寄等方式直接送达司法文书。最高人民法院在关于乌兹别克斯坦(Uzprommashimpeks)国家股份公司请求承认与执行乌兹别克斯坦共和国塔什干市经济法庭判决一案请示的复函中载明,送达司法文书属于履行司法权的行为,根据我国诉讼法的规定,外国法院向位于我国领域内的当事人送达司法文书,有司法协助条约关系的,应当依照条约规定的途径进行;没有条约关系的,通过外交途径进行;我国法律明确反对外国法院向位于我国领域内的当事人以邮寄等方式直接送达司法文书。根据《中华人民共和国和乌兹别克斯坦共和国关于民事和刑事司法协助的条约》(以下简称《中乌司法协助条约》)的规定,送达文书的请求应以请求书的形式提出,通过各自的中央机关进行联系。因此,乌兹别克斯坦法院向金狮公司邮寄送达开庭传票的方式不符合《中乌司法协助条约》规定的途径，有损我国的司法主权，据此，本案判决应不予承认和执行。

（3）公告送达应视为合法传唤方式

我国《民事诉讼法》规定了 8 种送达方式，在穷尽其他送达途径不能送达时，可以采用公告送达的方式拟制送达。如判决作出国（地区）法律规定允许公告送达，且适用条件与我国法律基本相似的，则应认定公告送达的合法性。

（4）诉讼文书译文

关于外国法院送达是否应当依败诉被告的国籍附具相应的译文，应视情况而定。若系通过司法协助方式的送达，如依据双边司法协助条约或者《海牙送达公约》进行送达，若违反条约规定的译本要求，则不发生合法送达的效力。若外国法院是在该外国境内的文书送达，而该国法律未强制规定应附译本，则未附译文仍应视为合法送达。

（5）传唤程序存在瑕疵，但实际享有充分答辩权利

即使作出判决的外国法院对当事人的传唤程序存在瑕疵，但当事人已经出庭应诉，即其已经实际享有充分答辩的机会，此种情形下不能再以未经合法传唤作为拒绝承认与执行外国判决的理由。

3. 互惠原则的把握

2017 年 6 月 8 日，在第二届中国—东盟大法官论坛通过的《南宁声明》第七条规定："在本国国内法允许的范围内，与会各国法院将善意解释国内法，减少不必要的平行诉讼，考虑适当促进各国民商事判决的相互承认和执行。尚未缔结有关外国民商事判决承认和执行国际条约的国家，在承认与执行对方国家民商事判决的司法程序中，如对方国家的法院不存在以互惠为理由拒绝承认和执行本国民商事判决的先例，在本国国内法允许的范围内，即可推定与对方国家之间存在互惠关系。"

我国《民事诉讼法》第二百八十一条、第二百八十二条规定在无条约关系的情况下以互惠原则作为承认与执行外国法院判决的前提条件。实践中，应本着促进国家间判决跨境承认和执行方面的合作为原则，依照上述声明的精神予以审查，没有相反证据证明该外国曾以互惠为由拒绝承认和执行中国法院判决的先例，即可推定两国之间存在互惠关系。

4. 外国法院缺席判决的审查

在依据互惠原则进行审查的情形下，需要注意各国缺席判决制度的差异。例如，根据英国、法国等国家民事诉讼程序的规定，缺席判决并非具有终局性的裁决，当事人在具有合理理由的情形下，在特定期限内可以提出异议。

相关规定

1.《民事诉讼法》

第二百七十七条 请求和提供司法协助，应当依照中华人民共和国缔结或者参加的国际条约所规定的途径进行；没有条约关系的，通过外交途径进行。

外国驻中华人民共和国的使领馆可以向该国公民送达文书和调查取证，但不得违反中华人民共和国的法律，并不得采取强制措施。

除前款规定的情况外，未经中华人民共和国主管机关准许，任何外国机关或者个人不得在中华人民共和国领域内送达文书、调查取证。

第二百八十一条 外国法院作出的发生法律效力的判决、裁定，需要中华人民共和国人民法院承认和执行的，可以由当事人直接向中华人民共和国有管辖权的中级人民法院申请承认和执行，也可以由外国法院依照该国与中华人民共和国缔结或者参加的国际条约的规定，或者按照互惠原则，请求人民法院承认和执行。

第二百八十二条 人民法院对申请或者请求承认和执行的外国法院作出的发生法律效力的判决、裁定，依照中华人民共和国缔结或者参加的国际条约，或者按照互惠原则进行审查后，认为不违反中华人民共和国法律的基本原则或者国家主权、安全、社会公共利益的，裁定承认其效力，需要执行的，发出执行令，依照本法的有关规定执行。违反中华人民共和国法律的基本原则或者国家主权、安全、社会公共利益的，不予承认和执行。

2.《民事诉讼法解释》

第五百四十三条 申请人向人民法院申请承认和执行外国法院作出的发生法律效力的判决、裁定，应当提交申请书，并附外国法院作出的发生法律效力的判决、裁定正本或者经证明无误的副本以及中文译本。外国法院判决、裁定为缺席判决、裁定的，申请人应当同时提交该外国法院已经合法传唤的证明文件，但判决、裁定已经对此予以明确说明的除外。

中华人民共和国缔结或者参加的国际条约对提交文件有规定的，按照规定办理。

典型案例

1. 高尔集团股份有限公司申请承认和执行新加坡高等法院民事判决案①

(1)案号

江苏省南京市中级人民法院(2016)苏01协外认3号

(2)案情

高尔集团系在瑞士成立的股份有限公司，其于2016年6月向江苏省南京市中级人民法院申请称，其与江苏省纺织工业集团进出口有限公司因买卖合同产生纠纷，双方达成和解协议。因纺织工业集团进出口有限公司未履行和解协议，高尔集团依据和解协议中的约定管辖条款向新加坡高等法院提起诉讼，该院作出了生效判决。因纺织工业集团进出口有限公司及其财产在中国境内，故请求江苏省南京市中级人民法院对新加坡判决予以承认和执行。纺织工业集团进出口有限公司陈述意见称，中国和新加坡签署的《关于民事和商事司法协助的条约》并没有关于相互承认和执行法院判决和裁定的规定，根据《民事诉讼法》第二百八十二条的规定，应驳回高尔集团的申请。

江苏省南京市中级人民法院查明，纺织工业集团进出口有限公司经新加坡高等法院合法传唤未到庭，新加坡高等法院于2015年10月22日作出缺席判决，判令纺织工业集团进出口有限公司偿付高尔集团35万美元及利息、费用。纺织工业集团进出口有限公司亦收到了该判决。2014年1月，新加坡高等法院曾承认和执行江苏省苏州市中级人民法院作出的民事判决。

(3)裁判理由及意义

江苏省南京市中级人民法院认为，案涉民事判决系新加坡高等法院作出。中国与新加坡之间并未缔结或者共同参加关于相互承认和执行生效民商事裁判文书的国际条约，但由于新加坡高等法院曾对中国法院的民事判决予以执行，根

① 参见最高人民法院2017年发布的人民法院涉“一带一路”建设典型案例。

据互惠原则，中国法院可以对符合条件的新加坡法院的民事判决予以承认和执行。经审查，案涉判决亦不违反中国法律的基本原则或者国家主权、安全、社会公共利益，故依照《民事诉讼法》第二百八十二条的规定，于2016年12月9日裁定承认和执行新加坡共和国高等法院于2015年10月22日作出的O13号民事判决。

本案系中国法院首次承认和执行新加坡法院商事判决。《民事诉讼法》第二百八十二条规定承认和执行外国法院判决的依据为国际条约或互惠原则，而目前中国仅与不到1/3的"一带一路"沿线国家签有相互承认和执行民商事判决的司法协助条约，因此认定两国之间是否存在互惠关系，对沿线国法院的商事判决能否在中国法院得到承认和执行十分关键。本案根据新加坡法院承认和执行中国法院判决的先例，首次认定中新两国之间存在互惠关系，进而依据互惠原则承认和执行新加坡法院商事判决，不仅对中新商事判决的相互承认和执行具有里程碑的意义，并将有力推进"一带一路"沿线国家之间在民商事判决承认和执行领域的司法合作实践。

2. 申请人刘某与被申请人陶某、童某申请承认和执行外国法院民事判决案

(1)案号

湖北省武汉市中级人民法院(2015)鄂武汉中民商外初字第00026号

(2)案情

被申请人陶某与申请人刘某于2013年9月22日在美国签订《股权转让协议》一份，约定陶某将其持有的在美国加利福尼亚州注册登记的公司50%股权转让给刘某。刘某向被申请人付款12.5万美元。被申请人童某系被申请人陶某的丈夫，申请人刘某提交的童某银行账户信息显示其银行账户在2013年9月14日至10月16日有12.5万美元的进账。后申请人刘某以两被申请人利用虚假股权转让事由获取其12.5万美元钱款为由，在2014年7月17日向美国加利福尼亚州洛杉矶县高等法院提起诉讼，案件编号EC062608。2014年10月7日，美国Rolan送达公司就被申请人陶某、童某在美国境内的个人信息、联系地址等出具调查报告。申请人刘某在美国的委托律师按调查报告所载两被申请人地址邮寄送达诉讼资料未果。2015年1月8日，美国加利福尼亚州洛杉矶县高等法院作出公告命令，决定该案相关传票、通知通过在《圣盖博谷论坛》上刊登公告方式送达。该送达公告随后于2015年1月15日、1月22日、1月29日和2月5日连续

4次在《圣盖博谷论坛》上刊登。2015年7月24日，加利福尼亚州洛杉矶县高等法院作出缺席判决，该法庭认为两被申请人已按程序收到传票，而未出庭回应申请人之起诉，构成缺席。因此，法庭就本案所涉事项判决被申请人陶某和童某连带偿还申请人刘某12.5万美元并承担判决前利息20,818美元（自2013年9月25日至2015年5月25日，按日息34.24美元计算），且应支付费用1674美元，判决金额共计147,492美元。申请人刘某在美国的委托律师在判决当日就上述判决办理了判决登记通知手续。申请人提交的《首例中国法院判决在美国得到承认与执行案》（载《中国法律期刊》2010年1月）报道记载，湖北省高级人民法院作出的湖北葛洲坝三联实业股份有限公司、湖北平湖旅游船有限公司诉美国罗宾逊直升机有限公司产品侵权纠纷案民事判决，已获美国法院承认与执行。

(3)裁判理由及意义

申请人刘某在向法院递交申请承认和执行申请书时，已提交经证明无误的美国加利福尼亚州洛杉矶县高等法院作出的编号EC062608判决副本及中文译本，符合申请承认和执行外国法院判决的形式要件。因美国同我国之间并未缔结也未共同参加相互承认和执行民事判决的国际条约，申请人的申请应否予以支持应依据互惠关系原则进行审查。经审查，申请人提交的证据已证实美国有承认和执行我国法院民事判决的先例存在，可以认定双方之间存在相互承认和执行民事判决的互惠关系。同时，美国法院作出的判决不违反我国法律的基本原则或者国家主权、安全、社会公共利益。另外，根据申请人向法院提交的对被申请人进行调查、法院准许公告送达命令、报纸刊登的送达公告等证明文件，确定美国法院已经对两被申请人进行了合法传唤。综上，武汉市中级人民法院支持申请人提出的承认与执行美国法院判决的诉讼请求。

本案开创了中国法院认定中美之间存在互惠关系并据以承认和执行美国法院商事判决的先例。在申请人举证我国法院判决已在美国获得承认和执行的情况下，本案认定中美之间存在相互承认和执行民商事判决的事实互惠关系，不仅在客观上保障了申请人的权益尽早实现，而且顺应了加大民商事判决在国际承认的趋势，有助于推动中美之间在相互承认和执行民商事判决问题上形成良性的互动。

学术观点

在“一带一路”背景下，最高人民法院法官沈红雨指出，在未来制定相关立法或司法解释时，应以扩大国际司法合作、增强司法礼让、积极促成互惠关系为目的，对互惠原则作出更加务实、合理且兼具弹性空间的界定，积极发挥互惠原则内在的激励支持功能，从而构建国家间民商事判决相互承认和执行的良好氛围。

通过立法或司法解释明确建立法律互惠标准。即根据判决作出国法律判断我国法院判决在该国境内承认和执行的可能性，从而确定互惠关系的存在，不要求两国之间必须存在事实互惠。同时需要注意的是，在没有国际条约的情况下，两国之间承认和执行外国法院判决的条件完全相同，也是不符合逻辑的，并会大幅降低承认外国法院判决的可能性。

放宽建立互惠关系的形式和渠道。我国已经首次在《南宁声明》中尝试以司法共识的方式建立与东盟国家在一定条件下的推定互惠关系，今后除签订司法协助条约之外，还可以进一步拓宽建立互惠关系的途径，如包括通过外交途径作出互惠承诺、与我国达成判决相互承认和执行的司法谅解备忘录或共识等。

依不同判决的类别确定互惠原则的适用及其例外。最高人民法院在《关于中国公民申请承认外国法院离婚判决程序问题的规定》中指出，对于没有与我国订立司法协助条约的外国法院离婚判决，中国籍当事人可以向我国法院申请承认，并不以该外国与我国存在互惠关系为条件，从而建立了互惠原则的一项例外。除离婚判决之外，对于涉及公民、企业法人民事权利能力和行为能力的确认裁决以及收养关系、监护关系等非诉裁决，今后也可以考虑通过立法或司法解释的方式明确不适用互惠原则，即新增互惠原则的例外。此外，对于部分国家仅承认或不承认我国特定种类的判决，如仅承认金钱给付判决，或是不承认我国缺席判决的，则我国也可以适用互惠原则，相对应地承认或不承认其特定种类的判决。

明确互惠原则的举证责任。参照《涉外民事关系法律适用法》第十条将涉外民事关系适用的外国法律之查明责任定性为法院查明责任的思路，互惠关系原则应由人民法院依职权查明，但是人民法院可以要求当事人提供外国法。①

---

① 参见沈红雨：《外国民商事判决承认和执行若干疑难问题研究》，载《法律适用》2018 年第 5 期。

二、承认与执行外国仲裁裁决

外国仲裁裁决需要在我国得到承认和执行的,应当由当事人直接向法院提出申请,管辖法院为被执行人住所地或者其财产所在地中级人民法院。在存在国际条约的情形下,法院审查应根据国际条约办理。在多边条约领域,在我国境外的《纽约公约》成员领土内作出的仲裁裁决,适用《纽约公约》规定的条件予以承认与执行。在双边条约领域,我国已经和39个国家签署双边民商事司法协助条约,普遍含有相互承认和执行仲裁裁决的内容,且指向适用《纽约公约》承认与执行的条件。在没有国际条约的情形下,按照我国民事诉讼法规定的互惠原则予以承认与执行。

审查要点

1. 承认与执行外国仲裁裁决的范围

我国仅对按照我国法律属于契约和非契约性商事法律关系所引起的争议适用《纽约公约》。"契约和非契约性商事法律关系"具体是指由于合同、侵权或者根据有关法律规定而产生的经济上的权利义务关系,如货物买卖、财产租赁、工程承包、加工承揽、技术转让、合资经营、合作经营、勘探开发自然资源、保险、信贷、劳务、代理、咨询服务和海上、民用航空、铁路、公路的客货运输,以及产品责任、环境污染、海上事故和所有权争议等,但不包括外国投资者与东道国政府之间的争端。

2. 承认与执行外国仲裁裁决的法院管辖权

根据《民事诉讼法》的规定,申请承认、执行外国仲裁裁决的当事人应向被执行人住所地或者其财产所在地的中级人民法院申请。申请承认、执行外国海事仲裁裁决的，申请人应向被执行人的财产所在地或被执行人住所地海事法院提出。此外，外国仲裁裁决与我国人民法院审理案件存在关联，被申请人住所地、财产所在地均不在我国，申请人申请承认外国仲裁裁决的，由受理关联案件的人民法院管辖。

3. 拒绝承认与执行外国仲裁裁决的理由

(1) 仲裁协议无效

仲裁协议无效包括当事人无行为能力、仲裁协议是通过胁迫或欺诈等非法手段订立、仲裁协议违反法律强制性规定等情形。根据《纽约公约》的规定，依照当事人选择的法律或者仲裁地的法律判断仲裁协议效力，此时没有法院地法适用的余地。

(2) 违反正当程序

违反正当程序包括未给予适当的通知、拒绝给予当事人听审机会以及仲裁程序中的其他不正当行为。

(3) 仲裁员超越权限

仲裁员超越权限包括仲裁裁决的事项超出仲裁协议的范围以及超出申请人提出的仲裁请求的范围两种情形。如果仲裁庭在仲裁协议范围内作出的决定可以与超越仲裁协议范围所作的决定分开，则未超越部分的决定仍可以执行。

(4) 仲裁庭组成或仲裁程序不当

如果仲裁庭的组成或仲裁程序同当事人之间的协议不符，则可以拒绝执行仲裁。

(5) 仲裁不具有约束力

在仲裁裁决尚未生效、已被仲裁裁决法院裁定撤销的情形下，人民法院可依据一方当事人申请，裁定驳回承认和执行外国仲裁裁决申请，拒绝承认即执行外国仲裁裁决。仲裁不具有约束力的审查只能依据当事人的申请发起，当事人未请求的，人民法院不得依职权主动审查并终结承认和执行外国仲裁裁决的程序。

(6) 仲裁事项违反可仲裁性

只有当事人能自由处分或通过和解解决的争议才允许交付仲裁。根据我国《仲裁法》规定，有关民事身份、父母和子女之间的关系、离婚、劳资争议以及行政争议等事项不能提交仲裁。

(7)违反公共政策

违反公共政策往往是在用尽当事人其他抗辩理由后,法院才考虑是否援用的理由,限于违反法律基本原则、侵犯国家主权、危害社会公共安全、违反善良风俗等足以危及根本社会公共利益的情形。对于外国仲裁裁决是否违反公共政策的判断,应以谨慎判断为原则。

4. 境外申请撤销仲裁程序对境内承认与执行程序的影响

依据《纽约公约》第六条规定,外国仲裁裁决在国外被提起撤销或停止执行程序尚未结案的,法院可酌情决定是否中止承认与执行程序。一方面,撤销裁决的申请须是基于正当理由提出的;另一方面,为了避免纯粹为延迟或阻挠执行裁决,在没有确凿理由的情况下提出撤销程序,被申请方滥用诉权,法院有权立即执行,或仅在反对执行一方提供适当担保的情形下延期执行裁决。

相关规定

1.《民事诉讼法》

第二百八十三条　国外仲裁机构的裁决,需要中华人民共和国人民法院承认和执行的,应当由当事人直接向被执行人住所地或者其财产所在地的中级人民法院申请,人民法院应当依照中华人民共和国缔结或者参加的国际条约,或者按照互惠原则办理。

2.《仲裁法》

第二条　平等主体的公民、法人和其他组织之间发生的合同纠纷和其他财产权益纠纷,可以仲裁。

第三条　下列纠纷不能仲裁:

(一)婚姻、收养、监护、扶养、继承纠纷;

(二)依法应当由行政机关处理的行政争议。

3.《承认及执行外国仲裁裁决公约》(《纽约公约》)

第五条　一、裁决唯有受裁决援用之一造向声请承认及执行地之主管机关提具证据证明有下列情形之一时,始得依该造之请求,拒予承认及执行:

(甲)第二条所称协定之当事人依对其适用之法律有某种无行为能力情形

者,或该项协定依当事人作为协定准据之法律系属无效,或未指明以何法律为准时,依裁决地所在国法律系属无效者;

(乙)受裁决援用之一造未接获关于指派仲裁员或仲裁程序之适当通知,或因他故,致未能申辩者;

(丙)裁决所处理之争议非为交付仲裁之标的或不在其条款之列,或裁决载有关于交付仲裁范围以外事项之决定者,但交付仲裁事项之决定可与未交付仲裁之事项划分时,裁决中关于交付仲裁事项之决定部分得予承认及执行;

(丁)仲裁机关之组成或仲裁程序与各造间之协议不符,或无协议而与仲裁地所在国法律不符者;

(戊)裁决对各造尚无拘束力,或业经裁决地所在国或裁决所依据法律之国家之主管机关撤销或停止执行者。

二、倘声请承认及执行地所在国之主管机关认定有下列情形之一,亦得拒不承认及执行仲裁裁决:

(甲)依该国法律,争议事项系不能以仲裁解决者;

(乙)承认或执行裁决有违该国公共政策者。

第六条 倘裁决业经向第五条第一项(戊)款所称之主管机关声请撤销或停止执行,受理援引裁决案件之机关得于其认为适当时延缓关于执行裁决之决定,并得依请求执行一造之声请,命他造提供妥适之担保。

4.《最高人民法院关于审理仲裁司法审查案件若干问题的规定》

第三条 外国仲裁裁决与人民法院审理的案件存在关联,被申请人住所地、被申请人财产所在地均不在我国内地,申请人申请承认外国仲裁裁决的,由受理关联案件的人民法院管辖。受理关联案件的人民法院为基层人民法院的,申请承认外国仲裁裁决的案件应当由该基层人民法院的上一级人民法院管辖。受理关联案件的人民法院是高级人民法院或者最高人民法院的,由上述法院决定自行审查或者指定中级人民法院审查。外国仲裁裁决与我国内地仲裁机构审理的案件存在关联,被申请人住所地、被申请人财产所在地均不在我国内地,申请人申请承认外国仲裁裁决的,由受理关联案件的仲裁机构所在地的中级人民法院管辖。

典型案例

1. 来宝资源国际私人有限公司诉上海信泰国际贸易有限公司申请承认和执行外国仲裁裁决案①

(1)案号

上海市第一中级人民法院(2016)沪01协外认1号

(2)案情

2014年10月29日,来宝公司作为卖方与信泰公司作为买方通过电子邮件签订了《铁矿石买卖合同》,约定:“本合同由买卖双方订立,卖方同意按照下列《交易摘要》之条款和条件并以引述方式根据后附之《标准协议》版本L2.4第二部分之条款和条件和《标准规格》出售并交付铁矿石,买方同意按照下列《交易摘要》之条款和条件并以引述方式根据后附之《标准协议》版本L2.4第二部分之条款和条件和《标准规格》购买和接受铁矿石。”《标准协议》版本L2.4第二部分第16条“争议”规定:“16.1因交易和/或本协议引起的或与其有关的任何争议和索赔,包括与其存在、有效性或终止有关的任何问题,应根据当时有效的新加坡国际仲裁中心《仲裁规则》提交新加坡仲裁,该等规则视为经引述被并入本条款。16.1.1仲裁庭应由三(3)名仲裁员组成。”

后双方在合同履行过程中发生争议,来宝公司于2015年1月14日依据《铁矿石买卖合同》附带的《标准协议》第二部分第16条规定的仲裁条款向新加坡国际仲裁中心提交了针对信泰公司的仲裁申请,同时申请仲裁程序按照快速程序进行。新加坡国际仲裁中心予以受理。来宝公司以信泰公司未接受来宝公司就铁矿石CFR交货所做的承运船舶指定及未按照《铁矿石买卖合同》要求开立信用证支付货款为由,主张信泰公司构成根本违约,要求信泰公司承担违约赔偿责任。

2015年1月16日,仲裁中心还致函信泰公司,要求其对来宝公司提出的快速程序申请于2015年2月6日之前提出意见,仲裁中心主席将根据双方提供的事实和理由决定是否按照快速程序进行仲裁。

2015年1月29日,信泰公司致函新加坡国际仲裁中心,表示:“涉案合同不

---

① 参见2019年上海市高级人民法院参考性案例。

是孤立的案件……在来宝公司和信泰公司之间还有四个合同……然而来宝公司已经严重违反了这些合同，而且，来宝公司在2011年也违反了另一个合同，导致我方遭受巨大损失，我方要求一并审议这些纠纷……我方不同意申请人的提议，将如此复杂的案件采取简易程序，并且要求根据申请人和被申请人之间的合同约定，组成三人仲裁庭。”同年2月5日、2月6日信泰公司再次致函新加坡国际仲裁中心，表示对来宝公司提出的快速程序申请不予同意，并要求由3名仲裁员组成仲裁庭。

2015年2月17日，新加坡国际仲裁中心通知双方当事人该中心主席已经批准了来宝公司根据新加坡国际仲裁中心2013年第五版仲裁规则第5条提出的申请，决定对该案根据快速程序由独任仲裁员仲裁。

新加坡国际仲裁中心作出裁决后，信泰公司未履行该裁决项下的义务，来宝公司向中国法院申请承认与执行该仲裁裁决。

(3)裁判理由及意义

本案双方当事人已在仲裁条款中明确约定应由3名仲裁员组成仲裁庭，且未排除该组成方式在仲裁“快速程序”中的适用。因此，适用“快速程序”进行仲裁不影响当事人依据仲裁条款获得3名仲裁员组庭进行仲裁的基本程序权利。新加坡国际仲裁中心在仲裁条款约定仲裁庭由3名仲裁员组成且信泰该明确反对独任仲裁的情况下，仍然依据其仲裁规则(2013年第5版)第5.2条的规定决定采取独任仲裁员的组成方式，违反了案涉仲裁条款的约定，属于《纽约公约》第五条第一款(丁)项所规定的“仲裁机关之组成或仲裁程序与各造间之协议不符”的情形，故涉案仲裁裁决不应当被承认与执行。

2. 布兰特伍德工业有限公司(Brentwood Industries)诉广东阀安龙机械成套设备工程有限公司、广州市正启贸易有限公司、广东省环境工程装备总公司申请承认与执行仲裁裁决案

(1)案号

广东省广州市中级人民法院(2015)穗中法民四初字62号

(2)案情

2010年4月13日，广州市正启贸易有限公司(以下简称正启公司)与布兰特伍德工业有限公司(以下简称布兰特伍德公司)、广东阀安龙机械成套设备工程有限公司(以下简称阀安龙公司)签订合同，阀安龙公司委托正启公司向布兰特伍德公司购买设备,其中仲裁约定,"凡因本合同引起的或与本合同有关的任何争议,双方应通过友好协商解决。如果协商不能解决,应提交国际商会仲裁委员会根据国际惯例在项目所在地进行仲裁"。其后,三方签订的《补充协议》中载明项目名称为"广州猎德污水处理厂四期工程",最终用户名称为"广州市污水治理有限责任公司",地址为"广州市天河区临江大道××"。

布兰特伍德公司于2012年8月31日向国际商会国际仲裁院提出仲裁申请。2014年3月17日,国际商会仲裁院作出有利于布兰特伍德公司的裁决,仲裁地为中国广州。

2015年4月13日,布兰特伍德公司依据《纽约公约》向广州市中级人民法院申请承认与执行该裁决。

(3)裁判理由及意义

广州市中级人民法院认为,案涉仲裁裁决系外国仲裁机构在中国内地作出的仲裁裁决,可视为中国涉外仲裁裁决。案涉仲裁裁决的被申请人不履行仲裁裁决的,布兰特伍德公司可参照《民事诉讼法》第二百七十三条申请执行。布兰特伍德公司现主张依据《纽约公约》或《关于内地与香港特别行政区相互执行仲裁裁决的安排》规定申请承认及执行该仲裁裁决,其提起本案申请的法律依据显属错误,经法院多次释明仍不纠正,其应自行承担由此导致的相关法律后果。本案不应作为承认及执行外国仲裁裁决案件,依法应予以终结审查。本案终结审查后,布兰特伍德公司可依法另行提起执行申请。

本案涉及外国仲裁机构在中国内地作出的仲裁裁决,经广州市中级人民法院逐级报请,直到最高人民法院。广东省高级人民法院的复函认为本案为我国内地的裁决,属于内地裁决中的涉外仲裁裁决。广州市中级人民法院向布兰特伍德公司释明,本案应参照《民事诉讼法》执行涉外仲裁裁决的规定进行审查。布兰特伍德公司坚持认为案涉裁决为外国仲裁裁决,应按照《纽约公约》承认与执行。经广州市中级人民法院再次层报最高人民法院,最高人民法院复函案涉仲裁裁决可以视为我国仲裁裁决,应当参照《民事诉讼法》的规定,对布兰特伍德公司申请进行审查。

我国司法机关开始以"仲裁地标准"确定仲裁裁决具有仲裁地所在国国籍,明确了境外仲裁机构在中国内地作出裁决的性质为涉外仲裁裁决,为确定此类仲裁裁决的籍属和执行依据提供了方向。

3. 香港泉水有限公司与宏柏家电(深圳)有限公司等申请承认和执行外国仲裁裁决案

(1)案号

广东省深圳市中级人民法院(2016)粤03民初366号

(2)案情

美国仲裁协会国际争议解决中心国际仲裁庭于2015年10月14日在美国加利福尼亚州洛杉矶市对香港泉水公司与宏柏台湾公司、宏柏深圳公司合同纠纷一案作出最终仲裁裁决。2016年3月15日,香港泉水公司向广东省深圳市中级人民法院申请承认和执行该仲裁裁决第1项、第12项以及第13项中有关宏柏深圳公司金钱给付的内容。2016年4月20日,香港泉水公司向美国加利福尼亚州洛杉矶郡高等法院提起请求确认涉案仲裁裁决效力之诉;2016年5月10日,宏柏台湾公司向同一法院提起请求宣告涉案仲裁裁决无效且不可执行之诉。2016年12月23日,洛杉矶郡高等法院作出确认涉案仲裁裁决的判决书。宏柏台湾公司于2017年2月17日对该判决提起上诉,截至本案作出裁定时,上诉案件仍在审理中。2017年5月15日,宏柏深圳公司以宏柏台湾公司向美国法院申请宣告涉案仲裁裁决无效并不予执行涉案仲裁裁决为由申请中止本案审查。2018年3月26日,香港泉水公司请求深圳中院责令宏柏深圳公司对中止本案审查的申请提供担保。

(3)裁判理由及意义

广东省深圳市中级人民法院根据《纽约公约》第六条的规定,通知宏柏深圳公司限期提供与仲裁裁决金额相当的财产作为担保,但宏柏深圳公司未按期提供担保。深圳市中级人民法院认为,首先,美国加利福尼亚州洛杉矶郡高等法院已经作出确认涉案仲裁裁决的判决书,宏柏台湾公司对此提出的上诉和不予执行涉案仲裁裁决的申请尚未得到有效支持;其次,上述在美国法院的诉讼中要求宣告涉案仲裁裁决无效、不予执行涉案仲裁裁决的是宏柏台湾公司,宏柏深圳公司并未提出相应申请,涉案仲裁裁决中两公司的义务是可分的;最后,宏柏深圳公司未对其中止本案审理的申请提供担保,也未提供充分证据证明涉案仲裁裁决将会被美国法院撤销或不予执行。因此,涉案仲裁裁决不存在已经由作出裁决的国家的管辖当局撤销或停止执行的情形,宏柏深圳公司有关中止本案审查的主张亦不予支持。因宏柏深圳公司提出的其他不予承认、执行涉案仲裁裁决的理由也不成立，故深圳市中级人民法院于2018年5月21日作出(2016)粤03民初366号民事裁定承认和执行涉案仲裁裁决第1项、第12项以及第13项有关宏柏深圳公司的裁决事项。

在通常情况下，法院为谨慎起见，只要仲裁裁决在裁决作出国法院被申请撤销或不予执行且尚未最终审结，均倾向于选择中止承认和执行仲裁裁决的审查。本案则根据案件具体情况，分析判断当事人在美国法院申请撤销和不予执行仲裁裁决的理由是否充分、能否获得支持的基础上，适用《纽约公约》第六条的规定，要求当事人对其中止审查申请提供担保，并在其拒绝提供担保的情况下驳回其中止申请，依法裁定承认和执行仲裁裁决。该案的处理方式可以避免仲裁败诉方在没有确凿理由的情况下利用撤销程序延迟或阻挠执行裁决，使仲裁裁决高效可执行的优势得以实现。

学术观点

宋连斌教授梳理我国现行法律体系下的仲裁裁决的国籍标准：第一种是国内裁决，由我国各地仲裁机构以及涉外仲裁机构作出的、没有涉外因素的裁决；第二种是涉外仲裁裁决，指由中国国际经济贸易仲裁委员会及其分会、中国海事仲裁委员会以及依照仲裁法规定组建的仲裁委员会作出的具有涉外因素的仲裁裁决；第三种是外国仲裁裁决，由国外仲裁裁决作出，依据《纽约公约》或互惠原则执行。仲裁机构总是每一类划分标准的核心，因此我国是以仲裁机构所在地标准来划分仲裁裁决的国籍。宋连斌认为，在我国内地作出的国际商会仲裁裁决的国籍认定思路：第一，适用《国际商会仲裁规则》在我国内地所作裁决不属于外国裁决，因为《纽约公约》要求外国裁决为“另一缔约国领土内作出”。第二，适用《国际商会仲裁规则》在我国内地所作裁决不属于内国裁决，因为我国《民事诉讼法》是依据仲裁机构所在地确定裁决的国籍。第三，适用《国际商会仲裁规则》在我国内地作出的裁决属于“非内国裁决”。如此类裁决向我国寻求承认与执行，我国法院可以将其认定为“非内国裁决”按照公约的规定予以处理，即对公约的规定作扩大解释，将外国仲裁机构在我国境内作出的裁决纳入公约适用范围。但立法上最终还是要将我国确定仲裁裁决国籍的主要标准统一为仲裁裁决作出地,从而与国际商事仲裁一般理论和实践接轨。①

依照《国际商事仲裁示范法》《纽约公约》的规定,国际商会仲裁院适用该院仲裁规则且将仲裁地点定在我国内地时作出的仲裁应当视为我国裁决。然而,依据我国现行仲裁立法,法院并不认可此裁决是我国裁决。在当事人向我国法院申请承认与执行此类裁决时,尽管我国现行仲裁立法尚无依据我国国内法承认与执行该裁决的依据,但依据《纽约公约》第一条第一款第二句有关"非内国裁决"的规定,可以将此类裁决视为公约项下的非内国裁决,并按照《纽约公约》规定的各项条件,决定此类裁决在我国的承认与执行。②

最高人民法院杨弘磊法官对2007~2011年最高人民法院办理的涉及《纽约公约》项下外国仲裁裁决承认与执行的案件进行了收集、分析和归纳。杨弘磊认为,中国法院将外国仲裁机构以国内为仲裁地所作裁决认定为非内国裁决,对于扩大《纽约公约》的适用范围是一种进步,但将此类裁决认定为非内国裁决仍然与我国加入《纽约公约》所作保留相矛盾。在中国内地,此类仲裁更具有特殊性,因为我们不认为以中国内地为仲裁地的裁决都是中国内地裁决,而叠加了中国仲裁机构这一额外标准。关于此类问题的最终解决途径是,统一将仲裁地点在中国内地的仲裁裁决认定为中国涉外仲裁裁决,由中国法院行使司法监督权,只要不涉及外法域仲裁程序法的适用,就不考虑非内国裁决问题。只有仲裁地点在中国内地但约定适用他国仲裁程序法的可以以非内国裁决对待。目前,以非内国裁决解决此类裁决的执行问题只能是一种权宜之计。③

郭玉军教授从开放解读互惠保留的角度,清除了非内国裁决适用《纽约公约》的障碍。《最高人民法院关于执行我国加入的〈承认及执行外国仲裁裁决公约〉的通知》中规定,依互惠保留声明,"我国对在另一缔约国领土内作出的仲裁裁决的承认和执行适用该公约"。有观点认为互惠保留排除了非内国裁决的适用,我国作为缔约国已经作出互惠保留声明,仅对其他缔约国领土内作出的仲裁裁决适用《纽约公约》。为支持国际仲裁机构来华开展仲裁业务,建设国际争议

---

① 参见宋连斌、董海洲:《国际商会仲裁裁决国籍研究——从最高人民法院的一份复函谈起》,载《北京科技大学学报(社会科学版)》2009年第3期。

② 参见赵秀文:《从相关案例看ICC仲裁院裁决在我国的承认与执行》,载《法学》2010年第3期。

③ 参加杨弘磊:《中国内地法院〈纽约公约〉项下外国仲裁裁决司法审查之新近实践述评》,载《武大国际法评论》2012年第2期。

解决中心,应当考虑对互惠保留和非内国裁决作更为开放的解读。《纽约公约》所设互惠保留条款是强调"缔约国"之间的"互惠",即该公约仅适用于缔约国之间,而非意在排除非内国裁决。非内国裁决是对"地域标准"的补充,目的是扩大该公约的适用范围,而非限制其适用范围。将互惠保留理解为对非内国裁决的排除违背非内国裁决设立初衷。实践中,美国法院对互惠保留仅作狭义解释,非内国裁决也可以适用《纽约公约》进行承认与执行。①

① 参见郭玉军、付鹏远:《非内国裁决的承认与执行问题研究》,载《哈尔滨商业大学学报(社会科学版)》2018 年第 3 期。

三、认可与执行港澳台法院裁决

我国内地与香港特别行政区、澳门特别行政区之间判决的认可与执行采取“安排模式”，即我国内地与香港特别行政区、澳门特别行政区分别签订相互认可与执行判决安排，之后内地由最高人民法院通过司法解释予以公布，香港特别行政区、澳门特别行政特区则将安排转化为本地法律予以实施。海峡两岸之间目前采取“单向分别立法结合双向协议模式”，大陆现行规定为2015年最高人民法院《关于认可和执行台湾地区法院民事判决的规定》，我国台湾地区的规定则是“两岸人民关系条例”第74条及其实施细则。

（一）对我国香港特别行政区民商事判决的认可与执行

审查要点

1. 认可与执行我国香港特别行政区法院判决的条件

（1）香港特别行政区法院的判决必须是民商事司法判决；

（2）争议必须基于当事人之间的民商事合同；

（3）必须有书面管辖协议约定香港特别行政区法院对争议拥有唯一或专属管辖权；

（4）判决为香港特别行政区民商事具有执行力的终审判决，香港特别行政区司法机构包括终审法院、高等法院上诉法庭及原讼法庭和区域法院，上述司法机构所做判决书、命令和诉讼费评定证明书均为具有执行力的终审判决；

（5）判决必须是支付款项的金钱判决；

（6）自判决书上注明的判决日期或判决另行规定的履行期间届满日期之日

起，两年之内申请执行。

2. 不予认可与执行的情形

(1)依据当事人协议选择的香港特别行政区法，管辖协议属于无效；

(2)判决已经完全履行；

(3)内地法院对该案享有专属管辖权；

(4)未曾出庭的败诉一方当事人未经合法传唤或者虽经合法传唤但未获依法律规定的答辩时间；

(5)以欺诈方式获得的判决；

(6)就相同的诉讼请求，内地法院已经作出判决，或者内地法院已经认可或执行了其他法院的判决或仲裁机构的裁决；

(7)违反内地社会公共利益。

3.《关于内地与香港特别行政区法院相互认可和执行民商事案件判决的安排》

2019 年 1 月 18 日，最高人民法院与香港特别行政区政府律政司分别代表两地签署了《关于内地与香港特别行政区法院相互认可和执行民商事案件判决的安排》(以下简称《新安排》)。《新安排》将在香港特别行政区转化为本地立法、在内地转化为司法解释后，在两地同时生效。《新安排》签署之前，内地法院主要依据《关于内地与香港特别行政区法院相互认可和执行当事人协议管辖的民商事案件判决的安排》审查香港民商事判决的认可和执行。《新安排》中有诸多突破之处，值得关注。

(1)《新安排》不再以具有书面管辖协议为条件，将适用范围扩大至绝大部分民商事案件生效判决；

(2)明确香港特别行政区判决包括判决、命令、判令以及讼费评定证明书，不包括香港特别行政区法院作出的禁诉令和临时济助命令；

(3)延伸“法人住所地”的含义，依据《新安排》的规定，法人的注册地、登记地、主要办事机构所在地、主要营业地或主要管理地均可认定为住所地；

(4)细化不予认可和执行的情形，《新安排》将对当事人提起平行诉讼的判决、明显违反两地法律的基本原则的判决增列为不予认可和执行的情形，将违反仲裁协议或管辖协议的诉讼的判决作为酌情可以不予认可和执行的范围；

(5)《新安排》在可执行的财产给付范围中增加迟延履行金和迟延履行利息两项。

相关规定

1.最高人民法院《关于内地与香港特别行政区法院相互认可和执行当事人协议管辖的民商事案件判决的安排》

第九条 对申请认可和执行的判决,原审判决中的债务人提供证据证明有下列情形之一的,受理申请的法院经审查核实,应当裁定不予认可和执行:

(一)根据当事人协议选择的原审法院地的法律,管辖协议属于无效。但选择法院已经判定该管辖协议为有效的除外;

(二)判决已获完全履行;

(三)根据执行地的法律,执行地法院对该案享有专属管辖权;

(四)根据原审法院地的法律,未曾出庭的败诉一方当事人未经合法传唤或者虽经合法传唤但未获依法律规定的答辩时间。但原审法院根据其法律或者有关规定公告送达的,不属于上述情形;

(五)判决是以欺诈方法取得的;

(六)执行地法院就相同诉讼请求作出判决,或者外国、境外地区法院就相同诉讼请求作出判决,或者有关仲裁机构作出仲裁裁决,已经为执行地法院所认可或者执行的。

内地人民法院认为,在内地执行香港特别行政区法院判决违反内地社会公共利益,或者香港特别行政区法院认为在香港特别行政区执行内地人民法院判决违反香港特别行政区公共政策的,不予认可和执行。

2.《关于内地与香港特别行政区法院相互认可和执行民商事案件判决的安排》

第十二条 申请认可和执行的判决,被申请人提供证据证明有下列情形之一的,被请求方法院审查核实后,应当不予认可和执行:

(一)原审法院对有关诉讼的管辖不符合本安排第十一条规定的;

(二)依据原审法院地法律,被申请人未经合法传唤,或者虽经合法传唤但未获得合理的陈述、辩论机会的;

(三)判决是以欺诈方法取得的;

(四)被请求方法院受理相关诉讼后,原审法院又受理就同一争议提起的诉讼并作出判决的;

（五）被请求方法院已经就同一争议作出判决，或者已经认可其他国家和地区就同一争议作出的判决的；

（六）被请求方已经就同一争议作出仲裁裁决，或者已经认可其他国家和地区就同一争议作出的仲裁裁决的。

内地人民法院认为认可和执行香港特别行政区法院判决明显违反内地法律的基本原则或者社会公共利益，香港特别行政区法院认为认可和执行内地人民法院判决明显违反香港特别行政区法律的基本原则或者公共政策的，应当不予认可和执行。

第十三条　申请认可和执行的判决，被申请人提供证据证明在原审法院进行的诉讼违反了当事人就同一争议订立的有效仲裁协议或者管辖协议的，被请求方法院审查核实后，可以不予认可和执行。

典型案例

时和全球投资基金 SPC－时和价值投资基金申请认可和执行香港特别行政区法院民事判决案

（1）案号

上海金融法院（2019）沪 74 认港 1 号

（2）案情

境外哲源国际公司为境内华信集团的关联实体。2017 年，时和基金购买了哲源国际公司发行的欧元债券，华信集团向时和基金出具"维好协议"。"维好协议"约定，华信集团向时和基金承诺哲源国际公司维持合并净值及流动性但该承诺不构成担保，协议项下争议适用英国法律并由香港特别行政区法院管辖。2018 年，时和基金以华信集团违反"维好协议"约定为由诉至香港特别行政区高等法院原讼法庭，该法庭作出缺席判决，判令华信集团向时和基金支付债券本金、利息和特定费用。2019 年，时和基金向上海金融法院申请认可和执行香港特别行政区法院判决。

华信集团提出违反内地社会公共利益的抗辩："维好协议"虽明确表示为非担保，但其内容和本质为担保，且该担保行为未经国家外汇管理局审批，若执行该判决将违反内地社会公共利益。

(3)裁判理由及意义

本案系申请认可和执行香港特别行政区法院民商事判决案件,申请人时和基金与被申请人华信集团之间约定就“维好协议”项下的纠纷由香港特别行政区法院专属管辖,该纠纷属于《关于内地与香港特别行政区法院相互认可和执行民商事案件判决的安排》规定的民商事案件,本案应根据《关于内地与香港特别行政区法院相互认可和执行民商事案件判决的安排》进行审查。首先,根据香港特别行政区高等法院出具的证明书,案涉判决系须支付款项的具有执行力的判决,业已生效。华信集团知晓该判决后在合理期间内未就该判决在香港特别行政区法院寻求任何司法救济,故案涉判决属于具有执行力的终审判决。其次,无论缺席判决还是对席判决,案涉“维好协议”在境内法律效力的实体法问题,不属于本案审查的范围。再次,根据“维好协议”的约定,香港特别行政区法院对双方争议具有专属管辖权。香港特别行政区高等法院审理期间诉状已合法送达华信集团,华信集团关于其未获合法传唤以及案涉判决系以欺诈方式取得,均不能成立。最后,本案系内地与香港特别行政区之间区际司法协助的案件,拒绝认可和执行判决之“社会公共利益”应作严格解释,通常仅包括认可和执行香港特别行政区判决的结果直接违反内地公共利益之情形。案涉缺席判决的认可与执行并不涉及内地不特定多数人的利益,并未违反正当程序保障,认可和执行该缺席判决本身亦不违反内地公共利益。本案当事人在“维好协议”中所约定的准据法并非内地法律,不能以内地法律关于“维好协议”性质及效力的判断作为认可和执行该香港特别行政区判决是否违反内地社会公共利益的认定标准,而只应考量认可和执行相关判决的结果是否有悖于本案审理之时的公共利益。我国有关外汇管理的规定经历了不断变化的过程,华信集团并未证明认可和执行本案所涉香港特别行政区判决的结果即会违反当前我国公共利益。

本案系全国首例涉境内公司针对境外关联公司发债出具“维好协议”之香港特别行政区法院生效判决在内地法院申请认可和执行的案件。因涉及“维好协议”对境内公司的执行问题,受到离岸债券市场的较大关注。在跨境融资交易中,“维好协议”是境内公司为境外关联公司发债增信的常用措施。本案香港特别行政区高等法院原讼法庭就时和基金要求华信集团承担维好协议项下的违约责任作出缺席判决。上海金融法院根据《关于内地与香港特别行政区法院相互认可和执行民商事案件判决的安排》之规定,对涉案香港特别行政区原讼法庭的判决进行审查,就以下问题的认定对同类案件具有一定参考价值。一是根据香港特别行政区生效判决列明的诉讼主体,认可开曼群岛公司法中独立投资组合公司下设独立投资组合的申请人地位;二是明确案涉判决虽然为缺席判决,但被申请人未在合理期限内寻求司法救济,属于香港特别行政区法院之具有执行力的终审判决予以明确;三是提出不能以内地法律关于"维好协议"性质及效力的实体判断作为认可和执行香港特别行政区判决是否违反内地社会公共利益的认定标准,而只应考量认可和执行相关判决的结果是否有悖于本案审理之时的公共利益。本案对香港特别行政区法院判决的认可和执行,有助于稳定和提升国际评级机构对此类债券的评级,有效降低中国公司海外主体发债利息成本,也有助于营造良好的国际营商环境。

(二)对我国澳门特别行政区民商事判决的认可与执行

审查要点

1. 我国澳门特别行政区民商事判决的认可范围

(1)民商事判决包括劳动民事案件、刑事案件中有关民事损害赔偿的判决、裁定;

(2)澳门特别行政区判决包括裁判、判决、确认和解的裁定、法官的决定或批示。

2. 不予认可和执行的情形

(1)根据内地法律,判决所确定的事项属内地法院专属管辖;

(2)在内地法院已存在相同诉讼,该诉讼先于待认可判决的诉讼提起,且内地法院具有管辖权;

(3)内地法院已认可或执行内地法院以外的法院或仲裁机构就相同诉讼作出的判决或仲裁裁决;

(4)根据澳门特别行政区法律规定,败诉方的当事人未得到合法传唤,或无诉讼行为能力人未依法得到代理;

(5)根据澳门特别行政区法律规定,申请认可和执行的判决尚未发生法律效力,或因再审被裁定中止执行;

(6)在内地认可和执行判决将违反内地法律的基本原则或者社会公共利益。

相关规定

《内地与澳门特别行政区关于相互认可和执行民商事判决的安排》

第十一条 被请求方法院经审查核实存在下列情形之一的,裁定不予认可:

(一)根据被请求方的法律,判决所确认的事项属被请求方法院专属管辖;

(二)在被请求方法院已存在相同诉讼,该诉讼先于待认可判决的诉讼提起,且被请求方法院具有管辖权;

(三)被请求方法院已认可或者执行被请求方法院以外的法院或仲裁机构就相同诉讼作出的判决或仲裁裁决;

(四)根据判决作出地的法律规定,败诉的当事人未得到合法传唤,或者无诉讼行为能力人未依法得到代理;

(五)根据判决作出地的法律规定,申请认可和执行的判决尚未发生法律效力,或者因再审被裁定中止执行;

(六)在内地认可和执行判决将违反内地法律的基本原则或者社会公共利益;在澳门特别行政区认可和执行判决将违反澳门特别行政区法律的基本原则或者公共秩序。

(三)对我国台湾地区民商事判决的认可与执行

审查要点

1. 我国台湾地区民商事判决的认可范围

我国台湾地区民商事判决包括台湾地区法院作出的生效民事判决、裁定、和解笔录、调解笔录、支付令,刑事案件中作出的有关民事损害赔偿的生效判决、裁定、和解笔录,以及台湾地区乡镇市调解委员会等出具并经台湾地区法院核定的调解文书。

特别值得注意的是,依据台湾地区相关规定,由证券投资人及期货交易人保护机构(为财产法人组织)所设之调处委员会,就证券投资人或期货交易人与发行人、证券商、交易所、柜台买卖中心、结算机构或其他关系人间,因有价证券之募集、发行、买卖或期货交易及其他相关事宜所生民事争议进行调处。此类调解文书亦属于台湾地区民商事判决认可的范围。

2. 不予认可的情形

(1)申请认可的民事判决,是在被申请人缺席又未经合法传唤或者在被申请人无诉讼行为能力又未得到适当代理的情况下作出;

(2)案件系人民法院专属管辖;

(3)案件双方当事人订有有效仲裁协议,且无放弃仲裁管辖情形;

(4)案件系人民法院已作出判决或者中国大陆的仲裁庭已作出仲裁裁决;

(5)香港特别行政区、澳门特别行政区或者外国的法院已就同一争议作出判决且已为人民法院所认可或者承认;

(6)台湾地区、香港特别行政区、澳门特别行政区或者外国的仲裁庭已就同一争议作出仲裁裁决且已为人民法院所认可或者承认;

(7)认可该民事判决将违反一个中国原则等国家法律的基本原则或者损害社会公共利益。

3. 驳回申请的情形

对于不能确认台湾地区该民事判决的真实性或已经生效的,裁定驳回申请人的申请。裁定驳回申请的案件,申请人可在满足受理条件的条件下再次申请。

相关规定

最高人民法院《关于认可和执行台湾地区法院民事判决的规定》

第十五条　台湾地区法院民事判决具有下列情形之一的,裁定不予认可:

(一)申请认可的民事判决,是在被申请人缺席又未经合法传唤或者在被申请人无诉讼行为能力又未得到适当代理的情况下作出的;

(二)案件系人民法院专属管辖的;

(三)案件双方当事人订有有效仲裁协议,且无放弃仲裁管辖情形的;

(四)案件系人民法院已作出判决或者中国大陆的仲裁庭已作出仲裁裁决的;

(五)香港特别行政区、澳门特别行政区或者外国的法院已就同一争议作出判决且已为人民法院所认可或者承认的;

（六）台湾地区、香港特别行政区、澳门特别行政区或者外国的仲裁庭已就同一争议作出仲裁裁决且已为人民法院所认可或者承认的。

认可该民事判决将违反一个中国原则等国家法律的基本原则或者损害社会公共利益的，人民法院应当裁定不予认可。

第十六条 人民法院经审查能够确认台湾地区法院民事判决真实并且已经生效，而且不具有本规定第十五条所列情形的，裁定认可其效力；不能确认该民事判决的真实性或者已经生效的，裁定驳回申请人的申请。

裁定驳回申请的案件，申请人再次申请并符合受理条件的，人民法院应予受理。

学术观点

我国台湾地区法院或人民法院的判决得到对方法院的认可，意味着它取得了与本法域法院判决同等的效力，其所确定的权利义务关系在本法域法院得到了确认。但是，对于我国台湾地区法院的判决被人民法院裁定认可后，其在大陆发生效力的时间如何确定，最高人民法院的规定没有涉及。

四、认可与执行港澳台仲裁裁决

我国是一个多法域的国家，内地、香港特别行政区、澳门特别行政区和台湾地区各自实行着不同的法律制度，各自的仲裁制度自然有所不同。在“一国两制”的前提下且基于“一个中国”原则，两岸之间有相互承认和执行仲裁裁决的需要。以下将分别从认可与执行香港特别行政区仲裁裁决、澳门特别行政区仲裁裁决、台湾地区仲裁裁决三个方面具体阐述。

（一）认可与执行我国香港特别行政区仲裁裁决

审查要点

1. 认可与执行香港特别行政区仲裁裁决的范围

依据香港特别行政区《仲裁条例》作出的仲裁裁决均可向内地法院申请认可和执行，既包括香港特别行政区仲裁机构作出的仲裁裁决，也包括临时仲裁裁决和香港特别行政区之外仲裁机构作出的仲裁裁决。

2. 申请执行香港特别行政区仲裁裁决的期限

申请人向法院申请执行香港特别行政区仲裁裁决的期限，应当依据内地《民事诉讼法》规定的程序处理。申请人应当在仲裁裁决规定的履行义务期间的最后一日起两年内申请执行，未规定履行期间的，从法律文书生效之日其计算。

3. 不予执行的情形

（1）一方当事人无行为能力；

（2）仲裁协议依准据法无效；

(3)一方未接到指派仲裁员的适当通知,或未能陈述意见;

(4)裁决所处理的争议不是交付仲裁的标的或不在仲裁协议条款之内;

(5)仲裁庭的组成或仲裁庭程序与当事人之间的协议不符;

(6)仲裁业经仲裁地法院或按仲裁地法律撤销或停止执行;

(7)争议事项不能通过仲裁方式解决;

(8)认可该仲裁裁决违反内地社会公共利益。

4.《最高人民法院关于内地与香港特别行政区相互执行仲裁裁决的补充安排》中其他变化

(1)申请人可同时向两地法院申请执行仲裁裁决;

(2)增加法院在受理认可和执行申请之前或之后的保全措施。

相关规定

1.最高人民法院《关于内地与香港特别行政区相互执行仲裁裁决的安排》

七、在内地或者香港特区申请执行的仲裁裁决,被申请人接到通知后,提出证据证明有下列情形之一的,经审查核实,有关法院可裁定不予执行:

(一)仲裁协议当事人依对其适用的法律属于某种无行为能力的情形;或者该项仲裁协议依约定的准据法无效;或者未指明以何种法律为准时,依仲裁裁决地的法律是无效的;

(二)被申请人未接到指派仲裁员的适当通知,或者因他故未能陈述意见的;

(三)裁决所处理的争议不是交付仲裁的标的或者不在仲裁协议条款之内,或者裁决载有关于交付仲裁范围以外事项的决定的;但交付仲裁事项的决定可与未交付仲裁的事项划分时,裁决中关于交付仲裁事项的决定部分应当予以执行;

(四)仲裁庭的组成或者仲裁庭程序与当事人之间的协议不符,或者在有关当事人没有这种协议时与仲裁地的法律不符的;

(五)裁决对当事人尚无约束力,或者业经仲裁地的法院或者按仲裁地的法律撤销或者停止执行的。

有关法院认定依执行地法律,争议事项不能以仲裁解决的,则可不予执行该裁决。

内地法院认定在内地执行该仲裁裁决违反内地社会公共利益，或者香港特区法院决定在香港特区执行该仲裁裁决违反香港特区的公共政策，则可不予执行该裁决。

2. 最高人民法院《关于内地与香港特别行政区相互执行仲裁裁决的补充安排》

一、内地人民法院执行按香港特区《仲裁条例》作出的仲裁裁决，香港特区法院执行按《仲裁法》作出的仲裁裁决，适用本安排。

典型案例

1. 美国意艾德建筑师事务所申请执行香港特别行政区仲裁裁决案①

(1)案号

江苏省南京市中级人民法院(2016)苏01认港1号

(2)案情

2013年3月29日、5月15日，美国意艾德建筑师事务所(以下简称意艾德事务所)与富力南京地产开发有限公司(以下简称富力公司)签订有关地块设计合同，并约定了仲裁条款，将争议提交中国国际经济贸易仲裁委员会，按照申请仲裁时该仲裁委员会现行有效的仲裁规则进行仲裁，仲裁地点为香港特别行政区。因合同履行发生争议，2015年2月，意艾德事务所向中国国际经济贸易仲裁委员会香港仲裁中心(以下简称贸仲香港中心)申请仲裁，请求裁决富力公司支付所欠设计费并承担违约责任等。贸仲香港中心根据《中国国际经济贸易仲裁委员会仲裁规则》受理本案，并作出(2015)中国贸仲港裁字第0003号仲裁裁决。2016年6月7日，意艾德事务所向江苏省南京市中级人民法院申请执行该仲裁裁决第3项，即支付利息部分。

(3)裁判理由及意义

江苏省南京市中级人民法院经审查认为，富力公司对涉案仲裁裁决无异议，并已经履行仲裁裁决所确定的设计费本金部分，仅对第3项逾期利息部分未予支付。涉案仲裁裁决亦不存在违反内地社会公共利益的情形。故依据最高人民法院《关于内地与香港特别行政区相互执行仲裁裁决的安排》的规定，裁定执行

① 参见2020年内地与香港特别行政区相互执行仲裁裁决典型案例。

该仲裁裁决第3项。

该案是内地仲裁机构在香港特别行政区设立的分支机构以香港特别行政区为仲裁地作出的仲裁裁决获得内地法院执行的首案,且与最高人民法院《关于内地与香港特别行政区相互执行仲裁裁决的补充安排》第二条规定的精神一致。本案明确,确认仲裁裁决籍属的标准为仲裁地,并据此认定涉案仲裁裁决系香港特别行政区仲裁裁决。

2. 大卫戴恩咨询有限公司、布拉姆利有限公司申请执行香港特别行政区仲裁裁决案①

(1)案号

北京市第四中级人民法院(2020)京04认港5号

(2)案情

大卫戴恩咨询有限公司、布拉姆利有限公司分别与北京中赫国安足球俱乐部有限责任公司(以下简称国安俱乐部)于2018年8月24日签署了相同的《顾问协议》各一份,约定将争议提交至香港国际仲裁中心以仲裁方式解决,准据法为英格兰法律。2018年11月21日,国安俱乐部据此向香港国际仲裁中心提交仲裁通知。后大卫戴恩咨询有限公司、布拉姆利公司提出反请求。香港国际仲裁中心就此于2020年3月5日作出了案号为HKIAC/A18211的裁决:国安俱乐部对《顾问协议》构成了毁约性违约;国安俱乐部应向大卫戴恩咨询有限公司、布拉姆利有限公司支付相关费用及利息。

仲裁裁决生效后,大卫戴恩咨询有限公司、布拉姆利有限公司依据《最高人民法院关于内地与香港特别行政区相互执行仲裁裁决的安排》向北京市第四中级人民法院申请认可和执行该仲裁裁决。被申请人国安俱乐部答辩称,人民法院应裁定不予认可和执行该仲裁裁决,并提出涉案仲裁协议无效、仲裁庭的组成与当事人之间的协议以及香港特别行政区法律不符、仲裁庭程序与当事人之间的协议不符、违反社会公共利益、金额不予认可等理由。

(3)裁判理由及意义

北京市第四中级人民法院经审查认为:第一,本案当事人仅约定合同的准据法为英格兰实体法,未明确确认涉外仲裁协议效力应适用的法律,因仲裁机构所

① 参见2020年内地与香港特别行政区相互执行仲裁裁决典型案例。

在地和仲裁地均在香港特别行政区,故应适用香港特别行政区《仲裁条例》进行审查,依规定该协议有效。第二,依据仲裁时香港国际仲裁中心有效的2018年版港仲规则,仲裁庭的组成并不违反该规则。仲裁员与二公司的董事均在英国足协任职,并不必然表明仲裁员与二公司之间具有利益关系或者利害关系。仲裁庭的公开事项当事人已知情,并不需要披露和认定程序违法。第三,申请人提供的部分仲裁文书抄送、账单费用支出并不证明存在仲裁程序与协议不符,上述情况属于在仲裁程序中公开事项,并不违反保密条款。第四,社会公共利益应是关系全体社会成员的利益,为社会公众所享有,不同于合同当事人的利益,虽然国安俱乐部的部分资产属于国有资产,但不能将与其有关的所有事项均认定为社会公共利益。故裁定认可和执行香港国际仲裁中心HKIAC/AC18211号仲裁裁决。

本案明确,判断仲裁裁决程序是否有瑕疵,应当以当事人约定适用的仲裁规则、仲裁地法律为依据,以是否足以影响仲裁的公正性和独立性为原则进行审查,维护仲裁程序的正当合法。同时,本案还对如何正确理解社会公共利益的含义作出了阐释,体现了谨慎解释、严格适用的基本原则,以保障社会公共利益条款的正确适用。

(二)认可与执行我国澳门特别行政区仲裁裁决

审查要点

1. 认可与执行澳门特别行政区仲裁裁决的范围

内地法院认可与执行的范围包括澳门特别行政区仲裁机构及仲裁员按照澳门特别行政区仲裁法规在澳门特别行政区作出的民商事仲裁裁决。

2. 不予认可与执行的情形

(1)仲裁协议无效;

(2)限制或者剥夺了当事人重大程序性权利;

(3)仲裁裁决超范围;

(4)仲裁庭组成或者仲裁程序不合法;

(5)仲裁裁决未生效或者被撤销、驳回执行申请;

(6)依内地法律,争议事项不能以仲裁解决;

(7)在内地认可和执行该仲裁裁决违反内地法律的基本原则或者社会公共利益。

相关规定

最高人民法院《关于内地与澳门特别行政区相互认可和执行仲裁裁决的安排》

第七条 对申请认可和执行的仲裁裁决,被申请人提出证据证明有下列情形之一的,经审查核实,有关法院可以裁定不予认可:

(一)仲裁协议一方当事人依对其适用的法律在订立仲裁协议时属于无行为能力的;或者依当事人约定的准据法,或当事人没有约定适用的准据法而依仲裁地法律,该仲裁协议无效的;

(二)被申请人未接到选任仲裁员或者进行仲裁程序的适当通知,或者因他故未能陈述意见的;

(三)裁决所处理的争议不是提交仲裁的争议,或者不在仲裁协议范围之内;或者裁决载有超出当事人提交仲裁范围的事项的决定,但裁决中超出提交仲裁范围的事项的决定与提交仲裁事项的决定可以分开的,裁决中关于提交仲裁事项的决定部分可以予以认可;

(四)仲裁庭的组成或者仲裁程序违反了当事人的约定,或者在当事人没有约定时与仲裁地的法律不符的;

(五)裁决对当事人尚无约束力,或者业经仲裁地的法院撤销或者拒绝执行的。

有关法院认定,依执行地法律,争议事项不能以仲裁解决的,不予认可和执行该裁决。

内地法院认定在内地认可和执行该仲裁裁决违反内地法律的基本原则或者社会公共利益,澳门特别行政区法院认定在澳门特别行政区认可和执行该仲裁裁决违反澳门特别行政区法律的基本原则或者公共秩序,不予认可和执行该裁决。

(三)认可与执行我国台湾地区仲裁裁决

审查要点

1. 认可和执行我国台湾地区仲裁裁决的范围

我国大陆法院认可和执行的台湾地区仲裁裁决为有关常设仲裁机构及临时仲裁庭在台湾地区按照台湾地区仲裁规定就民商事争议作出的仲裁裁决,包括仲裁判断、仲裁和解和仲裁调解。仲裁判断即仲裁裁决的概念;仲裁和解类似于由仲裁庭作出的调解;而仲裁调解为未订立仲裁协议者,仲裁机构依当事人之申请,经他方同意后,由双方选定仲裁人进行调解。仲裁调解成立后,其效力与仲裁和解相同。

2. 不予认可与执行的情形

(1)仲裁协议无效;

(2)限制或者剥夺了当事人重大程序性权利;

(3)仲裁裁决超范围;

(4)仲裁庭组成或者仲裁程序不合法;

(5)仲裁裁决未生效或者被撤销、驳回执行申请;

(6)认可该仲裁裁决违反一个中国原则等国家法律的基本原则或损害社会公共利益。

相关规定

最高人民法院《关于认可和执行台湾地区仲裁裁决的规定》

第十四条 对申请认可和执行的仲裁裁决,被申请人提出证据证明有下列情形之一的,经审查核实,人民法院裁定不予认可:

(一)仲裁协议一方当事人依对其适用的法律在订立仲裁协议时属于无行为能力的;或者依当事人约定的准据法,或当事人没有约定适用的准据法而依台湾地区仲裁规定,该仲裁协议无效的;或者当事人之间没有达成书面仲裁协议的,但申请认可台湾地区仲裁调解的除外;

（二）被申请人未接到选任仲裁员或进行仲裁程序的适当通知，或者由于其他不可归责于被申请人的原因而未能陈述意见的；

（三）裁决所处理的争议不是提交仲裁的争议，或者不在仲裁协议范围之内；或者裁决载有超出当事人提交仲裁范围的事项的决定，但裁决中超出提交仲裁范围的事项的决定与提交仲裁事项的决定可以分开的，裁决中关于提交仲裁事项的决定部分可以予以认可；

（四）仲裁庭的组成或者仲裁程序违反当事人的约定，或者在当事人没有约定时与台湾地区仲裁规定不符的；

（五）裁决对当事人尚无约束力，或者业经台湾地区法院撤销或者驳回执行申请的。

依据国家法律，该争议事项不能以仲裁解决的，或者认可该仲裁裁决将违反一个中国原则等国家法律的基本原则或损害社会公共利益的，人民法院应当裁定不予认可。

学术观点

内地与香港特别行政区、内地与澳门特别行政区经过协商，在参照《纽约公约》实体内容的基础上，已经对相互执行仲裁裁决的问题作出安排，这对两岸也很有启示。大陆和台湾地区应有意识地采用《纽约公约》或《关于内地与香港特别行政区相互执行仲裁裁决的安排》与《关于内地与澳门特别行政区相互认可和执行仲裁裁决的安排》的内容，使认可、执行对方仲裁裁决的制度趋于一致。只有这样，仲裁在两岸经贸关系中才能发挥出更大的作用。①

① 参见刘晓红、袁发强主编：《国际商事仲裁》，北京大学出版社2010年版，第348页。

五、一般涉外、涉港澳台案件的执行

（一）一 般 规 定

1. 涉外因素的界定

一般涉外执行案件中的涉外因素的界定，适用关于涉外因素界定的有关规定。

2. 一般涉港澳台案件的执行

一般涉港澳台案件的执行，参照适用关于一般涉外案件执行的规定办理。

3. 法律规范适用原则

一般涉外案件的执行，原则上适用我国关于执行案件办理的一般规定办理，但法律法规、司法解释或者我国参加的国际条约另有规定的，应当适用该特殊规定。

4. 申请执行应提交的文件

申请执行，申请执行人应向人民法院提交下列文件和证件：

（1）申请执行书。申请执行书中应当写明申请执行的理由、事项、执行标的，以及申请执行人所了解的被执行人的财产状况。

申请执行人书写申请执行书确有困难的，可以口头提出申请。人民法院接待人员对口头申请应当制作笔录，由申请执行人签字或盖章。

外国一方当事人申请执行的，应当提交中文申请执行书。当事人所在国与我国缔结或共同参加的司法协助条约有特别规定的，按照条约规定办理。

(2)生效法律文书副本。

(3)申请执行人的身份证明。自然人申请的,应当出示居民身份证等相关身份证件;法人申请的,应当提交法人营业执照副本等证件和法定代表人身份证明;其他组织申请的,应当提交营业执照副本等证件和主要负责人身份证明。

(4)继承人或权利承受人申请执行的,应当提交继承或承受权利的证明文件。

(5)其他应当提交的文件或证件。

审查要点

由于一般涉外案件的执行依据是由我国人民法院、仲裁委员会等机构作出的,所以不涉及先承认后执行的问题,原则上应适用我国法律规范中关于执行案件办理的一般规范。但是按照特殊优于一般的法律适用原则,如果法律法规或者我国参加的国际条约有特殊规范的,适用特殊规范。

相关规定

《最高人民法院关于人民法院执行工作若干问题的规定(试行)》

18. 申请执行,应向人民法院提交下列文件和证件:

(1)申请执行书。申请执行书中应当写明申请执行的理由、事项、执行标的,以及申请执行人所了解的被执行人的财产状况。

申请执行人书写申请执行书确有困难的,可以口头提出申请。人民法院接待人员对口头申请应当制作笔录,由申请执行人签字或盖章。

外国一方当事人申请执行的,应当提交中文申请执行书。当事人所在国与我国缔结或共同参加的司法协助条约有特别规定的,按照条约规定办理。

(2)生效法律文书副本。

(3)申请执行人的身份证明。自然人申请的,应当出示居民身份证;法人申请的,应当提交法人营业执照副本和法定代表人身份证明;非法人组织申请的,应当提交营业执照副本和主要负责人身份证明。

(4)继承人或权利承受人申请执行的,应当提交继承或承受权利的证明文件。

(5)其他应当提交的文件或证件。

(二)我国法院作出的涉外判决、裁定的执行

人民法院作出的发生法律效力的判决、裁定,如果被执行人或者其财产不在中华人民共和国领域内,当事人请求执行的,可以由当事人直接向有管辖权的外国法院申请承认和执行,也可以由人民法院依照中华人民共和国缔结或者参加的国际条约的规定,或者按照互惠原则,请求外国法院承认和执行。

审查要点

1. 执行中涉外因素的具体情形

涉外因素的识别包括被执行人不在中华人民共和国领域内和其财产不在中华人民共和国领域内两种情况。

2. 国外执行的提起途径

如果被执行人或者其财产不在我国境内,那么当事人或者人民法院应向有管辖权的外国法院申请承认和执行。反之,如果被执行人或者其财产在我国领域内,那么我国法院对执行有管辖权。

3. 生效法律文书的效力证明

关于我国人民法院作出的生效法律文书在域外的效力证明问题,当事人或者外国法院要求作出生效法律文书的法院开具法律效力证明的,我国法院可以本法院的名义开具书面证明。

相关规定

1.《民事诉讼法》

第二百八十条　人民法院作出的发生法律效力的判决、裁定,如果被执行人或者其财产不在中华人民共和国领域内,当事人请求执行的,可以由当事人直接向有管辖权的外国法院申请承认和执行,也可以由人民法院依照中华人民共和国缔结或者参加的国际条约的规定,或者按照互惠原则,请求外国法院承认和执行。

中华人民共和国涉外仲裁机构作出的发生法律效力的仲裁裁决,当事人请求执行的,如果被执行人或者其财产不在中华人民共和国领域内,应当由当事人直接向有管辖权的外国法院申请承认和执行。

2.《民事诉讼法解释》

第五百五十条 当事人在中华人民共和国领域外使用中华人民共和国法院的判决书、裁定书,要求中华人民共和国法院证明其法律效力的,或者外国法院要求中华人民共和国法院证明判决书、裁定书的法律效力的,作出判决、裁定的中华人民共和国法院,可以本法院的名义出具证明。

(三)我国仲裁机构作出的涉外裁决的执行

1. 管辖与期限

(1)管辖

我国仲裁机构作出的仲裁裁决,如果被执行人或者其财产不在中华人民共和国领域内的,应当由当事人直接向有管辖权的外国法院申请承认和执行。

当事人向我国法院申请执行发生法律效力的涉外仲裁裁决,发现被申请执行人或者其财产在我国领域内的,我国法院即对该案具有执行管辖权,该案由被执行人住所地或者被执行的财产所在地的中级人民法院管辖。

申请人向对案件不具有管辖权的人民法院提出申请,人民法院应当告知其向有管辖权的人民法院提出申请,申请人仍不变更申请的,裁定不予受理。

(2)时效期间的计算

当事人申请法院强制执行的时效期间,应当自发现被执行人可供执行财产之日开始计算申请执行人的申请执行期限。

2. 申请执行涉外仲裁应提供的材料

申请人向人民法院申请执行我国内地仲裁机构的涉外仲裁裁决,应当提交申请书及裁决书正本或者经证明无误的副本,以及有仲裁条款的合同书或仲裁协议书。

申请书应当载明下列事项:

(1)申请人或者被申请人为自然人的,应当载明其姓名、性别、出生日期、国籍及住所;为法人或者其他组织的,应当载明其名称、住所以及法定代表人或者代表人的姓名和职务。

(2)裁决书的主要内容及生效日期。

(3)具体的请求和理由。

当事人提交的外文申请书、裁决书及其他文件,应当附有中文译本。

申请人提交的文件不符合上述规定,经人民法院释明后提交的文件仍然不符合规定的,裁定不予受理。

3. 裁定不予受理后的当事人的救济途径

因向不具有管辖权的人民法院申请执行或者所提交材料不符合法定要求被人民法院裁定不予受理,申请人对不予受理的裁定不服的,可以提起复议。

4. 涉外仲裁裁决的不予执行

(1)被申请人申请不予执行

对中华人民共和国涉外仲裁机构作出的裁决,被申请人提出证据证明仲裁裁决有下列情形之一的,经人民法院组成合议庭审查核实,裁定不予执行:

①当事人在合同中没有订有仲裁条款或者事后没有达成书面仲裁协议的;

②被申请人没有得到指定仲裁员或者进行仲裁程序的通知,或者由于其他不属于被申请人负责的原因未能陈述意见的;

③仲裁庭的组成或者仲裁的程序与仲裁规则不符的;

④裁决的事项不属于仲裁协议的范围或者仲裁机构无权仲裁的。

人民法院认定执行该裁决违背社会公共利益的,裁定不予执行。

(2)案外人申请不予执行

案外人向人民法院申请不予执行仲裁裁决或者仲裁调解书的,应当提交申请书以及证明其请求成立的证据材料,并符合下列条件:

①有证据证明仲裁案件当事人恶意申请仲裁或者虚假仲裁,损害其合法权益;

②案外人主张的合法权益所涉及的执行标的尚未执行终结;

③自知道或者应当知道人民法院对该标的采取执行措施之日起30日内提出。

(3)不予受理申请的审查

被执行人、案外人对仲裁裁决执行案件逾期申请不予执行的,人民法院应当裁定不予受理;已经受理的,应当裁定驳回不予执行申请。被执行人、案外人对仲裁裁决执行案件申请不予执行,经审查理由成立的,人民法院应当裁定不予执行;理由不成立的,应当裁定驳回不予执行申请。

(4)涉外仲裁裁决不予执行后的救济途径

人民法院裁定不予执行涉外仲裁裁决、驳回不予执行涉外仲裁裁决的申请后,当事人对该裁定提出执行异议或者复议的,人民法院不予受理。

涉外仲裁裁决被人民法院裁定不予执行的,当事人可以根据双方达成的书面仲裁协议重新仲裁,也可以向人民法院起诉。

5. 裁定驳回执行申请

涉外仲裁裁决或者仲裁调解书执行内容具有下列情形之一导致无法执行的,人民法院可以裁定驳回执行申请;导致部分无法执行的,可以裁定驳回该部分的执行申请;导致部分无法执行且该部分与其他部分不可分的,可以裁定驳回执行申请。

(1)权利义务主体不明确;

(2)金钱给付具体数额不明确或者计算方法不明确导致无法计算出具体数额;

(3)交付的特定物不明确或者无法确定;

(4)行为履行的标准、对象、范围不明确。

仲裁裁决或者仲裁调解书仅确定继续履行合同,但对继续履行的权利义务,以及履行的方式、期限等具体内容不明确,导致无法执行的,依照上述规定处理。

对仲裁裁决主文或者仲裁调解书中的文字、计算错误以及仲裁庭已经认定但在裁决主文中遗漏的事项,可以补正或说明的,人民法院应当书面告知仲裁庭补正或说明,或者向仲裁机构调阅仲裁案卷查明。仲裁庭不补正也不说明,且人民法院调阅仲裁案卷后执行内容仍然不明确具体无法执行的,可以裁定驳回执行申请。

当事人对驳回申请的裁定不服的,可以提起复议。

6. 仲裁司法审查案件办理过程中执行措施的采取

被执行人申请撤销仲裁裁决并已由人民法院受理的，或者被执行人、案外人对仲裁裁决执行案件提出不予执行申请并提供适当担保的，执行法院应当裁定中止执行。中止执行期间，人民法院应当停止处分性措施，但申请执行人提供充分、有效的担保请求继续执行的除外；执行标的查封、扣押、冻结期限届满前，人民法院可以根据当事人申请或者依职权办理续行查封、扣押、冻结手续。

申请撤销仲裁裁决、不予执行仲裁裁决案件司法审查期间，当事人、案外人申请对已查封、扣押、冻结之外的财产采取保全措施的，负责审查的人民法院参照《民事诉讼法》第一百条的规定处理。司法审查后仍需继续执行的，保全措施自动转为执行中的查封、扣押、冻结措施；采取保全措施的人民法院与执行法院不一致的，应当将保全手续移送执行法院，保全裁定视为执行法院作出的裁定。

7. 涉外、涉港澳台仲裁案件司法审查案件中的报核制度

在办理涉外、涉港澳台仲裁司法审查案件时，人民法院经审查拟认定仲裁协议无效，不予执行或者撤销我国内地仲裁机构的仲裁裁决，不予认可和执行香港特别行政区、澳门特别行政区、台湾地区仲裁裁决，不予承认和执行外国仲裁裁决的，应当向本辖区所属高级人民法院报核；高级人民法院经审查拟同意的，应当向最高人民法院报核。待最高人民法院审核后，方可依最高人民法院的审核意见作出裁定。

8. 其他

我国内地仲裁机构作出的涉外、涉港澳台仲裁裁决的执行与司法审查案件办理过程中涉及的期限、法律文书的生效、异议审查等其他事项，如无特殊规定，适用非涉外、涉港澳台仲裁裁决司法审查案件的一般规定。

审查要点

1. 我国法院管辖权的确定

如果被执行人或者其财产中的一项在我国境内，那么我国法院就对该案件

有管辖权。执行期间从发现被执行人或者被执行财产之日起算。

2. 撤销或者不予执行涉外、涉港澳台仲裁裁决的层报制度

如果办理涉外、涉港澳台仲裁司法审查案件的各中级人民法院或者专门人民法院拟不予执行或者撤销涉外、涉港澳台的仲裁裁决，无论该仲裁裁决作出机构为我国内地仲裁机构还是香港特别行政区、澳门特别行政区和台湾地区仲裁机构或者国外仲裁机构，均应层报最高人民法院进行审核，在审核意见作出前，不得作出裁定。

3. 涉外与非涉外仲裁裁决的司法审查适用规范的差别

办理涉外仲裁裁决司法审查案件时应注意，其不予执行或撤销的法定情形不同于非涉外的仲裁裁决，此时适用的是《民事诉讼法》第二百七十四条的规定，不包括裁决所根据的证据是伪造的，对方当事人向仲裁机构隐瞒了足以影响公正裁决的证据，仲裁员在仲裁该案时有贪污受贿、徇私舞弊枉法裁决行为等侧重于实体审查的情形。

相关规定

1.《民事诉讼法》

第二百七十四条 对中华人民共和国涉外仲裁机构作出的裁决，被申请人提出证据证明仲裁裁决有下列情形之一的，经人民法院组成合议庭审查核实，裁定不予执行：

（一）当事人在合同中没有订有仲裁条款或者事后没有达成书面仲裁协议的；

（二）被申请人没有得到指定仲裁员或者进行仲裁程序的通知，或者由于其他不属于被申请人负责的原因未能陈述意见的；

（三）仲裁庭的组成或者仲裁的程序与仲裁规则不符的；

（四）裁决的事项不属于仲裁协议的范围或者仲裁机构无权仲裁的。

人民法院认定执行该裁决违背社会公共利益的，裁定不予执行。

第二百七十五条 仲裁裁决被人民法院裁定不予执行的，当事人可以根据双方达成的书面仲裁协议重新申请仲裁，也可以向人民法院起诉。

2.《仲裁法》

第九条　裁决被人民法院依法裁定撤销或者不予执行的，当事人就该纠纷可以根据双方重新达成的仲裁协议申请仲裁，也可以向人民法院起诉。

第六十五条　涉外经济贸易、运输和海事中发生的纠纷的仲裁，适用本章规定。本章没有规定的，适用本法其他有关规定。

第七十一条　被申请人提出证据证明涉外仲裁裁决有民事诉讼法第二百五十八条第一款规定的情形之一的，经人民法院组成合议庭审查核实，裁定不予执行。（注：此处《民事诉讼法》第二百五十八条现为第二百七十四条。）

第七十二条　涉外仲裁委员会作出的发生法律效力的仲裁裁决，当事人请求执行的，如果被执行人或者其财产不在中华人民共和国领域内，应当由当事人直接向有管辖权的外国法院申请承认和执行。

3.《民事诉讼法解释》

第五百四十条　申请人向人民法院申请执行中华人民共和国涉外仲裁机构的裁决，应当提出书面申请，并附裁决书正本。如申请人为外国当事人，其申请书应当用中文文本提出。

4.《最高人民法院关于人民法院执行工作若干问题的规定（试行）》

19. 申请执行仲裁机构的仲裁裁决，应当向人民法院提交有仲裁条款的合同书或仲裁协议书。

申请执行国外仲裁机构的仲裁裁决的，应当提交经我国驻外使领馆认证或我国公证机关公证的仲裁裁决书中文本。

5.《最高人民法院关于仲裁司法审查案件报核问题的有关规定》

第二条　中级人民法院或者专门人民法院办理涉外涉港澳台仲裁司法审查案件，经审查拟认定仲裁协议无效，不予执行或者撤销我国内地仲裁机构的仲裁裁决，不予认可和执行香港特别行政区、澳门特别行政区、台湾地区仲裁裁决，不予承认和执行外国仲裁裁决，应当向本辖区所属高级人民法院报核；高级人民法院经审查拟同意的，应当向最高人民法院报核。待最高人民法院审核后，方可依最高人民法院的审核意见作出裁定。

各中级人民法院或者专门人民法院办理非涉外涉港澳台仲裁司法审查案件，经审查拟认定仲裁协议无效，不予执行或者撤销我国内地仲裁机构的仲裁裁决，应当向本辖区所属高级人民法院报核；待高级人民法院审核后，方可依高级人民法院的审核意见作出裁定。

第四条 下级人民法院报请上级人民法院审核的案件，应当将书面报告和案件卷宗材料一并上报。书面报告应当写明审查意见及具体理由。

第五条 上级人民法院收到下级人民法院的报核申请后，认为案件相关事实不清的，可以询问当事人或者退回下级人民法院补充查明事实后再报。

第六条 上级人民法院应当以复函的形式将审核意见答复下级人民法院。

第七条 在民事诉讼案件中，对于人民法院因涉及仲裁协议效力而作出的不予受理、驳回起诉、管辖权异议的裁定，当事人不服提起上诉，第二审人民法院经审查拟认定仲裁协议不成立、无效、失效、内容不明确无法执行的，须按照本规定第二条的规定逐级报核，待上级人民法院审核后，方可依上级人民法院的审核意见作出裁定。

6.《最高人民法院关于审理仲裁司法审查案件若干问题的规定》

第一条 本规定所称仲裁司法审查案件，包括下列案件：

（一）申请确认仲裁协议效力案件；

（二）申请执行我国内地仲裁机构的仲裁裁决案件；

（三）申请撤销我国内地仲裁机构的仲裁裁决案件；

（四）申请认可和执行香港特别行政区、澳门特别行政区、台湾地区仲裁裁决案件；

（五）申请承认和执行外国仲裁裁决案件；

（六）其他仲裁司法审查案件。

第六条 申请人向人民法院申请执行或者撤销我国内地仲裁机构的仲裁裁决、申请承认和执行外国仲裁裁决的，应当提交申请书及裁决书正本或者经证明无误的副本。

申请书应当载明下列事项：

（一）申请人或者被申请人为自然人的，应当载明其姓名、性别、出生日期、国籍及住所；为法人或者其他组织的，应当载明其名称、住所以及法定代表人或者代表人的姓名和职务；

（二）裁决书的主要内容及生效日期；

（三）具体的请求和理由。

当事人提交的外文申请书、裁决书及其他文件，应当附有中文译本。

第七条　申请人提交的文件不符合第五条、第六条的规定，经人民法院释明后提交的文件仍然不符合规定的，裁定不予受理。

申请人向对案件不具有管辖权的人民法院提出申请，人民法院应当告知其向有管辖权的人民法院提出申请，申请人仍不变更申请的，裁定不予受理。

申请人对不予受理的裁定不服的，可以提起上诉。

第八条　人民法院立案后发现不符合受理条件的，裁定驳回申请。

前款规定的裁定驳回申请的案件，申请人再次申请并符合受理条件的，人民法院应予受理。

当事人对驳回申请的裁定不服的，可以提起上诉。

7.《最高人民法院关于人民法院办理仲裁裁决执行案件若干问题的规定》

第二条　当事人对仲裁机构作出的仲裁裁决或者仲裁调解书申请执行的，由被执行人住所地或者被执行的财产所在地的中级人民法院管辖。

符合下列条件的，经上级人民法院批准，中级人民法院可以参照民事诉讼法第三十八条的规定指定基层人民法院管辖：

（一）执行标的额符合基层人民法院一审民商事案件级别管辖受理范围；

（二）被执行人住所地或者被执行的财产所在地在被指定的基层人民法院辖区内；

被执行人、案外人对仲裁裁决执行案件申请不予执行的，负责执行的中级人民法院应当另行立案审查处理；执行案件已指定基层人民法院管辖的，应当于收到不予执行申请后三日内移送原执行法院另行立案审查处理。

第三条　仲裁裁决或者仲裁调解书执行内容具有下列情形之一导致无法执行的，人民法院可以裁定驳回执行申请；导致部分无法执行的，可以裁定驳回该部分的执行申请；导致部分无法执行且该部分与其他部分不可分的，可以裁定驳回执行申请。

（一）权利义务主体不明确；

（二）金钱给付具体数额不明确或者计算方法不明确导致无法计算出具体数额；

（三）交付的特定物不明确或者无法确定；

（四）行为履行的标准、对象、范围不明确；

仲裁裁决或者仲裁调解书仅确定继续履行合同，但对继续履行的权利义务，以及履行的方式、期限等具体内容不明确，导致无法执行的，依照前款规定处理。

第四条 对仲裁裁决主文或者仲裁调解书中的文字、计算错误以及仲裁庭已经认定但在裁决主文中遗漏的事项，可以补正或说明的，人民法院应当书面告知仲裁庭补正或说明，或者向仲裁机构调阅仲裁案卷查明。仲裁庭不补正也不说明，且人民法院调阅仲裁案卷后执行内容仍然不明确具体无法执行的，可以裁定驳回执行申请。

第五条 申请执行人对人民法院依照本规定第三条、第四条作出的驳回执行申请裁定不服的，可以自裁定送达之日起十日内向上一级人民法院申请复议。

第七条 被执行人申请撤销仲裁裁决并已由人民法院受理的，或者被执行人、案外人对仲裁裁决执行案件提出不予执行申请并提供适当担保的，执行法院应当裁定中止执行。中止执行期间，人民法院应当停止处分性措施，但申请执行人提供充分、有效的担保请求继续执行的除外；执行标的查封、扣押、冻结期限届满前，人民法院可以根据当事人申请或者依职权办理续行查封、扣押、冻结手续。

申请撤销仲裁裁决、不予执行仲裁裁决案件司法审查期间，当事人、案外人申请对已查封、扣押、冻结之外的财产采取保全措施的，负责审查的人民法院参照民事诉讼法第一百条的规定处理。司法审查后仍需继续执行的，保全措施自动转为执行中的查封、扣押、冻结措施；采取保全措施的人民法院与执行法院不一致的，应当将保全手续移送执行法院，保全裁定视为执行法院作出的裁定。

第九条 案外人向人民法院申请不予执行仲裁裁决或者仲裁调解书的，应当提交申请书以及证明其请求成立的证据材料，并符合下列条件：

（一）有证据证明仲裁案件当事人恶意申请仲裁或者虚假仲裁，损害其合法权益；

（二）案外人主张的合法权益所涉及的执行标的尚未执行终结；

（三）自知道或者应当知道人民法院对该标的采取执行措施之日起三十日内提出。

第十八条 案外人根据本规定第九条申请不予执行仲裁裁决或者仲裁调解书，符合下列条件的，人民法院应当支持：

（一）案外人系权利或者利益的主体；

（二）案外人主张的权利或者利益合法、真实；

（三）仲裁案件当事人之间存在虚构法律关系，捏造案件事实的情形；

（四）仲裁裁决主文或者仲裁调解书处理当事人民事权利义务的结果部分或者全部错误，损害案外人合法权益。

第十九条　被执行人、案外人对仲裁裁决执行案件逾期申请不予执行的，人民法院应当裁定不予受理；已经受理的，应当裁定驳回不予执行申请。

被执行人、案外人对仲裁裁决执行案件申请不予执行，经审查理由成立的，人民法院应当裁定不予执行；理由不成立的，应当裁定驳回不予执行申请。

典型案例

1. 苏黎世财产保险（中国）有限公司与东京海上日动火灾保险（中国）有限公司申请确认仲裁协议效力案

（1）案号

上海金融法院（2019）沪74民特27号

（2）案情

2009年5月1日，东京海上日动火灾保险（中国）有限公司上海分公司（以下简称东京日动公司）作为保险人与三菱汽车销售（中国）有限公司（以下简称三菱公司）作为被保险人签订编号为09SH002（SHA）的《内陆货物运输保险开口保单》（水运和陆运），其中第10条约定，如果保险人和被保险人之间产生任何争议，双方应通过协商解决争议。如果无法通过协商解决，任何一方或双方可以根据仲裁规则向中国海事仲裁委员会（China Maritime Arbitration Commission，CMAC）上海分会申请仲裁。2015年8月13日，苏黎世财产保险（中国）有限公司（以下简称苏黎世财保公司）作为再保险人与东京日动公司作为再保被保险人签署编号为SH00150075的再保条（Resinsurance Slip），约定保险利益、保险期限、保险金额、保险费、管辖等参见原保单，保单编号PB0215011416。东京日动公司于2019年7月17日向中国海事仲裁委员会上海分会提交仲裁申请，就上述编号为09SH002（SHA）的开口保单及编号为SH00150075的再保条所引起的争议申请仲裁。苏黎世财保公司向上海金融法院提出申请，请求裁定确认其与东京海上日动上海分公司于2015年8月13日签订的编号为SH00150075的再保险合同中无仲裁条款。

审理中，东京日动公司提供编号为PB0215011416的保单。该保单载明，被保险人三菱公司，保单承保期2015年5月1日0:00至2015年5月31日24:00，编号为09SH002(SHA)的开口保单下的申报，运输工具、启运地点、目的地、保险标的以及其他特别条款和条件均按照开口保单的约定，如果本公司与被保险人之间发生任何争议，双方应通过谈判解决，如果无法通过谈判解决，双方都可以向中国海事仲裁委员会上海分会申请根据其仲裁规则进行仲裁。经申请，法院向东京日动公司开具调查令至三菱公司调取三菱公司持有的编号为PB0215011416的保单。经审查，三菱公司持有的保单与东京日动公司提供的上述保单内容一致。

(3)裁判理由及意义

上海金融法院驳回申请人苏黎世财保公司的申请。双方均为外资保险公司，原保单及再保条均以英语起草和签署，在双方就"管辖"(jurisdiction)一词的含义产生争议的情况下，首先应采文义解释原则，同时结合原保单并没有司法管辖仅有仲裁条款的约定，认定再保条约定管辖按原保单应指按原保单中仲裁条款的约定。再保条将管辖与保险利益、保险期限等事项单独列出，明确载明按原保单的约定，应当认定再保险合同中关于仲裁条款并入的约定意思表示明确，对于再保险双方当事人均具有法律约束力。

本案中，无论再保条中约定的原保单是指编号PB0215011416的保单还是编号为09SH002(SHA)的《内陆货物运输保险开口保单》，均约定了仲裁条款，而且请求仲裁的意思表示、仲裁事项及仲裁委员会的约定明确，依法有效。再保条将管辖，即"jurisdiction"与保险利益、保险期限等事项单独列出，明确约定按照原保险单。审查中，苏黎世财保公司与东京日动公司就"jurisdiction"一词的含义产生争议。本案双方均为外资保险公司，涉案合同也均以英语起草并签署，在双方就"jurisdiction"的含义产生争议的情况下，应按照该词语通常的含义予以界定。在英语中，"jurisdiction"并非特指司法管辖，也可在指代诉讼、仲裁等纠纷解决方式的层面上适用。本案原保单没有司法管辖的约定，双方约定参照原保单即指参照仲裁条款的约定。因此，苏黎世财保公司与东京日动公司之间再保险合同中关于仲裁条款并入的约定意思表示明确，对于双方均具有法律约束力。

2. 上海金纬机械制造有限公司与瑞士瑞泰克公司申请承认和执行外国仲裁裁决纠纷案①

(1)案号

上海市第一中级人民法院(2012)沪一中执恢复第12号

(2)案情

上海金纬机械制造有限公司(以下简称金纬公司)与瑞士瑞泰克公司买卖合同纠纷一案,由中国国际经济贸易仲裁委员会于2006年9月18日作出仲裁裁决。2007年8月27日,金纬公司向瑞士联邦兰茨堡(Lenzburg)法院(以下简称兰茨堡法院)申请承认和执行该仲裁裁决,但最终该院以仲裁裁决书翻译文件没有严格意义上符合《纽约公约》第四条第二点的规定为由,驳回申请。

2008年7月30日,金纬公司发现瑞泰克公司有一批机器设备正在上海市浦东新区展览,遂于当日向上海市第一中级人民法院(以下简称上海一中院)申请执行。上海一中院于同日立案执行并查封、扣押了瑞泰克公司参展机器设备。瑞泰克公司遂以金纬公司申请执行已超过《民事诉讼法》规定的期限为由提出异议,要求上海一中院不受理该案,并解除查封,停止执行。

上海一中院于2008年11月17日作出(2008)沪一中执字第640－1民事裁定,驳回瑞泰克公司的异议。裁定送达后,瑞泰克公司向上海市高级人民法院(以下简称上海高院)申请执行复议。2011年12月20日,上海高院作出(2009)沪高执复议字第2号执行裁定,驳回复议申请。

(3)裁判理由及意义

本案争议焦点是,我国法院对本案是否具有管辖权以及申请执行期间应当从何时开始起算。

①我国法院的执行管辖权问题

根据《民事诉讼法》的规定,我国涉外仲裁机构作出的仲裁裁决,如果被执行人或者其财产不在中华人民共和国领域内的,应当由当事人直接向有管辖权的外国法院申请承认和执行。鉴于本案所涉仲裁裁决生效时,被执行人瑞泰克公司及其财产均不在我国领域内,因此,人民法院在该仲裁裁决生效当时,对裁决的执行没有管辖权。

---

① 参见最高人民法院第37号指导案例。

2008年7月30日,金纬公司发现被执行人瑞泰克公司有财产正在上海市参展。此时,被申请执行人瑞泰克公司有财产在中华人民共和国领域内的事实,使我国法院产生了对本案的执行管辖权。申请执行人依据《民事诉讼法》"一方当事人不履行仲裁裁决的,对方当事人可以向被申请人住所地或者财产所在地的中级人民法院申请执行"的规定,基于被执行人不履行仲裁裁决义务的事实,行使民事强制执行请求权,向上海一中院申请执行。这符合我国《民事诉讼法》有关人民法院管辖涉外仲裁裁决执行案件所应当具备的要求,上海一中院对该执行申请有管辖权。

②本案申请执行期间起算问题

依照《民事诉讼法》第二百三十九条的规定,"申请执行的期间为二年"。"前款规定的期间,从法律文书规定履行期间的最后一日起计算;法律文书规定分期履行的,从规定的每次履行期间的最后一日起计算;法律文书未规定履行期间的,从法律文书生效之日起计算。"我国法律有关申请执行期间起算,是针对生效法律文书作出时,被执行人或者其财产在我国领域内的一般情况作出的规定。而本案的具体情况是,仲裁裁决生效当时,我国法院对该案并没有执行管辖权,当事人依法向外国法院申请承认和执行该裁决而未能得到执行,不存在怠于行使申请执行权的问题,被执行人一直拒绝履行裁决所确定的法律义务,申请执行人在发现被执行人有财产在我国领域内之后,即向人民法院申请执行。考虑到这类情况下,外国被执行人或者其财产何时会再次进入我国领域内,具有较大的不确定性,因此,应当合理确定申请执行期间起算点,才能公平保护申请执行人的合法权益。因被执行人或者其财产不在我国领域内,我国法院对该案没有执行管辖权,申请执行人金纬公司并非其主观上不愿或怠于行使权利,而是由于客观上纠纷本身没有产生人民法院执行管辖连结点,导致其无法向人民法院申请执行。人民法院在受理强制执行申请后,应当审查申请是否在法律规定的时效期间内提出。具有执行管辖权是人民法院审查申请执行人相关申请的必要前提,因此应当自执行管辖确定之日,即发现被执行人可供执行财产之日,开始计算申请执行人的申请执行期限。

本案的裁判意义在于,确定了当事人向我国法院申请执行发生法律效力的涉外仲裁裁决案件的管辖规则与期间计算规则,即发现被申请执行人或者其财产在我国领域内的,我国法院即对该案具有执行管辖权。当事人申请法院强制执行的时效期间，应当自发现被申请执行人或者其财产在我国领域内之日起算。

学术观点

1. 仲裁司法审查案件中的内部报告制度运行的实际效果

有学者基于最高人民法院对下级法院不予执行外国或者涉外仲裁裁决之初始裁定所做的98份批复进行了实证研究，根据其研究结果，在98个案例中，有40个案件在经过最高人民法院的审查后最终得以执行。下级法院最初作出的不予执行的裁定有40.8%被最高人民法院推翻。推翻率相对较高的原因可能是审级较低的法院法官能力不足从而导致法律解释错误，也可能是低级别法院的审查标准更为严格，这与地方保护主义可能有一定关联。40.8%的推翻率可能足以证明建立这种报告制度的必要性，这可以被视为对不执行外国或涉外仲裁裁决的有效制约。而且，根据该学者观点，该实证研究显示内部报告制度能够有效隔绝地方保护的不当影响。

同时，根据其研究，在这98个案例中，缺乏有限的仲裁协议（或条款）是法院拒绝执行申请最常援引的理由之一。仲裁庭组成或仲裁程序不符合仲裁协议以及仲裁事项超出仲裁协议范围或仲裁庭无权仲裁是拒绝执行申请的主要理由。国内法院极少援引公共政策条款拒绝执行外国或者涉外仲裁裁决。[①]

2. 仲裁的撤销与不予执行之间的区别和联系

有学者认为，不予执行仲裁裁决的事由与撤销仲裁裁决的事由不一致，导致了主张不予执行与申请撤销仲裁裁决之间的微妙关系。《仲裁法解释》第二十六条规定，一旦当事人申请撤销仲裁裁决的请求被驳回，当事人在执行阶段主张不予执行仲裁裁决，人民法院不予支持。因此，一些当事人更多地利用不予执行而非申请撤销仲裁裁决来请求获得救济。虽然2012年《民事诉讼法》修改之后，这种基于事由差异的选择不复存在，但由于撤销仲裁裁决案件的管辖与仲裁执行管辖的法院有可能不一致，从而导致审查结果有所不同，当事人在策略上依然会考虑救济方式的选择。

---

① 参见沈伟：《地方保护主义的司法抑制之困：中央化司法控制进路的实证研究——以执行涉外仲裁裁决内部报告制度为切入视角》，载《当代法学》2019年第4期。

法院对涉外仲裁的司法审查相比对非涉外仲裁要宽松一些。这一宽松度就体现在不予执行的事由方面没有将“裁决所根据的证据是伪造的”和“对方当事人向仲裁机构隐瞒了足以影响公正裁决的证据的”作为不予执行涉外仲裁裁决的事由(《民事诉讼法》第二百七十四条)。除了涉及我国社会公共利益之外,人民法院几乎不涉及涉外仲裁裁决的实体问题。

依照现行制度,一旦法院裁定不予执行仲裁裁决,仲裁裁决不仅不能执行,还将丧失效力。当事人可以为民事争议重新选择解决路径。显然,这一法律效果仅适用于内地仲裁机构作出的仲裁裁决,对于国外仲裁机构和我国港澳台地区仲裁机构作出的仲裁裁决,因为司法管辖权的原因,我国内地法院不能裁决撤销。国外以及我国港澳台地区仲裁机构作出的裁决,只有在经过我国内地法院承认或认可的前提下,才有可能得到我国内地法院的执行,但不承认或不认可并不影响这类裁决的效力。也因此,有人认为,不予执行制度仅对国外仲裁才有意义,因为国外仲裁机构作出的裁决有可能违反我国法律或社会公共利益,从维护我国法律和社会公共利益的角度,我国有权拒绝执行该国外仲裁裁决。但对于国内仲裁裁决,不予执行制度就没有意义了,完全可以通过撤销仲裁裁决制度防止不合法仲裁裁决的存在,也就实现了不予执行制度所要达到的救济目的。从这一点可以发现,国外以及我国港澳台地区仲裁裁决执行的司法监督与国内仲裁裁决执行的司法监督在构造上存在明显差异。①

(四)涉外执行案件办理的一般流程

1. 执行的准备与启动

(1)人民法院应当在立案后7日内确定承办人。

(2)执行立案后,执行机构发现不符合申请执行的受理条件,裁定驳回执行申请。

(3)执行人员接到申请执行书或者移交执行书后,应当向被执行人发出执行通知,并可以立即采取执行措施。

---

① 参见张卫平:《现行仲裁执行司法监督制度结构的反思与调整——兼论仲裁裁决不予执行制度》,载《现代法学》2020年第1期。

2. 执行文书的送达

对于执行中的执行通知书、执行裁定书等法律文书的送达，适用前文关于法律文书送达的有关规定。

3. 财产调查

在执行过程中，申请执行人应当提供被执行人的财产线索；被执行人应当如实报告财产；人民法院应当通过网络执行查控系统进行调查，根据案件需要应当通过其他方式进行调查的，同时采取其他调查方式。

4. 财产控制

执行中，人民法院有权查封、扣押、冻结、拍卖、变卖被执行人应当履行义务部分的财产，但应当保留被执行人及其所扶养家属的生活必需品。

根据《缔结条约程序法》的规定，以中华人民共和国、中华人民共和国政府或者中华人民共和国政府部门名义同外国、国际组织缔结的条约、协定和其他具有条约、协定性质的文件中规定免于查封、扣押、冻结的财产不得查封、扣押、冻结。

5. 财产变价

执行中，被执行人的财产被查封、扣押、冻结后，人民法院应当及时进行拍卖、变卖或者采取其他执行措施。

6. 执行审查

执行异议、复议、监督、请示、协调等执行审查案件，如无特别规定，适用《民事诉讼法》等法律及相关的司法解释中关于执行审查案件的办理规范办理。

7. 涉外执行实施案件中对外国人的制裁措施

(1)对外国人的拘留和限制出境

在执行实施案件中对外国人的拘留和限制出境参照前文保全及强制措施部分的有关内容。

(2)对外国人的限制消费和纳入失信被执行人名单

执行中,申请执行人申请或者人民法院认为必要的,对符合法定情形的外国被执行人可以采取限制消费和纳入失信被执行人名单措施。

8.其他

一般涉外案件的执行过程中的参与分配、款物的发放与管理以及结案等程序性事项的办理适用我国《民事诉讼法》及相关司法解释中关于执行实施案件办理的一般规范。

审查要点

涉外执行中应注意以下事项:

在非人民法院生效裁判作为执行依据的涉外案件执行中,如果我国人民法院有管辖权,那么被执行人或者被执行财产至少有一项在中国境内,人民法院应当对其财产进行调查,调查的方式和要求与国内一般执行案件中的相同。

无论是申请执行人一方还是被执行人一方涉外,申请执行人都应当提供被执行人的财产线索,被执行人均有义务报告财产,否则应当承担相应的法律后果。

涉外执行案件中的待处置财产一般在我国境内,原则上在变价时(包括评估、拍卖等程序在内)仍适用财产变价的一般规定。

相关规定

1.《民事诉讼法》

第二百四十条 执行员接到申请执行书或者移交执行书,应当向被执行人发出执行通知,并可以立即采取强制执行措施。

第二百四十四条 被执行人未按执行通知履行法律文书确定的义务,人民法院有权查封、扣押、冻结、拍卖、变卖被执行人应当履行义务部分的财产。但应当保留被执行人及其所扶养家属的生活必需品。

采取前款措施,人民法院应当作出裁定。

2.《最高人民法院关于人民法院办理执行案件若干期限的规定》

第二条 人民法院应当在立案后7日内确定承办人。

3.《最高人民法院关于执行案件立案、结案若干问题的意见》

第二十条 执行实施案件立案后，经审查发现不符合《最高人民法院关于人民法院执行工作若干问题的规定（试行）》第18条规定的受理条件，裁定驳回申请的，以“驳回申请”方式结案。

4.《最高人民法院关于民事执行中财产调查若干问题的规定》

第一条 执行过程中，申请执行人应当提供被执行人的财产线索；被执行人应当如实报告财产；人民法院应当通过网络执行查控系统进行调查，根据案件需要应当通过其他方式进行调查的，同时采取其他调查方式。

5.《最高人民法院关于人民法院民事执行中查封、扣押、冻结财产的规定》

第三条 人民法院对被执行人下列的财产不得查封、扣押、冻结：

（一）被执行人及其所扶养家属生活所必需的衣服、家具、炊具、餐具及其他家庭生活必需的物品；

（二）被执行人及其所扶养家属所必需的生活费用。当地有最低生活保障标准的，必需的生活费用依照该标准确定；

（三）被执行人及其所扶养家属完成义务教育所必需的物品；

（四）未公开的发明或者未发表的著作；

（五）被执行人及其所扶养家属用于身体缺陷所必需的辅助工具、医疗物品；

（六）被执行人所得的勋章及其他荣誉表彰的物品；

（七）根据《中华人民共和国缔结条约程序法》，以中华人民共和国、中华人民共和国政府或者中华人民共和国政府部门名义同外国、国际组织缔结的条约、协定和其他具有条约、协定性质的文件中规定免于查封、扣押、冻结的财产；

（八）法律或者司法解释规定的其他不得查封、扣押、冻结的财产。

6.《最高人民法院关于人民法院民事执行中拍卖、变卖财产的规定》

第一条 在执行程序中，被执行人的财产被查封、扣押、冻结后，人民法院应当及时进行拍卖、变卖或者采取其他执行措施。

7.《最高人民法院关于限制被执行人高消费及有关消费的若干规定》

第一条 被执行人未按执行通知书指定的期间履行生效法律文书确定的给

付义务的,人民法院可以采取限制消费措施,限制其高消费及非生活或者经营必需的有关消费。

纳入失信被执行人名单的被执行人,人民法院应当对其采取限制消费措施。

8.《最高人民法院关于公布失信被执行人名单信息的若干规定》

第一条 被执行人未履行生效法律文书确定的义务,并具有下列情形之一的,人民法院应当将其纳入失信被执行人名单,依法对其进行信用惩戒:

(一)有履行能力而拒不履行生效法律文书确定义务的;

(二)以伪造证据、暴力、威胁等方法妨碍、抗拒执行的;

(三)以虚假诉讼、虚假仲裁或者以隐匿、转移财产等方法规避执行的;

(四)违反财产报告制度的;

(五)违反限制消费令的;

(六)无正当理由拒不履行执行和解协议的。

(五)迟延履行期间的债务利息的计算及执行费用交纳

1.迟延履行期间的债务利息的计算

生效法律文书确定给付外币的,执行时以该种外币按日万分之一点七五计算加倍部分债务利息,但申请执行人主张以人民币计算的,人民法院应予准许。

以人民币计算加倍部分债务利息的,应当先将生效法律文书确定的外币折算或者套算为人民币后再进行计算。

外币折算或者套算为人民币的,按照加倍部分债务利息起算之日的中国外汇交易中心或者中国人民银行授权机构公布的人民币对该外币的中间价折合成人民币计算;中国外汇交易中心或者中国人民银行授权机构未公布汇率中间价的外币,按照该日境内银行人民币对该外币的中间价折算成人民币,或者该外币在境内银行、国际外汇市场对美元汇率,与人民币对美元汇率中间价进行套算。

2.执行费用计算单位

执行费用以人民币为计算单位。以外币为计算单位的,依照人民法院决定受理案件之日国家公布的汇率换算成人民币计算交纳。

3. 外汇诉讼费用的交纳

(1)境内当事人申请在境外以外汇交纳诉讼费用的，人民法院应当给当事人出具《人民法院诉讼费用(外汇)缴费通知书》，列明费用项目、币种、金额等，以便于当事人从其外汇账户中支付或者据以向外汇管理部门申请购汇支付。

(2)在涉外案件中，境内当事人为执行已生效的裁定书、判决书或调解书等法律文书需向境外当事人支付外汇的，如该案件项下相关交易支付无须外汇管理部门核准，境内当事人可以凭申请书、已生效的法律文书、人民法院出具的协助执行通知书等材料直接从其外汇账户中支付；如需用人民币购汇支付或者该案件项下相关交易支付需经外汇管理部门核准，境内当事人应当持上述材料向所在地外汇管理部门申请，凭外汇管理部门的核准件从其外汇账户中支付或者到外汇指定银行购汇支付。

购汇超出其年度额度的，可按照相关规定进行购汇。

审查要点

1. 关于迟延履行期间的债务利息的计算中外币折算的标准

迟延履行期间的债务利息的计算中涉及外币折算或者套算为人民币的，按照加倍部分债务利息起算之日的中国外汇交易中心或者中国人民银行授权机构公布的人民币对该外币的中间价折合成人民币计算。

2. 币种与汇率

原则上，涉外案件的执行应当以人民币为计算单位，但如果裁判主文或者申请执行标的是以外币为计算单位，且被执行人有外汇账户的，可以执行从被执行人的外汇账户中支付，否则仍应折算为人民币计算。

折算成人民币计算的，折算的汇率为执行案款到人民法院账户之日国家公布的汇率。

3. 协助执行通知书的出具

在涉外案件中，境内当事人为执行已生效的裁定书、判决书或调解书等法律文书需向境外当事人支付外汇的，人民法院应当出具协助执行通知书。

4. 关于外汇限额问题

如果因执行需要，境内当事人需要购汇及支付的外汇超过其限额的，应当由其向外汇管理机关申请核准，经核准后可以进行购汇及支付。

相关规定

1.《最高人民法院关于执行程序中计算迟延履行期间的债务利息适用法律若干问题的解释》

第五条 生效法律文书确定给付外币的，执行时以该种外币按日万分之一点七五计算加倍部分债务利息，但申请执行人主张以人民币计算的，人民法院应予准许。

以人民币计算加倍部分债务利息的，应当先将生效法律文书确定的外币折算或者套算为人民币后再进行计算。

外币折算或者套算为人民币的，按照加倍部分债务利息起算之日的中国外汇交易中心或者中国人民银行授权机构公布的人民币对该外币的中间价折合成人民币计算；中国外汇交易中心或者中国人民银行授权机构未公布汇率中间价的外币，按照该日境内银行人民币对该外币的中间价折算成人民币，或者该外币在境内银行、国际外汇市场对美元汇率，与人民币对美元汇率中间价进行套算。

2.《诉讼费用缴纳办法》

第五十五条 诉讼费用以人民币为计算单位。以外币为计算单位的，依照人民法院决定受理案件之日国家公布的汇率换算成人民币计算交纳；上诉案件和申请再审案件的诉讼费用，按照第一审人民法院决定受理案件之日国家公布的汇率换算。

3.《最高人民法院关于转发国家外汇管理局〈关于人民法院在涉外司法活动中开立外汇帐户及办理外汇收支有关问题的函〉的通知》

第三条 境内当事人申请在境外采取执行、保全、查封、扣押等措施应缴纳外汇诉讼费用的，人民法院应当给当事人出具《人民法院诉讼费用（外汇）缴费通知书》（样式附后），列明费用项目、币种、金额等，以便于当事人从其外汇帐户中支付或者据以向外汇局申请购汇支付。

4.《国家外汇管理局关于人民法院在涉外司法活动中开立外汇帐户及办理外汇收支有关问题的函》

第五条　涉外案件中，境内当事人为执行人民法院已生效的裁定书、判决书或调解书等法律文书需向境外当事人支付外汇的，如该案件项下相关交易支付无需外汇局核准，境内当事人可以凭申请书、人民法院已生效的法律文书、人民法院出具的协助执行通知书等材料直接从其外汇帐户中支付；如需用人民币购汇支付或者该案件项下相关交易支付需经外汇局核准，境内当事人应当持上述材料向所在地外汇局申请，凭外汇局的核准件从其外汇帐户中支付或者到外汇指定银行购汇支付。

（六）涉外仲裁裁决的撤销

当事人提出证据证明涉外仲裁裁决有下列情形之一，可以申请撤销裁决：

（一）当事人在合同中没有订有仲裁条款或者事后没有达成书面仲裁协议的；

（二）被申请人没有得到指定仲裁员或者进行仲裁程序的通知，或者由于其他不属于被申请人负责的原因未能陈述意见的；

（三）仲裁庭的组成或者仲裁的程序与仲裁规则不符的；

（四）裁决的事项不属于仲裁协议的范围或者仲裁机构无权仲裁的。

人民法院经组成合议庭审查核实裁决有上述情形之一的，应当裁定撤销。

相关规定

1.《民事诉讼法》

第二百七十四条　对中华人民共和国涉外仲裁机构作出的裁决，被申请人提出证据证明仲裁裁决有下列情形之一的，经人民法院组成合议庭审查核实，裁定不予执行：

（一）当事人在合同中没有订有仲裁条款或者事后没有达成书面仲裁协议的；

（二）被申请人没有得到指定仲裁员或者进行仲裁程序的通知，或者由于其他不属于被申请人负责的原因未能陈述意见的；

（三）仲裁庭的组成或者仲裁的程序与仲裁规则不符的；

（四）裁决的事项不属于仲裁协议的范围或者仲裁机构无权仲裁的。

人民法院认定执行该裁决违背社会公共利益的，裁定不予执行。

2.《仲裁法》

第七十条 当事人提出证据证明涉外仲裁裁决有民事诉讼法第二百五十八条第一款规定的情形之一的，经人民法院组成合议庭审查核实，裁定撤销。

（注：此处《民事诉讼法》第二百五十八条现为第二百七十四条。）

第四部分　附　　录

一、法律文书撰写

（一）标题与首部

裁判文书的首部应当分别写明文书标题、案号、当事人及其法定代表人（或代表人）和委托代理人的基本情况以及案件由来、案由和审理过程等。

1. 标题

裁判文书标题一般表述为“中华人民共和国××××法院民事判决书（调解书、裁定书）”。

涉港澳台案件法律文书的标题，不加“中华人民共和国”；涉外案件的当事人中如果没有外国人、无国籍人、外国企业或组织的，除最高人民法院制作的裁判文书之外，其他各级人民法院制作的裁判文书标题中的法院名称无须冠以“中华人民共和国”字样。

法院名称应当与院印文字一致。

【范例】

中华人民共和国上海金融法院

民事判决书

（2020）沪74民初×××号

2. 首部

（1）对于自然人的表述

当事人是自然人的，应当写明其姓名、性别、出生日期、国籍、有效证件号码、住所地。对于外国当事人，在裁判文书首部应当写明其经过翻译的中文姓名或名称和住所地,并在中文姓名或名称和住所地后括号中注明其外文姓名或名称和住所地。上述翻译文本应由法院认可的权威机构翻译,当事人未委托翻译机构对姓名、名称和住所地进行翻译的,应责令其向法庭陈述其本人认可的中文姓名、名称和住所地。

自然人的住所地以其提交的合法有效的身份证件载明的地址为准;住所地与经常居住地不一致,且根据案件审理的需要需明确当事人经常居住地的,写明经依法查明的经常居住地。表述港澳地区当事人住所地时,应当使用香港特别行政区、澳门特别行政区的全称。表述台湾地区当事人住所地时,应当写明“台湾地区××市……”。涉我国港澳台地区案件的当事人的住址可不冠以“中华人民共和国”字样。但就案件中的中国主体,在表述其住所地时,仍应冠以“中华人民共和国”。境外当事人在国内有联系地址的,可在住所地后注明。

自然人身份证件号码一般应予注明,提交中华人民共和国居民身份证的应注明其公民身份号码。自然人为证明其身份提交的护照、往来港澳通行证、台湾居民来往大陆通行证等证件,无须再办理公证认证等证明手续。外国自然人应当写明其国籍,国别名称应当使用全称。无国籍人、港澳台地区的居民亦应予以注明。港澳台当事人欠缺必要事项的,应注明身份证号、台胞证号等。持有台湾居民居住证的台湾当事人可注明居住证信息。自然人职业不明确的,可以不表述。

当事人姓名或名称变更的,裁判文书首部应当列明变更后的姓名或名称,变更前姓名或名称无须在此处列明。对于姓名或名称变更的事实可根据需要在案件由来或者查明事实部分写明。

【范例1】

被上诉人(原审被告):迈克·皮尔斯(MICHAEL PIERCE),男,1949年1月15日出生,美利坚合众国国籍,所持美利坚合众国护照号码12345678,住中华人民共和国香港特别行政区中123路1234室。

【范例2】

被申请人:黄某某,男,1949年1月1日出生,台湾地区居民,所持台湾居民来往大陆通行证号码12345678,住台湾地区屏东市复兴南路1巷12号。

(2)对于法人或其他组织的表述

法人或其他组织的名称、住所地等,以其注册登记文件记载的内容为准。境外企业、组织提交的证明其主体资格的注册登记文件,需依法办理公证认证等证明手续;证明文件是外文的,应当附有中文译本。

法人或其他组织作为当事人的,应当写明其法定代表人或代表人及其身份信息。法定代表人后面使用冒号,写明法定代表人的姓名及其职务。当事人为不具备法人资格的其他组织的,应当写明其“代表人”,不应表述为“负责人”或“授权代表人”。外国或者港澳台地区的企业、组织作为当事人的,亦应使用“代表人”的表述。

(3)对于委托代理人的表述

外国当事人可以委托本国人为诉讼代理人,也可以委托本国律师以非律师身份担任诉讼代理人。外国驻华使、领馆官员,受本国公民的委托,可以个人名义担任诉讼代理人,但不享有外交特权和豁免权。

当事人委托本单位工作人员担任代理人的应当列在第一位,其委托外单位的人员或者律师担任代理人的列在第二位。当事人委托本单位人员作为代理人的,其身份信息可表述为“该公司(或该机构如该委员会、该厂等)工作人员”。律师、基层法律服务工作者担任代理人的,其身份信息表述为“××律师事务所律师”或“××法律服务所法律工作者”。当事人的近亲属或者其所在社区、单位以及有关社会团体推荐的公民担任代理人的,写明代理人的姓名、性别、出生日期、民族、职业、住所地。代理人是当事人近亲属的,还应当在住所地之后注明其与当事人的关系。代理人变更的,裁判文书首部只列写变更后的代理人。对于代理人变更的事实可根据需要在案件由来或者查明事实部分写明。

【范例 1】

原告:皮尔斯控股有限公司(PIERCE Holding Limited),住所地:中华人民共和国香港特别行政区 1 路 12 室。

代表人:叶某某,该公司董事。

委托诉讼代理人:韩某某,北京某某律师事务所律师。

【范例 2】

被申请人(仲裁申请人):皮尔斯有限公司(PIERCE INC.),住所地:美利坚合众国特拉华州多佛市绿树街 123 号 123 室(123 Greentree Drive, Suite 123, Dover, Delaware, United States)。

代表人:迈克·皮尔斯(MICHAEL PIERCE),该公司董事。

委托诉讼代理人：白麟，北京达辉律师事务所律师。

(4)对于诉讼地位的表述

裁判文书应当准确列明当事人的诉讼地位、姓名或名称及其住所地。

二审裁判文书在列明当事人二审诉讼地位的同时，亦应用括号注明其一审诉讼地位(如一审原告、一审被告等)。既非上诉人，亦非被上诉人的二审当事人，直接列明其一审诉讼地位。

申请再审或再审案件的裁判文书应当分别列明当事人在申请再审过程中或再审诉讼中的地位，同时用括号注明其一审、二审诉讼地位。既非再审申请人，亦非被申请人的，直接列明其一审、二审诉讼地位。抗诉案件应当列明抗诉机关。

当事人诉讼地位的称谓后面使用冒号。当事人为公司、企业、其他组织的，其名称后面使用句号，“住所地”后面使用冒号。当事人为自然人的，其姓名后均使用逗号，基本信息阐述完毕后使用句号。

当事人住所地、代理人情况相同的，应当各自列明，不应当使用“情况同上”进行表述。

(二)事实部分

1. 案件由来与开庭审理过程

裁判文书应当写明案件的由来以及开庭审理过程。与国内文书相同，应准确反映当事人争议内容的实质，并应与最高人民法院颁布的《民事案件案由规定》相一致。

根据一审、二审或再审程序的不同，在案件由来部分简要写明当事人起诉、上诉、发回重审或者申请再审、指令再审、提审等情况。一审裁判文书应当写明当事人起诉的时间。此部分叙述时可在当事人全称后面括号注明其简称。简称要清楚、得当，避免引起歧义，不应以当事人诉讼地位的称谓(如原告、上诉人、答辩人等)或甲方、乙方等作为其简称。

合议庭组成成员的情况不必具体表述，但如果合议庭成员有回避、变更情况的，应当在此部分写明。经过多次开庭审理的，应当分别简述开庭情况，以充分体现开庭审理的经过。开庭审理前组织证据交换、召集庭前会议的，亦应将相关情况予以阐述。当事人未到庭应诉或者中途退庭的，写明“经本院传票传唤，无正当理由拒不到庭”或者“未经法庭许可中途退庭”的情况。存在中止诉讼后又恢复审理等情况的，应当在此部分写明过程。

2. 当事人主张

裁判文书应当依次写明当事人的起诉（包括诉讼请求）、答辩、第三人陈述等情况，写明当事人的诉讼主张及其所依据的事实、理由。

转述当事人起诉、答辩的事实、理由时，应当对较长的起诉状、答辩状进行提炼、归纳，对其病句、错字进行修正。对当事人的诉辩理由的归纳要忠实于原意，不得遗漏当事人的主张。对于较长的诉状、答辩状要提炼、简化，可以使用汉语数字号将要点按序列明。

原告庭审时变更诉讼请求、提出新的诉讼请求，被告未作书面答辩或第三人未提交书面意见，但在庭审中进行口头答辩或陈述以及对原书面答辩或陈述意见予以补充的，应当在此节中予以表述。被告提出反诉的，亦应在此部分概述其反诉请求、依据的事实、理由以及对方的答辩情况。二审当事人的上诉、答辩等情况，在转述一审判决结果后进行概述，并应当按照前述第一项、第二项的要求进行提炼、归纳和表述。

3. 当事人质证

一审裁判文书应当写明当事人提交证据的名称、证明目的、各方当事人的质证意见，人民法院同时应当结合当事人举证、质证的意见，依照相关法律、司法解释的规定，对当事人提交证据的真实性、关联性、合法性进行分析，最终对证据是否应予采信及其证明力作出认定，明确阐明人民法院的认证意见。

根据质证认证情况，对业经查明认定的基本事实进行综合陈述。本部分以“本院查明”作为引言，其后用冒号，另起一行写明查明的事实。综述所查明的事实时，可以划分段落层次，亦可根据情况以“另查明”为引语表述其他相关事实，该另查明的事实可以多项；避免使用“还查明”“再查明”“又查明”等引语。在适用外国法的情况下，对于外国法查明的客观事实可在此部分予以表述。

4. 一审审理情况

二审裁判文书应当在“案件由来”部分之后，写明一审审理情况，包括原告的诉讼请求、一审法院认定的事实、裁判的理由和最终的裁判结果。

简要概括一审原告起诉的事实、理由及其具体的诉讼请求、一审被告的答辩意见、第三人的陈述,以明确案件争议的焦点。一审被告提起反诉的,亦应写明。写明一审查明的事实,该部分以“一审法院查明”为引语开始,“一审法院查明”后面使用冒号。对一审查明的事实原则上予以照抄,有错字、漏字或者语法错误的,可适当修改。

对于一审裁判文书中表述的当事人为支持自己主张提供的证据、当事人的质证意见及一审法院对证据的认证意见等内容,在二审裁判文书中可以省略,不再援引。当事人有争议的除外。写明一审裁判文书理由和结果,该部分以“一审法院认为”为引语开始,一审法院认为后面使用冒号。对一审认为部分原则上予以照抄,有错字、漏字或者语法错误的,可适当修改。一审裁判文书主文即裁判结果应当全文照抄,不得遗漏和更改,此前部分当事人名称使用简称的,此部分表述时仍使用简称,注意不得遗漏当事人负担的诉讼费及保全费、鉴定费等内容的表述。

5. 二审审理情况

二审裁判文书应当根据上诉审的特点,结合相关证据材料,依据相关法律规定,针对当事人对一审认定事实提出的异议,重点予以分析、阐述。

对于二审中当事人提交的新证据的名称、证明目的、各方当事人的质证意见等详细写明。结合当事人举证、质证的意见,依照相关法律、司法解释的规定,对有关证据的真实性、关联性、合法性进行分析,最终对证据是否应予采信及其证明力作出认定。

6. 再审审理情况

再审裁判文书应当在“案件由来”部分之后,写明原一审、二审审理情况以及申请再审及答辩情况。

上述两部分的具体书写分别参照适用二审裁判文书“一审审理情况”和一审裁判文书关于“当事人起诉及答辩情况”部分的要求。

再审裁判文书应当根据再审案件特点,结合相关证据材料,依据相关法律规定,针对当事人提出的对原一审、二审认定事实的异议,重点予以分析、阐述。

该部分的具体书写参照适用二审裁判文书关于“二审认定的事实”部分的要求。

注意事项

二审查明事实部分的不同表述

根据不同情况,二审查明事实部分可分四种表述方式:

一是当事人未提交新的证据,对一审查明的事实无异议,二审中也没有新查明的事实的,可写明:“一审查明的事实,有相关证据予以佐证,各方当事人均未提出异议,亦未提交新的证据,本院对一审查明的事实予以确认。”

二是当事人对一审查明的事实无异议,但提交新证据或者二审法院根据自行调查收集的证据,有新查明的事实的,可写明:“一审查明的事实,有相关证据予以佐证,各方当事人均未提出异议,本院对一审查明的事实予以确认。本院另查明:……(在综合列举当事人提交的新证据或法院调查收集的证据、阐述各方当事人的质证意见及本院对证据的认证意见的基础上,对另查明的事实作出认定)。”

三是当事人对部分事实提出异议,并提交新的证据,但经审查其异议不能成立的。

首先,对于当事人无异议部分的事实,可写明:“一审查明的××部分的事实,有相关证据予以佐证,各方当事人均未提出异议,本院对一审判决查明的××部分的事实予以确认。”

其次,对于当事人提出异议部分的事实,可写明:“上诉人××对一审查明的××部分的事实提出异议……(写明当事人对相关事实提出异议的具体意见及对方的反驳意见,并列举当事人为支持其主张提交的新证据,各方当事人对证据的质证意见以及本院对各证据的认证意见,在此基础上写明本院最终意见,最后可总结性写明‘上诉人××虽然对一审查明的××部分的事实提出异议,但其未能提供充分的证据予以证明,其异议不能成立,本院不予支持,对于一审查明的××部分的事实,本院予以确认’)。”

四是当事人对部分事实提出异议,根据当事人提交的新证据或者本院调查收集的证据,经审理发现一审查明的事实确实存在部分错误的。

首先,对于当事人无异议的正确部分的事实,可写明:"一审查明的××部分的事实,有相关证据予以佐证,各方当事人均未提出异议,本院对一审查明的××部分的事实予以确认。"

其次,对于一审认定错误的事实,可写明:"上诉人××对一审查明的××部分的事实提出异议……(写明当事人对相关事实提出异议的具体意见及对方的反驳意见,并列举当事人为支持其主张提交的新证据或本院调查收集的证据,各方当事人对证据的质证意见以及本院对各证据的最终认证意见,在此基础上写明本院查明的事实,最后可总结性写明'一审对××部分的事实认定有误,应予纠正,上诉人××对此提出的异议成立,本院予以支持')。"

上述部分具体措辞可由承办人视案件情况灵活掌握。

(三)理由部分

裁判理由是裁判文书的核心部分,要有针对性和说服力,二审及再审裁判文书要防止照抄原判理由或者公式化的套话。本部分以"本院认为"作为引言,其后用冒号,另起一行写明具体意见。应明确纠纷的性质、案由。原审确定案由错误,二审或者再审予以改正的,应在此部分首先进行叙述并阐明理由。

涉外、涉港澳台民商事案件,应当依照《涉外民事关系法律适用法》及《最高人民法院关于适用〈中华人民共和国涉外民事关系法律适用法〉若干问题的解释(一)》、最高人民法院《关于审理涉台民商事案件法律适用问题的规定》等司法解释的规定,对解决纠纷应当适用的法律作出分析认定。涉外、涉港澳台海事案件,应当依照《海商法》的相关规定对法律适用问题作出分析认定,《海商法》没有规定的,适用《涉外民事关系法律适用法》及其司法解释的相关规定。

涉外案件应当适用我国法律的,表述为"适用中华人民共和国法律"。涉港澳案件,应当适用内地法律的,表述为"适用内地法律",应适用港澳地区法律的,表述为"适用香港特别行政区(澳门特别行政区)法律"。涉台案件,应当适用大陆法律的,表述为"适用大陆法律"(大陆后面不能加"地区"二字),应当适用台湾地区法律的,表述为"适用台湾地区法律"。案件中既有港澳地区当事人,也有台湾地区当事人的,如果应当适用内地(大陆)法律,表述为"适用内地法律"即可。

一审裁判文书应当围绕当事人争议的焦点问题及原告的最终诉讼请求能否成立进行论述。对争议法律关系的性质、效力进行认定,重点阐明当事人的行为是否合法、是否违约,应否承担责任以及责任的大小。针对当事人的诉讼请求(或上诉请求)、主张以及相关证据是否被采纳逐一加以评判,并阐明对当事人的主张是否支持。二审或再审裁判文书应当围绕当事人争议的焦点问题及上诉或再审请求能否成立进行论述。原审裁判正确,上诉或申请再审无理的,指出其理由的不当之处;原审裁判不当,上诉或申请再审理由成立的,应当阐明原判错之处、上诉或申请再审请求和理由成立的事实和法律依据、改判的理由等。

人民法院审理合同纠纷案件,对于合同是否成立、效力等问题应当主动予以审查,即使当事人未就此提出异议,亦应予以分析阐述。对于案件复杂,当事人争议问题较多的,可以根据庭审时归纳的当事人争议焦点,分别逐项予以阐述。

在该部分引用法律法规、司法解释时,应当严格适用《最高人民法院关于裁判文书引用法律、法规等规范性法律文件的规定》。并列引用多个法律文件的,引用顺序如下:法律及法律解释、行政法规、地方性法规、自治条例或者单行条例、司法解释;同时引用两部以上法律的,应当先引用基本法律,后引用其他法律;引用包括实体法和程序法的,先引用实体法,后引用程序法。引用最高人民法院的司法解释时,应当按照公告公布的格式书写。适用公约时,应当援引适用的公约具体条款。引用公约条款的顺序应置于法律、司法解释之前。指导性案例及非司法解释性的规范性文件,如各种指导性意见、会议纪要、个案答复等不得作为法律依据予以援引,但其体现的原则和精神可在说理部分予以阐述。引用法律法规或司法解释时,应引用原文,原文为或然内容的,与本案争议无关的内容应以省略号代替。

注意事项

理由部分的注意事项

案件经审判委员会讨论决定的,应予以写明。案件管辖权问题在判决书理由部分不需要予以阐述。二审或再审改判的,对于改判所依据的实体法应当予以援引。如果案件因为涉及商业秘密或者隐私等问题不公开开庭审理,裁判文书中应当援引《民事诉讼法》第一百三十四条的规定。如果是缺席判决的,应当根据具体情况援引《民事诉讼法》第一百四十三条或者第一百四十四条的规定。

(四)判决主文

裁判主文即裁判结果,是对案件实体问题作出的处理决定,裁判结果要明确、具体、完整。裁判结果应对当事人争议的实体问题作出终审结论。二审或再审裁判文书要对原审裁判作出明确表态,写明维持原裁判或者撤销原裁判,或者维持哪几项、撤销哪几项;对改判或加判的内容,要区别确认之诉、变更之诉、给付之诉等不同情况,作出明确、具体的处理决定。

裁判文书主文部分中当事人名称应当用全称,主文的各项之间统一用分号。

裁判文书主文内容必须明确具体、便于执行。如原审判决中未明确履行期限的,二审或再审裁判文书应写明判项的履行日期。

注意事项

1. 关于金钱给付的注意事项

根据最高人民法院法发布的《关于在民事判决书中增加向当事人告知民事诉讼法第二百三十二条规定内容的通知》的要求:(1)一审判决中具有金钱给付义务的,应当在所有判项之后另起一行写明:如果未按本判决指定的期间履行给付金钱的义务,应当依照《民事诉讼法》第二百五十三条的规定,加倍支付迟延履行期间的债务利息。(2)二审判决作出改判的案件,无论一审判决是否写入了上述告知内容,均应在所有判项之后另起一行写明第一条的告知内容。(3)如一审判决已经写明上述告知内容,二审维持原判的判决,可不再重复告知。

对于金钱给付的利息,当事人要求计算至判决执行之日止,而原审裁判计算出绝对数的,二审或再审应予以纠正,应当明确利息计算的起止点。

对于人民币利息,可表述为"以×××元为基数,支付自××××年××月××日起至××日止的利息,按同期全国银行间同业拆借中心公布的贷款市场报价利率(LPR)计付"。对于外币利息,如中国人民银行没有规定相应利率的,法官应向当事人释明,可由当事人对利率协商一致,当事人未能达成一致的,人民法院可以某日的某币种某期限的 LIBOR(伦敦银行同业拆借利率 London Inter

Bank Offered Rate）为基础上浮0～3%。

货币单位及名称应准确表述，中国货币表述为"××元人民币"，"××港元"，外国货币表述为"××美元（欧元）"，以阿拉伯数字为准，并以千分位来表述。

2. 关于诉讼费用的注意事项

裁判文书尾部应写明诉讼费用的负担，合议庭成员署名和判决日期等。

诉讼费用是人民法院根据《诉讼费用交纳办法》的有关规定来决定的，不属于诉讼争议的问题，不应列为判决结果的一项内容，应在判决结果后另起一行写明。

根据《诉讼费用交纳办法》第五十五条的规定，诉讼费用应以人民币为计算单位。一审、二审诉讼费用应当分别表述。按照《诉讼费用交纳办法》第十七条的规定："对财产案件提起上诉的，按照不服一审判决部分的上诉请求数额交纳案件受理费。"二审要根据当事人上诉请求的数额重新计算诉讼费，不能完全按照一审的标准收取。根据《诉讼费用交纳办法》第二十九条的规定，共同诉讼当事人败诉的，应明确当事人各自负担的诉讼费用数额。如果一审诉讼费用不作调整，可表述为："一审案件受理费××元人民币，财产保全费（或其他费用）××元人民币，按一审判决承担。"

此外，有庭审翻译费的，应当明确费用的负担。

（五）文书排校

为避免引起混淆，裁判文书中当事人的名称应当统一，只使用其名称或简称，除以引号转引相关书证原文的情形之外，若当事人之间的合同、协议中有"甲方""乙方"等表述时，应统一变换为当事人的名称。

二审、再审裁判文书使用当事人简称时，应当确保与所引用原审文书对应简称表述一致。二审、再审裁判文书在表述原审法院名称时，可视情况使用"一审法院""二审法院"的表述，亦可使用法院简称。

在援引一审裁判文书相关内容时，应当将其中的"本院"修改为"一审法院（或其简称）"。

裁判文书中表述阿拉伯数字时，数字之间不使用逗号。

裁判文书尾部由合议庭成员共同署名。助理审判员参加合议的,署代理审判员。院长、庭长参加合议庭审判的案件,院长、庭长担任审判长。

"本件与原本核对无异"字样的印戳,应加盖在年月日与书记员署名之间空行的左边。

注意事项

涉台案件裁判文书的书写

涉台案件裁判文书的书写,适用《最高人民法院关于贯彻执行〈关于审理涉台民商事案件法律适用问题的规定〉的通知》(法〔2011〕180号)的要求。

相关规定

1.《民事诉讼法》

第二百五十三条 被执行人未按判决、裁定和其他法律文书指定的期间履行给付金钱义务的,应当加倍支付迟延履行期间的债务利息。被执行人未按判决、裁定和其他法律文书指定的期间履行其他义务的,应当支付迟延履行金。

2. 最高人民法院《涉外商事海事裁判文书写作规范》

裁判文书应当全面、准确地记载案件的审理过程和裁判的依据、理由与结果。撰写裁判文书应当做到要素齐全、结构完整、逻辑严谨、条理清晰、语句规范、繁简得当。为进一步规范和统一涉外商事海事裁判文书的写作标准,提高文书质量,现就涉外商事海事裁判文书的写作提出如下规范意见。

一、裁判文书的首部应当分别写明文书标题、案号、当事人及其法定代表人(或代表人)和委托代理人的基本情况以及案件由来、案由和审理过程等。

(一)裁判文书标题一般表述为"中华人民共和国××××人民法院民事判决书(调解书、裁定书)"。海事法院裁判文书标题中法院前不需冠以"人民"字样。

(二)案件当事人中如果没有外国人、无国籍人、外国企业或组织的,除最高人民法院制作的裁判文书外,其他各级人民法院制作的裁判文书标题中的法院名称无需冠以"中华人民共和国"字样。

（三）法院名称应当与院印文字一致。除海事法院外，基层人民法院、中级人民法院的裁判文书标题应当冠以省、自治区、直辖市的名称。

二、裁判文书应当准确列明当事人的诉讼地位、姓名或名称及其住所地。

（一）二审裁判文书在列明当事人二审诉讼地位的同时，亦应用括号注明其一审诉讼地位（例如一审原告、一审被告等）。既非上诉人、亦非被上诉人的二审当事人，直接列明其一审诉讼地位。

（二）申请再审或再审案件的裁判文书应当分别列明当事人在申请再审过程中或再审诉讼中的地位，同时用括号注明其一、二审诉讼地位。既非再审申请人、亦非被申请人的，直接列明其一、二审诉讼地位。抗诉案件应当列明抗诉机关。

（三）当事人是自然人的，写明其姓名、性别、民族、出生日期、职业、住所地，职业不明确的，可以不表述；对于其身份证件号码一般应予注明，提交中华人民共和国居民身份证的应注明其公民身份号码。

自然人的住所地以其提交的合法有效的身份证件载明的地址为准；住所地与经常居住地不一致，且根据案件审理的需要需明确当事人经常居住地的，写明经依法查明的经常居住地。

（四）自然人为证明其身份提交的护照、往来港澳通行证、台湾居民来往大陆通行证等证件，无需再办理公证认证等证明手续。

（五）外国自然人，应当写明其国籍，无国籍人亦应予以注明。

港澳台地区的居民亦应予以注明。

（六）法人或其他组织的名称、住所地等，以其注册登记文件记载的内容为准。

（七）境外企业、组织提交的证明其主体资格的注册登记文件，需依法办理公证认证等证明手续；证明文件是外文的，应当附有中文译本。

（八）对于外国当事人，在裁判文书首部应当写明其经过翻译的中文姓名或名称和住所地，并在中文姓名或名称和住所地后括号中注明其外文姓名或名称和住所地。

（九）当事人姓名或名称变更的，裁判文书首部应当列明变更后的姓名或名称，变更前姓名或名称无需在此处列明。对于姓名或名称变更的事实可根据需要在案件由来或者查明事实部分写明。

（十）当事人诉讼地位的称谓后面使用冒号。当事人为公司、企业、其他组织的，其名称后面使用句号，“住所地”后面使用冒号。当事人为自然人的，其姓名后均使用逗号，基本信息阐述完毕后使用句号。

（十一）当事人中有外国当事人或无国籍人的，表述住所地时应当分别写明中外当事人的国别名称或无国籍情况。当事人国别名称应当使用全称。

没有外国当事人或无国籍人的，表述国内当事人住所地时省略“中华人民共和国”字样。

（十二）表述港澳地区当事人住所地时，应当使用香港特别行政区、澳门特别行政区的全称。

表述台湾地区当事人住所地时，应当写明“台湾地区××市……”，不应使用“台湾省”或“台湾”等表述。

（十三）当事人住所地、代理人情况相同的，应当各自列明，不应当使用“情况同上”进行表述。

三、法人或其他组织作为当事人的，应当写明其法定代表人或代表人及其身份信息。

（一）法定代表人后面使用冒号，写明法定代表人的姓名及其职务。

（二）当事人为不具备法人资格的其他组织的，应当写明其“代表人”，不应表述为“负责人”或“授权代表人”。

（三）外国或者港澳台地区的企业、组织作为当事人的，亦应使用“代表人”的表述。

四、裁判文书中应当写明代理人的姓名及其身份信息。

（一）当事人委托本单位工作人员担任代理人的应当列在第一位，其委托外单位的人员或者律师担任代理人的列在第二位。

（二）当事人委托本单位人员作为代理人的，其身份信息可表述为“该公司（或该机构如该委员会、该厂等）工作人员”。

（三）律师、基层法律服务工作者担任代理人的，其身份信息表述为“××律师事务所律师”或“××法律服务所法律工作者”。

（四）当事人的近亲属或者其所在社区、单位以及有关社会团体推荐的公民担任代理人的，写明代理人的姓名、性别、出生日期、民族、职业、住所地。代理人是当事人近亲属的，还应当在住所地之后注明其与当事人的关系。

（五）代理人变更的，裁判文书首部只列写变更后的代理人。对于代理人变更的事实可根据需要在案件由来或者查明事实部分写明。

五、案由应当准确反映案件所涉及的民事法律关系的性质，并应当与最高人民法院《民事案件案由规定》中所列案由相一致。

二审法院或再审法院经审理认为原审裁判文书所列案由不当的，二审或再审裁判文书中应当写明经审理后最终确定的案由，并在裁判理由部分予以说明。

六、裁判文书应当写明案件的由来以及开庭审理过程。

（一）根据一审、二审或再审程序的不同，在案件由来部分简要写明当事人起诉、上诉、发回重审或者申请再审、指令再审、提审等情况。一审裁判文书应当写明当事人起诉的时间。

（二）此部分叙述时可在当事人全称后面括号注明其简称。简称要清楚、得当，避免引起歧义，不应以当事人诉讼地位的称谓（如原告、上诉人、答辩人等）或甲方、乙方等作为其简称。

（三）合议庭组成成员的情况不必具体表述，但如果合议庭成员有回避、变更情况的，应当在此部分写明。

（四）经过多次开庭审理的，应当分别简述开庭情况，以充分体现开庭审理的经过。开庭审理前组织证据交换、召集庭前会议的，亦应将相关情况予以阐述。

（五）当事人未到庭应诉或者中途退庭的，写明"经本院传票传唤，无正当理由拒不到庭"或者"未经法庭许可中途退庭"的情况。

（六）存在中止诉讼后又恢复审理等情况的，应当在此部分写明过程。

七、裁判文书应当依次写明当事人的起诉（包括诉讼请求）、答辩、第三人陈述等情况，写明当事人的诉讼主张及其所依据的事实、理由。

（一）转述当事人起诉、答辩的事实、理由时，应当对较长的起诉状、答辩状进行提炼、归纳，对其病句、错字进行修正，同时注意准确全面，忠实原意，不得遗漏要点。

（二）原告庭审时变更诉讼请求、提出新的诉讼请求，被告未作书面答辩或第三人未提交书面意见，但在庭审中进行口头答辩或陈述以及对原书面答辩或陈述意见予以补充的，应当在此节中予以表述。

（三）被告提出反诉的，亦应在此部分概述其反诉请求、依据的事实、理由以及对方的答辩情况。

（四）二审当事人的上诉、答辩等情况，在转述一审判决结果后进行概述，并应当按照前述第（一）、（二）项的要求进行提炼、归纳和表述。

八、一审裁判文书应当写明当事人提交证据的名称、证明目的、各方当事人的质证意见，人民法院同时应当结合当事人举证、质证的意见，依照相关法律、司法解释的规定，对当事人提交证据的真实性、关联性、合法性进行分析，最终对证据是否应予采信及其证明力作出认定，明确阐明人民法院的认证意见。

九、根据质证认证情况，对业经查明认定的基本事实进行综合陈述。

（一）本部分以“本院查明”作为引言，其后用冒号，另起一行写明查明的事实。

（二）综述所查明的事实时，可以划分段落层次，亦可根据情况以“另查明”为引语表述其他相关事实，该另查明的事实可以多项；避免使用“还查明”“再查明”“又查明”等引语。

（三）在适用外国法的情况下，对于外国法查明的客观事实可在此部分予以表述。

十、二审裁判文书应当在“案件由来”部分之后，写明一审审理情况，包括原告的诉讼请求、一审法院认定的事实、裁判的理由和最终的裁判结果。

（一）简要概括一审原告起诉的事实、理由及其具体的诉讼请求、一审被告的答辩意见、第三人的陈述，以明确案件争议的焦点。一审被告提起反诉的，亦应写明。

（二）写明一审查明的事实，该部分以“一审法院查明”为引语开始，“一审法院查明”后面使用冒号。对一审查明的事实原则上予以照抄，有错字、漏字或者语法错误的，可适当修改。

（三）对于一审裁判文书中表述的当事人为支持自己主张提供的证据、当事人的质证意见及一审法院对证据的认证意见等内容，在二审裁判文书中可以省略，不再援引。当事人有争议的除外。

（四）写明一审裁判文书理由和结果，该部分以“一审法院认为”为引语开始，一审法院认为后面使用冒号。对一审认为部分原则上予以照抄，有错字、漏字或者语法错误的，可适当修改。

（五）一审裁判文书主文即裁判结果应当全文照抄，不得遗漏和更改，此前部分当事人名称使用简称的，此部分表述时仍使用简称，注意不得遗漏当事人负担的诉讼费及保全费、鉴定费等内容的表述。

十一、二审裁判文书应当根据上诉审的特点，结合相关证据材料，依据相关法律规定，针对当事人对一审认定事实提出的异议，重点予以分析、阐述。

（一）对于二审中当事人提交的新证据的名称、证明目的、各方当事人的质证意见等详细写明。

（二）结合当事人举证、质证的意见，依照相关法律、司法解释的规定，对有关证据的真实性、关联性、合法性进行分析，最终对证据是否应予采信及其证明力作出认定。

（三）根据不同情况，二审查明事实部分可分四种表述方式：

1. 当事人未提交新的证据，对一审查明的事实无异议，二审中也没有新查明的事实的，可写明："一审查明的事实，有相关证据予以佐证，各方当事人均未提出异议，亦未提交新的证据，本院对一审查明的事实予以确认。"

2. 当事人对一审查明的事实无异议，但提交新证据或者二审法院根据自行调查收集的证据，有新查明的事实的，可写明"一审查明的事实，有相关证据予以佐证，各方当事人均未提出异议，本院对一审查明的事实予以确认。本院另查明：……（在综合列举当事人提交的新证据或法院调查收集的证据、阐述各方当事人的质证意见及本院对证据的认证意见的基础上，对另查明的事实作出认定。）"

3. 当事人对部分事实提出异议，并提交新的证据，但经审查其异议不能成立的。

首先，对于当事人无异议部分的事实，可写明"一审查明的××部分的事实，有相关证据予以佐证，各方当事人均未提出异议，本院对一审判决查明的××部分的事实予以确认。"

其次，对于当事人提出异议部分的事实，可写明"上诉人××对一审查明的××部分的事实提出异议……（写明当事人对相关事实提出异议的具体意见及对方的反驳意见，并列举当事人为支持其主张提交的新证据，各方当事人对证据的质证意见以及本院对各证据的认证意见，在此基础上写明本院最终意见，最后可总结性写明'上诉人××虽然对一审查明的××部分的事实提出异议，但其未能提供充分的证据予以证明，其异议不能成立，本院不予支持，对于一审查明的××部分的事实，本院予以确认。'）"。

4. 当事人对部分事实提出异议,根据当事人提交的新证据或者本院调查收集的证据,经审理发现一审查明的事实确实存在部分错误的。

首先,对于当事人无异议的正确部分的事实,可写明“一审查明的××部分的事实,有相关证据予以佐证,各方当事人均未提出异议,本院对一审查明的××部分的事实予以确认。”

其次,对于一审认定错误的事实,可写明“上诉人××对一审查明的××部分的事实提出异议……(写明当事人对相关事实提出异议的具体意见及对方的反驳意见,并列举当事人为支持其主张提交的新证据或本院调查收集的证据,各方当事人对证据的质证意见以及本院对各证据的最终认证意见,在此基础上写明本院查明的事实,最后可总结性写明‘一审对××部分的事实认定有误,应予纠正,上诉人××对此提出的异议成立,本院予以支持。’)”。

上述部分具体措辞可由承办人视案件情况灵活掌握。

十二、再审裁判文书应当在“案件由来”部分之后,写明原一、二审审理情况以及申请再审及答辩情况。

上述两部分的具体书写分别参照适用二审裁判文书“一审审理情况”和一审裁判文书关于“当事人起诉及答辩情况”部分的要求。

十三、再审裁判文书应当根据再审案件特点,结合相关证据材料,依据相关法律规定,针对当事人提出的对原一、二审认定事实的异议,重点予以分析、阐述。

该部分的具体书写参照适用二审裁判文书关于“二审认定的事实”部分的要求。

十四、裁判理由是裁判文书的核心部分,要有针对性和说服力,二审及再审裁判文书要防止照抄原判理由或者公式化的套话。

(一)本部分以“本院认为”作为引言,其后用冒号,另起一行写明具体意见。

(二)应明确纠纷的性质、案由。原审确定案由错误,二审或者再审予以改正的,应在此部分首先进行叙述并阐明理由。

(三)涉外、涉港澳台民商事案件,应当依照《中华人民共和国涉外民事关系法律适用法》及《最高人民法院关于适用〈中华人民共和国涉外民事关系法律适用法〉若干问题的解释(一)》《最高人民法院关于审理涉台民商事案件法律适用问题的规定》等司法解释的规定,对解决纠纷应当适用的法律作出分析认定。涉外涉港澳台海事案件,应当依照《中华人民共和国海商法》的相关规定对法律适用问题作出分析认定,《中华人民共和国海商法》没有规定的,适用《中华人民共和国涉外民事关系法律适用法》及其司法解释的相关规定。

(四)涉外案件应当适用我国法律的,表述为"适用中华人民共和国法律"。

涉港澳案件,应当适用内地法律的,表述为"适用内地法律",应适用港澳地区法律的,表述为"适用香港特别行政区(澳门特别行政区)法律"。

涉台案件,应当适用大陆法律的,表述为"适用大陆法律"(大陆后面不能加"地区"二字),应当适用台湾地区法律的,表述为"适用台湾地区法律"。

案件中既有港澳地区当事人,也有台湾地区当事人的,如果应当适用内地(大陆)法律,表述为"适用内地法律"即可。

(五)一审裁判文书应当围绕当事人争议的焦点问题及原告的最终诉讼请求能否成立进行论述。

(六)二审或再审裁判文书应当围绕当事人争议的焦点问题及上诉或再审请求能否成立进行论述。原审裁判正确,上诉或申请再审无理的,指出其理由的不当之处;原审裁判不当,上诉或申请再审理由成立的,应当阐明原判错之处、上诉或申请再审请求和理由成立的事实和法律依据、改判的理由等等。

(七)人民法院审理合同纠纷案件,对于合同是否成立、效力等问题应当主动予以审查,即使当事人未就此提出异议,亦应予以分析阐述。

(八)对于案件复杂,当事人争议问题较多的,可以根据庭审时归纳的当事人争议焦点,分别逐项予以阐述。

(九)在该部分引用法律法规、司法解释时,应当严格适用《最高人民法院关于裁判文书引用法律、法规等规范性法律文件的规定》。并列引用多个法律文件的,引用顺序如下:法律及法律解释、行政法规、地方性法规、自治条例或者单行条例、司法解释;同时引用两部以上法律的,应当先引用基本法律,后引用其他法律;引用包括实体法和程序法的,先引用实体法,后引用程序法。

引用最高人民法院的司法解释时,应当按照公告公布的格式书写。

适用公约时,应当援引适用的公约具体条款。引用公约条款的顺序应置于法律、司法解释之前。

(十)二审或再审改判的,对于改判所依据的实体法应当予以援引。

(十一)如果案件因为涉及商业秘密或者隐私等问题不公开开庭审理,裁判文书中应当援引《中华人民共和国民事诉讼法》第一百三十四条的规定。如果是缺席判决的，应当根据具体情况援引《中华人民共和国民事诉讼法》第一百四十三条或者第一百四十四条的规定。

（十二）指导性案例及非司法解释性的规范性文件，如各种指导性意见、会议纪要、个案答复等不得作为法律依据予以援引，但其体现的原则和精神可在说理部分予以阐述。

（十三）案件经审判委员会讨论决定的，应予以写明。

（十四）案件管辖权问题在判决书理由部分不需要予以阐述。

十五、裁判主文即裁判结果，是对案件实体问题作出的处理决定，裁判结果要明确、具体、完整。裁判结果应对当事人争议的实体问题作出终审结论。二审或再审裁判文书要对原审裁判作出明确表态，写明维持原裁判或者撤销原裁判，或者维持哪几项、撤销哪几项；对改判或加判的内容，要区别确认之诉、变更之诉、给付之诉等不同情况，作出明确、具体的处理决定。

（一）裁判文书主文部分中当事人名称应当用全称，主文的各项之间统一用分号。

（二）裁判文书主文内容必须明确具体、便于执行。如原审判决中未明确履行期限的，二审或再审裁判文书应写明判项的履行日期。

（三）对于金钱给付的利息，当事人要求计算至判决执行之日止，而原审裁判计算出绝对数的，二审或再审应予以纠正，应当明确利息计算的起止点。

（四）根据最高人民法院法〔2007〕19号通知的要求，1. 一审判决中具有金钱给付义务的，应当在所有判项之后另起一行写明：如果未按本判决指定的期间履行给付金钱的义务，应当依照《中华人民共和国民事诉讼法》第二百五十三条的规定，加倍支付迟延履行期间的债务利息。2. 二审判决作出改判的案件，无论一审判决是否写入了上述告知内容，均应在所有判项之后另起一行写明第一条的告知内容。3. 如一审判决已经写明上述告知内容，二审维持原判的判决，可不再重复告知。

十六、裁判文书尾部应写明诉讼费用的负担，合议庭成员署名和判决日期等。

（一）诉讼费用是人民法院根据《诉讼费用交纳办法》的有关规定来决定的，不属于诉讼争议的问题，不应列为判决结果的一项内容，应在判决结果后另起一行写明。

根据《诉讼费用交纳办法》第五十五条的规定，诉讼费用应以人民币为计算单位。

（二）一、二审诉讼费用应当分别表述。按照《诉讼费用交纳办法》第十七条的规定："对财产案件提起上诉的，按照不服一审判决部分的上诉请求数额交纳案件受理费。"二审要根据当事人上诉请求的数额重新计算诉讼费，不能完全按照一审的标准收取。根据《诉讼费用交纳办法》第二十九条的规定，共同诉讼当事人败诉的，应明确当事人各自负担的诉讼费用数额。

如果一审诉讼费用不作调整，可表述为"一审案件受理费××元人民币，财产保全费（或其他费用）××元人民币，按一审判决承担。"

（三）裁判文书尾部由合议庭成员共同署名。助理审判员参加合议的，署代理审判员。院长、庭长参加合议庭审判的案件，院长、庭长担任审判长。

（四）"本件与原本核对无异"字样的印戳，应加盖在年月日与书记员署名之间空行的左边。

十七、其他注意问题。

（一）为避免引起混淆，裁判文书中当事人的名称应当统一，只使用其名称或简称，除以引号转引相关书证原文的情形外，若当事人之间的合同、协议中有"甲方""乙方"等表述时，应统一变换为当事人的名称。

二审、再审裁判文书使用当事人简称时，应当确保与所引用原审文书对应简称表述一致。

二审、再审裁判文书在表述原审法院名称时，可视情况使用"一审法院""二审法院"的表述，亦可使用法院简称。

（二）在援引一审裁判文书相关内容时，应当将其中的"本院"修改为"一审法院（或其简称）"。

（三）裁判文书中表述阿拉伯数字时，数字之间不使用逗号。

（四）涉台案件裁判文书的书写，适用《最高人民法院关于贯彻执行〈关于审理涉台民商事案件法律适用问题的规定〉的通知》（法〔2011〕180号）的要求。

3.《最高人民法院关于在民事判决书中增加向当事人告知民事诉讼法第二百三十二条规定内容的通知》

全国地方各级人民法院、各级军事法院、各铁路运输中级法院和基层法院、各海事法院，新疆生产建设兵团各级法院：

根据《中共中央关于构建社会主义和谐社会若干重大问题的决定》有关“落实当事人权利义务告知制度”的要求，为使胜诉的当事人及时获得诉讼成果，促使败诉的当事人及时履行义务，经研究决定，在具有金钱给付内容的民事判决书中增加向当事人告知民事诉讼法第二百三十二条规定的内容。现将在民事判决书中具体表述方式通知如下：

一、一审判决中具有金钱给付义务的，应当在所有判项之后另起一行写明：如果未按本判决指定的期间履行给付金钱义务，应当依照《中华人民共和国民事诉讼法》第二百三十二条之规定，加倍支付迟延履行期间的债务利息。

二、二审判决作出改判的案件，无论一审判决是否写入了上述告知内容，均应在所有判项之后另起一行写明第一条的告知内容。

三、如一审判决已经写明上述告知内容，二审维持原判的判决，可不再重复告知。

特此通知。

二、主要国际公约、惯例以及行业规则

(一)《联合国国际货物销售合同公约》

《联合国国际货物销售合同公约》由联合国国际贸易法委员会主持制定,1980 年在维也纳举行的外交会议上获得通过,于 1988 年 1 月 1 日正式生效。截至 2020 年 8 月,共有 95 个国家为《联合国国际货物销售合同公约》正式缔约国。[①] 中国于 1986 年 12 月 11 日交存批准书。1988 年 1 月 1 日对我国生效。

该公约适用于各成员当事人之间因国际货物买卖合同(但该公约第二条对某些货物的国际买卖不能适用该公约作了明确规定)的订立及由合同而产生的权利和义务,与合同的效力及合同对所售货物所有权可能产生的影响无关,亦不适用卖方对于货物对任何人所造成的死亡或伤害的责任。

当事人可以协商排除公约的适用或改变其效力,如当事人在合同中或者在案件审理中一致选择某一国法律的,即为排除了公约的适用。该公约于 1988 年

---

① 《联合国国际货物销售合同公约》成员(截至 2020 年 11 月):阿尔巴尼亚、阿根廷、亚美尼亚、澳大利亚、奥地利、阿塞拜疆、巴林(新加入)、白俄罗斯、比利时、贝宁、波斯尼亚和黑塞哥维那、巴西(2014 年 4 月 1 日生效)、保加利亚、布隆迪、喀麦隆(新加入)、加拿大、智利、中国、哥伦比亚、刚果、哥斯达黎加(新加入)、克罗地亚、古巴、塞浦路斯、捷克共和国、朝鲜(新加入)、丹麦、多米尼加共和国、厄瓜多尔、埃及、萨尔瓦多、爱沙尼亚、芬兰、法国、加蓬、格鲁吉亚、德国、加纳、希腊、几内亚、圭亚那(新加入)、洪都拉斯、匈牙利、冰岛、伊拉克、以色列、意大利、日本、吉尔吉斯斯坦、老挝(新加入)、拉脱维亚、黎巴嫩、莱索托、利比里亚、列支敦士登(新加入)、立陶宛、卢森堡、马达加斯加(新加入)、毛里塔尼亚、墨西哥、蒙古、黑山、荷兰、新西兰、挪威、巴拉圭、秘鲁、波兰、葡萄牙(新加入)、罗马尼亚(新加入)、韩国、摩尔多瓦共和国、罗马尼亚、俄罗斯联邦、圣文森特和格林纳丁斯、巴勒斯坦(新加入)、圣马力诺、塞尔维亚、新加坡、斯洛伐克、斯洛文尼亚、西班牙、瑞典、瑞士、阿拉伯叙利亚共和国、前南斯拉夫的马其顿共和国(退出)、土耳其、乌干达、乌克兰、美国、乌拉圭、乌兹别克斯坦、委内瑞拉(玻利瓦尔共和国)、越南(新加入)、赞比亚。

1月1日对我国生效,但我国对第一条第一款b项[①]声明保留,2013年撤回了“不受公约第十一条及与第十一条内容有关的规定的约束”的声明。

适用该公约时应首先注意公约的适用范围,即合同的主体和内容是否属于公约调整范围;该公约的适用并非强制性的,当事人如果明示不适用该公约或以选择适用某国法律等方式排除公约适用,则不得适用该公约;同时,要注意各国在加入该公约时所作的保留。

(二)《承认及执行外国仲裁裁决公约》

1958年《承认及执行外国仲裁裁决公约》在纽约签订,又称《纽约公约》。自《纽约公约》签订以来,它已经发展成涵盖168个国家,[②]覆盖五大洲的重要多边公约。通过建立覆盖绝大多数跨国商事仲裁裁决的承认与执行的标准,《纽约公约》真正成为便利国际商事交往,促进国际商事争端友好、公平、快速解决的重要保障,是维护全球范围内商事关系稳定的“压舱石”。我国第六届全国人大常委

---

① 根据《联合国国际货物销售合同公约》第一条第1款b项的规定,即使合同双方当事人的营业地不在公约缔约国境内,但只要国际私法规则最终导致某一缔约国法律的适用,公约同样适用于上述合同。但如果一个成员对本项规定行使了保留权,那么该项规定编队该成员不再适用。

② 《承认及执行外国仲裁裁决公约》成员(截至2021年4月):阿富汗、阿尔巴尼亚、阿尔及利亚、安哥拉、安道尔、安提瓜和巴布达、阿根廷、亚美尼亚、澳大利亚、奥地利、阿塞拜疆、巴布亚新几内亚、巴哈马、巴林、孟加拉国、巴巴多斯、伯利兹、白俄罗斯、比利时、贝宁、不丹、玻利维亚(多民族国)、波斯尼亚和黑塞哥维那、博茨瓦纳、巴西、文莱达鲁萨兰国、保加利亚、布基纳法索、布隆迪、柬埔寨、喀麦隆、加拿大、中非共和国、智利、中国、哥伦比亚、科摩罗、库克群岛、哥斯达黎加、科特迪瓦、克罗地亚、古巴、塞浦路斯、捷克共和国、刚果民主共和国、丹麦、吉布提、多米尼克、多米尼加、厄瓜多尔、埃塞俄比亚、埃及、萨尔瓦多、爱沙尼亚、斐济、芬兰、法国、佛得角共和国、加蓬、格鲁吉亚、德国、加纳、希腊、危地马拉、几内亚、圭亚那、海地、教廷、洪都拉斯、匈牙利、冰岛、印度、印度尼西亚、伊朗(伊斯兰共和国)、爱尔兰、以色列、意大利、牙买加、日本、约旦、哈萨克斯坦、肯尼亚、科威特、吉尔吉斯斯坦、老挝人民民主共和国、拉脱维亚、黎巴嫩、莱索托、利比里亚、列支敦士登、立陶宛、卢森堡、马拉维、马尔代夫、马达加斯加、马来西亚、马里、马耳他、马绍尔群岛、毛里塔尼亚、毛里求斯、墨西哥、摩纳哥、蒙古、黑山、摩洛哥、莫桑比克、缅甸、尼泊尔、荷兰、新西兰、尼加拉瓜、尼日尔、尼日利亚、挪威、阿曼、巴基斯坦、巴拿马、巴拉圭、帕劳、秘鲁、菲律宾、波兰、葡萄牙、卡塔尔、韩国、摩尔多瓦共和国、罗马尼亚、俄罗斯联邦、卢旺达、圣文森特和格林纳丁斯、圣马力诺、圣多美和普林西比、塞拉利昂、塞舌尔、苏丹、沙特阿拉伯、塞内加尔、塞尔维亚、新加坡、斯洛伐克、斯洛文尼亚、南非、西班牙、斯里兰卡、巴勒斯坦国、瑞典、瑞士、阿拉伯叙利亚共和国、塔吉克斯坦、泰国、汤加王国、前南斯拉夫的马其顿共和国、特立尼达和多巴哥、突尼斯、土耳其、乌干达、乌克兰、阿拉伯联合酋长国、大不列颠及北爱尔兰联合王国(英国)、坦桑尼亚联合共和国、美利坚合众国、乌拉圭、乌兹别克斯坦、委内瑞拉(玻利瓦尔共和国)、越南、赞比亚、津巴布韦。

会第十八次会议于1986年12月2日决定我国加入,1987年1月22日递交加入书,该公约于1987年4月22日对我国生效。在我国境外的《纽约公约》成员领土内作出的仲裁裁决,适用《纽约公约》规定的条件予以承认与执行。

(三)《关于解决各国和其他国家的国民之间的投资争端的公约》

《关于解决各国和其他国家的国民之间的投资争端的公约》(Convention on the Settlement of Investment Dispute between States and Nationals of Other States)。该公约于1995年3月18日订于华盛顿,1966年10月14日生效。我国政府于1990年2月9日签署本公约,1993年1月7日交存批准书。该公约于1993年2月6日对我国生效。

该公约第二十六条明确规定:"除非另有规定,双方同意根据本公约交付仲裁,应视为同意排除任何其他补救办法而交付上述仲裁。缔约国可以要求用尽当地各种行政或司法补救办法,作为其同意根据本公约交付仲裁的一个条件。"也就是说,当事人一旦同意将争议提交"中心"仲裁,将排除其他任何救济手段的适用,除非东道国明确规定用尽当地救济是提交"中心"管辖的先决前提。因而,这就提出了如何处理当地救济与国际救助手段的关系问题。对此,我国司法界人士认为应由当地救济与"中心"管辖并列,由当事人选择其中之一,而排斥其他方法;而一些学者则倾向于提交"中心"管辖,但以用尽当地救济作为提交"中心"解决的先决条件。

(四)《2020年国际贸易术语解释通则》

《2010年国际贸易术语解释通则》是国际商会对《2000年国际贸易术语解释通则》的修订版本,于2020年1月1日开始实施,更准确标明各方承担货物运输风险和费用的责任条款。

2010年,贸易术语的数量由原来的13种变为11种,删除《2000年国际贸易术语解释通则》中四个D组贸易术语,即未完税交货(Delivered Duty Unpaid, DDU)、边境交货(Delivered At Frontier, DAF)、目的港船上交货(Delivered Ex

Ship, DES)、目的港码头交货(Delivered Ex Quay, DEQ),保留了完税后交货(Delivered Duty Paid, DDP),新增加两种 D 组贸易术语,即运输终端交货(Delivered At Terminal, DAT)与目的地交货(Delivered At Place, DAP)E 组、F 组、C 组的贸易术语不变。

当事人在国际货物买卖合同中明确引用通则中的术语作为价格条款,则对于该术语项下的相关内容应依据该通则来确定;国际贸易惯例本身并不必然产生强制约束力,2020 版通则的生效并不意味着之前的通则自动废止,当事人在订立贸易合同时仍然可以选择适用 2000 通则甚至 1990 通则;适用通则中的术语确定权利义务内容时,应注意审查更新后的术语内容。

(五)《跟单信用证统一惯例》(UCP600)

《跟单信用证统一惯例》是国际商会制定的,旨在统一各国对跟单信用证条款的解释而供银行界自愿采用的条例,适用于所有在正文中标明按《跟单信用证统一惯例》办理的跟单信用证(包括备用信用证)。当事人可以约定《跟单信用证统一惯例》的适用,也可以约定对其适用予以修改或排除。《跟单信用证统一惯例》作为全世界公认的非政府商业机构制定的最为成功的国际规范之一,目前世界上 100 多个国家和地区近万家银行在信用证上声明适用该规范。自从其 1933 年正式公布后,由于国际贸易形势变化,其在实施过程中暴露出缺陷和不足,到目前为止,国际商会已经进行了 7 次修订。

在国际信用证纠纷中,在国际商会中国国家委员会(域名为 www. icc-china. org,在北京设有代表处)在国际商会中代表中国的国家地位,负责推广国际商会经贸规则的适用在涉外商事案件的适用,审判实践中遇有专业性疑难问题,可向该会进行咨询。

(六)《跟单托收统一规则》(URC522)

为了调和银行托收业务各方因义务和责任上解释的分歧和矛盾,尽量减少纠纷,国际商会于 1958 年草拟一份《商业单据托收统一规则》供各银行试用,企图以民间团体的身份,逐步形成一套为大家遵守的“惯例”。1978 年国际商会吸取10多年来的实践经验,对该规则作修订,并改名为《跟单托收统一规则》。《跟单托收统一规则》作为托收业务领域唯一先行有效地国际惯例,自1979年1月1日生效来一直被各国相关机构普遍采纳,很大程度上减少了托收行业的相关争议,也是律师、法院、仲裁机构解决与托收相关争议的重要法律依据。

(七)《见索即付保函统一规则》(URDG758)

见索即付保函和国际备用信用证作为国际结算和担保的重要形式,在国际金融、国际租赁和国际贸易及经济合作中应用十分广泛。国际商会发布的《见索即付保函统一规则》(URDG758)于2010年7月1日起正式生效。这是国际商会自1991年制定的《见索即付保函统一规则》(URDG458)以来,首度对该规则进行全面的修订,对全球见索即付保函贸易产生重大而深远的影响。与URDG458相比,URDG758的发展主要表现为体系更加清晰、措辞更加精确、内容更加全面、利益保护更加平衡以及若干机制创新。

(八)《联合国独立保函与信用证公约》

联合国国际贸易法委员会历经7年努力,于1995年12月11日在联合国大会通过《联合国独立保函与信用证公约》,并于2000年1月1日正式生效。《独立保函与信用证公约》作为将备用信用证与独立保函两种制度进行统一的国际公约,强化确认了两者共同具有的基本原理,并对相关规则作深入补充。该公约适用于具有国际性的备用信用证,将备用信用证的保兑也纳入其调整范围,但不适用于有条件的备用信用证。该公约虽然没有规定适用于一般的商业信用证,但该公约准许商业信用证的当事人选择适用公约。

(九)《国际备用信用证惯例》(ISP98)

因《联合国独立保函与信用证公约》在国际上没有被广泛认可,美国银行界开始积极主导制定体现美国银行家意志和利益的规则,历时5年,最终草案由国际商会于1998年4月6日公布《国际备用信用证惯例》(ISP98)草案,并于1999

年 1 月 1 日正式实施，联合国贸易法委员会在 2000 年 7 月举行的第 33 次会议上对其进行认可。

（十）《国际融资租赁公约》

“认识到在保持国际融资租赁交易各方当事人之间利益公正平衡的同时，消除设备国际融资租赁的某些法律障碍的重要性，意识到关于传统的租借合同的法律规则有待于适应融资租赁交易所产生的特有三方关系的事实”，国际私法协会从 1974 年就着手制定国际融资性租赁统一法规，1988 年在加拿大渥太华，55 个参加国、4 个观察员团和 7 个国际组织召开了一次外交会议，讨论并通过了《国际融资租赁公约》，中国也是参加国之一。目前，法国、意大利递交了核准书，该公约尚未正式生效。

编 后 记

为进一步规范涉外金融案件审理程序，统一涉外金融案件法律适用标准，上海金融法院于2019年10月成立涉外金融审判研究小组，由全院20余名办案骨干组建本书写作专班，系统梳理涉外金融案件法律适用问题，总结涉外金融审判理论研究成果和实务经验，形成本书初稿。此后，我们向高校学者、法院、仲裁机构、律师事务所等单位广泛征求意见，得到了华东政法大学(杜涛教授、袁发强教授)、上海国际经济贸易仲裁委员会(上海国际仲裁中心)、上海仲裁委员会、北京市金杜律师事务所(张毅、关峰、杨通梅、赵冠男)以及协力律师事务所(马晨光、周祎、叶晨、江清云等)的宝贵意见。在各方的大力支持下，本书历时两年，数易其稿，最终成文。在此，衷心感谢各单位的支持与建议。

"十四五"规划启动和2035年远景目标确立，标志着我国经济社会步入以高质量发展为主题的新阶段，上海身处"一带一路"建设的桥头堡、"国内国际双循环"的战略链接，肩负提升国际金融中心能级等重要任务。本书的出版是上海金融法院涉外金融审判的崭新起点，我们将主动对接金融制度型开放对司法保障的要求，立足审判职能，加强对涉外审判理论研究与实务经验总结，提升涉外金融审判机制与审判能力的专业化与现代化，积极推动涉外金融审判规则统一，讲好中国金融司法故事，擦亮中国金融司法名片，提升中国金融司法的国际影响力和话语权。

肖 凯

2021年10月